GRAMMAIRE RAISONNÉE.

SECONDE PARTIE.

à Alphonse Lécuyer

GRAMMAIRE
RAISONNÉE,
OU
COURS THÉORIQUE
ET ANALYTIQUE
DE LA LANGUE FRANÇAISE,

Où sont renfermés non seulement les principes avoués depuis long-temps par les plus sçavants Grammairiens, mais encore des regles, les unes peu communes, les autres tout-à-fait neuves ;

OUVRAGE destiné aux Ecoles publiques tant régnicoles, qu'étrangères ; utile à tous ceux que leurs talents appellent soit à professer, soit à parler en public ;

Par J. E. J. F. BOINVILLIERS,

Correspondant de l'Institut royal de France ; des Académies de Rouen, d'Amiens, de Lyon, de Bordeaux, de Caën, de Nantes, de la Rochelle, de Besançon, etc. de la Société Philotechnique, de la Société royale académique des sciences, de l'Athénée de Paris, de l'Athénée de Niort, du Musée de l'Yonne, des Sociétés sçavantes et littéraires d'Agen, de Lille, de Cambrai, d'Orléans, de Versailles, d'Abbeville, de Douai, etc. etc.

Sur-tout qu'en vos écrits la langue révérée,
Dans vos plus grands excès, vous soit toujours sacrée.
BOILEAU.

SECONDE PARTIE.

PARIS.
DE L'IMPRIMERIE D'AUGUSTE DELALAIN,
Libraire, rue des Mathurins St.-Jacques, n°. 5.

1818.

GRAMMAIRE

RAISONNÉE,

OU

COURS THÉORIQUE

ET ANALYTIQUE

DE LA LANGUE FRANÇAISE.

ORTHOGRAPHE.

L'Orthographe est l'art d'écrire les mots d'une langue conformément à l'usage reçu et adopté unanimement par les meilleurs Ecrivains et par les Grammairiens les plus accrédités.

L'Orthographe embrasse la connaissance de l'emploi des *Caractères*, et celle de l'emploi des *Signes*.

Les Caractères sont les lettres de l'alphabet ; elles entrent dans la composition des mots dont on se sert pour écrire. Les Signes sont les accents, l'apostrophe, le tréma, la cédille, le trait d'union, le trait de séparation, la parenthèse et les guillemets.

L'Orthographe est en partie fondée sur l'étymologie ; c'est pourquoi les personnes qui n'ont pas étudié les langues anciennes parviennent difficilement à écrire correctement ; de fréquentes lectures, l'usage habituel d'un bon vocabulaire, et une grande attention à la manière dont les mots sont imprimés, (quand ils le sont bien), peuvent néanmoins suppléer aux études des langues anciennes.

Dans ce Traité d'Orthographe, nous annonçons des changements, des améliorations (et certes il y en aurait beaucoup d'utiles à faire et à prescrire); mais nous nous bornons à les proposer à nos lecteurs.

SECTION PREMIÈRE.

Emploi des Caractères.

LES caractères ou lettres se divisent en voyelles et en consonnes. (*Voyez la page 5.*)

De la voyelle E.

Il y a cinq sortes d'E : l'*e* muet, comme dans Flore, aimable, pesant, recevoir, seconder, etc. L'*é* fermé, comme dans dé (1), bonté, aménité, charité, secrétaire (2), piége, sacrilége, abrége, dussé-je, veillé-je, etc. L'*è* moyen, comme dans règle, fidèle, évènement, espèce, il mène, il pèse, inquiète, remède, j'achète, père, lumière, dernière, dernièrement, enlève, fièvre, célèbre, etc. L'*é* ouvert, comme dans accès, cyprès, grès, procès, succès, frèle, grèle, etc. L'é fort ouvert, comme dans fête, même, chêne, diadême, pêche, fenêtre, prêtre, prêche, etc.

De la voyelle Y.

Cette lettre est appelée *i* grec, parce qu'elle est tirée de la langue grèque ; aussi doit-on en faire usage dans tous les mots que nous avons empruntés du grec, tels sont ceux dont la liste est ci-après, chiffre 115.

On doit encore faire usage de l'*y*, lorsqu'il tient

---

(1) On n'écrit plus *dez*.
(2) L'Académie a tort de condamner l'é fermé dans la deuxième syllabe de ce mot.

la place de deux *i*, dont le premier fait partie de la syllabe précédente, et le second entre dans la syllabe qui suit, comme dans moyen, frayeur, rayon, paysan, joyeux, loyal, ayant, effrayer, envoyer, etc., et dans ce cas, on ferait très sagement de mettre deux points sur l'*y*, pour le distinguer de l'*y* n'ayant le son que d'un *i*, comme loÿal, joÿeux, nous voÿons, etc.

C'est une faute que d'écrire roy, essay, celuy, aujourd'huy, joye, ayeux, j'essaye, j'effraye, j'envoye, et généralement les mots où l'on ne fait pas entendre le son de deux *i* dans la prononciation.

L'*y* ne devant s'employer que lorsqu'il remplace deux *i* dans les mots purement français, c'est donc à tort que l'on écrit *yeux*, *yeuse* et *y*. On s'est servi de cette lettre dans *yeux* avant l'introduction du *j* dans notre alphabet, afin de ne pas confondre dans l'écriture *jeux* et *yeux*, qui sont si différents dans la prononciation. Mais aujourd'hui il n'y a plus d'inconvénient à écrire *ieux*, et cette orthographe me semble devoir prendre faveur. *Yeuse* a pris l'*y*, seulement à cause de sa ressemblance avec *yeux*. Cette considération, comme on le voit, est de bien mince valeur. *Y* (signifiant *à ceci* ou *là*) s'est écrit de cette manière, parce qu'on s'est fait un scrupule d'écrire un mot entier avec une seule lettre. On avait néanmoins devant les yeux l'exemple des Latins, qui, ayant l'*y* dans leur alphabet, n'ont pas laissé d'écrire par un *i* simple l'impératif du verbe *ire* (1).

---

(1) *I*, va.

Les personnes qui ne craindront pas de s'écarter de la routine, écriront *ieux* et *ieuse*, persuadées que non seulement il n'y a plus d'inconvénient aujourd'hui à les écrire de cette manière, mais encore il est très à propos de le faire, pour que les étrangers et nos enfans eux-mêmes ne prononcent pas *i-ieux*, *i-ieuse*, ainsi qu'ils le font toujours, quand ils voient écrits ayeux, fayence, payen. Se conformant à la règle générale qui enseigne que la lettre *y* représente deux *i*, ils ne manquent jamais de prononcer *é-ieux*, *fé-ience*, *pé-ien*, et ils prononcent fort mal.

Il faut écrire de cette manière le présent de l'affirmatif « nous *payons*, nous *envoyons*, nous *ennuyons*, nous *voyons*, nous *sursoyons*, nous *fuyons*; vous *payez*, vous *envoyez*, vous *ennuyez*, vous *voyez*, etc., etc. L'*y* est employé dans ces temps de verbes, parce qu'il faut y faire entendre le son de deux *i*, et que, pour cette raison, on ne pourrait pas écrire « nous paions, nous envoions, nous ennuions, nous voions, nous sursoions, nous fuions ». Mais on doit changer cet *y* en deux *i*, au passé simultanée de l'affirmatif, et au présent ou au futur du complétif. Exemples : nous paiions, nous envoiions, nous ennuiions, nous voiions, nous sursoiions, nous fuiions; que nous paiions, etc., etc. parce que, si l'on écrivait « nous envoyons, nous fuyons », on confondrait le présent de l'affirmatif avec le passé simultanée du même mode ; d'un autre côté, si l'on écrivait « nous envoyions, nous fuyions », l'*y* tenant la place de deux *i* dans les mots qui ne sont pas tirés du grec, on aurait trois *i*, au lieu de deux qui suffisent (1).

Des lettres euphoniques.

Il y a trois lettres que l'on appelle euphoniques, parce qu'on les emploie par euphonie, c'est-à-dire pour ménager la délicatesse de l'oreille, qui serait désagréablement affectée par l'hiatus que produirait la rencontre de deux voyelles. Ces trois lettres sont *l*, *t*, *s*.

L. — Rien ne serait plus choquant que de dire « *Si un* d'eux me demande ; *si on* vient ici ; *et on* peut en conclure ; je ne sçais à *qui on* en veut ; dites moi à *quoi on* songe ; *ou on* s'expose à la raillerie, etc ». Il faut donc dire nécessairement « Si l'un d'eux me demande ; si l'on vient ici ; et l'on peut en conclure ; je ne sçais à qui l'on en veut ; dites moi à qui l'on songe ; ou l'on s'expose à la raillerie, etc. »

T. — Il serait fort ridicule de dire « Où va-*il* ? Pense-*on* à nous ? Viendra-*on* ? parlera-*il* ? Approuve-*il* cette conduite ? Puisse-*elle* ne pas vous déplaire » ! On doit nécessairement dire : « Où va-t-il ? Pense-t-on à nous ? Viendra-t-on ? Parlera-t-il ? Approuve-t-il cette conduite ? Puisse-t-elle ne pas vous déplaire » !

S. — Il serait contraire aux lois de l'euphonie, de dire « Mène *y* moi ; donne *y* moi une

---

(1) Celui qui pourrait être choqué de l'orthographe « *païons, envoiions, ennuiions,* etc. » l'est-il de l'orthographe « *priions, riions,* etc. » ? Non sans doute. L'identité de prononciation commande l'identité d'orthographe.

place ; transporte *y* toi ; demande *en ;* change *en* le titre, va *y* bientôt, etc. » Vous devez dire nécessairement « Mène-s-y moi ; donne-s-y moi une place ; transporte-s-y toi ; demande-s-en ; change-s-en le titre : va-s-y bientôt (1), etc.

C'est à tort que plusieurs Écrivains, séduits par le raisonnement de Beauzée, prétendent qu'il faut dire *entre quatre-s-yeux*. L'adjectif numéral *quatre* ne prend *s* dans aucun cas ; si l'euphonie le réclame, le bon goût le rejette ; et il n'est pas plus permis de dire : « Si nous sommes jamais entre quatre -s-yeux », qu'il ne le serait de dire : « J'ai placé un banc entre ces quatre-s-arbres ». Quelques lettres euphoniques se sont, il est vrai, introduites peu-à-peu dans la langue, comme « va-s-y, donne-s-y tes soins, jouera-t-il, etc. » ; mais on ne les a consacrées que pour les locutions qui sont d'un fréquent usage, au lieu qu'une fréquence d'emplois n'a pas commandé la lettre *s* dans l'adjectif numéral *quatre*. Il faut donc dire : « Si nous sommes jamais entre quatre yeux », ou bien « Si jamais nous nous trouvons tous deux sans témoins ».

Des lettres majuscules.

Les lettres majuscules sont celles qui surpassent un peu par leur forme, les autres caractères des mots dont elles sont initiales. On emploie les lettres majuscules 1°. au commencement de chaque phrase et de chaque vers ; 2°. au commencement

---

(1) Un Grammairien connu a eu tort de dire que « si *y* est suivi d'un verbe, on écrira *va* sans *s* ». On doit écrire « va-s-y écouter ; va-s-y faire ta fortune ; va-s-y répandre les principes de la morale évangélique ».

des substantifs propres, tels que *Dieu*, *Homère*, *Virgile*, *Raphaël*, *Europe*, *Amérique*, la *France*, *Philadelphie*, le *Vésuve*, la *Provence*, *Marseille*, le *Rhône*, *Pâque*, la *Pentecôte*, les *Anglais*, *Neptune*, *Flore*, *Cérès*, *Némésis*, l'*Amour*, les *Grâces*, etc.; 3°. au commencement des substantifs qui énoncent des êtres moraux personnifiés, tels que la *Fortune*, l'*Hymen*, le *Sommeil*, l'*Envie*, la *Discorde*, etc.; 4°. au commencement des substantifs qui expriment des arts, des sciences, des dignités, lorsqu'ils sont toutefois le principal sujet du discours; ainsi l'on écrira : la *Géographie* et la *Chronologie* sont les deux yeux de l'*Histoire*. Les poètes disent que la *Musique* est un présent des dieux. La connaissance des principes de la *Grammaire* est nécessaire à qui veut bien écrire. Les *Synonymes* de l'abbé Girard renferment d'excellents principes de grammaire. Ce *Ministre* a été nommé *Comte* et *Pair* de France ; 5°. au commencement des adjectifs qui entrent dans la composition d'un substantif propre, et en font partie, comme *Saint-Louis*, *Henri-le-Grand*, *Philippe-le-Bel*, etc.; 6°. au commencement des mots *Monseigneur*, *Monsieur*, *Madame*, *Mademoiselle*, *Majesté* (qualification donnée à un souverain), *Excellence*, etc. 7°. au commencement des substantifs, soit communs, soit propres, auxquels on adresse la parole : Mes Enfants, secourez les pauvres, et Dieu vous bénira ; 8°. au commencement des substantifs individuels qui sont employés dans un sens métaphorique : La Harpe a été appelé le *Quintilien* de notre siècle ; 9°. enfin au commencement d'un discours direct que l'on cite, quoiqu'il ne soit précédé, suivant l'usage, que d'un signe de ponctuation plus faible que le point. Ex : Un Ecrivain célèbre voulait déterminer M. Ducis à accepter au moins quelque libéralité du Gouvernement, ce vertueux citoyen lui répondit : Quoi qu'il arrive jamais, je n'accepterai rien qui puisse augmenter mon revenu d'une obole.

Bien qu'on écrive la Grèce, les Grecs ; Troie, les Troyens ; Rome, les Romains, il faut écrire sans majuscule la nation grèque, les champs troyens, l'histoire romaine, etc. — On écrira : La Vieillesse amasse, la Jeunesse dissipe, etc. ; mais il faut écrire : Pendant la jeunesse, songeons quelquefois à la vieillesse. — On écrira : Les rois sont les Dieux de la terre. Soyons toujours les apôtres de la Vérité. — On écrira les Champs-Elysées, la Mer Rouge, le Petit-Carême de Massillon, le Nouveau Testament, l'Ecriture Sainte, l'Imitation de Jésus-Christ, etc.

Il est important, dit Beauzée, de faire usage des lettres majuscules dans les cas ci-dessus indiqués ; l'œil s'égarerait et se lasserait de l'uniformité d'une page où toutes les lettres seraient constamment égales. Les grandes lettres répandues avec intelligence parmi les petites, sont des points de repos pour l'œil, auquel elles offrent en même temps le plaisir de la variété. Ce sont, en outre, des avis muets sur des observations nécessaires, c'est une heureuse invention de l'art, pour augmenter ou pour fixer la lumière, et alors leur usage est d'un très grand prix.

De l'Alinéa.

L'alinéa est un blanc qu'on laisse entre le morceau qu'on vient d'écrire, et un autre morceau qu'on va commencer. Dans ce cas, on a toujours soin de reculer un peu vers la droite le mot qui commence la première ligne de l'alinéa (1).

On doit employer ce signe de distinction, dit Beauzée, pour différencier, par exemple, les diverses preuves d'une même vérité ; les diverses considérations que l'on peut présenter sur un même fait, sur un même projet ; les différentes affaires dont on parle dans une lettre, dans un mémoire : en un mot, toutes les fois que l'on passe d'un point de vue dont l'exposition a eu une certaine étendue, à un autre point de vue qui permet de prendre un repos plus considérable que celui du point.

RÈGLES.

1°. Quand un substantif se termine au singulier par un *t*, comme *enfant, serment, diamant, châtiment*, etc., on doit lui conserver cette lettre au pluriel ; c'est pourquoi l'on doit écrire *enfants, serments, diamants, châtiments*, etc.

C'est à tort que l'on supprime, au pluriel, le *t* dans les mots terminés en *ant* et *ent*, puisqu'on le conserve dans les monosyllabes, tels que *vents*,

---

(1) *Alinéa* est contracté de deux mots latins *alia linea*, autre ligne : en effet, quand on écrit *alinéa*, on abandonne la ligne, où l'on vient de terminer une phrase, pour en commencer une autre.

gants, *dents*, *goûts*, *lents*, etc. De même que l'on doit écrire les *mandats*, les *assauts*, les *attributs*, les *emprunts*, etc., de même, pour être conséquent, on doit écrire les *intrigants*, les *sentiments*, les *ignorants*, les *incidents*, etc.

Deux puissants motifs prescrivent impérieusement la conservation du *t* dans les mots terminés en *ant* et *ent*. Le premier motif, c'est qu'en le conservant, vous donnez par là même, et sur-le-champ, la connaissance de la lettre finale du singulier ; par exemple, je vois écrit *diamants*, j'en conclus que le singulier est *diamant* ; je lis imprimé *vétérans*, j'en conclus que le singulier est *vétéran* ; je vois écrits les *Géants*, les *Titans*, j'en conclus qu'ils s'écrivent, au singulier, l'un *Géant* et l'autre *Titan*. Le second motif, c'est que la suppression du *t* au singulier ne nous permettrait pas de distinguer la signification de certains mots ; on confondrait, par exemple, *tribus*, pluriel de *tribut*, avec *tribus*, pluriel de *tribu* ; *plans*, pluriel de *plant*, avec *plans*, pluriel de *plan* ; etc.

2. Le substantif *gens* (dont le singulier n'est pas en usage) est le seul qui rejette le *t* au pluriel ; mais ce mot est si bizarre de sa nature, qu'on peut lui pardonner encore cette irrégularité. — L'adjectif *tout* ne conserve pas, au pluriel, le *t* final ; on écrit, mais à tort, « *tous* les hommes ont leurs défauts ; ils diffèrent de goûts et d'inclinations », au lieu de « *touts* les hommes ont leurs défauts ; ils diffèrent de goûts et d'inclinations ».

3. La lettre *s* est la marque distinctive du pluriel

des substantifs. et des adjectifs ; cependant on écrit *signaux*, *vassaux*, *châteaux*, *vitraux* (1), *émaux* ; *auxquels* ; *libéraux*, *égaux*, *nouveaux* ; *pieux*, *lieux*, *vœux*, *ceux* ; *bijoux*, *cailloux*, etc. Il viendra sans doute un temps où l'on écrira d'une manière uniforme le pluriel de tous les substantifs et adjectifs ; on écrira comme bosquet*s*, amour*s*, long*s*, indiscret*s*, etc., les signau*s*, les vassau*s*, les château*s*, les vitrau*s*, les émau*s* ; ausquels ; libérau*s*, égau*s*, nouveau*s* ; les pieu*s*, les lieu*s*, les vœu*s*, ceu*s* (2) ; les bijou*s*, les caillou*s*, les chou*s*, les coliou*s*, les genou*s*, les joujou*s*, les pou*s*, les verrou*s* ; de même qu'au lieu de *andaloux*, *cloux*, *écroux*, *filoux*, *foux*, *hiboux*, *licoux*, *sapajoux*, *soux*, *troux*, *loix*, *roix*, etc. on écrit enfin aujourd'hui andalous, clous, écrous, filous, fous, hibous, licous, sapajous, sous, trous, lois, rois, etc.

4. Comme les Grammairiens, l'Académie et les gens de lettres sont fort peu d'accord sur l'inflexion plurielle à donner aux substantifs composés, nous allons déterminer l'orthographe d'un grand nombre de substantifs composés, sous le rapport de l'inflexion qu'ils prennent ou qu'ils rejettent :

Pluriel.	*Pluriel.*
Abat-jour,	Arcs-boutants,
Abat-vent,	Arcs-en-ciel,
Appui-main,	Avant-scènes,

---

(1) Ce substantif n'a pas de singulier. — *Apparaux* est de même catégorie.

(2) On écrit aujourd'hui bleus (des yeux bleus), des francs-alleus.

ORTHOGRAPHE. NOMBRE PLURIEL.

Pluriel.	*Pluriel.*
Avant-trains,	Chefs-lieux,
Bains-Marie (1),	Chiens-marins,
Bancs-de-sable,	Claires-voies,
Basses-cours,	Clairs-obscurs,
Basses-fosses,	Coffres-forts,
Becs-de-corbin,	Colin-Maillard,
Becs-figues,	Contre-cœur,
Blancs-becs,	Contre-coups,
Boute-en-train,	Contre-batteries,
Boute-feu,	Contre-danses,
Bouts-rimés,	Contre-jour,
Branches-ursines,	Contre-marches,
Brise-cou,	Contre-parties,
Brise-raison,	Contre-poids,
Brise-vent,	Contre-vérité,
Brûle-tout,	Contre-vents,
Casse-noisettes,	Coq-à-l'âne,
Cerfs-volants,	Corps-de-garde,
Chasse-marée,	Coups-d'œil,
Chasse-mouches,	Coupe-gorge,
Chats-huants,	Courtes-pointes (2),
Chausse-pieds,	Couvre-chef,
Chausse-trapes,	Couvre-feu,
Chauves-souris,	Crêtes-de-coq,
Chefs-d'œuvre,	Crève-cœur,

---

(1) Marie ne prend pas *s*, parce que c'est un substantif propre. Une femme de ce nom a inventé la manière de chauffer au bain-marie.

(1) C'est par corruption, qu'on dit *courte-pointe*, au lieu de *contre-pointe*, espèce de couverture où les points (ou pointes) sont piqués les uns contre les autres.

Pluriel. | *Pluriel.*

Croc-en-jambe,	Garde-meubles,
Culs-de-jatte,	Gardes-notes,
Culs-de-lampe,	Garde-robes,
Cure-dents,	Gâte-métier,
Dame-Jeanne,	Gobe-mouches,
Duchés-pairies,	Hausse-col,
Entre-côtes,	Haut-le-corps,
Entre-sol,	Hauts-de-chausses,
Epines-vinettes,	Hautes-futaies,
Epargne-mailles,	Havre-sacs,
Essuie-mains,	Loups-cerviers,
Faux-fuyants,	Loups-garous,
Fers-à-cheval,	Mains-d'œuvre,
Fesse-cahiers,	Mains-levées,
Fesse-Mathieu,	Mal-aises,
Fêtes-Dieu,	Messire-Jean,
Fier-à-bras,	Mille-pieds,
Francs-alleus,	Mouille-bouche,
Francs-maçons,	OEils-de-bœuf,
Gagne-pain,	Ouï-dire,
Gagne-petit,	Oreilles-d'ours,
Gardes-bois,	Passe-debout,
Garde-boutiques,	Passe-droit,
Gardes-champêtres,	Passe-parole,
Gardes-côtes,	Passe-partout,
Garde-feu,	Passe-volants,
Garde-fou,	Pattes-d'oie,
Gardes-magasins,	Perce-neige,
Garde-manger,	Perce-oreilles,
Gardes-marines,	Petits-maîtres,

Pluriel.	*Pluriel.*
Pieds-d'alouette,	Serre-file,
Pied-à-terre,	Serre-tête,
Pies-grièches,	Serre-papiers,
Pince-mailles,	Sous-diacres,
Porcs-épics,	Sous-maitres,
Pots-pourris,	Te-deum,
Porte-arquebuse,	Terre-plains,
Porte-crosse,	Tête-à-tête (1).
Porte-feuilles,	Tire-bottes,
Porte-mouchettes,	Tire-bourre,
Post-scriptum,	Tire-lires,
Pots-à-l'eau,	Tire-moëlle,
Pot-au-feu,	Tire-pied,
Pots-à-fleurs,	Trouble-fêtes,
Pots-de-vin,	Tout-ou-rien,
Prie-Dieu,	Vade-mecum,
Quasi-délits,	Va-tout,
Quinze-vingts,	Vers-à-soie,
Reine-Claude,	Vers-coquins,
Reine-Marguerite,	Vice-amiraux,
Réveille-matin,	Vice-rois (2),
Rose-croix,	Vide-bouteilles,
Rouge-gorge,	Vires-voltes,
Saufs-conduits,	Vole-au-vent.
Sauves-gardes,	

(1) Marmontel a eu tort d'écrire « les tête-à-têtes ». Il ne faut pas écrire non plus avec Desmahis: « Les rendez-vous s'éloignent, les têtes-à-têtes s'abrègent. Ecrivez plutôt avec Jean Jacques: « J'avais avec Mademoiselle *** des tête-à-tête assez courts, mais assez vifs ».

(2) La particule initiale *vice*, qui signifie *à la place de*, et les particules *anti*, *demi*, *semi*, *tragi*, placées devant un substantif, restent invariables.

AI, AIN, AM, AN, AU.

5. Commencez par AI les mots *Aider*, *aigle*, *aigre*, *aigrette*, *aigreur*, *aigrir*, *aigu*, *aiguière*, *aiguille*, *aiguillon*, *aiguillonner*, *aiguiser*, *aile*, *aimable*, *aine* (1), *aîné*, *airain*, *aisance*, *aise*, *aisé*, etc. — Ajoutez y *apaiser*, *araignée*; *baigneur*, *baiser*, *biaiser*, *blaireau*, *braise*; *chaînette*, *chaise*, *chataigne*, *claie*, *clairet*, *clairon*, *complaisance*; *daigner*, *défaite*, *dégaîner*, *délaisser*, *distraire*; *éclaircir*; *fadaise*, *fainéant*, *faîte*, *falaise*, *fantaisie*, *fenaison*, *flairer*, *fraise*; *glaise*, *glaive*; *ivraie*; *laideur*, *laie*, *lainage*, *lait*, *laitage*, *laiton*, *laitue*, *livraison*; *maigreur*, *mais*, *maison*, *maîtrise*, *métairie*, *monnaie*, *mortaise*; *naître*, *niaiserie*; *pairie*, *paisible*, *paître*, *paix*, *plaider*, *plaire*, *plaisant*, *plaisir*, *prairie*, *précaire*, *punaise*; *rafraîchir*, *raie*, *raifort*, *raiponce*, *raisin*, *raison*, *retraite*; *saignée*, *sainement*, *saisir*, *saisissement*, *saison*, *salaison*, *souhaiter*; *taire*, *traîneau*, *traînée*, *traire*, *traitant*, *traitement*, *traiter*; *vainement*, *venaison*, *vinaigre*, etc.

6. Commencez par AIN les seuls mots *ains* (vieux mot qui signifie *mais*), et *ainsi*. — Les cinq verbes suivants prennent *ain* : *contraindre*, *craindre*, *plaindre*, *vaincre*, *convaincre*. Ajoutez-y leurs primitifs *contrainte*, *crainte*, *plainte*.

7. Commencez par AM les mots *ambassadeur*, *ambe*, *ambidextre*, *ambiguité*, *ambition*, *am-*

---

(1) On écrivait autrefois *aigne*, du mot latin *inguen*.

ble, ambre, ambrette, ambroisie, ambulant, amphibologie, amphigouri, amphithéâtre, amphore, Amphitrite, ample, ampleur, ampliation, amplification, ampoule, amputer, etc. — Ajoutez y alambic, chambre, damner, enjamber, jambe, jambon; lambeau, Lamballe, lambiner, lambrisser, lampe, lamper, lampion, lamproie; pampre; rampe, ramper; tambour; vampire, etc.

8. Commencez par AN les mots Ancenis, ancêtres, anche, Anchise, anchoise, ancien, ancre, Andromaque, Andromède, andouille, angar, ange, angle, Angleterre, angoisse, Angora, anguille, ankilose, anse, antagoniste, antarctique, antenne, antérieur, antienne, antre, antropophage, anxiété, etc. en outre, tous les mots qui commencent par *anti*. — Ajoutez y abandon, achalander, avance, avantage ; balancer, ban, banc, bande, bandeau, bandit, bandoulière, banque, banquet, brancard, branle; chanceler, changer, chanvre, commander; danger, danser; enfanter, épancher, épouvanter, étançonner, étranger ; fanfare, fanfaron, fange, fantaisie, fantasque, fantassin, fantôme, fiancer, finance, forfanterie, franchir ; garantir, gourmander ; janvier, Janville; lance, landes, lange, langue, langoureux, languir, lavande; Manceau, manche, manchette, manchon, manchot, mandarin, mandat, mandement, manger, manquer, mantelet, Mantoue; nantir; offrande; Pan (dieu), pancarte, panse, pansement, panser, panthère, pantalon, Panthéon, pantomime, pantoufle, plaisanter, planter; rance, rançon, rang; sandale, sanda-

raque, sang, sanglier, santé, scandale; tancer, tanche, tandis, tangente, Tantale, tante, tantôt, trancher; vandale, vantail, vanter, vanterie, viande, vivandier, etc.

9. Commencez par AU les mots *aube*, *auberge*, *aubier*, *audace*, *audience*, *auditeur*, *auditoire*, *auge*, *augmenter*, *augure*, *aumônier*, *Aunis*, *aune* (mesure), *auparavant*, *auprès*, *aurore*, *autan*, *autant*, *autel*, *auteur*, *authentique*, *autocrate*, *auto-da-fé*, *automate*, *automne*, *autorisation*, *autorité*, *autruche*, *autrui*, *auxiliaire*, etc. (1) — Ajoutez y *baudet*, *baudrier*, *bauge*, *baume*; *cause*, *causer*, *cautère*, *caution*, *chaume*, *chauve*, *Claude*, *clause*; *daube*, *dauphin*; *faucon*, *faubourg*, *faucher*, *faucille*, *Faune*, *faute*, *fauteuil*, *fauteur*, *fautif*, *fauvette*, *fraude*; *gaufre*, *Gaule*, *gaule*; *jauge*, *jaune*; *laurier*, *Lausanne*; *maraude*, *maudit*, *Maures* (les), *mausolée*, *mauve*, *mauviette*; *naufrage*, *nausée*, *nautonnier*; *paume*, *pause*, *pauvre*, *plausible*; *raucité*, *rauque*; *sauce*, *saucisse*, *sauf*, *sauge*, *saule*, *saumon*, *saut*, *sauterelle*, *sautoir*, *sauveur*; *taudis*, *taupe*, *tauper*, *taureau*, *taux*; *vaudeville*, *vautour*, *se vautrer*, etc.

EM, eN.

10. Commencez par EM ayant le son de *an*, les mots *emballer*, *embarquer*, *embarras*, *embaucher*, *embaumer*, *embéguiner*, *embellir*, *emboîter*, *embonpoint*, *embouchoir*, *embouchure*, *embour-*

---

(1) On commence par AU tous les mots où ce son est suivi d'un *t*, comme *autel*, *auteur*, etc. Il faut en excepter les deux seuls mots *otage* et *ôter*.

ber, *embraser, embrasser, embrasure, embrocher, embrouiller, embrumé, embuche, embuscade, emmagasiner, emmaigrir, emmailloter, emmener, empailler, empâter, empêcher, empeser, empêtrer, emphytéotique, empiéter, empirer, emplâtre, employer, empoisonner, empoissonner, emporter, empôter, empreinte, empressé, emprisonner, emprunt, empyrée.* (1)

11. Commencez par EN les mots *encadrer, encaisser, encan, encaver, enceindre, encens, enchaîner, enchanter, enchâsser, enchère, enclaver, enclume, encombre, encourir, encre, endetter, endoctriner, endommager, endormir, endosser, endurcir, enfanter, enfermer, enferrer, enflammer, enfoncer, enfreindre, engager, engeance, engelure, engendrer, engoué, engourdissement, engrener, enhardir, enharnacher, enjoliver, enlacer, enlever, enluminer, enquête, enraciner, enragé, enrhumer, enrichir, enrôler, enroué, ensanglanter, enseigne, ensemencer, entamer, entasser, enter, enterrer, enthousiasme, entonner, entourer, entremets, entreprendre, envahir, envelopper, enviné, envoyer,* etc.

IM, IN.

12. Commencez par IM ayant le son de *in*, tous les mots où cette première syllabe est suivie

---

(1) On commence par *em*, ayant le son de *an*, presque tous les mots où cette première syllabe est suivie de B, de M ou de P; cependant il y a des exceptions à cette règle, et nous les avons fait connaître dans la série des mots commençant par AM.

de B, ou de P, tels que *imbécille*, *imberbe*, *imbiber*, *imbroglio*, *imbu*, *impair*, *impalpable*, *impardonnable*, *imparfait*, *impartial*, *impasse*, *impassible*, *impatience*, *s'impatroniser*, *impeccable*, *impénétrable*, *impénitence*, *impératif*, *imperceptible*, *imperdable*, *imperfection*, *impériale*, *impérieux*, *impérissable*, *impéritie*, *imperméable*, *impersonnel*, *impertinence*, *imperturbable*, *impétueux*, *impiété*, *impitoyable*, *implanter*, et tous les mots où la première syllabe est, comme nous l'avons dit, suivie de P.

13. Commencez par IN les mots *incadescent*, *incapable*, *incarcérer*, *incarnat*, *incendie*, *incertain*, *inceste*, *incident*, *incisif*, *inciter*, *incivilité*, *inclémence*, *incliner*, *inclus*, *incohérence*, *incommode*, *incomparable*, *inconcevable*, *inconduite*, *inconséquence*, *inconsolable*, *incontinence*, *inconvenient*, *incorruptible*, *incrédule*, etc. etc. — Les mots *ains* et *ainsi* sont, comme nous l'avons dit, les seuls qui commencent par AIN.

O, OE.

14. Commencez par O les mots *obédience*, *obéissance*, *obélisque*, *obérer*, *obus*, *ode*, *odéon*, *odeur*, *odieux*, *odoriférant*, *ognon*, *ogre*, *Oléron*, *oligarchie*, *olive*, *Olonne*, *olympe*, *omelette*, *onéreux*, *onomatopée*, *opaque*, *opéra*, *opération*, *opérer*, *opiat*, *opiner*, *opiniâtre*, *opinion*, *opulent*, *opuscule*, *oracle*, *orage*, *orange*, *orateur*, *otage*, *ôter*, etc. (*Voy.* le chiffre 9).

15. Commencez par OE les mots *œcuménique*,

œdème, OEdipe, œil, œillère, œillet, œilleton, œsophage, œuf, œuvé, œuvre, etc. — Ajoutez y les mots suivants : bœuf, chœur, cœur, désœuvrement, fœtus, manœuvre, mœurs, nœud, sœur, vœu, lesquels mots s'écrivent avec oe, par la raison qu'il y a un o dans les mots latins dont ils tirent leur origine. (*Voy. le chiffre* 147).

QUA, QUO.

16. Commencez par QUA et par QUO les mots suivants : *quadragénaire, quadragésime, quadrangulaire, quadratin, quadrature, quadrige, quadrille, quadrupède, quadruple, quadrupler, quaker, qualification, qualifier, qualité, quand, quanquan, quant, quantième, quantité, quarantaine, quarante, quart, quartaut, quarte, quarteron, quartier, quartz, quasi, quasimodo, quaterne, quatorze, quatrain, quatre, quatrième, quatuor; quolibet, quote-part, quotidien, quotient* et *quotité*. Ajoutez y *aquatique, équarrir, équateur, équation, équivalent, réliquat, réliquataire, aliquote*, etc.

Y.

17. Commencez par Y les mots *yacht, Yarmouth, yeux, yeuse* (1), *yo* (flûte chinoise), *yole* (canot), *Yonne, Yorck, ypréau, Ypres, Yssengeaux, yttria* (terre blanche particulière), *Yverdun, Yvetot* et *Yvoy*. — Ajoutez à ces mots *y*, signifiant *à ceci* ou *là* (adverbe.)

---

(1) Consultez la page 4 pour les mots *yeux, yeuse,* et *y*.

A, ABLE, ACE, AFE.

18. Terminez par A les mots suivants : *acacia*, *agenda*, *alléluia*, *alpha*, *Angola*, *Angora*, *Bassora* (ville), *brouhaha*, *cahin-caha*, *Canada*, *canapsa*, *catalpa*, *cela*, *colza*, *corysa*, *Cuba* (île), *deçà*, *déjà*, *duplicata*, *errata*, *falbala*, *gala*, *Géta*, *holà*, *iota*, *juda*, *Jugurtha*, *Lima* (ville), *Malaga* (ville), *nota*, *oméga*, *opéra*, *panorama*, *papa*, *pinchina*, *prorata*, *quina*, *quinquina*, *ratafia*, *recta*, *remora*, *réséda*, *tafia*, *Scylla*, *Sésia* (rivière), *sonica*, *sopha*, *Sylla*, *ténia*, *Vesta*, *vitchoura*, *voilà*, etc.

19. Terminez par *able* les mots suivants : *applicable* (et non pas *appliquable*), *praticable* (et non pas *pratiquable*), *infatigable* (et non pas *infatiguable*) :

« De leurs vers fatigants, lecteurs *infatigables* »

20. Terminez par *ace* les mots suivants : *audace*, *bonace* (calme sur mer), *coriace*, *espace*, *face*, *glace*, *grâce*, *grimace*, *menace*, *place*, *rapace*, *tenace*, *trace*, *villace*, *vorace*, etc. etc. les verbes il *agace*, il *lace* (de lacer), il *place*, il *trace*, etc. (*Voyez le chiffre* 38).

21. Terminez par *afe* les mots suivants : *agrafe*, *carafe*, *parafe*, et par *affe* ceux-ci : *giraffe*, *pataraffe* et *piaffe*. Tous les autres mots de cette désinence à l'oreille sont en *aphe* : *épigraphe*, *épitaphe*, *géographe*, *néographe*, *orthographe*, *paragraphe*, etc.

AI, AIL, AIM, AIN, AINE.

22. Terminez par *ai*, les mots suivants : *bai, balai, déblai, délai, défrai, essai, étai, frai, gai, geai, lai, mai, papegeai, virelai, vrai,* etc.

23. Terminez par *ail* tous les substantifs masculins qui ont cette désinence pour l'oreille ; et terminez par *aille*, tous les substantifs féminins qui ont cette finale ; c'est pourquoi écrivez : *camail* m, *éventail* m, *soupirail* m, etc., etc. ; *bataille* f, *limaille* f, *muraille* f, etc., etc.

24. Terminez par *aim* les quatre substantifs suivants : *daim, essaim, faim, étaim* (la partie la plus fine de la laine cardée).

25. Terminez par *ain* les mots suivants : *Africain, Ain* (rivière), *airain, Américain, aubain; bain; certain, chapelain, châtain, châtelain, contemporain; dédain, demain. diocésain, dixain, dominicain; écrivain, étain* (métal) ; *forain, franciscain; gain, germain, grain; hautain, humain; lendemain, levain, lointain; main, massepain, merrain, métropolitain, mondain; nain, napolitain, nonnain; pain, parrain, plantain; poulain,* (1), *prochain, publicain, puritain, quatrain; refrain, regain, riverain, romain; sacristain, sain, sixain, soudain, souterrain, souverain, suzerain, Sylvain; tain* de glace, *terrain, train; vain, vilain, Vulcain,* etc.

26. Terminez par *aine* les mots suivants : *aine* (2),

---

(1) *Voyez néanmoins le chiffre* 127.
(2) La rivière de ce nom s'écrit *Aisne*. (*Voyez la note de la page* 16.)

Aquitaine, *aubaine*; *bedaine*; *capitaine*, *chaîne*; *dixaine*, *domaine*, *douzaine*; *faine*, *fontaine*, *fredaine*, *futaine*; *gaine*, *graine*; *haine*, *huitaine*; *laine*, la *Lorraine*, le *Maine*, *marjolaine*, *marraine*, *migraine*, *mitaine*; *novaine*; *plaine*, *porcelaine*; *quarantaine*; *romaine*; *samaritaine*, *semaine*, *soixantaine*; la *Touraine*, *trentaine*; *vingtaine*, etc. Ajoutez y les dérivés de tous ces mots, comme : *enchaîner*, *entraîner*, *dégaîner*, *traîner*, etc. etc.

AIR, AIRE, AIS, AIT, AITRE.

27. Terminez par *air* les seuls mots suivants : *air*, *chair* (qui est entre la peau et les os), *clair*, *éclair*, *impair*, *pair* (égal), et *Pair* (de France).

28. Terminez par *aire* les mots suivants : *affaire*, *aire* (place ; nid de l'aigle), *Aire* (ville); *chaire* (de prédicateur), *corsaire*; *éclaire* (plante); *glaire*; *libraire*; *maire*, *mercenaire*; *notaire*; *paire* (couple); *salaire*, *séminaire*; *vulgaire*, et une infinité de substantifs, d'adjectifs et de verbes pour lesquels il faut consulter le vocabulaire.

29. Terminez par *ais* les mots suivants : *ais*; *biais*; *dais*, *désormais*; *engrais*, *épais*; *frais*; *jamais*; *laquais*; *mais*, *marais*, *mauvais*; *niais*; *palais*, *panais*, *punais*; *rabais*, *rais*, *relais*, etc., mais écrivez *faix*, *paix*, *porte-faix*.

30. Terminez par *ait* les mots *abstrait*, *attrait*, *bienfait*, *distrait*; *extrait*; *fait*, *forfait*, *fortrait*; *lait*; *méfait*; *parfait*, *portrait*; *retrait*; *satisfait*, *souhait*, *stupéfait*; *trait*; *vautrait*.

31. Terminez par *aître* les mots suivants : *maître, traître, naître, connaître, paître, paraître*, et les dérivés ou les composés de ces six mots. Les autres termes qui ont cette désinence pour l'oreille sont *ancêtres, champêtre, être, fenêtre, guêtre, hêtre, prêtre, salpêtre*, etc.

AL, AN, ANCE, ANSE.

32. Terminez par *al* tous les substantifs et adjectifs masculins qui ont cette finale, tels que *amiral, bocal, canal, cheval, hôpital, local, mal, régal, vassal*, etc. etc. ; *banal, égal, fatal, libéral, royal*, etc. etc. Excepté *bubale, Bucéphale, Cannibale, Dédale, hâle, mâle, râle, scandale, Tantale, ovale*, soit substantifs, soit adjectif, et *sale*, adjectif. — Les substantifs et adjectifs féminins sont terminés en *ale*, tels que *cabale, cale, cavale, écale, gale, timbale*, etc. etc., *banale, égale, fatale, libérale, royale*, etc. etc.

33. Terminez par *an* les substantifs qui suivent : *alan, alcoran, alezan, an, artisan, Astracan, autan ; ban, bilan, boucan, bougran, bouracan, brelan ; cabestan, cadran, cafetan, carcan, Carentan, Carignan, chambellan, charlatan, chouan, Coriolan, cormoran, courtisan, cran, cravan ; divan, dogman ; écran, élan, empan, encan, éperlan, Eridan ; faisan, farfan, flan* (sorte de tarte), *forban ; gallican, le Gévaudan ; hauban ; iman, Indostan, Ispahan ; Léman* (lac de Genève) ; *maman, merlan, Milan, le Morbihan, musulman, myrobolan ; océan, ortolan, orviétan, Ottoman,*

II.ᵉ PART. 2

ouragan ; *palan*, *Pan* (divinité), *pan*, *partisan*, *paysan*, *pélican*, *Persan*, *plan* (1) ; *ramadan*, *roman*, *ruban* ; *safran*, *satan*, *seran*, *soudan*, *sultan* ; *talisman*, *Tamerlan*, *tan* (écorce de chêne), *Titan*; *toscan*, *toucan*, *Trajan*, *trépan*, *turban*, *tympan*, *tyran*; *van* (instrument d'osier), le *Vatican*, *Vauban*, *vétéran*, *volcan*, etc.

34. Terminez par *ance* les mots ci-après : *abondance*, *ambulance* ; *balance*, *bienfesance* ; *complaisance*, *consistance*, *constance*, *contenance*, *croissance* ; *dépendance* ; *élégance*, *engeance* ; *garance* ; *importance* ; *instance*, *intempérance* ; *jactance* ; *lance* ; *malveillance*, *médisance* ; *nonchalance* ; *obligeance* ; *pétulance*, *préséance*, *puissance* ; *souffrance* ; *vaillance*, *vengeance*, *vigilance*, *vraisemblance*, et généralement les substantifs qui, en latin, se terminent par *antia* (2).

35. Terminez par *anse* les mots suivants : *contredanse* ; *danse* ; *ganse* ; *panse* ; *transe* ; il *panse* (un cheval ou une blessure).

ANT, AS, ASSE, AT.

36. Terminez par *ant* les mots qui suivent : *abondant* ; *complaisant*, *constant* ; *dépendant*, *diamant* ; *éléphant*, *enfant*, *exorbitant* ; *fabricant* ; *galant*, *gant* ; *habitant* ; *impor-*

---

(1) *Plan* (projet, dessein), ne doit pas être confondu avec *plant* (scion qu'on tire de certains arbres pour le planter).

(2) Tels sont *abundantia*, *beneficentia*, *constantia*, *intemperantia*, etc. etc. Ceux qui ont étudié la langue latine ont un grand avantage sur ceux qui sont étrangers à cette langue, source de nos richesses grammaticales.

ORTHOGRAPHE. FINALES.

tant ; méchant, nonchalant ; obligeant, odorant, odoriférant ; pédant, pétulant, puissant ; rubéfiant ; sanglant, sçavant ; vigilant, etc. etc. Ajoutez y tous les participes présents, tels que aimant, blâmant, chantant, étudiant, etc etc. embarras ; fatras, fracas, frimas ; glas ; haras ; hélas ! jas ; las ! lilas, limas, Lucas ; Madras, matelas, matras ; Nicolas ; pancréas, pas ; tas, Thomas, tracas, trépas ; vergias, etc. les adjectifs gras, las, ras, et l'exclamatif hélas !

37. Terminez par *as* les substantifs ci-après : amas, ananas, appas, as ; bas, bourras, bras ; cabas, cadenas, canevas, cas, cervelas, chasselas, choucas, coutelas ; damas, débarras ; échalas,

38. Terminez par *asse* les mots suivants : bagasse, basse, bécasse, bonasse (sans malice), brasse ; calebasse, carcasse, chasse, châsse, classe, cocasse, crasse, crevasse, cuirasse, culasse ; échasse ; filasse ; grasse ; hommasse ; lasse, liasse ; masse, mollasse ; nasse ; paillasse, paperasse, Parnasse, potasse ; sçavantasse ; tasse, le Tasse, terrasse, etc. etc. les verbes il casse, il enchâsse, il lasse (de lasser), il passe, il tracasse, etc. ; il faut que je fasse ; il fallait que j'étudiasse, que je mangeasse, etc. (Voyez le chiffre 20).

39. Terminez par *at* les substantifs achat, apparat, appât, assassinat, attentat, avocat ; bât, burat ; canonicat, Catinat, célibat, certificat, chat, combat, crachat ; débat, dégât, ducat ; éclat, entrechat, état, exarchat ; forçat ; grabat ; lauréat,

légat ; magistrat ; marquisat, mât ; odorat ; pissat, potentat, prélat, primat ; rabat, rat ; sabbat, secrétariat, sénat, soldat, syndicat, etc. Les adjectifs *ingrat*, *mat*, *plat*, *scélérat*, etc.

AU, AUD, AUT, AUX.

40. Terminez par *au* les substantifs suivants : *aloyau*, *boyau*, *étau*, *fabliau*, *gruau*, *hoyau*, *joyau*, *noyau*, *Pau* (ville), *préau*, *tuyau*. Les autres substantifs qui ont cette désinence à l'oreille, sont terminés en *eau* : *agneau*, *bateau*, *caveau*, *créneau*, *fuseau*, *hameau*, *lapereau*, *naseau*, *perdreau*, *ruisseau*, *sceau*, *tonneau*, *troupeau*, *vaisseau*, *vermisseau*, *verseau*, etc. etc.

41. Terminez par *aud* les mots ci-joints : *badaud*, *cabillaud*, *chaud*, *crapaud*, *courtaud*, *échafaud*, *finaud*, *lourdaud*, *maraud*, *nigaud*, *noiraud*, *pataud*, *penaud*, *Pétaud*, *réchaud*, *rougeaud*, *rustaud*, *saligaud*, *soûlaud*, *sourdaud*.

42. Terminez par *aut* les mots suivants : *artichaut*, *assaut*, *défaut*, *l'Escaut*, *héraut* (1), *levraut*, *panicaut*, *quartaut*, *saut*, *sursaut*, etc. il *faut*, il *vaut* ; etc.

43. Terminez par *aux* les mots ci-après : *chaux*, *faux*, *taux* et l'adjectif *faux*, qui fait *fausse* au féminin. On donne encore cette finale au pluriel de la plûpart des substantifs et adjectifs terminés en *al* et en *ail*, comme *bocaux*, *chevaux*, *soupiraux* ; *égaux*, *libéraux*, etc. etc.

---

(1) On écrit ainsi *Hérault* (rivière).

É, ÉE, EIL, EIN, EINDRE, EINE, ÈLE.

44. Terminez par é précédé de la lettre *t* les substantifs féminins qui correspondent à un adjectif ; écrivez donc :

Ancienneté,		Ancien.
Antiquité,		Antique.
Bonté,		Bon.
Chasteté,		Chaste.
Cherté,		Cher.
Commodité,		Commode.
Cordialité,		Cordial.
Docilité,		Docile.
Dureté,		Dur.
Facilité,		Facile.
Fermeté,		Ferme.
Générosité,		Généreux.
Humanité,	A cause des adjectifs	Humain.
Limpidité,		Limpide.
Loquacité,		Loquace.
Loyauté,		Loyal.
Sainteté,		Saint.
Salubrité,		Salubre.
Santé,		Sain.
Sincérité,		Sincère.
Surdité,		Sourd.
Sûreté,		Sûr.
Timidité,		Timide.
Tranquillité,		Tranquille.
Urbanité,		Urbain.
Véracité,		Vrai.
Volonté, etc.		Volontaire, etc.

Mais écrivez par *ée*, précédé de la lettre *t*,

Charretée,		Charrier.
Dictée,		Dicter.
Jetée,	A cause des verbes	Jeter.
Montée,		Monter.
Pâtée,		Empâter.
Portée,		Porter.
Potée, etc.		Empoter, etc.

45. Terminez par *ée* 1°. les substantifs féminins qui correspondent à un verbe, tels que :

Allée,		Aller.
Armée,		Armer.
Arrivée,		Arriver.
Assemblée,		Assembler.
Bouffée,		Bouffer.
Bourrée,		Bourrer.
Brassée,		Brasser.
Chaussée,		Chausser.
Cognée,		Cogner.
Couchée,		Coucher.
Coulée,	A cause des verbes	Couler.
Couvée,		Couver.
Criée,		Crier.
Cuvée,		Cuver.
Dînée,		Dîner.
Donnée,		Donner.
Durée,		Durer.
Echappée,		Ehapper.
Entrée,		Entrer.
Etuvée,		Etuver.
Fournée,		Enfourner.
Fricassée,		Fricasser.
Fumée,		Fumer.

Gelée,	Geler,
Gerbée,	Gerber.
Gorgée,	Gorger.
Huée,	Huer.
Jonchée,	Joncher.
Lampée,	Lamper.
Levée,	Lever.
Mêlée,	Mêler.
Menée,	Mener.
Montée,	Monter.
Nichée,	Nicher.
Ordonnée,	Ordonner.
Pensée,	Penser.
Percée,	Percer.
Pesée,	Peser.
Pincée,	Pincer.
Pipée,	Piper.
Poussée,	Pousser.
Prisée,	Priser.
Purée,	Purer.
Rangée,	Ranger.
Risée,	Rire.
Rosée,	Arroser.
Saignée,	Saigner.
Tournée,	Tourner.
Traînée,	Traîner.
Tranchée,	Trancher.
Traversée,	Traverser.
Trouée,	Trouer.
Veillée,	Veiller.
Visée,	Viser.
Volée, etc.	Voler, etc.

A cause des verbes

2°. Les substantifs qui ont pour base des substantifs de mesure comme *assiettée, cuvée, hottée, pincée, poignée, gorgée, pelletée, maisonnée, nichée, panerée, écuellée, potée, brassée, platée, éclusée*, etc. etc.

3°. Les substantifs tirés des mots latins qui admettent le son de l'e à l'avant-dernière syllabe, comme : *Androgée* (du latin *Androgeus*), *Antée, apogée* (du latin *apogæum*), *Astrée, athénée, athée ; Borée, Briarée ; caducée, coryphée, Cythérée ; diarrhée ; Egée, Elysée, Enée, Epiméthée, épopée ; Galilée, graminée ; hyménée ; Idoménée ; Judée ; liliacée, lycée ; Machabée, Mardochée, mausolée, Médée, Ménesthée, Méditerranée, miscellanées, Morée, Morphée, musée ; Napée, Nérée ; odyssée, onomatopée, Orphée ; périgée, Persée, le Pirée, Pompée, Prométhée, prosopopée, Protée, prytanée, pygmée, Pyrénées ; Rhée ; scarabée, Sichée, spondée, Thésée, trophée,* etc.

4°. Les mots qui suivent : *aiguillée, année, araignée, aunée ; becquée, billevesée, bouchée, bouffée, brouée ; camée, cendrée, centaurée, chafée, chambrée, chaussée, cheminée, chicorée, clavelée, Colisée, contrée, corvée, coudée, couleuvrée, crenée,* la *Crimée, croisée, culée, curée ; denrée, destinée, dragée, dulcinée ; échauffourée, échinée, emblée, empyrée, épée, équipée, escourgée, étuvée ; fée, feuillée, fiancée, fusée ; giboulée, giroflée, glandée, grivelée,* la *Guinée, guinée ; haleinée, haquenée, idée ; linnée, lippée, livrée ; maréchaussée, marée, mariée, matinée,* mêlée, mijaurée ; nausée, nuée, nuitée ; ondée, onglée ; pâmée, panacée, périnée , picorée, poirée, poupée ; ramée, renommée, rosée ; sénéchaussée, simagrée, soirée ; uvée ; vallée, vinée, etc.

46. Terminez par *eil* tous les substantifs masculins qui ont cette désinence pour l'oreille ; et terminez par *eille* tous les substantifs féminins qui ont cette finale ; ainsi écrivez *appareil* m , *conseil* m , *orteil* m , etc. ; et *bouteille* f , *treille* f , *veille* f , etc.

47. Terminez par *ein* les mots *dessein* , *frein* , *plein*, *sein*, *serein* (rosée qui tombe au coucher du soleil), et *serein* (clair). Tous les autres mots qui ont cette désinence pour l'oreille se terminent par *in*.

48. Terminez par *eindre* les mots suivants : *astreindre*, *atteindre*, *aveindre*, *ceindre*, *éteindre*, *étreindre*, *feindre*, *geindre*, *peindre*, *teindre* ; ajoutez y leurs primitifs et leurs composés *atteinte*, *empreinte*, *épreinte*, *étreinte*, *feinte*, *peintre*, *peinture*, *teinte*, *restreindre*, *dépeindre* ; mais écrivez *contraindre*, *craindre*, *plaindre*. (Voyez le chiffre 6.)

49. Terminez par *eine* les mots *baleine*, *haleine*, *peine*, *pleine*, *reine*, *seine*, la *Seine*, *sereine*, *veine*, *verveine*, etc.

50. Terminez par *èle* les substantifs *Marc-Aurèle*, *clientèle*, *Cybèle*, *érysipèle*, *grêle*, *modèle*, *parallèle*, *poêle*, *Praxitèle*, *zèle* ; l'adjectif *fidèle*, et les verbes il *cèle* , il *cisèle*, il *épèle*, il *gèle* , il *harcèle*, il *recèle* , il *révèle* , il *ruissèle*, etc. etc.

ENCE, ENDRE, ENT, ENTE, EON.

51. Terminez par *ence* les mots qui suivent : *absence, abstinence, adhérence, affluence, apparence, audience ; cadence, circonférence, clémence, compétence, concurrence, confidence, connivence, conscience, conséquence, continence, corpulence ; décence, déférence, démence, différence, diligence ; éloquence, éminence, essence, évidence, excellence, exigence, existence, expérience ; fréquence ; impatience, impénitence, impertinence, impudence, incompétence, incontinence, indolence, indulgence, influence, insolence, irrévérence ; jurisprudence ; négligence ; obédience, occurrence, opulence ; patience, pénitence, permanence, potence, prééminence, préférence, prescience, présence, présidence, providence, prudence ; quintessence ; résidence, révérence ; science, semence, sentence, silence ; transparence, turbulence ; urgence ; véhémence, violence*, et généralement les substantifs qui, en latin, se terminent par *entia* (1). Mais écrivez *défense, dépense, dispense, immense, offense, récompense*.

52. Terminez par *endre* les verbes *attendre, défendre, descendre, fendre, pendre, prendre, tendre, vendre*. Ajoutez y leurs composés *condescendre, pourfendre, dépendre, suspendre, apprendre, comprendre, déprendre, s'éprendre, surprendre, prétendre, mévendre, survendre*. Les deux verbes *épandre* et *répandre* ne suivent pas la règle commune.

---

(1) Tels sont *absentia, abstinentia, affluentia, apparentia*, etc. etc.

53. Terminez par *ent* 1°. les mots ci-après : *absent, abstinent, clément, compétent, confident, conséquent, continent, corpulent; décent, différent, diligent, dolent; éloquent, éminent, émollient, évident, excellent; fréquent; imminent, impatient, impertinent, impudent, indolent, indulgent, ingrédient, insolent; lent; opulent; patient, pénitent, président, prudent; quotient; récent, relent, résident; succulent; transparent, turbulent; urgent; véhément, violent, virulent;* et généralement les adjectifs qui, en latin, se terminent par *ens* (1).

2°. Les substantifs qui ont pour l'oreille la désinence *man* et dont on a formé des verbes, tels que

Abaissement,		Abaisser.
Abattement,		Abattre.
Aboiement,		Aboyer.
Abonnement,		Abonner.
Abrutissement,	A cause des verbes	Abrutir.
Accablement,		Accabler.
Accomplissement,		Accomplir.
Accroissement,		Accroître,
Affaiblissement,		Affaiblir.
Affermissement,		Affermir.
Alignement,		Aligner.
Appauvrissement,		Appauvrir.
Applaudissement,		Applaudir.

---

(1) Tels sont *absens, abstinens, clemens, consequens,* etc. etc. Les adjectifs qui, en latin, se terminent par *ans,* ont, en français, la désinence *ant.*

Assortiment,	Assortir.
Assoupissement,	Assoupir.
Avancement,	Avancer.
Avertissement,	Avertir.
Aveuglement,	Aveugler.
Changement,	Changer.
Châtiment,	Châtier.
Commencement,	Commencer.
Compliment,	Complimenter.
Consentement,	Consentir.
Couronnement,	Couronner.
Déguisement,	Déguiser.
Emportement,	Emporter.
Entendement,	Entendre.
Logement,	Loger.
Médicament,	Médicamenter.
Serrement,	Serrer.
Signalement,	Signaler.
Soulèvement,	Soulever.
Testament,	Tester.
Tourment,	Tourmenter.
Tressaillement,	Tressaillir.
Truchement,	Trucher.
Vêtement, etc.	Vêtir, etc.

(À cause des verbes)

3°. Tous les adverbes, qui ont la désinence *ment*, comme *abondamment*, *bonnement*, *comment*, *crument*, *éloquemment*, *fièrement*, *galamment*, *incessamment*, *lentement*, *négligemment*, *obligeamment*, *prudemment*, *récemment*, *sçavamment*, *sciemment*, etc.

54. Terminez par *ente* les substantifs *attente*, *descente*, *détente*, *ente*, *entente*, *fente*, *fiente*,

ORTHOGRAPHE. FINALES. 37

lente, mévente, parente, patente, pente, rente, sente, soupente, survente, tente, Trente (ville), *trente, vente,* et les féminins de tous les adjectifs terminés par *ent.*

55. Terminez par *eon* les substantifs *badigeon, bourgeon, drageon, escourgeon, esturgeon. pigeon, plongeon, sauvageon et surgeon.*

ER, ERCE, ÈRE, ERT, ÈS, ESSE.

56. Terminez par *er* les mots ci-joints : *Alger, amer,* s. et adj. *belvéder, cancer, cher,* le *Cher, cuiller, enfer, Esther, éther, fer, fier, frater, glauber, hier, hiver, Jupiter, Lucifer, magister, mer* (amas d'eaux), *Munster,* le *Niger, partner,* la *Roër, stathouder, ver* (insecte).

57. Terminez par *erce* les mots *commerce, gerce, tierce,* subst. et adj. f. *il exerce, il gerce, il perce.* Les autres substantifs qui ont la désinence *erce* pour l'oreille, se terminent par *erse.*

58. Terminez par *ère* les mots ci-après : *adultère, aiguière, artère, atmosphère ; bannière, baptistère, bandoulière, bannière, barrière, bergère, bière, bruyère ; cafetière, caractère, carrière, cautère, Cerbère, chambrière, charbonnière, charnière, chaumière, chère, cimetière, colère, compère, cratère, crémaillère, crinière, croupière ; derrière, douairière ; enchère, éphémère, ère, étrivière ; filière,* le *Finistère, foncière, fondrière, fougère, fourmilière, fourrière, frontière ; galère, glacière, gouttière, grenouillère, guère ; harangère, hémisphère, Homère ; Isère ; jachère, jarretière ; laitière, lavandière, lingère,*

lisière, lumière; manière, mégère, melonnière, ménagère, mensongère, meunière, meurtrière, ministère, misère, monastère, muselière, mystère; ornière, ouvrière; panetière; panthère, paupière; pépinière, poissonnière, presbytère, primevère; renardière, réverbère, rivière; sablonnière, salière, salpétrière, serpillière, sévère, sincère, somnifère, souricière; tabatière, tanière, taupière, tourière; ulcère; vachère, verrière, visière, viagère, viscère, vivandière, volière, etc. etc. etc., et les verbes je *considère*, je *digère*, je *révère*, etc. etc.

59. Terminez par *ert*: concert, couvert, désert, dessert, disert, expert, pivert, vert (1), etc. Mais écrivez Anvers, convers, divers, envers, ers (légume), Mamers, Nevers, pervers, travers, univers, vers (poésie), et vers (déterminatif).

60. Terminez par *ès* les substantifs abcès, accès, congrès, cyprès, décès, excès, exprès, grès, procès, profès, progrès, succès; l'adverbe très, et les déterminatifs après, auprès, dès, près.

61. Terminez par *esse* les substantifs abesse, adresse, altesse, caresse, duchesse, faiblesse, ivresse, largesse, maîtresse, politesse, promesse, richesse, tendresse, vitesse, etc. etc. les verbes il *blesse*, il *caresse*, il *paresse*, il *presse* il *professe*, etc. etc. Les mots qui ont *èce* pour finale

---

(1) C'est à tort qu'on a imprimé dans les éditions stéréotypes des OEuvres de Boileau:

« Ou que d'un bonnet *verd* le salutaire affront, etc. »
et en note « en souffrant qu'on lui mît en pleine rue un bonnet *verd* sur la tête ».

sont *espèce*, la *Grèce*, *Lucrèce*, *Lutèce*, *nièce*, *pièce*, auxquels vous ajouterez il *dépèce*. — Vous terminerez pas *aisse* les mots *baisse*, *caisse*, *graisse*; il *abaisse*, il *affaisse*, il *encaisse*, il *engraisse*, il *laisse*, il *délaisse*; je veux qu'il *paraisse*, il faut qu'il *connaisse*, etc. etc.

ET, ÈTE, EURE.

62. Terminez par *et* les substantifs suivants : *acquet*, *apprêt*, *arrêt*; *béret*, *bouquet*, *brevet*, *brochet*; *cachet*, *caquet*, *chevalet*, *chevet*, *conquet*, *cornet*, *crochet*; *débet*, *déchet*, *décret*, *duvet*; *émouchet*; *flageolet*, *forêt*; *gibet*; *intérêt*; *jarret*; *menuet*, *millet*, *mollet*; *palet*, *projet*, *protet*; *regret*; *valet*, etc. etc.

63. Terminez par *ète* les substantifs qui suivent : *anachorète*, *arbalète*, *athlète*, *diète*, *épithète*, *interprète*, *planète*, *poète*, *prophète*. — Les substantifs *défaite* et *retraite* sont les seuls qui aient la finale *aite*.

64. Terminez par *eure* les trois substantifs *demeure*, *Eure* (rivière), et *heure*; je *demeure*, je *pleure*. Les mots *beurre* et *leurre* s'écrivent ainsi.

I, IC, IE, IÉ.

65. Terminez par *i* les mots suivants : *abri*, *alcali*, *à l'envi*, *ami*, *amphigouri*, *api*, *appui*, *aujourd'hui*, *autrui*; *bailli*, *bistouri*, *bouilli*, *brocoli*; *cabri*, *cadi*, *canari*, *céleri*, *charivari*, *colibri*, *couvi*, *crépi*, *cri*; *décri*, *défi*, *démenti*, *demi*; *émeri*, *ennemi*, *ennui*, *épi*, *épouti*, *essui*, *établi*, *étui*; *favori*, *fourmi*; *joli*, *juri*; *merci*, *mufti*; *oubli*; *pari*, *parti*, *pilori*, *pli*; *séséli*, *souci*;

tri, etc. ; tous les jours de la semaine, et les verbes j'ai *fini*, tu as *trahi*, il a *ourdi*, vous avez *menti*, etc. etc.

66. Terminez par *ic* les mots ci-après : *agaric, alambic, Alaric, arsenic, aspic, astic, basilic, cric, Childéric, Copernic, Dantzic, fic, le hic, mastic, pic, pronostic, public, repic, ric-à-ric, syndic, tic, trafic,* et *Zurich* (qui prend un *h* final).

67. Terminez par *ie* les substantifs suivants, quoiqu'ils soient du genre masculin : *bain-marie, génie, incendie, messie, parapluie, pavie* (sorte de pêche), *Sosie, Tobie, Zacharie.* Quant aux substantifs du genre féminin, qui se terminent par *ie*, le nombre en est considérable ; tels sont *ambroisie, apathie, apostasie, bouillie, bourgeoisie, charpie, courtoisie, envie, épidémie, étisie, fantaisie, frénésie, furie, hérésie, hydropisie, hypocrisie, inertie, jalousie, manie, paralysie, partie, patrie, phthisie, pleurésie, pluie, poésie, saisie, suie, superficie, vie,* etc. etc. — Ecrivez *fourmi*, quoique ce substantif soit du genre féminin.

68. Terminez par *ié* les seuls substantifs féminins ci-après : *amitié, inimitié, moitié, pitié.* Tous les substantifs masculins qui ont cette désinence pour l'oreille, se terminent par *ier*, comme l'*Allier* (rivière), *barbier, bénitier, bourbier, cahier, espalier, étrier, fermier, figuier, gibier, jardinier, héritier, métier, mortier, osier, papier, prunier, serrurier, usurier,* etc. etc. Un grand nombre d'adjectifs se terminent également par *ier*: *familier, fruitier, foncier, mobilier, ordurier, particulier, séculier, singulier,* etc. etc.

IL, IN, IR, IRE, IS, ISSE, IT.

69. Terminez par *il* les substantifs suivants : *Avril, babil, baril, bill, Brésil ; chartil, chenil, cil, coutil ; exil ; fenil, fil, fournil, fraisil, fusil ; grésil, gril ; morfil ; Nil, nombril ; outil ; péril, persil, pistil, profil ; sourcil ;* et les adjectifs *civil, gentil, incivil, puéril, subtil, vil, viril, volatil.*

70. Terminez par *in* (et non par *ain*) tous les adjectifs qui ont au féminin la désinence *ine* ; c'est pourquoi écrivez *calin, chagrin, divin, sanguin, voisin,* etc. parce qu'on dit *caline, chagrine, divine, sanguine, voisine,* etc. au lieu que vous écrirez *hautain, humain, mondain, vilain, souverain,* etc. parce qu'on dit *hautaine* (1), *humaine, mondaine, vilaine, souveraine,* etc. Il en est de même des substantifs masculins qui ont pour corrélatif un substantif féminin : *Bénédictin, bénédictine ; cousin, cousine ; coquin, coquine ; serin, serine,* etc. C'est donc à tort qu'on écrit *poulain,* puisqu'on ne dit pas *poulaine.* (Voy. le chiffre 127).

71. Terminez par *ir* les substantifs *désir, fakir, loisir, martyr* (qui a souffert ou qui souffre), *plaisir, soupir, vizir, zéphyr,* et l'indéfini des verbes qui appartiennent à la deuxième conjugaison, comme *bannir, finir, languir, mourir, souffrir, pâlir,* etc.

72. Terminez par *ire* 1°. tous les substantifs féminins qui ont cette finale, comme *cire, hé-*

---

(1) Les personnes ignorantes ont coutume de dire *hautine* au lieu de *hautaine.*

gire, *ire*, *lyre*, etc. 2°. les substantifs suivants, quoiqu'ils soient du genre masculin : *collyre*, *délire*, *empire*, *martyre* (tourment), *messire*, *navire*, *porphyre*, *satyre*, *sire*, *sourire*, *vampire*; *pire* (comparatif de *mauvais*), et l'indéfini de certains verbes de la quatrième conjugaison, comme *bruire*, *dire*, *écrire*, *lire*, *occire*, *sourire*, etc.

73. Terminez par *is* les mots suivants: *abattis, amadis, Anacharsis, anis, appentis, avis; brebis, boutis, cacis; cadis* (sorte de serge)*, cambouis, Chablis, chamaillis, chassis, chenevis, chervis, circoncis, cliquetis, coloris, commis, compromis, coulis, courlis, croquis; débris, devis; éboulis; fils; gâchis, glacis, gris; hachis; indécis; jadis; lavis, levis* (pont)*, lis* (fleur)*, logis, Louis; maïs; occis; palis, panaris, paradis, parvis; pâtis, pays, pilotis, pis, pourpris, puits, radis, retroussis, reversis* (1)*, ris* (rire)*, roulis, rubis, salsifis, semis, Sémiramis, souris* (sourire)*, souris* (animal)*, surplis, sursis; taillis, tamis, tapis, taudis, torchis, torticolis, tournevis, treillis; vernis, vis; Zeuxis*, etc. Ajoutez y *mis, commis, acquis, je dis, j'écris, je finis, je frémis, je gémis, je lis, je rendis; depuis, hormis, puis, tandis*, etc. etc. Mais écrivez *Cadix, crucifix, dix, perdrix, six*, etc. (2)

---

(1) Il vaut mieux écrire *reversis* que *reversi*.

(2) Quant aux participes passés qui se terminent, les uns en *is*, les autres en *it*, d'autres en *i*, et dont l'orthographe embarrasse un grand nombre de personnes, il faut, pour ne pas pécher contre la manière de les écrire, se demander, en prenant son oreille pour guide, quelle est leur dési-

74. Terminez par *isse* les substantifs *bâtisse*, *coulisse*, *cuisse*, *éclisse*, *écrevisse*, *esquisse*, *génisse*, *jaunisse*, *Jocrisse*, *mélisse*, *Narcisse*, *plisse*, *prémisses*, *Pythonisse*, *réglisse*, *saucisse*, *Suisse*, *Ulysse*; les adjectifs *lisse*, *métisse* (féminin de *métis*); les verbes je *glisse*, il se *hérisse*, etc.; il faut que je *sévisse*, il fallait que je *cousisse*, que j'*entreprisse*, que je *flétrisse*, etc. etc. Mais terminez par *ice* tous les autres substantifs qui ont cette finale, comme *artifice*, *caprice*, *délice*, *épice*, *hospice*, *lice*, *malice*, *nourrice*, *police*, *précipice*, *prémice*, *service*, *sévice*, *supplice*, *tutrice*, *vice*, etc.

75. Terminez par *it* les substantifs *acabit*, *acquit*, *appétit*; *bandit*, *biscuit*; *châlit*, *circuit*, *conflit*, *conscrit*; *débit*, *dédit*, *délit*, *dépit*; *édit*, *érudit*, *esprit*; *habit*; *lit*; *manuscrit*; *obit*; *pissenlit*, *répit*, *rit* (1), etc. et les verbes il *bénit*, il

---

nence féminine. Lorsque cette désinence féminine est *ise*, la désinence masculine est *is*; lorsque la désinence féminine est *ite*, la désinence masculine est *it*; lorsque la désinence féminine est *ie*, la désinence masculine est *i*. C'est pourquoi, comme tout le monde dit au féminin *acquise*, *mise*, *remise*, *promise*, *conquise*, etc. le masculin s'écrit acquis, mis, remis, promis, conquis, etc. Comme on dit généralement *écrite*, *maudite*, *frite*, *proscrite*, etc. le masculin nécessairement est écrit, maudit, frit, proscrit, etc. Comme on dit tous les jours au féminin *trahie*, *finie*, *subie*, *guérie*, etc. le masculin s'écrit, dans ce cas, trahi, fini, subi, guéri, etc.

(1) Il vaut mieux écrire *rit* (ordre prescrit des cérémonies), que *rite*.

dit, il *écrit*, il *gémit*, etc. je voudrais qu'il *finît*, qu'il *promît*, qu'il *rendît*, etc.

O, OI, OIE, OIRE, OIS, OIX.

76. Terminez par *o* les substantifs suivants *adagio, agio, allégro, alto, andantino, aviso; bravo; cacao, Clio, Clotho, coco, concerto; domino, duo; écho, embargo, Erato, ergo;* le *Golo; haro; imbroglio, in-folio, in-octavo, in-quarto, loto, Malo* (St.), *Marengo; numéro; Oviédo; piano,* le *Pó; quiproquo; recto; solo;* le *Tanaro, trio; verso, vertigo; zéro,* etc.

77. Terminez par *oi* les mots *aboi, aloi; beffroi; charroi, convoi; désarroi; effroi, émoi, emploi, envoi; foi; loi; moi; octroi; palefroi, paroi, pourquoi; quoi; renvoi, roi; soi, toi, tournoi* (fête publique) *vice-roi.*

78. Terminez par *oie* les substantifs *charmoie, courroie, foie, joie, lamproie, oie, proie, Savoie, soie, Troie, voie;* j'*envoie,* je *nettoie;* il *aboie,* il se *noie,* il *déploie,* etc.

79. Terminez par *oire* les substantifs suivants, quoiqu'ils soient du genre masculin: *auditoire; ciboire, compulsoire, consistoire; déboire, déclinatoire, démissoire, directoire; grimoire; interlocutoire, interrogatoire; laboratoire; mémoire* (écrit), *monitoire; observatoire, oratoire; prétoire, purgatoire, purificatoire; réfectoire, répertoire, réquisitoire; territoire; vésicatoire.* — Les verbes *boire* et *croire* sont les seuls qui aient cette finale.

80. Terminez par *ois* les substantifs et les adjectifs ci-après : *anchois ; bois ; carquois, Carthaginois, chamois, courtois, Danois, discourtois, Dunois ; empois ; haut-bois ; matois, minois; narquois ; patois, pois, purois ; souriquois, Suédois ; tournois, trémois*, etc. et les verbes je *bois*, je *crois*, je *reçois*, je *vois*, etc.

81. Terminez par *oix* les mots qui suivent : *Foix* (ville de France), *choix, croix, noix, poix, voix*, etc. parce que ces mots se terminent, en latin, par la consonne *x : crux, nux, pix, vox*, et qu'il entre un *x* dans le mot latin *Fuxium*, Foix. Quant au mot *choix*, voyez le chiffre 132.

OPHE, ORS, ORT, OS, OSSE, OT.

82. Terminez par *ophe* les substantifs *apostrophe, catastrophe, limitrophe, philosophe, strophe*. Le substantif *étoffe* est le seul qui n'ait pas cette désinence pour les yeux.

83. Terminez par *ors* les mots *cors* (cornes qui sortent des perches du cerf), *dehors, hors, mors, recors, retors, tors*. Mais on écrit *accord, bord, discord, nord;* et l'on écrit *corps, remords*.

84. Terminez par *ort* les mots *déport, effort, fort, mort, passe-port, port, raifort, renfort, ressort, sort, tort*.

85. Terminez par *os* les substantifs ci-après : *chaos, clos, dos, enclos, endos, héros, mérinos, os, propos, repos;* les adjectifs *gros, dispos*, et le participe *éclos*.

86. Terminez par *osse* les substantifs *bosse*, *brosse*, *carrosse*, *cosse*, *crosse*, *Ecosse*, *fosse*, *Josse*, *rosse*; les verbes je *brosse*, j'*écosse*, j'*endosse*, etc. Les seuls mots terminés par *oce* sont les substantifs *négoce*, *nôce*, *sacerdoce*, et les adjectifs *atroce*, *féroce*, *précoce* et *véloce*.

87. Terminez par *ot* les substantifs et les adjectifs *angelot*; *bachot*, *ballot*, *bardot*, *bellot*, *bigot*, *brûlot*; *cachot*, *cagot*, *cahot*, *camelot*, *canot*, *capot*, *chabot*, *chariot*, *chicot*, *coquelicot*; *dépôt*, *dévot*; *écot*, *entrepôt*, *ergot*, *escargot*, *esquipot*; *fagot*, *falot*, *flot*; *garrot*, *gigot*, *godenot*, *grelot*, *goulot*; *haricot*; *idiot*, *îlot*, *impot*; *jabot*, *javelot*; *larigot*, *lingot*, *linot*, *loriot*, *lot*, le *Lot*; *magot*, *maillot*, *manchot*, *Margot*, *matelot*, *melilot*, *minot*, *mot*, *mulot*; *nabot*; *paquebot*, *pavot*, *picot*, *pivot*, *pot*, *poulliot*, *prévot*; *rabot*, *ragot*, *rot*; *sabot*, *sanglot*, *sot*, *suppôt*; *tripot*, *trot*, *turbot*, et les adverbes *bientôt*, *plutôt*, *tantôt*, *tôt*.

OU, OUE, OURCE, OURS, OUX.

88. Terminez par *ou* les sustantifs *acajou*, *amadou*; *bambou*, *bijou*; *caillou*, *chou*, *clou*, *coliou*, *cou*, *coucou*, *écrou*; *étadou*; *filou*; *genou*, *glouglou*, *grigou*; *hibou*; *joujou licou*. *loup-garou*; *matou*; *pou*; *sagou*, *sajou*, *sapajou*, *sou*; *trou*; *verrou*, et l'adjectif *fou*.

89. Terminez par *oue* les substantifs féminins qui ont cette désinence pour l'oreille, tels que *abajoue*, *boue*, *fagoue*, *houe* (instrument), *joue*, *Mantoue*, *moue*, *roue*, *toue* (bâteau).

ORTHOGRAPHE. FINALES. 47

90. Terminez par *ource* les deux substantifs *ressource* et *source*. Les autres mots qui ont cette finale se terminent par *ourse*.

91. Terminez par *ours* les substantifs *atours*, *concours*, *cours*, *décours*, *discours*, *Nemours* (ville), *ours*, *Tours* (ville), *rebours*, *recours*, *secours*, *velours*, et l'adverbe *toujours*.

92. Terminez par *oux* les mots suivants : *aigredoux*, *courroux*, *doux*, *époux*, *houx*, *jaloux*, *roux*, *saindoux*, *toux*.

U, UANT, UE, UEIL.

93. Terminez par *u* les mots ci-après : *absolu*, *aigu*, *ambigu*, *bourru*, *bru*, *congru*, *continu*, *cornu*, *cru*, *dévolu*, *dodu*, *dru*, *du*, *écru*, *écu*, *exigu*, *fétu*, *fichu*, *fourchu*, *glu*, *individu*, *indu*, *ingénu*, *in-promptu*, *joufflu*, *lippu*, *malotru*, *nu*, *pansu*, *résidu*, *superflu*, *tétu*, *tissu*, *touffu*, *tribu*, *vertu*.

94. Terminez par *uant* les participes *extravaguant*, *fatiguant*, *intriguant*, *fabriquant* ; ils viennent des verbes *extravaguer*, *fatiguer*, *intriguer*, *fabriquer*, c'est pourquoi il ne faut pas les confondre avec *extravagant*, *fatigant*, *intrigant* adjectifs, et *fabricant* substantif.

95. Terminez par *ue* les substantifs *avenue*, *charrue*, *cornue*, *déconvenue*, *étendue*, *grue*, *issue*, *nue*, *recrue*, *retenue*, *revue*, *rue*, *sangsue*, *venue*, *verrue*, etc., et les féminins de tous les adjectifs qui se terminent en *u* au masculin.

96. Terminez par *ueil* les substantifs *accueil*,

Arcueil, *cercueil*, *écueil*, *orgueil*, *recueil*, et les verbes *accueillir*, *cueillir*, *s'enorgueillir*, *recueillir*. Mais terminez par *euil* : *Auteuil*, *cerfeuil*, *deuil*, *écureuil*, *fauteuil*, *seuil*.

UR, URE, US, USSE, UT.

97. Terminez par *ur* les substantifs du genre masculin, qui ont cette désinence pour l'oreille, tels que *azur*, *mur*, *dur*, *futur*, *mûr* (parvenu à maturité), *obscur*, *pur*, *sûr* (certain), *sur* (acide), etc.

98. Terminez par *ure* les substantifs et les adjectifs du genre féminin, qui ont cette désinence pour l'oreille, comme : *agriculture*, *aventure*, *bouture*, *conjecture*, *doublure*, *écriture*, *facture*, *hure*, *nature*, *peinture*, *piqûre*, *reliure*, *rupture*, *verdure*, etc. ; *dure*, *future*, *mûre*, *obscure*, *pure*, *sûre*, *sure*, etc. ; et certains verbes *conclure*, *exclure*, il *jure*, il *murmure*, il *procure*. — Les seuls substantifs du genre masculin, qui se terminent par *ure*, sont *augure*, *mercure*, *murmure* et *parjure*.

99. Terminez par *us*, 1°. les substantifs ci-après : *abus*, *Bacchus*, *blocus*, *byssus*, *calus*, *fœtus*, *Janus*, *obus*, *orémus*, *Phébus*, *rébus*; *talus*; *Vénus*, *verjus*, etc. 2°. les adjectifs et les participes *inclus*, *intrus*, *obtus*, *perclus*, *reclus*. Les substantifs du genre féminin, qui ont cette finale, se terminent par *ue*.

100. Terminez par *usse* tous les substantifs et les verbes qui ont cette désinence pour l'oreille,

comme : la *Prusse*, le *Russe*, il fallait que je *busse*, que je *crusse*, que je *sçusse*, etc. etc. Les seuls mots qui se terminent par *uce* sont *astuce*, *prépuce*, *puce* ; il *suce*.

101. Terminez par *ut* les substantifs suivants : *affut, attribut; bahut, Belzébut, but, brut ; chut ; début ; fût ; institut ; lut* (enduit); *préciput; rebut, rut ; salut, scorbut, substitut ; tribut*, etc.; il *but*, il *lut*, il *fut*, etc. je voudrais qu'il *bût*, qu'il *lût*, qu'il *fût*, etc. etc.

ÇON, CION, SION, SON.

102. Terminez par *çon* les seuls substantifs ci-après : *arçon ; caleçon, caparaçon, charançon ; écoinçon, estramaçon, étançon ; façon ; garçon, glaçon ; hameçon ; leçon, limaçon ; maçon ; pinçon* (marque qui reste sur la peau qu'on a pincée), *poinçon ; rançon ; seneçon, soupçon, suçon ; tronçon*. Ajoutez y leurs dérivés et leurs composés, comme : *arçonner, caparaçonner, désarçonner, étançonner, façonner ; maçonner, rançonner, soupçonner, sucer, tronçonner ; contrefaçon, glacière, garçonnière*, etc. Les autres mots, qui ont cette désinence pour l'oreille, se terminent en *son*, comme : *basson, boisson, buisson ; caisson, chanson, chausson, cosson, cresson, cuisson ; échanson, écusson ; frisson ; hérisson ; moisson ; nourrisson ; ourson ; paillasson, pinson* (oiseau), *polisson ; saucisson ; unisson*, etc.

103. Terminez par *cion* les trois substantifs *scion* (petit rejeton d'arbre), *suspicion*, et *succion*.

104. Terminez par *sion* tous les mots où la finale *sion* est précédée d'une voyelle, ou des consonnes *l, n, r,* comme : *adhésion, conclusion, confusion, explosion, occasion, persuasion, provision, vision,* etc., *convulsion, expulsion, impulsion,* etc., *appréhension, ascension, compréhension, dimension, dissension, distension, expansion, extension, pension, propension, répréhension, suspension, tension,* etc. *animadversion, aspersion, aversion, contorsion, diversion, excursion, extorsion, immersion, interversion, submersion, subversion, version,* etc. Il faut excepter de cette règle les mots suivants : *attention, intention, intervention, mention, prévention, subvention; assertion, désertion, insertion, portion,* et d'autres qui ont le *t* dans leurs dérivés.

105. Terminez par *son* (pour *zon*) les substantifs suivants : *blason; cargaison, cloison, comparaison; démangeaison, diapason; exhalaison; fenaison, floraison; grison, guérison; Jason; liaison, livraison; maison; oison, oraison; pâmoison, péroraison, poison; raison; saison, salaison; tison, toison, trahison; venaison,* etc.

SSION, TION, XION.

106. Terminez par *ssion*, 1°. les substantifs qui finissent en *cession*, comme : *accession; cession, concession; intercession; procession; rétrocession, succession;*

2°. Ceux qui finissent en *cussion*, comme : *concussion, discussion, percussion, repercussion;*

3°. Ceux qui finissent en *fession ;* comme : *confession, profession ;*

4°. Ceux qui finissent en *mission*, comme : *admission, commission, démission, émission, intermission, mission, omission, permission, prétermission, rémission, soumission ;*

5°. Ceux qui finissent en *ression*, comme : *agression, compression, dépression, digression, expression, impression, oppression, progression, répression, suppression, transgression.* Ajoutez y les substantifs *compassion, obsession, passion ; scission, session ;* et *jussion.*

107. Terminez par *tion* tous les substantifs qui finissent en *ation, étion, ition, otion* (ou *aution*), *ution ; ction* et *ption*. Tels sont : *abdication, abnégation, civilisation, conjuration, désolation, dotation, équation, natation, occupation, récréation,* etc. etc. ; *discrétion, sujétion,* etc. etc. ; *addition, ambition, condition, dentition, inquisition, répétition,* etc. etc. *dévotion, émotion, lotion, motion, potion ; caution, précaution,* etc. etc. ; *ablution, contribution, exécution, locution,* etc. etc. ; *action, affection, construction, décoction, exaction, extinction, extraction, friction, onction, sanction, section, séduction,* etc. etc. ; *acception, description, exception, exemption, interruption, perception, souscription, susception, suscription,* etc. etc. Ajoutez y *mixtion.*

108. Terminez par *xion* les substantifs dont cette finale est précédée des syllabes *le, lu, ne,* comme : *complexion, flexion, genuflexion, inflexion,* re-

flexion ; fluxion ; connexion. Ajoutez y le substantif propre *Ixion.*

PH, RH, TH, XH.

109. Employez *ph*, au lieu de *f*, dans les mots suivants : *Adolphe, alphabet, Alphonse, amphibologie, amphigouri, amphithéâtre, Amphitrite, amphore, anthropophage, aphorisme, apocryphe, apophthegme, apostrophe; blasphéme, bibliographe; cacographie, camphre, catastrophe, cénotaphe, chalcographie, coryphée; éléphant, emphase, éphémère, Ephestion, éphore, épigraphe, épitaphe, euphonie, Euphrate; géographe; hydrophobie, hiéroglyphe; ichtyophage, Iphigénie; Joseph; limitrophe; méphistisme, métamorphose, métaphore, métaphysique, Morphée; œsophage, ophthalmie, Orphée, orphelin, orthographe; pamphlet, Pasiphaé, phalange, phalène, phare, Pharisien, pharmacie, phase, Phébus, phénicoptère, phénix, phénomène, philanthrope, Philémon, Philippe, Philoctète, philologue, philomèle, philosophe, philotechnique, philtre, phlébotomie, Phlégéton, phlogistique, Phocide, Phocion, phosphore, phrase, Phrygie, phthisie, physiologie, physionomie, physique; sarcophage, sopha, sphère, staphyle, strophe; triomphe, trophée, typhus, typographie; uranographie; Xénophon; Zépyhr, zoographie, zoophyte,* etc. , et les dérivés de tous ces mots.

110. Ecrivez par *rh* les mots ci-après : *arrhes, catarrhe, diarrhée, enrhumer, errhin, myrrhe, pyrrhique, pyrrhonien, rhabiller, Rhée, Rhésus, rhéteur, rhétorique, le Rhin, rhinocéros, Rhodes,*

rhombe, rhomboïde, le *Rhône*, *rhubarbe*, *rhumatisme*, *rhume*, *rhythme*, *squirrhe*, *surhausser*, etc., et les dérivés de tous ces mots.

111. Employez *th*, au lieu de *t* simple, dans les mots qui suivent : *absinthe, acanthe, Amathonte, anathême, antipathie, antithèse, anthropophage, apalath, apathie, apothéose, apothicaire, Aréthuse, arithmétique, athée, Athènes, athlète ; bibliothèque ; cantharide, Carthage, cathédrale, catholicisme, Corinthe, cothurne, Cythère ; Démosthène ; enthousiasme, épithalame, épithète ; éthiopie, éthique, éthopée ;* les *Goths, gothique ; hyacinthe, hippolithe* (pierre jaune), *hypothèse ; isthme ; jacinthe ; labyrinthe, léthargie, lithologie, logarithme, luth, Luther ; mathématiques, Mathieu, menthe, méthode,* la *Meurthe, misanthrope, Mithridate, mythologie ;* les deux *Nèthes ; ornithologie, orthologie, orthographe ; panthéon, panthère, parenthèse, pathétique, plinthe, posthume, Prométhée, pyrèthre, pyrotechnie, Pythonisse ; Sarthe* (rivière). *Scythe, spath, spathe, stathouder, sympathie ; térébenthine, térébinthe, Thalie, thé, théâtre, Thébaïde, Thèbes, thème, Thémis, Thémistocle, théocratie, théogonie, théologie, théophilanthropie, théorème, théorie, thérapeutique, thériaque, thermes, thermomètre, Thermopyles, thésauriser, thèse, Thésée, Thessalie, Thionville, Thomas, thon, thorax, thuriféraire, thym, thyrse ;* les *Visigoths ; zénith*, etc. et les dérivés de tous ces mots. — On devrait écrire *janthe* (de roue), à cause de l'étymologie grèque.

112. Ecrivez par *xh* les mots ci-après: *exhalaison, exhalation, exhaler, exhaussement, exhausser, exhérédation, exhéréder, exhiber, exhibition, exhortation, exhorter, exhumation* et *exhumer*.

SC, X, Y, Z.

113. Mettez *sc* devant *e*, aussi bien que devant *i* et *o*, dans les mots suivants: *acquiescer, adolescence, ascendant, ascension; concupiscence, condescendance, conscience, convalescence; délitescence, descente, discernement, discipline; effervescence, efflorescence, escient, escogriffe, escompte, escorte, escouade, escousse, escrime, escroc; faisceau, fascine, s'immiscer, irascible; obscène, oscillation; piscine, prescience; réminiscence, rescinder, rescision, résipiscence, ressusciter; sceau, scélérat, scélératesse, sceller, scène, septicisme, sceptre, sciemment, science, scie, scier, scion, scission, sciure, susceptible, susciter; transcendant; vesce, viscère*, etc., et les dérivés de tous ces mots.

114. Employez la lettre *x* dans les mots ci-après: *Aix, Ajax, Alexandre, Alexis, anxiété, apoplexie, auxiliaire, axe, axiome; bissextil, borax; Cadix, chaux, circonflexe, complexe, convexe, croix, crucifix; Dax, dexterité, dix; élixir, équinoxe, équinoxial, Eryx, exact, exaction, exactitude, exagération, exaltation, examen, examinateur, exarque, exaspérer, excédant, excellence, excentrique, excepter, excès, excessif, exciper, excitation, exclure, excoriation, excrétion, excroissance, excuser, exéat, exé-*

crable, exécration, exécution, exécutoire, exemplaire, exemple, exempter, exercice, exigence, exigible, exiguité, exil, existant, exode, exorcisme, exorde, exprès, extorquer, exubérance, exulcérer, exutoire ; *fixation, fixe, flexible, flux ; hexagone, hexamètre ; index, inexorable ; laxatif, luxation ; luxe, lynx ; mixtion ; onyx, orthodoxe ; paix, paradoxe, paralaxe, perdrix, perplexité, phénix, préfix, prétexte, prolixe, proximité ; reflux ; Saxe, sexagénaire, sexagésime, sèxe, six, sixain, sphynx, Styx, syntaxe ; taux, taxation, taxe ; véxation, voix ; le Xante, Zeuxis*, etc., et les dérivés de tous ces mots. (*Voy. les chiffres* 92, 108, 112, 114 et 132).

115. Servez vous de l'*y* dans les mots suivants, où l'introduction de cette lettre, que nous avons empruntée du grec, est commandée par l'étymologie : *abyme, analyse, anonyme, apocryphe, Assyrie, asyle, azyme ; chyle, chymie, Chypre, clystère, collyre, cyclade, cycle, cygne, cylindre, cymbale, cynique, cynisme, cynocéphale, cynosure, cyprès, Cypris, Cythère, cytise ; Denys, dryade,* la *Dyle* (rivière), *dynastie, dyssenterie, dissyllabe, dysurie ; Egypte, Elysée, emphytéotique, encyclopédie, érysipèle, étymologie ; gymnase ; Hippolyte, homonyme, hyacinthe, hyades, hydraulique, hydre, hydrocèle, hydrogène, hydrographie, hydromel, hydromètre, hydrophobie, hydropisie, hyène, Hyères* (île d'), *hygiène, hymen, hymenée, hymne, hypallage, hyperbate, hyperbole, hyperborée, Hypermnestre, hypocondriaque, hypocras, hypocrisie, hy-*

poténuse, hypothèque, hypothèse, hypotypose, hysope; ichtyologie, idylle; Lybie, lycée, Lycie, lymphe, lynx, Lyon, lyre, la Lys (riviére), Lysandre; martyr, martyre, monosyllabe, myope, myriagramme, myriamètre, myrrhe, myrte, mystère, mystification, mythologie; Nuys, nyctalope, nymphe, nymphée; olympe, olympiade; panégyrique, paralysie, peristyle, physionomie, physique, polygamie, polype, polysyllabe, polytechnique, polythéisme, presbytère, prytanée, le Puy-de-Dôme, pygmée, pylore, pyramide, les Pyrénées, pyrèthre, pyrétologie, pyrite, pyrothecnie, Pyrrha, pyrrhique, pyrrhonisme, Pyrrhus, Pythie, pythiques (jeux), Pythonisse; satyre, Scylla, sibylle, stéréotype, style, stylet, stylobate, Styx, sycomore, sycophante, Sylla, syllabe, syllepse, syllogisme, sylphe, symbole, symétrie, sympathie, symphonie, symphyse, symptôme, synagogue, synchronisme, syncope, syndic, synecdoche, synérèse, synode, synonyme, synoptique, syntaxe, synthèse, Syracuse, Syrie, Syros, syrtes, systéme, systole; tympan, type, typhus, typographie, tyran; zéphyr, zoophyte, zymotechnie, etc. Ajoutez y les dérivés de tous ces mots.

116. Employez la lettre z dans les mots suivants: alèze, ambez (bec d'), amazone, apozéme, assez, azerole, azimut, azote, azur, azyme; Bajazet, balzan, bazar, Bazas, Baziéges, Belzébut, Béziers, bézoart, biez, bizarre, bonze, bronze; chez, colza, la Corrèze, le Czar; dizain, dizaine, dizeau, dizenier, Dizier (S.), douze, douzaine; epizootie; ferze, Fez, le Forez, gaz (1), Gaza, gaze, gazelle, ga-

zetier, *gazette, gazon, gazouillement, gerzeau, horizon, laize, Lauzun, lazzi, lézard, Lombez*, la *Lozère, luzerne, Mazarin, mélèze, Mézières, mezzo-termine, Montpezat, Mouzon, nez, onze, quatorze, quinze, ranz, recez* (2), *rendez-vous, rez, riz, Rodez, Séez, seize, Suez, Suzanne* (ville), *suzerain, Tenez* (province d'Alger), *trapèze, Vierzon, Zacharie, zain, Zante, zèbre, Zélande, zélateur, zéphyr, zest, zeste, zeugme, zigzag, zinc, zizanie, zodiaque, zone, zoologie, Zurich, Zuiderzée*, etc. ; et à la deuxième personne plurièle des verbes, comme : vous *étudiez* ; *chantez* ; vous *lirez* ; vous *auriez* couru ; *ayez* bon courage, etc.

117. Les lettres finales d'un grand nombre de substantifs sont indiquées par l'analogie, c'est-à-dire par le rapport nécessaire qui existe entre deux mots dont l'un dérive de l'autre. Ecrivez par exemple :

Plom*b*,	Plomber.
Fran*c*,	Franchise.
Jon*c*,	Joncher.
Tron*c*,	Tronçon.
Cadu*c*,	Caducité.
Lai*d*,	Laideur.
Brigan*d*,	Brigandage.
Chalan*d*,	Achalander.
Chau*d*,	Echauder.
Frian*d*,	Friandise.

---

(1) On appelle ainsi tout fluide aériforme ; les dérivés de ce mot sont : *gazeux, gazifier, gazoïtre et gazomètre.*

(2) On appelle ainsi un cahier des délibérations d'une diète de l'Empire.

Gland,	Glandée.
Gourmand,	Gourmandise.
Grand,	Grandeur.
Marchand,	Marchander.
Bavard,	Bavarder.
Dard,	Darder.
Fard,	Farder.
Hasard,	Hasarder.
Retard,	Retarder.
Badaud,	Badauder.
Echafaud,	Echafauder.
Taraud,	Tarauder.
Bond,	Bondir.
Profond,	Profondeur.
Rond,	Rondeur.
Vagabond,	Vagabondage.
Accord,	Accorder.
Bord,	Border.
Hareng,	Harengère.
Long,	Longueur.
Rang,	Ranger.
Sang,	Sanguin.
Balai,	Balayer.
Essai,	Essayer.
Etai,	Etayer.
Cri,	Crier.
Défi,	Défier.
Oubli,	Oublier.
Pari,	Parier.
Pli,	Plier.
Emploi,	Employer.
Envoi,	Envoyer.
Appui,	Appuyer.

Ennui,	Ennuyer.
Tri,	Trier.
Cil,	Deciller.
Fusil,	Fusiller.
Gentil,	Gentillesse.
Péril,	Périlleux.
Sourcil,	Sourciller.
Faim,	Affamer.
Parfum,	Parfumer.
Train,	Traîner.
Vain,	Vainement.
An,	Année.
Van,	Vanner.
Chagrin,	Chagriner.
Fin,	Finesse.
Vin,	Vineux.
Bon,	Bonté.
Don,	Donner.
Jeûn,	Jeûner.
Camp,	Camper.
Champ,	Champêtre.
Drap,	Drapier.
Galop,	Galoper.
Danger,	Dangereux.
Essor,	Essorer.
Engrais,	Engraisser.
Niais,	Niaiser.
Rabais,	Rabaisser.
Amas,	Amasser.
Bras,	Brasser.
Cadenas,	Cadenasser.
Pas,	Passer.
Tas,	Tasser.

Encens,	Encenser.
Sens,	Sensation.
Accès,	Accessible.
Procès,	Processif.
Progrès,	Progressif.
Avis,	Aviser.
Mépris,	Mépriser.
Tapis,	Tapisser.
Treillis,	Treillisser.
Bois,	Boiser.
Trois,	Troisième.
Dos,	Dossier.
Os,	Osseux.
Repos,	Reposer.
Abus,	Abuser.
Refus,	Refuser.
Pays,	Paysage.
Lait,	Allaiter.
Attentat,	Attenter.
Climat,	Acclimater.
Eclat,	Eclater.
Magistrat,	Magistrature.
Prélat,	Prélature. (1)
Reliquat,	Reliquataire.
Soufflet,	Souffleter.
Arrêt,	Arrêter.
Chant,	Chanter.
Gant,	Ganter.
Néant,	Anéantir.
Cent,	Centaine.
Vent,	Venter.
Art,	Artiste.

(1) On dit *se prélasser*.

Par*t*,	Participer.
Sau*t*,	Sauter.
Crédi*t*,	Créditer.
Dépi*t*,	Dépiter.
Li*t*,	S'aliter.
Profi*t*,	Profiter.
Brui*t*,	Ebruiter.
Frui*t*,	Fruitier.
Nui*t*,	S'annuiter.
Affron*t*,	Affronter.
Pon*t*,	Ponton.
Abrico*t*,	Abricotier.
Complo*t*,	Comploter.
Flo*t*,	Flotter. (1)
Sanglo*t*,	Sangloter.
So*t*,	Sottise.
Tro*t*,	Trotter.
Ressor*t*,	Ressortir.
Transpor*t*,	Transporter.
Emprun*t*,	Emprunter.
Bou*t*,	Aboutir.
Goû*t*,	Goûter.
Affu*t*,	Affuter.
Bru*t*,	Abrutir.
Bu*t*,	Buter,
Débu*t*,	Débuter.
Institu*t*,	Institution.
Salu*t*,	Salutaire.
Scorbu*t*,	Scorbutique.
Deu*x*,	Deuxième.
Courrou*x*,	Courroucer.
Jalou*x*,	Jalouser.

(1) On devrait écrire *floter, troter, garoter; sotise,* etc.

118. Ecrivez *sou*, et non pas *sol*, quoiqu'on dise *solde*, *soldat*, *solder* ; l'usage a prévalu. — Ecrivez *cou*, et non pas *col* ; on n'écrit plus *col* que les trois mots suivants : *col*, passage étroit entre deux montagnes, *col* de la vessie, et *col* de chemise. — On écrit *verrouiller*, *dévérouiller* parce qu'autrefois on écrivait *verrouil* ; mais aujourd'hui l'on devrait dire *verrouer*, *déverrouer*, comme on dit *écrouer*, puisqu'on dit et qu'on écrit *verrou*, *écrou*.

119. On écrit *cintre*, *cintrer*, quoiqu'on écrive *ceinture*, *ceintrage* ; et, bien qu'on écrive *peintre*, *peindre*, *peinture*, *peinturer*, il faut écrire *pinceau*, ce qui est néanmoins peu conséquent, peu conforme à la dérivation.

120. On écrit *concours*, *cours*, *discours*, *recours*, *secours*, quoiqu'on dise *concourir*, *courir*, *discourir*, *recourir*, *secourir*, où la lettre *s* du primitif disparaît ; mais l'étymologie latine (*concursus*, *cursus*, *discursus* etc.) a prévalu sur le besoin de l'analogie.

121. Ecrivez *brelan*, quoiqu'on dise *brelandier* et *brelander*. L'analogie est ici en défaut, et l'on conviendra que, pour cette raison, on ferait mieux d'écrire *breland*, comme *brigand*, etc. — On écrit aujourd'hui *vert* (et non pas *verd*), quoique l'on écrive *verdeur*, *verdir*, *verdoyer*, *verdure*, et que *vert* tire son origine du mot latin *viridis* ; mais on a sacrifié l'étymologie à l'avantage d'une prononciation plus douce, car *vert* et *vertement* sont plus euphoniques que *verde* et *verdement*.

122. Ecrivez *entreposer*, bien qu'on écrive *entrepôt* ; et *plafonner*, quoique l'on écrive

plafond, mot dont l'orthographe était *plat-fonds* au dix-septième siècle. — Ecrivez aussi *cicatriser*, bien qu'on écrive *cicatrice*; *essarer*, quoiqu'on écrive *essars*; *rayer*, bien qu'on écrive *radiation*; *taluter*, quoiqu'on écrive *talus*; *velouter*, quoiqu'on écrive *velours*; *se vautrer*, quoiqu'on écrive *veau*; et *vagabonner*, bien que l'on écrive *vagabond* et *vagabondage*. L'analogie est encore en défaut, comme on le voit, dans ces neuf verbes : *entreposer*, *plafonner*, *cicatriser*, *essarer*, *rayer*, *taluter*, *velouter*, *se vautrer*, *vagabonner*.

123. Ecrivez *brasselet*, et non pas *bracelet*, comme le font la plûpart des lexicographes. N'est-il pas ridicule, en effet, d'écrire *bracelet* l'ornement qu'on porte au bras, et dont la véritable orthographe (*brasselet*) est assez clairement indiquée par celle des mots *brassard*, *brasse*, *brassée*, *brasser*, *embrassement*, *embrasser*, qui tous dérivent du mot *bras*? On écrit pour cette raison, *délasser* (ôter la lassitude), au lieu qu'on écrit *délacer* (défaire un lacet).

124. Ecrivez *déciller* (ouvrir les yeux). Comment peut-on écrire *désiller*, sur la foi de plusieurs lexicographes, puisque ce verbe tire évidemment son origine du mot *cil*, et qu'il est de même nature que *ciller* et *sourciller*? Il n'y a pas de milieu : écrivons *dessiller*, *siller* et *soursiller*, ou déterminons nous enfin à écrire *déciller*, *ciller* et *sourciller*. Notre choix peut-il être douteux?

125. On écrit *étain* le métal de ce nom; il serait toutefois plus convenable d'écrire *étaim*, parce qu'il a *étamer* pour dérivé, comme *essaim* a *es-*

samer ; *faim*, *affamer*, etc. Il semble qu'on se soit mépris en orthographiant ainsi *étain*, métal, et *étaim*, partie la plus fine de la laine cardée.

126. On écrit *grain*, quoiqu'on écrive *grenetier*, *gréner* et *égréner*, ce qui n'est pas conforme aux lois de la dérivation. Mais, puisqu'on écrit, et avec raison, *grain*, du mot latin *granum*, il conviendrait d'écrire *grainetier*, *grainer* et *égrainer*, comme on écrit *grainier*, celui qui vend des graines.

127. On a coutume d'écrire *poulain*, cependant on écrit *pouliner* et *poulinière* ; j'en conclus qu'il serait plus raisonnable d'écrire *poulin*. Quant au féminin *pouliche*, qui est ridicule, il a été employé jusqu'à ce jour, par corruption, au lieu de *pouline*. (Voy. le chiffre 70). — Au lieu de *sacristine*, on devrait dire *sacristaine*, substantif féminin qui paraît commandé par le mot *sacristain*.

128. Ecrivez *astucieux* (venant d'astuce), *capricieux* (de caprice), *gracieux* (de grâce), *licencieux* (de licence), *officieux* (d'office), *pestilencieux* (de pestilence), *précieux* (d'apprécier), *révérencieux* (de révérence), *sourcilleux* (de sourcil), *sentencieux* (de sentence), *silencieux* (de silence), *soucieux* (de souci), *sourcilleux* (de sourcil), *spacieux* (d'espace), *vicieux* (de vice), etc. etc. Mais écrivez *captieux* (de capter), *dévotieux* (de dévotion), *facétieux* (de facétie), *séditieux* (de sédition), *superstitieux* (de superstition), *équinoxial*, (d'équinoxe), etc.

129. On écrit *confidentiel*, *différentiel*, *essentiel*, *pestilentiel*, *sacramentel*, *substantiel*, etc.

Mais il serait plus conséquent d'écrire *confidenciel* (de confidence), *différenciel* (de différence), *essenciel* (d'essence), *pestilenciel* (de pestilence), *sacrementel* (de sacrement), *substanciel* (de substance), etc. comme on écrit *officiel*, à cause du primitif office ; *négociant*, à cause de négoce, etc.

150. On écrit *dessin* (représentation d'une figure, d'un paysage, etc.) et *dessein* (projet, intention de faire une chose). Cette distinction est purement arbitraire. On devrait écrire *dessein* dans l'un et dans l'autre cas. Vainement objectera-t-on qu'en écrivant *dessein* dans les deux acceptions, tout le monde confondra *dessein* (délinéaments par lesquels on rend, au crayon, à la plume, des figures, un paysage, etc.), avec *dessein* (intention de faire quelque chose) ; nous répondrons que les différentes acceptions d'un mot n'en changent pas l'orthographe. *Dessein*, primitif de desseiner, (qu'on a écrit depuis *dessiner*), et *dessein*, projet, ne sont, au fond, qu'un même mot ; seulement le premier est au propre, et le second, au figuré. Les différentes démarches sont au dessein (projet) ce que les diverses lignes tracées sont au dessein (délinéaments) ; elles marquent l'intention. Lorsque celui qui projette, aura fait toutes les démarches nécessaires, et que le peintre qui dessine, aura tracé toutes les figures que l'art et le goût lui prescrivent, le premier exécutera son idée, le second coloriera son tableau, et l'un et l'autre seront venus à bout de leur *dessein*. — On doit, pour les motifs allégués ci-dessus, écrire *différent* (dispute) (et non *différend*). Il n'est pas

douteux que l'adjectif *différent*, par lequel on a voulu qualifier les avis, les opinions qui ne sont pas les mêmes, et qui souvent engendrent des disputes, n'ait donné naissance au substantif *différent* : or la distinction que bien des personnes établissent entre *différent*, substantif, et *différent*, adjectif, nous paraît n'avoir aucun fondement.

131. Ecrivez *Saintes* et la *Saintonge*, et non *Xaintes* ni la *Xaintonge*. — Ecrivez *Athènes*, *Paris*, *Versailles*, *Meaux*, *Reims*, *Bruges*, *Furnes*, *Tongres*, *Ypres*, etc. avec la caractéristique du pluriel, parce que ces mots sont, en latin, du nombre pluriel : *Athenæ*, *Parisii*, *Versaliæ*, *Meldæ*, etc.

132. Ecrivez *faix*, *faulx*, *perdrix*, *paix*, *chaux*, *toux*, *croix*, *noix*, *poix*, *voix*, *flux*, *reflux*, *houx*, *larynx*, *crucifix*, *courroux*, *phénix*, *onyx*, *deux*, *six*, *dix*, *lynx*, *sphynx*, *styx*, *thorax*, *borax*, *index*, *préfix*, *doux*, *jaloux*, *roux*, *faux*, etc. parce que la lettre *x* ou la double consonne *s* caractérise les mots grecs ou latins dont la plûpart sont formés. — La raison voudrait que l'on écrivît *chois*, comme *bois*, puisque l'étymologie ne prescrit pas l'emploi de l'*x*, et que l'on écrit *choisir*, comme on écrit *boiser*. D'ailleurs on écrivait jadis *choix* avec un *s* (1).

133. Ecrivez *faisan*, *falot*, *fanal*, *fantaisie*, *fantasmagorie*, *fantôme*, *faséole*, *feu*, *fiole*, *flegme*, *frénésie*, *front*, *golfe*, *scrofules* et *scrofu-*

---

(1) Ils ne voient pas de chois entre mémoire et entendement. *Essais de Montaigne.*

leux, quoique l'étymologie grèque commande *phaisan* (l'oiseau du Phase), *phalot*, *phanal*, *phantaisie*, *phantasmagorie*, *phantome*, *phrénésie* (1).

134. Ecrivez *blé*, *cherté*, *chrétienté*, *clé*, *confrérie*, *gageure*, *mangeure*. Rien n'autorise l'introduction du *b* dans le substantif *blé* (2). *Cher* appelle *cherté*. *Chrétien* appelle *chrétienté*. *Clé* rejette la lettre *f* qui, si elle était introduite à la fin de ce mot, donnerait à penser que *clef* doit se prononcer comme *nef*. *Confrérie* et *frérie* résultent de l'orthographe des mots *frère* et *confrère*. *Gageure*, *mangeure* (et non pas *gajure*, *manjure*) à cause des verbes *gager* et *manger*.

135. Ecrivez *juridiction*, *négociant*, *pied*, *piqúre*, *regitre*, *révérend*, *tisanne*. On a senti l'inutilité de la lettre *s* dans le mot *juridiction* qui, écrit de la sorte, est plus harmonieux. *Négoce* est le tronc d'où sont sortis *négociant*, *négociateur*, *négociation*, *négociable* et *négocier*. On écrit *pied*, parce que le *d* entre dans la composition du mot grec et du mot latin ; d'ailleurs on évite l'hiatus dans la prononciation de ces deux mots *pied-à-boule*, et *pied-à-terre*. Un double *u* serait une superfétation dans le mot *piqúre*. En écrivant *regitre* comme *chapitre* (ce qui est plus doux), il faut conséquemment écrire *regitrer*, *enregitrer*, *chapitrer*. *Révérend* s'écrit ainsi à cause du mot latin

---

(1) Toutes ces exceptions bizarres prouvent combien il est difficile de donner des préceptes invariables sur l'orthographe ; toutefois elles n'auraient pas lieu, si l'on avait égard à l'étymologie.

(2) Le mot *bladum* est de très basse latinité.

reverendus. On écrivait *ptisane* à cause du mot latin *ptisana*; mais on a sacrifié l'étymologie à l'euphonie.

136. Ecrivez *scie*, *sciage*, à cause du mot latin *secare*, (et non pas *sie*, *siage*); *seing* qui a produit l'ancien verbe *seigner* (et non pas *sein*); *signet*, du mot latin *signum* (et non pas *sinet*); *teint*, qui appelle *teinte*, *teinture*, *teinturier* (et non *tein*, ni *tint*). — Ne confondez pas *fil* avec *file*. Ce dernier signifie rangée, suite, continuité.

137. Ecrivez *ingredient*, du mot latin *ingrediens*, (qui entre dans); *seau*, vase à puiser de l'eau, du mot latin *situlus* (et non pas *sceau*); *linceul* (et non pas *linceuil*); *lut*, enduit (et non pas *lute*); *pierrière* (et non pas *perrière*); *refrain* (et non pas *refrein*) (1). — Le *ridicule*, petit sac en forme de réseau, serait plus convenablement dénommé *réticule*, ce qui retient, réseau, que *ridicule*, qui est un véritable sobriquet; de même que le *spincer* serait mieux nommé *sphincter*, qui, en grec, signifie *une sorte de vêtement qui serre*.

138. Ecrivez *angar*, du mot latin *angara*; *ankyloglosse* et *ankylose*, de leur nom grec; *baptême*, du mot latin *baptismus*; *ermite*, du mot latin *eremus*; *pin*, du mot latin *pinus*; *psaume*, du mot latin *psalmus*; *printemps*, des mots latins *primum tempus*; *rhapsodie*, de son nom grec; *temps*, de *tempus*; *thym*, de *thymum*.

---

(1) Un de nos étymologistes a tort de penser que le mot *refrain* vient du mot *frein* qui, dit-il, signifie pause, suspension. Il dérive du mot latin *referre*, rapporter, parce que le vers ou le mot est rapporté à la fin de chaque couplet.

139. Ecrivez *in-promptu* ; l'étymologie latine (*in promptu*, dans un moment, sur-le-champ) exige l'emploi de la syllabe *in*, comme dans *in-folio*, *incarcération*, *infusion*, etc. Ces mots seraient mal orthographiés, si on leur donnait pour initiale la syllabe *im*, au lieu de *in*, qui signifie *en*, *dans*, *sur*: il en est de même du mot *in promptu*.

140. On écrit *sirop*, du latin moderne *syrupus*; mais, pour obéir aux lois de l'analogie, il vaudrait mieux écrire *sirot*, puisque l'on dit et qu'on écrit *siroter*. — On écrit *appui-main* (baguette sur laquelle on appuie sa main), quoiqu'on écrive *essuie-main* (linge avec lequel on essuie sa main); cette orthographe n'est pas conséquente, on devrait écrire *appuie-main* comme *essuie-main*. — Ecrivez *porreau* (mieux que *poireau*), à cause du mot latin primitif *porrum* et à cause du dérivé *porracée*. — Ecrivez *margelle* (mieux que *mardelle*), à cause du mot latin primitif *margo*. — On écrit *sébile*, petit vase de bois; mais ce mot a sans doute été corrompu, car il vient du mot latin *cibilla*, employé par Varron, pour signifier un petit vase, d'où il suit qu'on dirait mieux *cibile* que *sébile*.

141. Ecrivez *cru* et *nu* par la raison qu'on écrit au féminin *crue* et *nue*. Nos ancêtres écrivaient avec plus de raison *crud* et *nud* par respect pour l'étymologie latine (*crudus*, *nudus*), et à cause des primitifs français *crudité* et *nudité*. — Ecrivez *grèque*, adj. f., comme on écrit *caduque*, *publique*, *turque*, dont les masculins se terminent par la consonne *c* de même que l'adjectif *grec*. Ces

quatre mots, étant de la même famille, doivent avoir la même forme extérieure.

142. En écrivant *faulx*, instrument, plutôt que *faux*, on se conformera à l'étymologie, car le substantif *faulx* vient évidemment du mot latin *falx*; et les étrangers ne confondront pas, comme ils ont coutume de le faire en écrivant, *faulx*, instrument, avec *faux*, contraire à la vérité. Il en est de même du mot *aulne* (arbre), qui s'écrira de la sorte, et parce qu'il vient du latin *alnus*, et parce qu'on ne le confondra pas avec *aune* (mesure).

143. On écrit *avoine*, et l'on prononce *aveine*; ne vaudrait-il pas mieux suivre cette dernière orthographe que deux raisons commandent : l'étymologie et la prononciation? En effet le substantif *aveine* vient du mot latin *avena*, et ceux qui parlent bien le prononcent comme s'il était écrit *aveine*. — Ecrivez *ognon*, *ognonière*, et non pas *oignon*, *oignonière*. — Ecrivez *cognée*, *cogner*, et non pas *coignée*, *coigner*.

144. Ecrivez *expansion*, *expansif*, etc. avec un *a*, à cause du verbe français *épandre*, qui lui-même est formé du mot latin *expandere*. — Ecrivez *terrain*, et non pas *terrein*; cette dernière finale ne serait pas en harmonie avec celle de *souterrain*. L'un et l'autre mot tirent leur origine du mot latin *terra*. — On devrait écrire *bierre* (cercueil), et *bière* (boisson); *goute* (maladie), et *goutte* (petite partie d'un liquide).

145. Ecrivez avec un *a* les mots suivants: Caen, à cause du mot latin *Cadomus*; faon, à cause de *infans*; Laon, à cause de *Laudunum*; paon, à cause de *pavo*; Saône, à cause de *Araris*; taon, à

cause de tabanus. — Ecrivez aussi Maure (qui est de la Mauritanie), plutôt que More. — Faon, qui est formé du mot latin *infans*, a admis l'o sans raison valable.

146. Ecrivez *soûl*, parce que l'usage, qui a fait supprimer l'*a* dans ce mot formé du latin *saturus*, a prévalu ici, quoiqu'il ait cédé relativement aux mots que nous avons cités un peu plus haut. — On écrit toujours *vert*, pour signifier *vigoureux, qui a de la force, de la sève, qui n'est pas sec, qui est de la couleur des herbes* : Une verte vieillesse, une tête verte, un homme vert, un arbre vert, des fruits verts, un pré vert, des rameaux verts ; ce vin a du vert ; employez le vert et le sec.

147. Ecrivez *œil*, *œillère*, *œillet*, *œilleton* avec un *oe*, parce que ces substantifs sont formés des mots latins *oculus* et *ocellus*. *OEuf*, et *œuvé* prennent *o*, parce qu'ils viennent du mot latin *ovum*. *OEuvre, chef-d'œuvre, désœuvrement, manœuvre*, prennent également *o*, parce qu'ils sont formés du mot latin *opus*. *Bœuf, chœur, cœur, moelle, mœurs, nœud, sœur, vœu*, sont ainsi écrits, parce qu'ils viennent des mots latins *bos , chorus , cor , mollis , mores , nodus , soror, votum* ; enfin l'on écrit *œcuménique, œdème, OEdipe, œsophage, fœtus*, parce qu'ils sont formés de mots grecs où se trouve un omicron. (1).

148. Ecrivez *exorbitant* (et non pas *exhorbitant*) ; ce mot est formé de deux mots latins *ex orbitâ*, hors du cercle ou de l'ornière, parce qu'en

---

(1) C'est à tort qu'on écrit *économie*, puisque ce mot et ses dérivés commencent également par un omicron.

effet tout ce qui est exorbitant sort du cercle, de la règle ordinaire. — Ecrivez *scholastique*, *scholiaste*, *scholie*, mieux que *scolastique*, *scoliaste*, *scolie*, à cause de leur primitif grec. On écrit *école*, mais la raison a cédé à l'usage.

149. Ecrivez linge *plain*, *plain* champ, *plaine* campagne, *plain* pied, velours *plain*, (et non *plein*, ni *pleine*), parce que, dans ces exemples, l'adjectif *plain* signifie uni, ras, du latin *planus*. — Ecrivez *coasser* (du latin *coaxare*), en parlant des grenouilles ; et *croasser* (du latin *crocitare*) en parlant des corbeaux. — Ecrivez *cou-de-pied* (et non pas coude-pied), parce que c'est la partie la plus élevée, le penchant du pied ; en italien *collo del piede*. — Ecrivez *pied-droit* (et non pas *pied-de-roi*) cette partie du jambage d'une porte ou d'une fenêtre, qui comprend le chambranle, le tableau, la feuillure, l'embrâsure et l'écoinçon.

150. Ecrivez *fond* pour signifier l'endroit le plus bas, le plus éloigné, le plus retiré : Le fond d'un puits, le fond d'un bois, le fond d'un cloître, le fond d'un carrosse, le fond d'un tableau ; aller jusqu'au fond, couler à fond ; être ruiné de fond en comble ; au fond, tu n'as pas tort ; dans le fond, c'est un homme dangereux ; on ne peut pas faire fond sur lui. Mais écrivez *fonds* pour signifier, au propre, le sol d'un champ, d'une terre, d'un héritage, etc. une somme d'argent quelconque, un capital ; et, au figuré, en parlant de l'esprit, du caractère, de la capacité d'un individu : J'ai un fonds qui est très productif ; votre amitié est le fonds sur lequel je vis ; ne placez pas à fonds perdu ; je veux ménager le fonds que je

me suis fait; s'il a un grand fonds d'esprit, il a aussi un grand fonds de malice; il avait un fonds inépuisable de science, etc. — Ecrivez *fonts* de baptême, à cause du mot latin *fons*, gén. *fontis*, fontaine.

151. Ecrivez *solennel* (et non pas *solemnel*). Un jour solennel est, à proprement parler, un jour anniversaire, un jour qui, dans la révolution annuelle du soleil, répond à celui dont on veut conserver le souvenir. Nous avons appelé, par extension, *solennel* tout ce qui est revêtu de formes extraordinaires, de formes semblables à celles qu'on emploie dans les fêtes anniversaires : de là les mots *solennité*, *solennisation*, *solenniser*, *solennellement*; de là aussi ces expressions très ordinaires : un acte *solennel*, un mariage *solennel*, une promesse *solennelle* (1).

152. Ecrivez *sçavant*, *sçavoir*, et non pas *savant*, *savoir*, pour deux motifs raisonnables, 1°. parce qu'ils tirent leur origine des mots latins *scientia* et *scire* (plutôt que de *sapere*); 2°. parce que le substantif *science*, qui est leur primitif, ne s'écrit pas autrement. Par conséquent écrivez *sçavament*, *sciemment*, *scientifique*, *scientifiquement*, au *sçu*, à l'*insçu* de. (2)

---

(1) Le mot *solennel* vient de *sol annuus*, jour anniversaire. Le mot *solemnel*, qui vient de *sol omnis*, n'a pas passé dans notre langue. Une pratique solemnelle serait une pratique qui aurait lieu tous les jours.

(2) Les personnes mêmes qui, par système, écrivent *savoir*, *savant*, ont l'habitude d'écrire *sciemment*, au *sçu*, à l'*insçu* de. Quelle bizarrerie !

153. On écrit *quadrature*, *équarir*, *équarissage*, mais on doit écrire *cadran*, *cadrer*, *carre*, *carré* s. et adj., *carreau*, *carrelet*, *carrure*, *carrer*, *contrecarrer*.

154. Ecrivez *ailleurs* (et non pas *allieurs*) ; *clavecin* (et non pas *clavessin*) ; *embonpoint* (et non pas *enbonpoint*) ; *squirrhe* (et non pas *squirre*) ; *esquinancie* (et non pas *squinancie*). On écrit *eschare*, (qu'on prononce *eskare*) ; par quelle bizarrerie écrit-on *squarreux*, au lieu de *escharreux* ?

155. Ecrivez *asyle*, *balsamine*, *basane*, *basin*, *bouse*, *bousier*, *bousillage*, *bousin*, *Brésil*, *buse*, *case*, *casematte*, *caserne*, *casoar*, *Elisabeth*, *gésier*, *gosier*, *grésil*, *hasard*, *incise*, *luserne*, *magasin*, *masure*, *transit*, et les dérivés de ces substantifs. (*Voyez le chiffre* 116 concernant les mots qui admettent la lettre *z*.)

156. Ecrivez *simultanée*, m. et f. : Un mouvement simultanée, une action simultanée. Il en est de même des adjectifs *ignée*, *momentanée*, *instantanée*, *spontanée*, *cétacée*, *porracée*, *herbacée*, *cutanée*, *sébacée*, *éthérée*, etc. Les terminaisons des mots ne sont pas indifférentes aux yeux des grammairiens observateurs. *Ard*, désigne la hauteur, l'intensité ; *tion*, marque l'action ; *té*, indique l'état ; *ment*, l'intention, la manière ; *ant*, désigne un être agissant (*aimant*, *changeant*) ; *é*, dans les participes passés, exprime une attribution passive, (*aimé*, *changé*, etc.) La terminaison en *ée*, lorsque l'e muet n'indique pas le féminin, signifie *qui est de la nature de*. Ainsi un

mouvement *simultanée* est un mouvement de la nature d'un temps qui coïncide avec un autre temps (1). Un corps *ignée* est un corps de la nature du feu (2). Un plaisir *momentanée*, ou *instantanée*, est un plaisir de la nature d'un moment, ou d'un instant. Un effort *spontanée* est un effort de la nature des choses qu'on exécute de plein gré (3). Des animaux *cétacées* sont des animaux de la nature de la baleine (4). L'orthographe de ces différents adjectifs est fondée, en outre, sur l'analogie ; en effet ils s'écrivent avec deux *e*, parce qu'ils viennent des mots latins terminés en *eus* ; or tous les substantifs et adjectifs qui, formés du latin ou du grec, ont un *e* ou *œ* devant *us*, *os*, *um*, etc., prennent dans notre langue un *e* muet après l'*é* fermé. (*Voy. le chiffre* 45). Pour cette raison même on devrait écrire *jubilée* (et non pas *jubilé*), parce qu'il vient du latin *jubilæus*.

157. Ecrivez par *ai* (et non pas par *oi*) tous les mots auxquels vous voulez donner le son de *ais*, comme dans *français* ; autrement il serait impossible de distinguer *François* (peuple), de *François* (substantif propre) ; on ne pourait sçavoir si l'on doit prononcer *harnois* ou *harnais*, *monnoie* ou

---

(1) *Simultanée* vient de l'adverbe latin *simul*, ensemble.
(2) *Ignée* est formé du mot latin *ignis*, feu.
(3) *Spontanée* est la traduction de *spontaneus*, volontaire.
(4) *Cétacée* dérive de *cetus*, baleine ; *testacée*, de *testa*, écaille ; *porracée*, de *porrum*, porreau ; *herbacée*, de *herba*, herbe ; *cutanée*, de *cutis*, peau ; *sébacée*, de *sebum*, suif ; *éthérée*, de *æther*, partie de l'air la plus subtile.

monnaie, *ivroie* ou *ivraie*, etc. etc. Voltaire ayant parfaitement senti que la manière d'écrire doit être d'accord avec celle de prononcer, n'hésita pas de proposer, au commencement du dix-huitième siècle, le changement de la diphthongue *oi* en *ai*, dans les mots où elle a le son de *è*. Bien des motifs, qu'il serait superflu de développer ici, firent rejeter le changement proposé par Voltaire; et l'on écrivit toujours *François*, *Anglois*, comme on écrit *Danois*, *Hongrois*, quoique la prononciation diffère essentiellement dans les uns et dans les autres. De là un très grand embarras pour les étrangers qui fort souvent ne sçavent pas s'ils doivent prononcer *oi* ou *ai*. Il ne faut pas s'étonner si, dans le siècle de Louis quatorze, on écrivait *François*, il *chantoit*, puisqu'à cette époque on prononçait *oi* comme on le prononce aujourd'hui dans *roi*; *françois* rimait alors avec *exploits*, *reconnois* avec *lois*, *accroître* avec *connoître*, etc. et Boileau n'a-t-il pas dit ?

« Durant les premiers ans du Parnasse françois,
Le caprice tout seul fesait toutes les lois ».

Ces rimes si fréquentes au temps de Racine et de Boileau prouvent qu'on fesait entendre alors la diphthongue ; mais aujourd'hui que *oi* n'est plus propre à reproduire la prononciation de certaines syllabes où on l'employait autrefois comme diphthongue, on ne doit plus craindre de le proscrire de tous les mots où il n'est pas diphthongue, et de suivre l'orthographe proposée par Voltaire, suivie par ce grand Ecrivain, et avouée par les gens de lettres qui adoptent les opinions saines et judicieuses, de quelque source qu'elles viennent. Il faut donc écrire *Français*, *Anglais*, *Ecossais*, *Irlandais*, *Portugais*, *Piémontais*, *Polonais*, *Bordelais*, *Marseillais*, *Nantais*, *Beaujolais*, *faible*, *harnais*, *monnaie*, *ivraie*, *connaître*, il *disparaît*, je *lisais*, j'*avais* lu, je *lirais*, il *était*, qu'il *paraisse*, je *perçais* (du verbe *percer*), etc. etc., au lieu qu'il faut écrire *Gaulois*, *Danois*, *Suédois*, *Hongrois*, *Valois*, *Valentinois*, *Dunois*, *croître*, *accroître*, *froid*, *roide*, *roideur*, un *toit*, une *paroisse*, je *perçois* (du verbe *percevoir*), etc. etc. Ce système a l'avantage de rapprocher l'écriture de la prononciation, et de déterminer celle-ci, qui embarrasse les enfants et les étrangers.

158. Ecrivez nous *fesons*, je *fesais*, *fesant*, etc. comme on écrit je *ferai*, je *ferais*, (et non pas je *fairai*, je *fairais*). Ecrivez pour la même raison *bienfesance*, *malfesance*, *bienfesant*, *malfesant*, au lieu de *bienfaisance*, *malfaisance*, *bienfaisant*, *malfaisant*, ce qui est tout-à-fait contraire à la bonne prononciation.

159. Ne confondez pas *tendon* avec *tendron*, ainsi que le font beaucoup d'Ecrivains qui disent *le tendon de la vigne*. *Tendon* signifie queue d'un muscle qui forme un cordon blanchâtre. *Tendron* signifie bourgeon, rejeton. *Le tendron de l'oreille* est la partie cartilagineuse de l'oreille externe. — Quoiqu'on lise dans les vocabulaires *dégréer* et *désagréer*, signifiant ôter les agrès, il ne s'en suit pas que ces deux mots soient français. L'analogie réclame *désagréer*, et rejette *dégréer*. *Désagréer*

signifie ôter les agrès d'un vaisseau, comme *désaccorder*, *dés*achalander, *dés*honneur, etc. signifient détruire l'accord, ôter les chalands, privation d'honneur, etc. *Dés* est une particule qui se place comme privative devant un grand nombre de mots français, sans élider aucune de leurs initiales. (1)

Du Redoublement des consonnes.

B. C.

160. Les seuls mots dans lesquels on redouble le *b*, sont : *abbatial*, *abbaye*, *abbé*, *abbesse*, *Abbeville*, *rabbin* et *sabbat*.

161. On redouble le *c* dans les mots commençant par *acca*, *acco*, *accr*, *accu*, *occa*, *occu*, et *succ*, tels sont *accabler*, *accolade*, *accroître*, *accumuler*; *occasion*, *occuper*; *succomber*, etc. Exceptez de cette règle *acabit*, *acacia*, *académie*, *acajou*, *acanthe*, *acariâtre*, *acarne*, *acataleptique*; *acolyte*, *aconit*, *acoquiner*, *acoustique*; *acre*, *acrimonie*, *acrobate*, *acrostiche*, *acrotères*; *oculaire*, *oculiste*; *sucer*, *sucre*, et les dérivés de ces deux mots.

D. F.

162. Les seuls mots dans lesquels on redouble le *d* sont : *Adda* (rivière), *addition*, *additionnel*, *additionner*, *adducteur* et *reddition*.

163. On redouble le *f* dans les mots commençant par *aff*, *eff*, *off*, *diff*, *souff* et *suff*, comme *affabilité*, *affaiblir*, *affaire*, *affamer*, *affecter*, *affermer*, *affirmation*, etc.; *effacer*, *effet*, *efficace*,

---

(1) *Voy.* Décréditer, *pag.* 326.

effiler, effort, effrayer, etc.; offenser, offertoire, office, offrande, offrir, offusquer, etc.; diffamer, différencier, difficile, difformité, diffusion, etc.; souffler, souffleter, souffrir, etc.; suffire, suffoquer, suffrage, suffusion, etc. Ajoutez y biffer, bouffissure, bouffon, buffle, chauffer, chiffon, chiffre, coffre, échauffaison, étoffe, girafe, greffe, griffe, pataraffe, piaffe, truffe, etc. Exceptez de cette règle les mots afin, Africain, Afrique, agrafe, cafard, café, calife, carafe; éfaufiler; mufle; parafe, pontife, préfet; rafraîchir; safran, soufre (corps combustible), tartufe, et tous les dérivés de ces différents mots. Le *f* est encore simple dans les mots commençant par *def* et par *ref*, comme défaire, défaut, défendeur, défendre, défense, défenseur, déférence, déférer, défiance, défoncer, défunt; refaire, réfectoire, refend, refendre, référé, référendaire, référer, réfléchir, réflet, réflexion, reflux, réforme, refouler, réfractaire, réfraction, réfréner, réfrigérant, refuge, refus, réfutation, et les dérivés de ces mots.

G, L.

164. Les seuls mots dans lesquels on redouble le *g* sont *agglomération*, *s'agglomérer*, *agglutination*, *agglutiner*, *aggravant*, *aggraver*, *suggérer* et *suggestion*.

165. On redouble le *l* dans les substantifs et adjectifs féminins terminés en *èle*, comme *bagatelle*, *cervelle*, *dentelle*, *écuelle*, *ficelle*, *querelle*, etc.;

belle, cruelle, mortelle, nouvelle, nulle, rebelle, etc. (1) Exceptez de cette règle les mots *Marc-Aurèle*, *clientèle*, *Cybèle*, *érysipèle*, *fidèle*, *grèle*, *modèle*, *parallèle*, *poêle*, *Praxitèle*, *zèle*. (*Voyez le chiffre* 50). — On redouble encore le *l* dans les mots qui commencent par AL, tels que *alléluia*, *Allemagne*, *aller*, *alliance*, *allonger*, *allouer*, *allumer*, *allure*, etc. Exceptez de cette règle *alambic*, *alarme*, *alègre*, *alégresse*, *alène*, *alibi*, *Alicante*, *aliéner*, *alignement*, *alinéa*, *aliquote*, *alité*, *aloès*, *aloi*, *alors*, *alouette*, *alourdir*, *aloyau*, *alumette*, *alun*, et leurs dérivés. On le redouble dans *illégal*, *illégitime*, *illicite*, *Illinois*, *illuminer*, *illusion*, *illustre*. On le redouble dans les verbes *appeler*, *chanceler*, *déceler*, *démanteler*, *ensorceler*, *épeler*, *étinceler*, *harceler*, *morceler*, *niveler*, *renouveler*, *révéler*, *ruisseler*, quand ce *l* est suivi d'une syllabe finale à *e* muet comme *j'appelle*, tu *appelles*, il *appelle*; ils *appellent*, que *j'appelle*, *j'appellerai*, *j'appellerais*. Enfin, on le redouble dans les mots suivants : *balle*, *dalle*, *galle* (excroissance qui vient sur les feuilles) (2), *halle*, *intervalle*, *malle*, *salle*, (3) *stalle*; il *emballe*, il *installe*, etc.

M, N.

166. On redouble le *m* dans les mots commençant par *comm*, par *imm*, et dans ceux qui se

---

(1) Les adjectifs *rebelle* et *tranquille* s'écrivent ainsi au féminin.

(2) On écrit *gale*, maladie; *écale*; s. *sale*, adj. m. et f. (*Voy. le chiffre* 32.)

(3) On écrit *salon*, quand on devrait écrire *sallon*.

terminent par *gramme*, tels sont *commander*, *commerce*, *commission*, etc. ; *immédiat*, *immémorial*, etc. etc. ; *décagramme*, *myriagramme*, etc. Exceptez de cette règle les mots *comédie*, *comestible*, *comète*, *comices*, *comite*, *comité*, *Comus*; *image*, *imaginer*, *iman*, *imaret*, *imiter*, et leurs dérivés. On redouble encore le *m* dans *gomme*; *homme*; *pomme*; *sommaire*, *somme*, *sommeil*, *sommet*, et dans leurs dérivés.

167. On redouble le *n* dans les mots commençant par *conn*, et dans ceux qui finissent par *oner*, tels sont *connétable*, *connexion*, *connivence*, *connaissance*, *couronner*; *donner*; *sonner*; *tonner*; etc. Exceptez de cette règle les mots *cône*, *conoïde*; *détrôner*, *donataire*, *donateur*, *donation*; *honorer*; *intonation*; *national*; *prôner*; *sonore*, etc.

P, R.

168. On redouble le *p* dans les mots commençant par *ap*, *op* et *sup*, comme *apparat*, *appareil*, *apparence*, *s'apparenter*, *apparier*, *appariteur*, *appartement*, *appartenir*, *appas*, *appauvrir*, *appeau*, *appeler*, *appentis*, *appétit*, *applaudir*, *apprenti*, etc. ; *opportun*, *opposé*, *opposition*, *oppresser*, *opprimer*, *opprobre*; *supplanter*, *suppléer*, *supplice*, *supplier*, *supporter*, *supposer*, *supprimer*, *suppurer*, *supputer*, etc. (1) Exceptez de cette règle *apaiser*, *apanage*, *aparté*, *apathie*, *apennin*, *apercevoir*, *apéritif*, *apetisser*,

---

(1) Ecrivez *grappe*, *grappiller*, *grappin*, *grippe*, *gripper*; mais écrivez *groupe*, *grouper*.

apitoyer, aplanir, aplatir, aplomb, apocalypse, apocryphe, apogée, Apollon, apologie, apologue, apophthegme, apoplexie, apostasie, apostème, aposter, apostiller, apostolat, apothéose, apothicaire, apozème, apurer, et leurs dérivés; *opaque, opéra, opération, opiat, opiler, opimes, opiner, opiniâtre, opium; superbe, supercherie, superfétation, superficie, superflu, supérieur, superlatif, superposition, superstitieux, suprématie, suprême,* et leurs dérivés.

169. On redouble le *r* dans les mots commençant par *arr, irr,* et *corr,* tels sont *arracher, arranger, arrérages, arrestation, arrêter, arrhes, arrière,* etc.; *irréconciliabe, irrécusable, irrégulier, irrémédiable, irrémissible, irréparable, irrépréhensible, irritable,* etc. *correct, corrélatif, correspondant, corridor, corrompre, corroyeur,* etc. Exceptez de cette règle *arabesque, Arabie, araignée, aratoire, are, arène, aréole, aréopage, arête, aride, Ariège, ariette, aristarque, aristocratie, arithmétique, aromate, arome, aronde, aruspice; irascible, ire, iris, ironie; coräil, coriace, coriambe, coriandre, Corinthe, corollaire, corolle, coronaire, coronal, Corybante, corymbe, coryphée.*

S, T.

170. On redouble le *s* dans les mots où cette consonne a le son dur entre deux voyelles, comme dans *bissac; chasser; dessin, dissimuler; essaim,* etc. etc. Exceptez de cette règle les mots suivants: *abasourdir; désuétude; girasol; havre-sac;*

monosyllabe ; parasol , polysyllabe , préséance, présupposer , pusillanime ; résipiscence ; soubresaut ; tournesol ; vésicatoire, vraisemblance, et quelques autres qu'on apprendra par l'usage.

171. On redouble le *t* 1°. dans les mots commençant par *att*, comme *attachement, attaquer, attendre, atterrer, attirer, attiser, attouchement, attraper, attribuer, attrister, attrouper,* etc. ; 2°. dans les mots finissant par *ette* et par *otte*, comme *ariette ; cassette, coquette ; dette; fillette ; musette, muette; nette ; sonnette,* etc. ; *botte; carotte, cotte* (jupe), *cotte* (d'armes), *crotte ; échalotte ; gavotte, grotte ; hotte* (1) ; *marotte, motte,* etc. ; l'adjectif féminin *sotte,* les verbes il *emmaillotte,* il *flotte,* il *trotte,* etc. Exceptez de cette règle *atelier, atermoiement, athée, athénée, atome, atonie, atours, atout, atrabilaire, âtre, atroce, Atropos,* et leurs dérivés ; *anachorète, arbalète, arête, athlète ; centripète, comète ; diète ; épithète ; interprète ; planète, poète, prophète, proxénète ;* les adjectifs féminins *complète, concrète ; discrète ; inquiète, prête ; replète ; secrète ;* les verbes *j'achète,* je *cachète,* je *repète,* je *souflète,* etc. ; *antidote, côte* (os courbé), *compote, cote* (marque numérale), *galiote, huguenote, linote, note,* les adjectifs féminins *bigote, cagote, dévote, idiote,* les verbes il *radote,* il *sanglote,* etc. — Dans *jeter* et ses composés on redouble le *t*, seulement quand cette consonne précède un *e* muet, comme

---

(1) Ecrivez les *Hottentots.*

je *jette*, tu *jettes*, il *jette*, ils *jettent*, que je *jette*, je *jetterai*, je *jetterais*. — On ne redouble pas le *t* dans les mots qui finissent en *ate, ite, ute*, tels sont *date* (d'une lettre), *écarlate, frégate, ouate, pâte, rate, stigmate; délicate, ingrate, mate, plate*, je *date*, etc.; *conduite, fuite, mérite, réussite, suite, visite*, etc.; *chûte, culbute, flûte, minute*, etc. Exceptez de cette règle *baratte, casematte, chatte, datte* (fruit du dattier), *jatte, latte, matte* (herbe), *natte, patte;* les verbes il *flatte*, il *gratte*, qu'il com*batte*, se *batte*, etc. il *acquitte*, je suis *quitte; butte, hutte, lutte*, je *lutte*. — Les deux seuls mots qui commencent par *ott*, sont *Ottoman* et *ottomane*.

172. Il n'est personne qui ne convienne que la plûpart de nos consonnes doubles sont au moins inutiles. Dumarsais et plusieurs autres Grammairiens, en proposant certaines réformes, sont tombés dans l'arbitraire et ont commis des inconséquences très dangereuses : *persone* et *bonne*, par exemple, offrent une inconséquence que rien ne sçaurait excuser ; il faut écrire *persone* et *bone*, ou *personne* et *bonne*. Je suis d'avis de ne supprimer la consonne double, que lorsqu'elle est tout-à-fait inutile pour la prononciation, et que l'étymologie ne s'y oppose pas. Par exemple, dans le mot *abbé*, la prononciation permet de supprimer le second *b* comme inutile, mais l'étymologie (abbas) le défend. Il en est de même des mots *flamme* (flamma), *mollesse* (mollities), *apprendre* (apprehendere), etc. au lieu que j'écrirai très conséquemment *come* (cum) ; *home* (homo);

pome (pomum); *bone* (bona) ; *consone* (consonans) ; *courone* (corona) ; *persone* (persona) ; *doner* (donare) ; *nourir* (nutrire) ; *soner* (sonare) ; *toner* (tonare) ; *honeur* (honor) ; *conditionel* (conditionalis) ; *afaire* (chose à faire) ; *chandèle* (candela); *dictionaire* (dictionarium); *raisonement* (ratiocinatio) ; *alégresse* (alacritas) ; etc. N'écrit-on pas *Rome*, *bonhomie*, *bonace*, *bonasse* ? N'écrit-on pas *donataire*, *donation*, *tróne*, *détróner*, *détonation*, *intonation*, *honorer*, *honorifique*, *afin*, *chandelier* ? Redoubler la consonne dans ces mots *personne*, *donner*, *honneur*, *affaire*, etc., c'est autoriser à écrire *aumonne*, *patronne*, *donnation*, *honnorer*, *bannal*, *applatir*, *étammer*, *détonnation*, *étoille*, *modelle*, *caniculle*, *erronné*, *métropolle*, *frégatte*, *dévotte*, *discrette*, *ébenne*, *hommologue*, etc. etc. etc. Nous avons pour nous l'usage, me dira-t-on.... L'usage est fort capricieux, et les lexicographes sont loin de s'accorder sur la suppression des lettres doubles, d'où il résulte de fréquentes incertitudes pour les personnes mêmes qui réclament en faveur de l'usage. En écrivant, il faudrait toujours consulter l'étymologie et la prononciation ; quand la première est nulle, on devrait avoir égard à la seconde. Par exemple écrire je *pourai*, je *pourais*, c'est se conformer à la prononciation et à l'étymologie (*potero*, *possem*). Ecrire je *courrai*, je *courrais*, c'est encore se conformer à la prononciation et à l'étymologie tout à la fois (*curram*, *currerem*). Enfin, en écrivant je *mourrai*, je *mourrais*, comme on doit orthographier ces deux mots, on ne suit pas l'étymologie, il est vrai (*moriar*, *morerer*), mais on se conforme à la prononciation.

SECTION II.

Emploi des Signes.

Dans la langue française, les signes de l'orthographe se réduisent à huit, sçavoir : les accents, l'apostrophe, le tréma, la cédille, le trait d'union, le trait de séparation, la parenthèse et les guillemets.

Des Accents.

Les accents sont des signes qu'on met sur les voyelles, soit pour en déterminer la prononciation, soit pour distinguer le sens d'un mot de celui d'un autre mot qui s'écrit de même.

On compte trois sortes d'accents : l'accent aigu, l'accent grave, et l'accent circonflèxe.

L'accent aigu (´) se met sur les *é* fermés, comme dans *bonté, vérité, décédé, prédécédé, récolte, génisse, répliquer, réclamer, réprimer, répartir* (partager), *réprouver* (condamner), etc. — L'accent aigu se met encore sur l'*e* penultième des mots qui suivent : *siége, collége, piége, privilége, dussé*-je, *veillé*-je, *puissé*-je, etc. etc.

L'accent grave (`) se met sur les *è* ouverts et sur les *è* moyens, comme dans *très* (adverbe), *procès, succès, progrès, dès* (déterminatif), *près, auprès*, etc. Dans *père, sévère, fidèle, modèle, règle, espiègle, ébène, hypothèque, lèvre, fièvre, collègue, prophète, fève, trève, interprète, flèche, èbe,* la *Grèce, règne, remède, siècle, Athènes, bègue, arène, mètre, convèxe, pièce, orfèvre*, il *lève*, il *mène*, il *pèse*, il *cède*, etc. — On emploie encore l'accent grave dans plusieurs mots qui, sans ce signe, pouraient être confondus avec d'autres, comme *à* (déterminatif), qui serait confondu avec *a*, troisième personne de l'affirmatif du verbe *avoir* ; *là* (adverbe), qu'on ne pourait distinguer de *la* (article défini féminin) ; *dès* (déterminatif), qui serait confondu avec *des* (pour *de les*) ; *où* (adverbe), qui ne serait pas distingué de *ou* (disjonctif). Mettez encore l'accent grave sur *çà*, *deçà*, *delà*, *déjà*, *voilà*.

L'accent circonflèxe (ˆ) se met sur les voyelles de certaines syllabes longues, et sur celles où il y a suppression de lettres ; il indique que le mot doit être prononcé d'un ton allongé, comme dans *âge*, *âne*, *apôtre* ; *bâiller*, *bêler*, *brûler* ; *cloître*, *cône*, *côte* ; *dû* ; *épître*, *être* ; *fenêtre*, *fête*, *flûte* ; *gîte*, *goût*, *grêle* ; *hôpital*, *hôte* ; *idolâtre*, *intérêt* ; *jeûne* (abstinence) ; *lâche* ; *maître*, *mât*, *mêler*, *même*, *meûnier*, *mûr* ; *naître*, *nôces*, *le nôtre* ; *paraître*, *pêcher* (prendre du poisson), *la plûpart*, *prêtre*, *prône* ; *râle*, *regître*, *rêve*, *revêche*, *rôle* ; *suprême*, *sûr* (certain) ; *tempête*, *tête*, *théâtre*, *tôt*, *traîner* ; *le vôtre*, *voûte*, etc. qu'on écrivait autrefois *aage*, *asne*, *apostre*, *baailler*, *beeler*, *brusler* ; *cloistre*, *cosne*, *coste* ; *deu* ; *épistre*, *estre* ; *fenestre*, *feste*, *fluste* ; *giste*, *goust*, *gresle* ; *hospital*, *hoste* ; *idolastre*, *intérest* ; *jeusne* ; *lasche* ; *maistre*, *mast*, *mesler*, *mesme*, *meusnier*, *meur* ; *naistre*, *nopces*, *le nostre* ; *paraistre*, *pescher*, *la plus part*, *prestre*, *prosne* ; *raale*, *registre*, *resve*, *revesche*, *roole* ; *supresme*, *seur* ; *tempesta*, teste, théastre, tost, traisner ; le vostre, vouste, etc. — L'accent circonflexe se met encore sur la voyelle longue de certains temps de verbes: nous aimâmes, vous aimâtes; nous vînmes, vous vîntes ; nous fûmes, vous fûtes ; nous reçûmes, vous reçûtes ; nous prîmes, vous prîtes ; qu'il aimât, qu'il vînt, qu'il fût, qu'il reçût, qu'il prît, etc. — Enfin, on met encore l'accent circonflexe sur tû, vû, attendû, pourvû, participes passés des verbes taire, voir, attendre, pourvoir, afin de les distinguer des mots tu (pron. personnel), vu que, attendu que, pourvu que.

1ere. OBSERVATION. *Les*, *mes*, *tes*, *ses*; *des* (pour *de les*), *ces*, *tu es*; *besoin*, *dedans*, *dehors*, *degré*, *denier*, *querelle*, *querir*, *bienfesance*, *dangereux*, *rebelle*, *rebellion*, *souverain*, *peser*, *pesant*, *mesurer*, *refuge*, *se refugier*, *redondance*, *enregitrer*, *aqueduc*, *repartir* (partir de nouveau et répliquer), etc., ne prennent pas d'accent ; mais les mots *désert*, *désir* et *désirer* réclament l'accent aigu.

2e. OBSERVATION. Les *é* fermés, les *è* moyens, et les *é* fort ouverts ne prennent d'accent, que lorsqu'ils terminent la syllabe (dé-cé-dé), (pè-re) ; (fe-nê-tre) ; il s'en suit qu'il ne faut pas mettre d'accent sur *e* dans les mots *exiger*, *Alexandre*, *terre*, *succession*, etc. — La lettre *s* à la fin d'un mot, n'empêche pas qu'on ne donne à ce mot le signe qui lui est propre : *bontés*, *succès*, etc.

De l'Apostrophe.

L'apostrophe (') est un petit signe en forme de virgule dont on se sert pour indiquer la suppression d'une voyelle; elle sert de séparation entre deux mots. Les lettres qui, se trouvant à la fin d'un mot, se suppriment devant un autre mot lié au leur, et commençant par une voyelle ou par un *h* muet, sont *a*, *e*, *i*.

La lettre *a* se retranche dans l'article féminin *la*, et dans *la*, féminin du pronom *il* : *l'*estime (pour *la* estime); *l'*histoire (pour *la* histoire); je *l'*enverrai chercher (pour je *la* enverrai chercher). — La lettre *e* se retranche dans l'article masculin *le*; dans *je*, *me*, *te*, *se*, *que*, *ce*, *le*, *ne*, *de*. Ex : *L'*ami (pour *le* ami), *l'*historien (pour *le* historien); *j'*écoute (pour *je* écoute), il *m'*aime (pour il *me* aime), il *t'*estime (pour il *te* estime), il *s'*oublie (pour il *se* oublie), je crois *qu'*il se trompe (pour *que* il se trompe), *c'*est un grand malheur (pour *ce* est un grand malheur), je *l'*exhorterai (pour je *le* exhorterai), il *n'*ignore rien (pour il *ne* ignore rien), les amis *d'*aujourd'hui (pour *de* aujourd'hui). — La lettre *i* se retranche dans le conjonctif *si*, lorsqu'il est suivi du pronom *il* ou *ils*. Ex: *s'*il vient, je le recevrai (pour *si* il vient); *s'*ils le désirent, je les satisferai (pour *si* ils le désirent). Mais il n'y a pas d'élision, quand le conjonctif *si* se trouve devant tout autre mot que *il* ou *ils*; c'est pourquoi il faut dire : *si* un homme se présente, *si* elle vient, *si* Alcibiade avait tenu une autre conduite, etc.

1re. REMARQUE. Les pronoms personnels *le*, *la*, et l'adverbe *là* ne souffrent pas élision lorsqu'ils sont placés après un verbe. Ex : Amenez *le* ici ; conduisez *la* en ces lieux ; ira-t-il *là* avec vous ?

2e. REMARQUE. *Le, la, de, que* ne souffrent pas élision devant *onze, onzième, oui, huit, huitième, huitaine*. Ex : *Le* onze du mois ; *la* onzième heure du jour ; *de* onze enfants, il en est mort neuf ; de vingt, il n'en reste plus *que* onze ; *le* oui et *le* non ; *le* huit du mois ; il est *le* huitième ; j'attendrai *la* huitaine. Corneille a donc fait une faute, quand il a dit :

« Peut-être que *l'onzième* est prête d'éclater ».

Prête offre une erreur d'un autre genre.

3e. REMARQUE. Les mots *entre* et *presque* ne réclament l'apostrophe, que devant un mot avec lequel ils entrent en composition ; ainsi l'on écrit *entr'acte, s'entr'aider, s'entr'accuser, s'entr'ouvrir, presqu'île*, etc. Mais on doit écrire : « Les vrais sages vivent entre eux retirés et tranquilles » ; « entre un bon et un mauvais ami, il y a bien de la différence » ; « nous arriverons entre onze et douze heures » ; « entre amis, il ne faut pas se gêner » ; « il n'y a jamais eu de liaison entre elles » ; « entre autres choses, je vous recommande mon procès » ; « mon ouvrage est presque achevé » ; « cet homme vit presque ignoré ».

4e. REMARQUE. L'*e* final de *jusque* s'élide devant le déterminatif *à*, et devant l'adverbe *ici*. Ex : J'irai jusqu'à Lyon ; leurs cris s'élevaient jusqu'au ciel ; cet arbre s'élève jusqu'aux nues ; jusqu'ici nous avons usé de modération. Mais on peut dire, sur-tout en vers « jusques au ciel, jusques aux nues, jusques au temple ».

5ᵉ. REMARQUE. L'*e* final des conjonctifs *puisque*, *quoique*, s'élide, mais seulement lorsque ces mots sont suivis de *il*, *ils*, *elle*, *elles*, *on*, *un*, *une*, ou d'un mot avec lequel ces conjonctifs sont immédiatement liés. Ex: Puisqu'il le veut ; puisqu'elle vous interroge ; puisqu'ainsi nous l'avons décidé ; quoiqu'il soit devenu riche ; quoiqu'elle nous ait promis ; quoiqu'un ancien l'ait assuré, etc. Mais on dira « puisque aider les malheureux est un besoin pour nous » ; « quoique étranger, on vint me chercher pour me faire roi, etc. ».

6ᵉ. REMARQUE. L'*e* final de *quelque*, *quel que*, *quelque* (adv.) *que*, ne s'élide que devant *un*, *une*, *il*, *elle*, comme quelqu'un, quelqu'une, quel qu'il soit, quelle qu'elle soit ; hors de là, il faut conserver l'*e* muet. Ex: Quelque historien aura avancé cette absurdité. Vous avez pris quelque autre pour lui. Quelque injustice qu'il nous ait faite, nous devons le respecter. Quelque élevés qu'ils soient, ils sont ce que nous sommes.

7ᵉ. REMARQUE. L'*e* final du déterminatif *contre* ne s'élide jamais ; aussi doit-on écrire « contre-allée, contre-amiral, contre-espalier, contre-ordre, contre-ouverture, contre-eux, etc. etc. »

8ᵉ. REMARQUE. Quoiqu'on écrive « Si un homme se présente, si elle vient, etc. », il ne faut pas écrire « si on travaille courageusement », mais écrivez « si l'on travaille courageusement ».

9ᵉ. REMARQUE. On a coutume d'écrire : *grand'chambre, grand'chère, grand'chose, grand' croix, grand'faim, grand-fête, grand'mère, grand' messe, grand'peine, grand'peur, grand'pitié, grand'rue, grand'salle, grand'soif, grand'tante.* Mais il serait bien plus convenable de dire et d'écrire : « Voici la *grande* chambre ; j'ai fait *grande* chère (ou *bonne* chère) ; il a fait une *grande* chose ; j'avais *grande* faim ; j'ai *grande* peine à vous croire ; j'ai eu *grande* peur ; il me fait *grande* pitié ; prenez la *grande* rue ; venez dans la *grande* salle ; nous avons *grande* soif ». Les mots *grand'croix, grand'fête, grand'mère, grand'messe* et *grand' tante* demeurent invariables, parce qu'il ne s'agit pas d'exprimer réellement la grandeur de ces cinq substantifs. On dira aussi, d'une manière absolue : Voilà *grand'chose* ; il n'a pas eu *grand'chose*. [vvv]

10ᵉ. REMARQUE. Les diphthongues telles que *moi, toi, soi* rejettent l'apostrophe. On dira très bien : « il m'a informé (pour il me a informé) », « on t'exhorte à travailler (pour on te exhorte) » ; « il s'indigne d'un tel refus (pour il indigne soi) » ; mais on ne peut pas dire « donnez m'en (pour donnez moi en) » ; « conduisez m'y (pour conduisez moi y) », parce que, dans ces deux propositions, la lettre *m* tient la place de *moi*, et non pas de *me*. Il faut nécessairement dire et écrire : « Donnez moi de cela, conduisez moi là ». « Repose-t-en sur moi » ; « voici une herbe fraîche, repose-t-y » offrent la même faute ; on doit dire : « Repose toi de cela sur moi » ; « voici une herbe fraîche, repose toi dessus ».

Du Tréma.

Le tréma, qu'on appelle aussi diérèse (1) et dont voici la figure (¨), consiste en deux points disposés horizontalement, que l'on met sur les voyelles *e*, *i*, *u*, pour indiquer que ces lettres doivent être prononcées séparément de la voyelle qui les précède immédiatement, et avec laquelle, sans le tréma, elles feraient ou une diphthongue, ou le signe composé d'une voix simple. Il faut mettre, par exemple, un tréma sur la voyelle *ë* dans les mots suivants : *Israël, ciguë, aiguë, ambiguë*, etc. Ces trois derniers mots se prononceraient, sans le tréma, comme *figue, brigue, intrigue*, ce qui serait tout-à-fait contraire aux règles de la prononciation. — Il faut mettre un tréma sur la voyelle *i* dans les mots qui suivent: *aïeux, Caïn, coïncider, laïque, Moïse, mosaïque, naïf, faïence, faïencier, héroïde, héroïque, héroïne, haïr, ouï* (entendu) *païen, prosaïque, Zaïre*, etc. — Il faut mettre un tréma sur la voyelle *ü* dans les mots ci-après : *Antinoüs, Archelaüs, Esaü, Saül*, etc.

1ere. REMARQUE. L'emploi du tréma est au moins superflu, et par conséquent condamnable, dans les mots *étendue, vue, statue, charrue, due, reçue, connue*, et dans beaucoup d'autres mots semblables, puisque leur prononciation n'offre aucune ambiguïté.

2e. REMARQUE. Le tréma serait tout-à-fait dé-

---

(1) *Diérèse* signifie *division*; ce mot vient du grec διαιρέω (*diaireô*) je divise. La diérèse a lieu quand on fait deux syllabes d'une seule syllabe.

placé sur les mots *citoïen*, *païsan*, *emploïer*, *essaïer*, *ennuïer*, etc. parce qu'il obligerait à prononcer *cito-ien*, *pa-isan*, *emplo-ier*, *essa-ier*, *ennu-ier*, etc. lorsque la véritable prononciation de ces mots est *citoi-ien*, *pai-isan*, *emploi-ier*, *essai-ier*, *ennui-ier*; aussi les écrit-on avec un *y* qui tient la place de deux *i* : *citoyen*, *paysan*, *employer*, *essayer*, *ennuyer*, etc.

3ᵉ. REMARQUE. Lorsqu'une des deux voyelles peut être accentuée, le tréma est inutile, et l'accent est de rigueur. Vous écrirez donc *poète*, *poème*, *Israélite*, *athéisme*, *Briséis*, *Danaé*, *Crusoé*, etc. et non pas *poëte*, *poëme*, *Israëlite*, *athéïsme*, etc.

De la Cédille.

La cédille dont voici la figure (¸) est un petit signe que l'on met sous la lettre *ç* pour en adoucir le son devant les voyelles *a*, *o*, *u*. C'est ainsi qu'on écrit *façade*, *glaçon*, *gerçure*, *forçat*, *François*, *leçon*, nous *effaçons*, tu *reçus*, il *s'exerça*, nous *prononçâmes*, etc. Cette pratique est bonne en ce que le dérivé ne perd pas la lettre caractéristisque, mais qu'il conserve au contraire la marque de son origine. *Façade*, et *glaçon*, par exemple, venant de *face* et de *glace*, il est naturel de les écrire avec un *c* plutôt qu'avec un *s*; *François*, *leçon* viennent de *Franciscus* et de *lectio*; nous *effaçons*, tu *reçus*, il *prononça* viennent des verbes *effacer*, *recevoir*, *prononcer*. Dans ces trois derniers mots, la cédille remplace un *e* muet qu'on a supprimé, car on écrivait autrefois nous *effaceons*, tu *receus*, il *prononcea*, comme on écrit *gageure, il vengea,* etc. pour adoucir le son du *g* dans ces deux mots et dans d'autres analogues.

Observation. C'est une faute, que de mettre une cédille où il n'en faut pas, c'est-à-dire sous le *c* qui précède la voyelle *e* ou *i*, et d'écrire, par exemple, *reçevoir, adouçir, forçément,* etc.

Du Trait d'union.

Le trait d'union, qui est aussi appelé *tiret*, est un petit trait droit et horizontal qu'on place entre deux mots que l'on veut unir, soit parce qu'ils ne font plus, en quelque sorte, qu'un même mot, soit parce qu'il n'est pas permis de les séparer dans le discours. Voici, par exemple, des termes composés qui sont censés ne faire qu'un même mot : *Abat-jour, arc-en-ciel, avant-coureur, bout-rimé, chef-d'œuvre, coup-d'œil, garde-fou, gentilhomme, petit-maître, rendez-vous, serre-tête, sous-préfet, nu-pieds, nu-tête,* etc.

Les mots qui entrent en composition et qu'il n'est pas permis de séparer dans le discours, sont, par exemple, *au-delà, par-delà, ici-bas, longtemps, c'est-à-dire, sur-le-champ, tout-à-coup, peut-être, vis-à-vis, quelques-uns, moi-même, toi-même, soi-même, lui-même, soi-disant, contre-allée, contre-amiral, contre-cœur, contre-danse,* etc.

1re. REMARQUE. On joint par un trait d'union les monosyllabes *ça, ci, ce, là,* lorsqu'ils font, en quelque sorte, partie du mot qui les précède immédiatement. Ex: *Or-ça, venez-ça, celui-ci, cet homme-ci, cette femme-ci, ci-dessus, ci-dessous, ci-gît, quel homme est-ce là? quelle femme était-ce là? sont-ce là vos projets? là-haut, là-bas*, etc. (1)

2ᵉ. REMARQUE. Il faut joindre par un trait d'union certains adjectifs numéraux, tels que *dix-sept, dix-huit, dix-neuf; vingt-un, vingt-deux, vingt-trois*, etc. *quatre-vingt-un, quatre-vingt-deux, deux cent-un, deux cent-deux*, etc. etc.

3ᵉ. REMARQUE. On emploie le trait d'union, toutes les fois que le substantif indéterminé *on*, ou le pronom personnel, sujet de la proposition, est placé immédiatement après le verbe. Ex : Que veut-on? les approuverait-on? viens-tu? vient-il? venez-vous? puissé-je vous être utile? veillé-je? me trompé-je? dût-il se fâcher contre moi; sommes-nous en paix? êtes-vous en guerre? que demandent-ils? etc.

4ᵉ. REMARQUE. On a coutume de joindre par un trait d'union les pronoms personnels et les verbes dont ils sont les compléments directs ou indirects, comme «aimons-nous, donnons-nous du bon temps, pardonnez-vous les uns aux autres, procurez-moi ces livres, envoyez-nous-les, faites-moi lui parler», etc. Mais nous regardons comme un abus l'emploi du tiret, lorsque les pronoms personnels placés après les verbes en sont les compléments soit

---

(1) On écrit « cet auteur-là, cette histoire-là », parce que l'enclitique *là* est, pour ainsi dire, identifié avec les mots auteur et histoire; mais il faut écrire « c'est là un beau trait, que dites-vous là? Vous avez donné là un grand exemple de justice, étaient-ce là vos enfants? etc. » parce que, dans ces propositions, le mot *là* n'est pas un mot indispensable; il n'y est employé que par une sorte de redondance, et pour donner plus de force et d'énergie au discours.

directs, soit indirects ; nous pensons qu'il vaut bien mieux écrire « Aimons nous, donnons nous du bon temps, pardonnez vous les uns aux autres, procurez moi ces livres, envoyez nous les, faites moi lui parler ». 1°. A quoi bon multiplier sans sujet les traits d'union ? 2°. « Donnons nous du bon temps », n'offrent-ils pas cinq mots bien distincts ? 3°. Si nous mettons un tiret dans ces propositions « armons-nous, donnons-nous du bon temps (ce qui signifie donnons du bon temps à nous) » ; « pardonnez-vous les uns aux autres (ce qui signifie pardonnez à vous les uns aux autres) », comment les distinguera-t-on de ces propositions interrogatives « aimons-nous nos semblables ? donnons-nous ce que nous pouvons donner » ? « pardonnez-vous quand vous pouvez le faire » ? Il ne faut employer le trait d'union que dans certaines formes verbales : celles où le sujet est placé après son verbe, comme irai-*je* ? viendras-*tu* ? Dieu est juste, aussi espérons-*nous* en lui, etc. C'est dans ce cas seulement, que le verbe et le pronom semblent ne faire qu'un même mot.

5ᵉ. REMARQUE. Quand la troisième personne du singulier d'un temps de verbe quelconque a pour lettre finale un *a* ou un *e* muet, on a soin de mettre un *t* entre deux traits d'union ; ce *t* est purement euphonique. Ex : Ira-*t*-on se promener aujourd'hui ? Puisse-*t*-elle me recevoir ! Vous estime-*t*-il ? Jouera-*t*-il demain ? Ce serait une faute grave, que d'écrire « Ira-on se promener aujourd'hui ? Puisse-elle me recevoir ! etc. » Une faute non moins grossière qu'on commet encore en écrivant est celle-ci : « Ira-t'on ? Puisse-t'elle ! etc. » C'est un trait d'union, et non pas une apostrophe, qu'il faut employer dans ces propositions interrogatives.

6ᵉ. REMARQUE. Tout impératif qui n'a pas de *s* final, en prend un devant *y* et *en*, lorsque ces deux mots forment avec lui un sens indivisible ; dans ce cas, on place la consonne *s*, qui est essentiellement euphonique, entre deux traits d'union. Ex : *Va-s-y, va-s-en puiser, porte-s-y, porte-s-en,* etc. Cette orthographe « va-*s*-y, porte-*s*-en » est plus analogue à celle-ci « va-*t*-il, porte-*t*-il », que « vas-y, portes-en ».

7ᵉ. REMARQUE. On joint ordinairement par un trait d'union l'adverbe *très* et le mot qui le modifie, comme très-vertueux, très-méchamment, très-honteux, très-habilement, etc. ; mais c'est un tort qui appartient aux imprimeurs, lesquels semblent avoir fait loi, nous ne sçavons pour quel motif. Certes, il n'est pas plus raisonnable d'écrire très-mal, très-vertueux, très-habilement, etc. que d'écrire bien-mal, bien-vertueux, fort-habilement, etc.

8ᵉ. REMARQUE. On doit faire usage du tiret, pour diviser un mot qui, ne pouvant entrer entièrement dans une ligne, est achevé dans la ligne suivante ; et, dans ce cas, il faut bien se garder de couper une syllabe, pour en rejeter à la ligne ce qui en reste. Par conséquent n'écrivez et sur-tout n'imprimez jamais : il y a de la con--science, etc. au lieu de : il y a de la cons--cience, etc. Le lion est le roi des an--imaux, au lieu de : le lion est le roi des ani--maux.

Du Trait de séparation.

Le trait de séparation, dont voici le signe (—), est une ligne horizontale, un peu plus longue que le trait d'union; il sert à indiquer, dans les dialogues, le changement des personnages qui s'entretiennent. Son utilité est telle, qu'il dispense de répéter les mots, *reprit-il*, *dit-elle*, *ils repartirent*, *elle répliqua*, et autres de cette nature. Voici quelques vers de Boileau, qui offrent plusieurs exemples du trait de séparation.

« Debout, dit l'Avarice, il est temps de marcher.
— Eh! laissez moi. — Debout. — Un moment. — Tu répliques!
— A peine le soleil fait ouvrir les boutiques.
— N'importe, lève toi. — Pourquoi faire après tout?
— Pour courir l'Océan de l'un à l'autre bout.

Observation. Il serait peut-être convenable de doubler ainsi le trait de séparation ═, afin de le distinguer du trait d'union.

De la Parenthèse. (1)

La parenthèse, dont voici la figure ( ), est formée de deux crochets placés en regard; on y insère un mot, une proposition accidentelle, mais complète, qui interrompt la continuité de la phrase principale. Ce mot, cette proposition jette un trait de lumière dans la phrase où on l'interpose, y ajoute une idée qui ne s'enchaîne pas avec les autres. Un seul exemple de la parenthèse nous suffira.

Les démons irrités de l'heureuse innocence
   Qui régnait parmi les mortels

---

(1) Ce mot vient du grec παρένθεσις (*parenthesis*), interposition.

(L'oubli des mœurs et l'indécence
(N'avaient pas encore d'autels),
Songèrent aux moyens d'envoyer dans le monde
La Licence en maux si féconde.
On s'assemble, on consulte, et contre les humains
Chacun, dans l'infernal empire,
Rêve, délibère, conspire...
Jugez si notre sort était en bonnes mains !

Des Guillemets.

Les Guillemets («) ainsi appelés du nom de celui qui s'en servit le premier, s'emploient pour distinguer certaines citations étrangères au texte du discours dans lequel on les place. Voici la manière dont on doit les employer.

La belle Ynès lève douloureusement vers le ciel ses yeux baignés de larmes ; ensuite elle regarde ses enfants qui l'environnent ; ses pleurs redoublent ; les maux dont ils sont menacés la font frémir ; enfin, rompant le silence : « S'il est vrai,
« dit-elle au roi, que l'univers ait vu des ani-
« maux que leur nature portait à la cruauté,
« s'attendrir pour de faibles enfants, jetez un œil
« de compassion sur ces malheureux orphelins, et
« que leur innocence vous désarme. Je ne vous
« parle pas de la mienne, vous voulez mon trépas,
« il faut vous satisfaire. Cependant, si votre clé-
« mence égale votre valeur, plutôt que de verser
« mon sang, confinez moi dans le séjour des
« tigres et des lions ; là, au milieu des pleurs et
« des soupirs, le cœur plein du cher objet pour
« qui l'on me traîne au supplice, j'éleverai mes
« enfants ; leur vue sera l'unique consolation
« d'une mère plus tendre encore que malheu-
« reuse ».

SECTION III.

Solécismes contre la langue écrite.

Le Solécisme est une transgression des lois établies pour l'exactitude et pour la pureté du langage. Le mot *Solécisme* dérive de *Soloï* (Σόλοι), ville de l'île de Chypre, bâtie vers l'an 550 avant Jésus-Christ, par Solon, législateur d'Athènes. Ce grand homme vécut quelque temps à la cour de Philocyprus, roi de Chypre ; ce fut là même qu'il termina sa longue et honorable carrière. La capitale des états de Philocyprus était située sur des montagnes arides. Solon lui conseilla de la transférer dans une plaine fertile. Son avis fut approuvé, et lui-même se vit chargé de présider à ce changement. La nouvelle ville retint le nom de son fondateur. Bientôt la richesse et les agréments du pays y attirèrent les habitants de tous les cantons ; il y accourut principalement un grand nombre d'Athéniens. Ce mélange d'individus en occasionna dans le langage. Les Athéniens qui s'étaient mêlés avec les anciens habitants, perdirent dans leur commerce la politesse de leur idiôme, qui se corrompit au point que cette expression, *parler comme à Soloï*, passa en proverbe, ce qui signifie chez nous, *faire des solécismes.*

Nous distinguons les Solécismes contre la langue écrite, et les Solécismes contre la langue parlée. On commet des Solécismes contre la langue parlée, quand on pèche, en parlant, contre les règles du bon langage (1). Ex : La promesse que je vous ai *fait*. Je me rappelle *de* cette circonstance. Il *est couru* les en informer aussitôt. C'est là même *où* j'en veux venir. Lorsqu'il fut *prêt* d'expirer ; etc. On commet des fautes contre la langue écrite, quand on pèche, en écrivant, contre les lois de l'orthographe. — Les infractions de la langue écrite sont de plusieurs sortes. On fait des Solécismes,

1°. quand on se méprend dans la manière d'orthographier les mots, comme quand on écrit *fourmie, courroi, atlète, mignature, erse, lapreau, linceuil, cerceuil, gougeon, extravaguant*, etc. etc. etc.

(Il faut, pour éviter ces sortes de fautes, consulter un bon vocabulaire, toutes les fois qu'on est en doute).

2°. quand on donne à un substantif le genre qui ne lui appartient pas, comme quand on écrit *un* alcove, *un* oriflamme, *une* érysipèle, *un* jujube, *une* armistice, les *longues* pleurs d'un enfant, etc. etc.

(Il faut, pour éviter ces sortes de fautes, consulter le tableau ci-après des substantifs dont le genre présente des difficultés).

3°. quand on pèche contre le nombre des substantifs, des adjectifs, des pronoms, des participes et des verbes, comme quand on écrit les *prince*, les courtisans *adroit*, des femmes *aimable*, *elle* viendront, les dames que j'ai *vu*, des livres m'*avait* été promis, je n'en ai reçu *aucuns*, etc.

---

(1) L'ensemble de ces règles compose l'*Orthologie*.

4°. quand on écrit un mot pour un autre, parce que ces deux mots ont la même prononciation, comme quand on écrit *plan* pour plant; *raisonner* pour résonner; *sensé* pour censé, etc. etc.

(Il faut, pour éviter ces sortes de fautes, étudier le tableau des homonymes, qui est ci-après).

5°. quand on pèche contre la conjugaison des verbes tant réguliers qu'irréguliers, comme quand on écrit il *rompera*, j'ai *prit*, tu *a* mangé, nous avons *conduis*, j'aurais *voulut* qu'il *parla*, je ne crois pas que tu *aye* ris, tu *travaille* trop tôt, nous avons *acquit*, etc. etc.

6°. quand, trompé par une fausse analogie, on emploie un mot pour un autre, comme quand on écrit vous *médites* tous les jours, au lieu de vous médisez; j'ai *recouvert* la santé, au lieu de j'ai recouvré; j'aime les *cieux*-de-lit, pour les ciels-de-lit; il *a* rentré de meilleure heure que de coutume, pour il est rentré de meilleure heure que de coutume, etc.

Ne voulant pas accumuler ici des exemples de tous les Solécismes qu'on peut commettre, nous allons placer sous les yeux de nos lecteurs un assez grand nombre de phrases où les règles contre la langue écrite sont violées; et nous mettrons en regard les mêmes phrases purgées de fautes.

Le Cours-Pratique que nous avons mis au jour sous le titre de CACOGRAPHIE, offre une multitude d'exemples de tous les Solécismes que l'on peut faire en écrivant. Voyez aussi le Recueil de Matières de Compositions, placé à la suite de notre *Grammaire des Dames*.

Solécismes contre la langue écrite.

J'ai vu cette mignature, elle m'a parue fort belle. — La grote de Calipso ne raisonnnait plus du doux son de sa voix. — Ces draps ont trois legs, et se sont vendu exhorbitamment chers. — Cette chose est entre le ziste et le zeste. — Nous vous obligerons tout et quand fois que nous en trouverons l'ocasion. — Il nous a raconté une quirielle d'avantures plus ennuyeuses les unes que les autres. — Cet homme là n'était pas de sang rassi, lorsqu'il s'est porté à ce crime. — Bien des personnes ne peuvent soufrir l'odeur du musque. — Ce général était toujours de sens froid, quand il ordonnait l'attaque. — Tout était sans dessus dessous à leur départ de la ville. — Ce que vous me donnez la ne vaut pas un zest. — On a condamné à une forte amande ce chartier très imprudent. — De vastes sceaux n'ont pas peut contribués à éteindre l'incendie. — On s'est battu pendant cinq heures et demi en pleine campagne. — Nous vous rendrons à l'envie tous les services qui pouront vous être agréables. — S'était sans raisons, se me semble, qu'un soit disant philosophe deffendait l'usage tempéré du vin. — Qu'elle heureuse journée que celle où nous avons tué tant de levreaux et de perdereaux ! — Ces passagers ont tous péris dans la traversée, exceptés une mère et ces deux enfants. — Cette ferme, que nous tenons a bail amphitéotique, n'est pas aussi considérable que je l'avais crue. — L'office est fort bien faite dans la plûpart des églises de Paris. —

Solécismes contre la langue écrite.

J'ai vu cette miniature, elle m'a paru fort belle. — La grotte de Calypso ne résonnait plus du doux son de sa voix. — Ces draps ont trois lés, et se sont vendus exorbitamment cher. — Cette chose est entre le zist et le zest. — Nous vous obligerons toutes et quantes fois que nous en trouverons l'occasion. — Il nous a raconté une kirielle d'aventures plus ennuyeuses les unes que les autres. — Cet homme-là n'était pas de sens rassis, lorsqu'il s'est porté à ce crime. — Bien des personnes ne peuvent souffrir l'odeur du musc. — Ce Général était toujours de sang froid, quand il ordonnait l'attaque. — Tout était sens dessus dessous à leur départ de la ville. — Ce que vous me donnez là ne vaut pas un zeste. — On a condamné à une forte amende ce charretier très imprudent. — De vastes seaux n'ont pas peu contribué à éteindre l'incendie. — On s'est battu pendant cinq heures et demie en plaine campagne. — Nous vous rendrons à l'envi tous les services qui pouront vous être agréables. — C'était sans raison, ce me semble, qu'un soi-disant philosophe défendait l'usage tempéré du vin. — Quelle heureuse journée que celle où nous avons tué tant de levrauts et de perdreaux ! — Ces passagers ont tous péri dans la traversée, excepté une mère et ses deux enfants. — Cette ferme, que nous tenons à bail emphytéotique, n'est pas aussi considérable que je l'avais cru. — L'office est fort bien fait dans la plûpart des églises de Paris. —

On peut apprendre le plein chant sans beaucoup de difficultés. — Nous passames le bacque, et le lendemain nous nous embarquames sur un paquebot. — Ce mare de caffée ne doit pas séjourné plus long-temps dans votre maraboue. — Monseigneur le garde des seaux a porté la parole au nom du roy. — Une école militaire fût établie à Saint-Cyr les Versailles. — Le maréschal de Turenne avait les soucis gros et assemblés, ce qui lui donnait, dit-on, une phisionomie malheureuse. — Vous me contredites dans tout ce que je propose, et c'est le propre d'un rustaut de contrequarrer ainsi les personnes auxquels on doit quelque déférance. — Un vin généreux est bon pour les estomachs faibles, qu'il sustante et corrobore. — Je ne pense pas que ses demoiselles ayent perdu les schales qu'on leurs a donné à porter. — Il s'en faut beaucoup que nos almanacs soyent véridiques. — Il faudrait que je lus le nouveaux traité des sinonimes dont on m'a prié de faire l'analise. — Ces fruits sont d'une bonne acabie ; je voudrais qu'on en conserva la semence. — Ne voyez-vous pas que ces artichaux ont très bien réussis dans ce terrein ? — Des feuilles de vignes ornaient les tampes du vieux Silène. — On rencontre beaucoup de zigzagues dans cette allée plantée de ciprès. — C'est un empyrique qui nous a fait cet envoie de rhum et de tafiat. — Quand on a bien travaillé, le tems ne fait rien a l'affaire, dit un réthéur moderne, dont le stile est fort empoulé. — Le tériaque est un reméde dont la baze est la chaire de vipère. — Nous en fumes quitte pour la peur, car

On peut apprendre le plain-chant sans beaucoup de difficulté. — Nous passâmes le bac, et le lendemain nous nous embarquâmes sur un paquet-bot. — Ce marc de café ne doit pas séjourner plus long-temps dans votre marabout. — Monseigneur le Garde des Sceaux a porté la parole au nom du roi. — Une école militaire fut établie à Saint-Cyr-lez-Versailles. — Le maréchal de Turenne avait les sourcils gros et assemblés, ce qui lui donnait, dit-on, une physionomie malheureuse. — Vous me contredisez dans tout ce que je propose, et c'est le propre d'un rustaud de contrecarrer ainsi les personnes auxquelles on doit quelque déférence. — Un vin généreux est bon pour les estomacs faibles qu'il sustente et corrobore. — Je ne pense pas que ces demoiselles aient perdu les schalls qu'on leur a donnés à porter. — Il s'en faut beaucoup que nos almanachs soient véridiques. — Il faudrait que je lusse le nouveau traité des synonymes dont on m'a prié de faire l'analyse. — Ces fruits sont d'un bon acabit; je voudrais qu'on en conservât la semence. — Ne voyez-vous pas que ces artichauts ont très bien réussi dans ce terrain? — Des feuilles de vigne ornaient les tempes du vieux Silène. — On rencontre beaucoup de zig-zags dans cette allée plantée de cyprès. — C'est un empirique qui nous a fait cet envoi de rum et de tafia. — Quand on a bien travaillé, le temps ne fait rien à l'affaire, dit un rhéteur moderne, dont le style est fort ampoulé. — La thériaque est un remède dont la base est la chair de vipère. — Nous en fûmes quittes pour la peur, car on apprehendait que la cangrene ne fit de cruelles ravages. — On appèle premices les deux premières propositions d'un sillogisme. — On ne peut pas dire que les Thuilleries soyent peut fréquentées. — Les arbres de cette riante promenade paraissent toujours verds. — Ce fut environ l'an mille six cents quarante-neuf de l'ère vulguaire, que Charle premier périt sous le glaive d'un bourreau. — Vive les personnes pour qui obligé est un besoin. — Je me suis arreté à chaque relai pour chercher à découvrir la source des eaux termales dont on m'avait parlées. — Il ne faut pas faire un fréquent usage d'ipécacuana, lorsqu'on à une santée fresle et délicate. — L'auteur de cet ouvrage avait un fond inépuisable de gaieté naturel. — Nous n'avons plus qu'une demie lieue à faire pour arriver a nôtre ferme. — Je pense que nous perderons les arres que nous avons donné. — Quand il brouine, il vaut mieux gardé ces dieux pénates. — Cet enfant a des cheveux chatains clairs, et il les a clairs semés. — On ne peut pas faire fonds sur les personnes qui hésitent toujours sur le partie qu'ils ont a prendre. — Quand a moi, je n'hésite pas de me décider d'une manière quelleconque. — Je vous envoye ci-jointe copie du mémoire que vous voulez présenter au ministre. — Il faut enlever toutes les décombres qui obstruent la voix publique. — Beaucoup de personnes préférent l'entresole au rés de chaussé, parce qu'elle est ordinairement plus saine. — Cette fille est sage et fidelle; on peut conter sur sa prudence et sur sa discrétion à tout épreuve; elle n'agit on appréhendait que la gangrène ne fît de cruels ravages. — On appelle prémisses les deux premières propositions d'un syllogisme. — On ne peut pas dire que les Tuileries soient peu fréquentées. — Les arbres de cette riante promenade paraissent toujours verts. — Ce fut environ l'an mil six cent quarante-neuf de l'ère vulgaire, que Charles premier périt sous le glaive d'un bourreau. — Vivent les personnes pour qui obliger est un besoin. — Je me suis arrêté à chaque relais pour chercher à découvrir la source des eaux thermales dont on m'avait parlé. — Il ne faut pas faire un fréquent usage d'ipécacuanha, lorsqu'on a une santé frêle et délicate. — L'auteur de cet ouvrage avait un fonds inépuisable de gaîté naturelle. — Nous n'avons plus qu'une demi-lieue à faire pour arriver à notre ferme. — Je pense que nous perdrons les arrhes que nous avons données. — Quand il bruine, il vaut mieux garder ses Dieux pénates. — Cet enfant a des cheveux châtain-clairs, et il les a clair-semés. — On ne peut pas faire fond sur les personnes qui hésitent toujours sur le parti qu'elles ont à prendre. — Quant à moi, je n'hésite pas de me décider d'une manière quelconque. — Je vous envoie ci-joint copie du mémoire que vous voulez présenter au Ministre. — Il faut enlever tous les décombres qui obstruent la voie publique. — Beaucoup de personnes préfèrent l'entresol au rez-de-chaussée, parce qu'il est ordinairement plus sain. — Cette fille est sage et fidèle ; on peut compter sur sa prudence et sur sa discrétion à toute épreuve ; elle n'agit et ne parle jamais à l'étourdi. — Quoiqu'étranger, on voulu que le commandement me fut déféré. — Les envoyés des têtes couronnées n'ont pas tous la qualité d'ambassadeurs ; il y en à qui n'ont que celle de résidans. — Quelques éclairés que puissent être nos instituteurs, ils doivent travailler sans relache a étendre leur lumière. — Un semblable récit émouverait prodigieusement cette femme dont les fibres sont très délicats. — S'en était fait du throne, puisque les marches en étaient assaillis par une troupe de brigants ! — Il faudrait que tu allas visité les terres que j'ai acheté, et que je revenderai selon l'exigeance du cas. — Mon notaire avait adhiré mes papiers, entr'autres un contract de vente dont j'avais le plus grand bésoin ; mais tout a été retrouvé fort heureusement. — Cet outi a deux pognées, et l'on a coutume de s'en servir dans les tonnelleries ou la doloir est aussi en usage. — Il prenait tous les jours un bole de punche, quelque quantité de vin et de liqueur qu'il eut bu auparavant. — Bien des gens ne sont que finots, parce qu'ils ne sçauraient être fins. — Il ne faut pas, a t'on dit, pécher dans ce temps la, parceque l'époque du fret n'est pas favorable à la péche. — Il est des hommes dont je me soucis fort peu d'être estimé, parce qu'ils n'ont rien fait eux-même qui mérite l'estime d'autruie. — Tout le monde s'en allat quand l'évangile fût dite, et le bédaud ferma les portes du temple. — Celui qui, sous de brillants déhors, a l'apparence d'un honnete homme, n'est souvent qu'un gueu revétu. —

et ne parle jamais à l'étourdie. — Quoique étranger, on voulut que le commandement me fût déféré. — Les envoyés des têtes couronnées n'ont pas tous la qualité d'ambassadeurs ; il y en a qui n'ont que celle de résidents. — Quelque éclairés que puissent être nos instituteurs, ils doivent travailler sans relâche à étendre leurs lumières. — Un semblable récit émouvrait prodigieusement cette femme dont les fibres sont très délicates. — C'en était fait du trône, puisque les marches en étaient assaillies par une troupe de brigands ! — Il faudrait que tu allasses visiter les terres que j'ai achetées, et que je revendrai selon l'exigence du cas. — Mon notaire avait adiré mes papiers, entre autres un contrat de vente dont j'avais le plus grand besoin ; mais tout a été retrouvé fort heureusement. — Cet outil a deux poignées, et l'on a coutume de s'en servir dans les tonnelleries où la doloire est aussi en usage. — Il prenait tous les jours un bowl de ponche (1), quelque quantité de vin et de liqueur qu'il eût bue auparavant. — Bien des gens ne sont que finauds, parce qu'ils ne sçauraient être fins. — Il ne faut pas, a-t-on dit, pêcher dans ce temps-là, parce que l'époque du frai n'est pas favorable à la pêche. — Il est des hommes dont je me soucie fort peu d'être estimé, parce qu'ils n'ont rien fait eux-mêmes qui mérite l'estime d'autrui. — Tout le monde s'en alla quand l'évangile fut dit, et le bédeau ferma les portes du temple. — Celui qui, sous de brillants dehors, a l'apparence d'un honnête homme, n'est souvent qu'un gueux revêtu. —

---

(1) Quelques personnes écrivent *punch* à la manière des Anglais.

Tous ces fugitifs, exceptés quelques sénateurs qui échappèrent à la faveur des ténèbres, signèrent la capitulation, et demandèrent grâces à genoux. — Ce fut à notre insu qu'il partit de la maison paternelle; il dit que, lui accorda-t'on sa grace, il n'y rentrerait jamais. — Quels gens que ceux qui ne sçavent pas aider les personnes qui leurs demandent quelqu'aumône! — Si vous aviez retiré le fosset, il n'y a pas de doute que le liquide ne fut venu en plus grande abondance. — Il avait coutume de monter à cheval sans étrillers; mais il lui arriva souvent d'être désarsonné. — Cette poutre se rompera; et il s'ensuivra quelque malheur auquel il conviendrait de paré. — Un sot orgueil se montre dans toutes nos actions, tant il est vray que nous sommes bien peut raisonnables! — Il faut que chacun dans ce monde paie sa cotte part. — Si l'abscès creve, cet homme est sauvé; il ne sera plus à la mercie d'une foule d'ignorants. — Bien des gens sont sujettes au cochemar; on dit que cet oppression fait beaucoup souffrir. — C'était les ayeux du prince, qui avaient fait tous les frais de cet entreprise. — Il leur fit voir à qu ls gens ils avaient à faire. — Indiquez-nous le jour préfixe ou cette cérémonie doit avoir lieu. — La fermiere entend tous les jours les poussins pioler autour d'elle. — Le loup est un animal carnacier dont l'approche est redouté des tendres agneaux. — Je ne suis pas d'avis que l'on coupe ces sillons; tous flexibles qu'ils sont, ils pouront nous servir au bésoin. — Douay et Poitiers sont, à en croire quelques voyageurs, des villasses où l'on trouve peu d'agréments.

Tous ces fugitifs, excepté quelques sénateurs qui échappèrent à la faveur des ténèbres, signèrent la capitulation, et demandèrent grâce à genoux. — Ce fut à notre insçu qu'il partit de la maison paternelle ; il dit que, lui accordât-on sa grâce, il n'y rentrerait jamais. — Quelles gens que ceux qui ne sçavent pas aider les personnes qui leur demandent quelque aumône ! — Si vous aviez retiré le fausset, il n'y a pas de doute que le liquide ne fût venu en plus grande abondance. — Il avait coutume de monter à cheval sans étrier ; mais il lui arriva souvent d'être désarçonné. — Cette poutre se rompra, et il s'en suivra quelque malheur auquel il conviendrait de parer. — Un sot orgueil se montre dans toutes nos actions, tant il est vrai que nous sommes bien peu raisonnables ! — Il faut que chacun dans ce monde paye sa quotepart. — Si l'abcès crève, cet homme est sauvé ; il ne sera plus à la merci d'une foule d'ignorants. — Bien des gens sont sujets au cauchemar ; on dit que cette oppression fait beaucoup souffrir. — C'étaient les aïeux du prince, qui avaient fait tous les frais de cette entreprise. — Il leur fit voir à quelles gens ils avaient affaire. — Indiquez nous le jour préfix où cette cérémonie doit avoir lieu. — La fermière entend tous les jours les poussins piauler autour d'elle. — Le loup est un animal carnassier dont l'approche est redoutée des tendres agneaux. — Je ne suis pas d'avis que l'on coupe ces scions ; tout flexibles qu'ils sont, ils pouront nous servir au besoin. — Douai et Poitiers sont, à en croire quelques voyageurs, des villaces où l'on trouve peu d'agrément.

SECTION IV.

Genres difficiles.

Il est essentiel de connaître le genre de tous les substantifs ; l'usage peut les indiquer, il est vrai : cependant la connaissance qu'il importe d'en avoir tient à des règles que nous allons mettre sous les yeux du lecteur.

Il y a des substantifs qui, selon leurs diverses acceptions, sont tantôt du genre masculin, tantôt du genre féminin ; on les appelle, pour cette raison, *épicènes*. (*Voy.* la page 74 du Tome Ier).

Aide, *m.* (qui aide un autre). Un aide de camp, un aide de cuisine. Un aide des cérémonies.
2. Aide, *f.* (secours, assistance). Soyez toute mon aide. Vous me serez d'une grande aide.
3. Aides, *f. pl.* (impôts, subsides).
4. Aides, *f. pl.* (tout ce dont on se sert pour gouverner un cheval).

Aigle, *m.* (oiseau de proie, soit mâle, soit femelle).
2. Aigle, *m.* (homme qui a des talents supérieurs).
3. Aigle, *m.* (pupitre d'église).
4. Aigle, *f.* (constellation).
5. Aigle, *f.* (enseigne des anciennes légions romaines).
6. Aigle, *f.* (figure de l'oiseau de proie dans les armoiries et dans les devises).

ORTHOGRAPHE. GENRES DIFFICILES.

Amour, *m.* L'amour conjugal. Un fol amour. L'Amour est trompeur.

2. Amours, *f. pl.* On ne voit pas d'éternelles amours (1).
3. Amours, *m. pl.* Voici de jolis amours, en parlant d'enfants qui représentent l'Amour.

Ange, *m.* (créature purement spirituelle).
2. Ange, *f.* (poisson de mer).

Aune, *m.* (arbre).
2. Aune, *f.* (ancienne mesure).

Barbe, *m.* (cheval de Barbarie).
2. Barbe, *f.* (poil du menton).

Barde, *m.* (poète celte).
2. Barde, *f.* (armure de cheval).
3. Barde, *f.* (tranche de lard).

Berce, *m.* (oiseau).
2. Berce, *f.* (plante).

Bogue, *m.* (poisson de mer).
2. Bogue, *f.* (enveloppe de la châtaigne).

Bourgogne, *f.* (ancienne province de France).
2. Bourgogne, *m.* Un excellent Bourgogne, c. à d. un excellent vin de Bourgogne.

Capre, *m.* (vaisseau corsaire).
2. Capre, *f.* (fruit du caprier).

Carouge, *m.* (fruit du caroubier).
2. Carouge, *f.* (oiseau).

Carpe, *m.* (partie qui est entre le bras et la paume de la main).
2. Carpe, *f.* (poisson de rivière).

---

(1) Il est permis aux poètes de donner le genre masculin au substantif *amours* employé au pluriel.

Cartouche, *m.* (ornement qu'on met autour des chiffres, etc.)
2. Cartouche, *f.* (charge d'une arme à feu).
3. Cartouche, *f.* (congé donné à un militaire).
Champagne, *f.* (ancienne province de France).
2. Champagne, *m.* Un Champagne mousseux, c. à d. un vin de Champagne mousseux).
Coche, *m.* (voiture de terre *ou* d'eau).
2. Coche, *f.* (truie).
3. Coche, *f.* (entaille).
Cornette, *m.* (officier militaire).
2. Cornette, *f.* (étendard de la cavalerie).
3. Cornette, *f.* (pavillon de chef d'escadre).
4. Cornette, *f.* (hupe de l'oiseau, terme de fauconnerie).
5. Cornette, *f.* (coiffe de femme).
Couleur, *m.* (le couleur de feu).
2. Couleur, *f.* (impression que fait sur l'œil la lumière réfléchie par les surfaces).
Couple, *m.* (un couple d'amants *ou* d'époux).
2. Couple, *f.* (une couple d'œufs *ou* de pigeons).
3. Couple, *f.* (lien pour attacher deux chiens de chasse).
Cravate, *m.* (cheval de Croatie).
2. Cravate, *f.* (linge qu'on met autour du cou).
Custode, *m.* (vice-provincial).
2. Custode, *f.* (couverture du ciboire ; rideaux placés dans quelques églises aux côtés du maître-autel).
Délice, *sing. m.* (quel délice !)
2. Délices, *pl. f.* (quelles délices !)
Drille, *m.* (soldat ; compagnon).
2. Drille, *f.* (chiffon de toile).

3. Drille, *f.* (foret d'horloger).
Echo, *m.* (répétition du son réfléchi par un corps ; lieu où se fait l'écho).
2. Echo, *f.* (nymphe, fille de l'Air).
Enfant, *m.* (quand il s'agit d'un garçon).
2. Enfant, *f.* (quand il s'agit d'une fille).
Enseigne, *m.* (porte-drapeau).
2. Enseigne, *f.* (drapeau ; emploi de celui qui le porte).
3. Enseigne, *f.* (tableau suspendu à la porte d'un marchand).
Espace, *m.* (étendue de lieu *ou* de temps).
2. Espace, *f.* (ce qui sert à espacer les mots).
Exemple, *m.* (ce qui peut servir de modèle).
2. Exemple, *f.* (modèle d'écriture).
Follicule, *m.* (fruit géminé provenant d'un seul pistil).
2. Follicule, *m.* (petite poche qui renferme la matière d'un abcès ; glande simple).
3. Follicule, *f.* (enveloppe des plantes et des graines).
Foudre, *m.* (un foudre d'éloquence).
2. Foudre, *m.* (grand tonneau d'Allemagne).
3. Foudre, *f.* (la foudre du ciel).
4. Foudre, *m.* ou *f.* (le foudre vengeur, *ou* la foudre vengeresse).
Fourbe, *m.* (trompeur).
2. Fourbe, *f.* (tromperie).
Garde, *m.* (homme destiné à faire la garde) (1).

---

(1) On dit un garde *française*, un garde *royale*, pour un soldat de la garde française, un soldat de la garde royale.

2. Garde, *f.* (gens de guerre qui font la garde).
3. Garde, *f.* (femme qui sert les malades).
4. Garde, *f.* (commission de garder; action d'observer).
5. Garde, *f.* (partie de l'épée, qui couvre la main).
　Garde-robe, *m.* (tablier de toile à l'usage des femmes).
2. Garde-robe, *f.* (lieu où l'on sert linge, habits, etc.; réunion des hardes).
　Gens, *m. pl.* (que de gens fous)!
2. Gens, *f. pl.* (que de folles gens)! (1)
　Givre, *m.* (gelée blanche).
2. Givre, *f.* (serpent, terme de blason).
　Greffe, *m.* (lieu où l'on garde les actes de justice).
2. Greffe, *f.* (ente).
　Gueules, *pl. m.* (couleur rouge, terme de blason).
2. Gueule, *sing. f.* (bouche d'un animal, ouverture).
　Guide, *m.* (conducteur).
2. Guide, *f.* (longe de cuir).
　Héliotrope, *m.* (plante).
2 Héliotrope, *f.* (pierre précieuse).
　Hépatite, *m.* (pierre qui a la couleur du foie).
2. Hépatite, *f.* (inflammation du foie).
　Hymne, *m.* (cantique en l'honneur d'une Divinité).
2. Hymne, *f.* (cantique sacré).
　Laque, *m.* (beau vernis de la Chine, rouge ou noir).

---

(1) Voyez le mot *Gens*, page 142 du Tome Ier.

ORTHOGRAPHE. GENRES DIFFICILES.

2. Laque, *f.* (résine d'un rouge brun).
3. Laque, *f.* (couleur pourpre faite avec l'alumine teinte par une matière colorante).

Livre, *m.* (volume).
2. Livre, *f.* (poids, *ou* 20 s. de notre monnaie).

Loutre, *f.* (animal amphibie).
2. Loutre, *m.* (chapeau *ou* manchon de poil de loutre).

Manche, *m.* (poignée d'un instrument, d'un outil).
2. Manche, *f.* (partie du vêtement).
3. Manche, *f.* (bras de mer).

Manœuvre, *m.* (celui qui travaille de ses mains).
2. Manœuvre, *f.* (l'assemblage des cordages d'un vaisseau).
3. Manœuvre, *f.* (tout ce qu'on fait pour le gouvernement d'un navire).
4. Manœuvre, *f.* (mouvement des troupes).
5. Manœuvre, *f.* (conduite dans les affaires du monde).

Masque, *m.* (faux visage, personne masquée).
2. Masque, *f.* (femme vieille et laide).

Mémoire, *m.* (écrit pour conserver le souvenir de quelque chose ; instruction sur quelque affaire).
2. Mémoire, *f.* (faculté de l'âme).

Merci, *m.* (remerciment).
2. Merci, *f.* (discrétion ; miséricorde).

Mestre-de-camp, *m.* (colonel de cavalerie).
2. Mestre-de-camp, *f.* (première compagnie d'un régiment de cavalerie).

Mode, *m.* (manière d'être, terme de philosophie).
2. Mode, *m.* (ton dans lequel une pièce de musique est composée).
3. Mode, *m.* (manière de conjuguer les verbes).
4. Mode, *f.* (usage qui dépend du goût, du caprice).

Mole, *m.* (jetée de pierres à l'entrée d'un port).
2. Mole, *f.* (masse de chair informe).
3. Mole, *f.* (poisson de mer).

Moufle, *m.* (assemblage de poulies).
2. Moufle, *m.* (vaisseau pour exposer des corps à l'action du feu, etc.).
3. Moufle, *f.* (mitaine).

Moule, *m.* (matière creusée où l'on fait couler de la fonte, de l'argile, etc.)
2. Moule, *f.* (coquillage de mer).

Mousse, *m.* (jeune matelot).
2. Mousse, *f.* (sorte d'herbe).
3. Mousse, *f.* (écume qui se forme sur les liqueurs).

Navire, *m.* (bâtiment de mer).
2. Navire, *f.* (quand on dit le navire Argo, c. à d. le vaisseau des Argonautes).

OEuvre, *m.* (recueil de toutes les estampes d'un même graveur ; ouvrage d'un musicien).
2. OEuvre, *m.* (quand on dit le grand œuvre, pour signifier la pierre philosophale).
3. OEuvre, *f.* (ce qui est produit par quelque agent.)
4. OEuvre, *f.* (action morale).
5. OEuvre, *f.* (fabrique et revenu d'une église).

6. Œuvres, *pl. f.* (production de l'esprit).
Office, *m.* (devoir de la vie, de la société).
2. Office, *m.* (service bon *ou* mauvais).
3. Office, *m.* (emploi, fonction).
4. Office, *m.* (partie du bréviaire).
5. Office, *m.* (prières et cérémonies publiques).
6. Office, *f.* (lieu où l'on prépare le dessert, où l'on garde le linge, etc.).
Orge, *m.* (de l'orge perlé, de l'orge mondé) (1).
2. Orge *f.* (de belle orge, de belles orges).
Orgue, *sing. m.* (un orgue excellent).
2. Orgues, *pl. f.* (des orgues excellentes).
Page, *m.* (jeune gentil-homme au service d'un prince).
2. Page *f.* (un des côtés d'un feuillet; écriture contenue dans la page).
Palme, *m.* (mesure romaine).
2. Palme *f.* (branche de palmier).
Pâque, *m.* (le jour de Pâque : Pâque est haut).
2. Pâque, *f.* (la fête annuelle des Juifs).
3. Pâque, *f.* (la Pâque que Jésus-Christ célébra avec ses disciples).
4. Pâque, *f.* (Pâque fleurie).
5. Pâques, *pl. f.* (devoir pascal).
Parallèle, *m.* (comparaison).
2. Parallèle, *m.* (cercle parallèle) (2).

---

(1) Les médecins ont eu raison de faire ce mot masculin; en cela, ils ont été fidèles aux lois de l'analogie, qui changent presque toujours les noms neutres latins en masculins français.

(2) Tous ceux qui sont sous le même parallèle, ont les jours et les nuits de la même longueur.

3. Parallèle, *f.* (ligne parallèle à une autre).

Pendule, *m.* (poids attaché à une verge de fer, à un fil de soie, etc.)

2. Pendule, *f.* (horloge qui va par le moyen du pendule).

Perche, *m.* (ancienne province de France).

2. Perche, *f.* (poisson de rivière).

3. Perche, *f.* (ancienne mesure).

4. Perche, *f.* (bois de cerf).

Période, *m.* (le plus haut point où une chose puisse arriver ; le terme où elle arrive).

2. Période, *m.* (espace de temps vague).

3. Période, *f.* (révolution d'un astre).

4. Période, *f.* (mesure de temps, époque).

5. Période, *f.* (révolution d'une fièvre réglée).

6. Période, *f.* (phrase partielle).

Personne, *m.* (nul, qui que ce soit).

2. Personne, *f.* (homme *ou* femme).

Peste, *m.* (méchant petit garçon).

2. Peste, *f.* (méchante petite fille).

3. Peste, *f.* (maladie contagieuse).

Pique, *m.* (l'une des quatre couleurs, au jeu de carte).

2. Pique, *f.* (sorte d'arme).

3. Pique, *f.* (petite querelle).

Pivoine, *m.* (oiseau).

2. Pivoine, *f.* (plante et fleur).

Plane, *m.* (arbre qu'on appelle aussi *platane*).

2. Plane, *f.* (outil tranchant à deux poignées).

Platine, *m.* (métal d'un blanc gris ; on l'appelle aussi *or blanc*).

2. Platine *f.* (grand rond de cuivre).
3. Platine, *f.* (pièce d'une arme à feu).
4. Platine, *f.* (plaque de fer appliquée à la serrure).
5. Platine, *f.* (plaque qui soutient les mouvements d'une montre).
6. Platine, *f.* (partie de la presse qui foule sur le tympan).

Poêle, *m.* (drap mortuaire ; voile qu'on tient sur la tête des mariés ; dais portatif).
2. Poêle, *m.* (fourneau de terre ou de fonte).
3. Poêle, *f.* (ustensile de cuisine).

Polacre, *m.* (cavalier Polonais).
2. Polacre, *f.* (bâtiment qui va à voiles et à rames).

Ponte, *m.* (terme de jeu de cartes).
2. Ponte, *f.* (action de pondre ; temps où les oiseaux pondent).

Poste, *m.* (lieu où l'on place un soldat, un officier, des troupes).
2. Poste, *m.* (emploi, fonction).
3. Poste, *f.* (relais pour les voyageurs ; maison où sont ces relais).
4. Poste, *f.* (mesure de chemin).
5. Poste, *f.* (lieu où l'on distribue les lettres).

Pourpre, *m.* (rouge foncé).
2. Pourpre, *m.* (maladie).
3. Pourpre, *f.* (petit poisson ; teinture précieuse ; dignité considérable).

Quadrille, *m.* (sorte de jeu d'hombre).
2. Quadrille, *f.* (troupe de chevaliers d'un même parti dans un carrousel).

Réclame, *m.* (cri *ou* signe pour faire revenir l'oiseau au leurre, terme de fauconnerie).

2. Réclame, *f.* (mot qu'on met au dssous d'une page, et qui est le premier de la page suivante).

Régale, *m.* (un des jeux de l'orgue).

2. Régale *f.* (droit qu'avait le roi de percevoir les fruits des gros bénéfices pendant la vacance).

Relâche, *m.* (repos ; interruption du travail).

2. Relâche, *f.* (lieu où relâchent les vaisseaux).

Remise, *m.* (carrosse de louage).

2. Remise, *f.* (lieu où l'on met les voitures à couvert).

3. Remise, *f.* (taillis qui sert de retraite au gibier).

4. Remise, *f.* (délai, retardement).

5. Remise, *f.* (grâce qu'on fait à un débiteur).

6. Remise, *f.* (somme qu'on abandonne à celu qui est chargé d'une recette).

Satyre, *m.* (demi-dieu du paganisme).

2. Satyre, *f.* (ouvrage moral ; écrit *ou* discours piquant).

Sauve-garde, *m.* (soldat *ou* garde qui garantit du pillage).

2. Sauve-garde, *f.* (protection accordée à quelqu'un).

3. Sauve-garde, *f.* (écrit accordé *ou* envoyé à quelqu'un pour excepter ses biens du pillage).

4. Sauve-garde, *f.* (placart où sont les armoiries de celui qui envoie l'écrit).

5. Sauve-garde, *f.* (ce qui sert de défense).

Scholie, *m.* (remarque qui a rapport à une proposition précédente, terme de géométrie),

2. Scholie, *f.* (note pour servir à l'intelligence d'un auteur classique).

Sentinelle, *m.* (soldat qui fait le guet le jour et la nuit) (1).

2. Sentinelle, *f.* (fonction de celui qui fait le guet).

Serpentaire, *m.* (constellation de l'hémisphère boréal).

2. Serpentaire, *f.* (plante vulnéraire).

Sexte, *m.* (sixième livre des Décrétales).

2. Sexte, *f.* (une des heures canoniales).

Somme, *m.* (sommeil).

2. Somme, *f.* (charge d'un animal).

3. Somme, *f.* (quantité d'argent).

4. Somme, *f.* (abrégé de toutes les parties d'une science).

5. Somme, *f.* (rivière de Picardie).

Souris, *m.* (action de sourire).

2. Souris, *f.* (petit animal).

Teignes, *pl. m.* (pourriture qui vient à la fourchette des pieds des chevaux).

2. Teigne, *f.* (dartre qui vient à la tête de l'homme *ou* à l'écorce des arbres).

Teneur, *m.* (teneur de livres, *c. à d.* commis qui, chez un marchand, écrit tout ce qu'on y vend, etc.)

2. Teneur, *f.* (ce qui est contenu mot à mot dans un écrit).

Tour, *m.* (mouvement en rond).

---

(1) « Ces postes menaçants, ces *nombreux* sentinelles,
Qui veillent, nuit et jour, aux portes éternelles ».
DELILLE.

2. Tour, *m.* (tour de couvent ; tour de tourneur ; tour de force, etc. ; trait de ruse).

3. Tour, *f.* (bâtiment élevé ; pièce de jeux d'échecs).

Triomphe, *m.* (honneur accordé à un Général vainqueur ; grand succès).

2. Triomphe, *f.* (sorte de jeu de cartes).

Trompette, *m.* (celui qui sonne de la trompette).

2. Trompette, *f.* (instrument dont on sonne).

Vague, *m.* (quand on dit le vague de l'air).

2. Vague, *f.* (eau agitée, élevée au-dessus de sa surface).

Vase, *m.* (vaisseau à mettre des liquides).

2. Vase, *f.* (bourbe, limon).

Vigogne, *f.* (quadrupède du Pérou).

2. Vigogne, *m.* (chapeau *ou* drap fait de laine de vigogne) (1).

Voile, *m.* (pièce d'étoffe, etc. destinée à couvrir quelque chose).

2. Voile, *m.* (couverture de tête des religieuses).

3. Voile, *m.* (sorte d'étoffe).

4. Voile, *m.* (prétexte, apparence).

5. Voile, *f.* (toiles d'un vaisseau pour recevoir les vents).

---

(1) C'est ainsi que l'on dit tous les jours « *un* Silésie » pour un drap de Silésie, quoique *Silésie*, province, soit du genre féminin. On dit encore « *un* loutre » pour un chapeau de loutre, bien que *loutre* soit du genre féminin ; « *un* Champagne *délicieux, un excellent* Bourgogne », quoique la Bourgogne et la Champagne soient du genre féminin.

Substantifs dont le genre embarrasse beaucoup d'Ecrivains.

Abbaye, *f.*
Ablette, *m.*
Abord, *m.*
Abrégé, *m.*
Abreuvoir, *m.*
Abyme, *m.*
Acabit, *m.*
Accessoire, *m.*
Accolade, *f.*
Accotoir, *m.*
Accoudoir, *m.*
Accouple, *f.*
Acier, *m.*
Acre, *f.*
Acrostiche, *m.*
Acte, *m.*
Adage, *m.*
Adepte, *m.*
Adminicule, *m.*
Affinage, *m.*
Affront, *m.*
Agate, *f.*
Age, *m.*
Agrafe, *f.*
Ail, *m.*
Aire, *f.*
Ais, *m.*
Aise, *f.*

Ajutoire, *m.*
Alambic, *m.*
Albâtre, *m.*
Alcove, *f.*
Alèze, *f.*
Algarade, *f.*
Algèbre, *f.*
Allége, *f.*
Alliage, *m.*
Allonge, *f.*
Allure, *f.*
Aloi, *m.*
Amadou, *m.*
Amalgame, *m.*
Amarre, *f.*
Ambe, *m.*
Ambre, *m.*
Amidon, *m.*
Amnistie, *f.*
Amorce, *f.*
Amphigouri, *m.*
Ampoule, *f.*
Amulette, *m.*
Anachronisme, *m.*
Anagramme, *f.*
Analyse, *f.*
Anathème, *m.*
Anchois, *m.*

Anecdote, *f.* — Aqueduc, *m.*
Anévrisme, *m.* — Arabesques, *pl. f.*
Angar, *m.* — Araignée, *f.*
Angle, *m.* — Arbalète, *f.*
Angoisse, *f.* — Arc, *m.*
Anicroche, *f.* — Arcade, *f.*
Ankylose, *f.* — Archevêché, *m.*
Annales, *pl. f.* — Archives, *pl. f.*
Anniversaire, *m.* — Are, *m.*
Annonce, *f.* — Arête, *f.*
Anse, *f.* — Argile, *f.*
Antichambre, *f.* — Ariette, *f.*
Antidate, *f.* — Arme, *f.*
Antidote, *m.* — Armistice, *m.*
Antienne, *f.* — Armoire, *f.*
Antithèse, *f.* — Aromate, *m.*
Antonomase, *f.* — Arome, *m.*
Antre, *m.* — Arquebuse, *f.*
Anxiété, *f.* — Arrhes, *pl. f.*
Aphorisme, *m.* — Arrière-ban, *m.*
Apogée, *m.* — Arrière-cour, *f.*
Apologue, *m.* — Arrière-garde, *f.*
Apophthegme, *m.* — Arrosoir, *m.*
Apostême, *m.* — Artère, *f.*
Apostille, *f.* — Article, *m.*
Apothéose, *f.* — Artifice, *m.*
Apozème, *m.* — Aruspice, *m.*
Appareil, *m.* — As, *m.*
Appendice, *m.* — Aspérité, *f.*
Appel, *m.* — Aspersoir, *m.*
Après-dinée, *f.* — Aspic, *m.*
Après-midi, *m.* — Assommoir, *m.*
Après-soupée, *f.* — Astérisque, *m.*

ORTHOGRAPHE. GENRES DIFFICILES.

Asthme, *m.*
Astuce, *f.*
Atmosphère, *f.*
Atome, *m.*
Âtre, *m.*
Attache, *f.*
Attelage, *m.*
Attirail, *m.*
Aubade, *f.*
Aubépine, *f.*
Auberge, *f.*
Auditoire, *m.*
Auge, *f.*
Augure, *m.*
Aumusse, *f.*
Aunage, *m.*
Aunaie, *f.*
Auréole, *f.*
Auspice, *m.*
Autel, *m.*
Automate, *m.*
Automne, *m.* (1)
Autruche, *f.*
Avalanche, *f.*
Avaloire, *f.*
Avanie, *f.*
Avant-cour, *f.*
Avant-garde, *f.*

Avant-scène, *f.*
Avarie, *f.*
Averse, *f.*
Axe, *m.*
Axiome, *m.*

Bagne, *m.*
Bahut, *m.*
Bajoue, *f.*
Balançoire, *f.*
Balustre, *m.*
Banlieue, *f.*
Bec-figue, *m.*
Bol, *m.*
Bonace, *f.*
Bouge, *m.*
Boulaie, *f.*
Broutilles, *pl. f.*
Buffle, *m.*
Bulbe, *f.*

Calque, *m.*
Cartilage, *m.*
Catafalque, *m.*
Centime, *m.*
Charmes, *pl. m.*
Charpie, *f.*
Chasuble, *f.*

---

(1) Ce mot avait autrefois les deux genres ; mais le masculin prévaut aujourd'hui. En l'adoptant, on a voulu, pour l'uniformité dans le langage, classer sous un même genre les quatre saisons de l'année.

* 6

Cible, *f.*
Cigare, *m.*
Concombre, *m.*
Couloir, *m.*
Couloire, *f.*
Courroie, *f.*
Crabe, *m.*

Dalle, *f.*
Dariole, *f.*
Datura, *f.*
Décagramme, *m.*
Décime, *m.*
Déclinatoire, *m.*
Décombres, *pl. m.*
Décrétale, *f.*
Décussoire, *m.*
Dialecte, *m.*
Diastole, *f.*
Dinde, *f.*
Disparate, *f.*
Drachme, *f.*
Duché-pairie, *f.*

Ebauche, *f.*
Ebène, *f.*
Ecaille, *f.*
Ecale, *f.*
Ecarlate, *f.*
Echalotte, *f.*
Echancrure, *f.*
Echange, *m.*

Echantillon, *m.*
Echappatoire, *f.*
Echappée, *f.*
Echarde, *f.*
Echarpe, *f.*
Echasse, *f.*
Echaudé, *m.*
Echec, *m.*
Echoppe, *f.*
Eclair, *m.*
Eclaircie, *f.*
Eclipse, *f.*
Ecorce, *f.*
Ecran, *m.*
Ecrémoire, *f.*
Ecrevisse, *f.*
Ecrin, *m.*
Ecritoire, *f.*
Ecrou, *m.*
Ecrouelles, *pl. f.*
Ecroues, *pl. f.*
Ecumoire, *f.*
Ecureuil, *m.*
Ecurie, *f.*
Edredon, *m.*
Effigie, *f.*
Effondrilles, *pl. f.*
Egide, *f.*
Eglogue, *f.*
Egout, *m.*
Egrappoir, *m.*
Egrugeoir, *m.*

Electuaire, *m.*
Elixir, *m.*
Ellébore, *m.*
Eloge, *m.*
Email, *m.*
Embargo, *m.*
Emblème, *m.*
Embonpoint, *m.*
Embuscade, *f.*
Emétique, *m.*
Emonctoire, *m.*
Emplâtre, *m.*
Empois, *m.*
Empreinte, *f.*
Encensoir, *m.*
Enchère, *f.*
Enclos, *m.*
Enclume, *f.*
Encombre, *m.*
Encrier, *m.*
Endive, *f.*
Endosse, *f.*
Enfilade, *f.*
Engeance, *f.*
Engelure, *f.*
Engrais, *m.*
Engrenage, *m.*
Enigme, *f.*
Ennui, *m.*
Enquête, *f.*
Ensemble, *m.*
Entaille, *f.*

Entame, *f.*
Ente, *f.*
Enthousiasme, *m.*
Enthymème, *m.*
Entoilage, *m.*
Entonnoir, *m.*
Entorse, *f.*
Entr'acte, *m.*
Entrave, *f.*
Entre-colonne, *f.*
Entremise, *f.*
Entre-côte, *f.*
Entresol, *m.*
Entrevue, *f.*
Enveloppe, *f.*
Envie, *f.*
Envoi, *m.*
Eolipyle, *m.*
Epacte, *f.*
Epeautre, *m.*
Epée, *f.*
Ephémérides, *pl. m.*
Epi, *m.*
Epicarpe, *m.*
Epice, *f.*
Epichérême, *m.*
Epidémie, *f.*
Epiderme, *m.*
Epigramme, *f.*
Epigraphe, *f.*
Epilogue, *m.*
Episode, *m.*

Epitaphe, *f.*
Epithalame, *m.*
Epithète, *f.*
Épitoge, *f.*
Epitome, *m.*
Epizootie, *f.*
Epode, *f.*
Eponge, *f.*
Epoque, *f.*
Epouvantail, *m.*
Epreintes, *pl. f.*
Equerre, *f.*
Equilibre, *m.*
Equinoxe, *m.*
Equipage, *m.*
Equipée, *f.*
Equivoque, *f.*
Erable, *m.*
Ere, *f.*
Ermitage, *m.*
Erysipèle, *m.*
Escabeau, *m.*
Escabelle, *f.*
Escadre, *f.*
Escapade, *f.*
Escarmouche, *f.*
Escarpe, *f.*
Escarole, *f.*
Escarpolette, *f.*
Eschare, *f.*
Esclandre, *m.*
Escompte, *m.*
Escorte, *f.*

Escousse, *f.*
Escrime, *f.*
Espingole, *f.*
Esplanade, *f.*
Esquif, *m.*
Esquinancie, *f.*
Esquisse, *f.*
Esse, *f.*
Estampe, *f.*
Estampille, *f.*
Estime, *f.*
Estompe, *f.*
Estrade, *f.*
Estrapade, *f.*
Etable, *f.*
Etage, *m.*
Etal, *m.*
Etamine, *f.*
Etape, *f.*
Eteignoir, *m.*
Etole, *f.*
Etouffoir, *m.*
Etrille, *f.*
Etuve, *f.*
Etuvée, *f.*
Eucologe, *m.*
Evangile, *m.*
Evêché, *m.*
Eveil, *m.*
Eventail, *m.*
Eventoir, *m.*
Evier, *m.*
Exercice, *m.*

Exil, *m.*
Exode, *m.*
Exorde, *m.*
Expertise, *f.*
Extase, *f.*
Exutoire, *m.*

Fagoue, *f.*
Faine, *f.*
Fendoir, *m.*
Fenouil, *m.*
Féverole, *f.*
Fibre, *f.*
Fifre, *m.*
Filandres, *pl. f.*
Filigrane, *m.*
Filoselle, *f.*
Flair, *m.*
Foncée, *f.*
Formulaire, *m.*
Formule, *f.*
Fossile, *m.*
Fougeraie, *f.*
Foulque, *f.*
Fresque, *f.*
Funérailles, *pl. f.*
Furoncle, *m.*

Garance, *f.*
Gare, *f.*
Gent, *f.*
Gentiane, *f.*

Géode, *f.*
Girafe, *f.*
Girofle, *m.*
Givre, *m.*
Glaire, *f.*
Goître, *m.*
Guimpe, *f.*

Hameçon, *m.*
Hanneton, *m.*
Hécatombe, *m.*
Hectare, *m.*
Hémisphère, *m.*
Hémistiche, *m.*
Hémorragie, *f.*
Hémorrhoïdes, *pl. f.*
Hérésie, *f.*
Héritage, *m.*
Hermine, *f.*
Hernie, *f.*
Héroïde, *f.*
Herse, *f.*
Hiéroglyphe, *m.*
Historique, *m.*
Holocauste, *m.*
Hôpital, *m.*
Horizon, *m.*
Horloge, *f.*
Horoscope, *m.*
Hortensia, *f.*
Hospice, *m.*
Hôtel, *m.*

Hôtellerie, *f.*
Humeur, *f.*
Hydre, *f.*
Hydrocèle, *f.*
Hydrogène, *m.*
Hydromel, *m.*
Hydropisie, *f.*
Hyène, *f.*
Hymen, *m.*
Hypallage, *f.*
Hyperbate, *m.*
Hyperbole, *f.*
Hypocondre, *m.*
Hypocras, *m.*
Hypothénuse, *f.*
Hypothèque, *f.*
Hypothèse, *f.*
Hysope, *f.*

Ides, *pl. f.*
Idiôme, *m.*
Idole, *f.*
Idylle, *f.*
If, *m.*
Iliade, *f.*
Image, *f.*
Immatricule, *f.*
Immondices, *pl. f.*
Impasse, *f.*
Impériale, *f.*
Imposte, *f.*
Incartade, *f.*

Incendie, *m.*
Inceste, *m.*
Incise, *f.*
Indice, *m.*
Infanticide, *m.*
Insecte, *m.*
Insomnie, *f.*
Instinct, *m.*
Insulte, *f.*
Interligne, *m.*
Intermède, *m.*
Interstice, *m.*
Intervalle, *m.*
Intrigue, *f.*
Invective, *f.*
Inventaire, *m.*
Iris, *m.*
Issue, *f.*
Isthme, *m.*
Itinéraire, *m.*
Ivoire, *m.*
Ivraie, *f.*

Jalap, *m.*
Jarre, *f.*
Jars, *m.*
Jaspe, *m.*
Jauge, *f.*
Jonchaie, *f.*
Jubé, *m.*
Jujube, *f.*
Julep, *m.*

Junte, *f.*

Laideron, *f.*
Lambruge, *f.*
Lamie, *f.*
Lamproie, *f.*
Langouste, *f.*
Lapis, *m.*
Lardoire, *f.*
Légume, *m.*
Leurre, *m.*
Levée, *f.*
Liane, *f.*
Limite, *f.*
Litige, *m.*
Lobe, *m.*
Loche, *f.*
Losange, *f.*
Lubie, *f.*

Madrepore, *m.*
Malaise, *m.*
Malencontre, *f.*
Manes, *pl. m.*
Marrube, *m.*
Martingale, *f.*
Mésange, *f.*
Mésentère, *m.*
Métacarpe, *m.*
Mille-pertuis, *m.*
Moire, *f.*
Mollusques, *pl. m.*

Moluque, *f.*
Monocle, *m.*
Monocorde, *m.*
Monogramme, *m.*
Monôme, *m.*
Monopole, *m.*
Monorime, *m.*
Monosyllabe, *m.*
Morailles, *pl. f.*
Morille, *f.*
Mortadelle, *f.*
Mortaise, *f.*
Mosquée, *f.*
Muserolle, *f.*
Myriade, *f.*
Myriagramme, *m.*
Myrrhe, *f.*

Nacre, *f.*
Nèfle, *f.*
Néphritis, *f.*
Nérite, *f.*
Nevrose, *f.*
Nimbe, *m.*
Nome, *m.*
Nonce, *m.*
None, *f.*
Nones, *pl. f.*
Non-valeur, *f.*
Novale, *f.*
Novelles, *pl. f.*

Obédience, *f.*
Obélisque, *m.*
Obit, *m.*
Oblation, *f.*
Obole, *f.*
Obsèques, *pl. f.*
Observatoire, *m.*
Obstacle, *m.*
Obus, *m.*
Occurrence, *f.*
Ocre, *f.*
Octave, *f.*
Octroi, *m.*
Ode, *f.*
Odeur, *f.*
Odorat, *m.*
OEillade, *f.*
OEillet, *m.*
OEilleton, *m.*
OEsophage, *m.*
Offertoire, *m.*
Offrande, *f.*
Offre, *f.*
Ogre, *m.*
Oie, *f.*
Oing, *m.*
Olive, *f.*
Olympiade, *f.*
Ombrage, *m.*
Ombre, *f.*
Ombrelle, *f.*
Omelette, *f.*

Omoplate, *f.*
Ongle, *m.*
Onglée, *f.*
Onguent, *m.*
Onomatopée, *f.*
Opale, *f.*
Ophthalmie, *f.*
Opium, *m.*
Opprobre, *m.*
Optique, *f.*
Oracle, *m.*
Orage, *m.*
Oraison, *f.*
Orange, *f.*
Oratoire, *m.*
Orbe, *m.*
Orbite, *f.*
Orchestre, *m.*
Ordonnance, *f.*
Ordre, *m.*
Ordure, *f.*
Oreille, *f.*
Oreiller, *m.*
Orfraie, *f.*
Organe, *m.*
Organsin, *m.*
Orgie, *f.*
Orgueil, *m.*
Orifice, *m.*
Oriflamme, *f.*
Oripeau, *m.*
Orme, *m.*

Ormoie, *f.*
Ornière, *f.*
Orteil, *m.*
Ortie, *f.*
Oseille, *f.*
Oseraie, *f.*
Osier, *m.*
Ostensoir, *m.*
Ostracisme, *m.*
Otage, *m.*
Ottomane, *f.*
Ouaille, *f.*
Ouate, *f.*
Oubli, *m.*
Oublie, *f.*
Ouie, *f.*
Ouragan, *m.*
Ourlet, *m.*
Outarde, *f.*
Outil, *m.*
Outrage, *m.*
Outre, *f.*
Ouverture, *f.*
Ouvrage, *m.*
Ovaire, *m.*
Ovale, *m.*
Ovation, *f.*
Ove, *m.*
Oxycrat, *m.*
Oxyde, *m.*
Oxygène, *m.*
Oxymel, *m.*

Pagne, *m.*
Pampe, *f.*
Pampre, *m.*
Panacée, *f.*
Panache, *m.*
Parabole, *f.*
Paradigme, *m.*
Parafe, *m.*
Paralipse, *f.*
Parallaxe, *f.*
Parallélogramme, *m.*
Parenchyme, *m.*
Pariétaire, *f.*
Paroi, *f.*
Paronomase, *f.*
Parotide, *f.*
Paroxysme, *m.*
Pataraffe, *f.*
Patenôtre, *f.*
Patère, *f.*
Péage, *m.*
Pécule, *m.*
Pécune, *f.*
Pédale, *f.*
Perce-neige, *f.*
Perce-oreille, *m.*
Péricarde, *m.*
Péricarpe, *m.*
Péricrâne, *m.*
Périgée, *m.*
Périhélie, *m.*
Périnée, *m.*

Périoste, *m.*
Périostose, *f.*
Péripétie, *f.*
Périsystole, *f.*
Péritoine, *m.*
Perpendicule, *m.*
Pétale, *m.*
Pétiole, *m.*
Pétoncle, *f.*
Phalène, *m.*
Phare, *m.*
Pharynx, *m.*
Phlogose, *f.*
Phoque, *m.*
Phosphate, *m.*
Pistil, *m.*
Planisphère, *m.*
Pléthore, *f.*
Pleurs, *pl. m.*
Pollen, *m.*
Polype, *m.*
Polysyllabe, *m.*
Poulpe, *f.*
Préparatifs, *pl. m.*
Prestige, *m.*
Prime, *f.*
Primevère, *f.*
Prisme, *m.*
Proboscide, *f.*
Protase, *f.*
Pyrèthre, *f.*
Pyrite, *m.*

Quadrige, *m.*
Quelque chose, *m.*

Rafle, *f.*
Réglisse, *f.*
Rêne, *f.*
Renne, *m.*
Retable, *m.*
Rhapsodie, *f.*
Rouble, *m.*
Ruptoire, *m.*

Salamalec, *m.*
Salamandre, *f.*
Salisson, *f.*
Sandaraque, *f.*
Sangsue, *f.*
Sanie, *f.*
Sarigue, *m.*
Saxifrage, *f.*
Scarabée, *m.*
Serre-file, *m.*
Sorite, *m.*
Spatule, *f.*
Sphinx, *m.*
Spirale, *f.*
Squelette, *m.*
Squirrhe, *m.*
Stade, *m.*
Stalle, *m.*
Stère, *m.*
Stylobate, *m.*

Surfaix, *m.*
Symphise, *f.*
Syncarpe, *m.*
Synchronisme, *m.*
Synévrose, *f.*
Synode, *m.*
Systole, *f.*

Tare, *f.*
Tertre, *m.*
Thériaque, *f.*
Tire-ligne, *m.*
Tire-lire, *f.*
Topaze, *f.*
Tournevis, *m.*
Trapèze, *m.*
Trombe, *f.*
Tuileries (les), *pl. f.*

Ulcère, *m.*
Ultimatum, *m.*
Uniforme, *m.*
Union, *f.*
Unisson, *m.*
Unité, *f.*
Urbanité, *f.*

Urétère, *m.*
Urèthre, *m.*
Urne, *f.*
Us, *pl. m.*
Usage, *m.*
User, *m.*
Usine, *f.*
Ustensile, *m.*
Usufruit, *m.*
Usure, *f.*

Vampire, *m.*
Varangue, *f.*
Varice, *f.*
Velte, *f.*
Verrue, *f.*
Vertèbre, *f.*
Vestige, *m.*
Vicomté, *f.*
Vidam, *m.*
Virevolte, *f.*
Viscère, *m.*
Vivres, *pl. m.*
Volatile, *m.*
Volatille, *f.*
Vomique, *f.*

Substantifs terminés en ULE.

Beaucoup de personnes pèchent contre le genre des substantifs terminés en *ule*. Ces sortes de noms sont ordinairement des diminutifs qui adoptent le genre du primitif dont ils dérivent. Si le primitif est du genre masculin, le diminutif est aussi du masculin ; si le primitif est du genre féminin, le diminutif est aussi du féminin.

Exemples :

Animalcule, *m.*	Animal, *m.*
Capitule, *m.*	Chapître, *m.*
Conciliabule, *m.*	Concile, *m.*
Conventicule, *m.*	*Conventus* (subst. latin masc.)
Corpuscule, *m.*	Corps, *m.*
Draconcule, *m.*	Dragon, *m.*
Fascicule, *m.*	Faisceau, *m.*
Globule, *m.*	Globe, *m.*
Granule, *m.*	Grain, *m.*
Indicule, *m.*	Indice, *m.*
Module, *m.*	Mode, *m.*
Monticule, *m.*	Mont, *m.* (1)
Opercule, *m.*	Couvercle, *m.*
Opuscule, *m.*	Ouvrage, *m.*
Ovule, *m.*	*Ovum* (subst. latin neut.)
Pédicule, *m.*	Pied, *m.*
Pédoncule, *m.*	Pied, *m.*
Réticule, *m.*	Rets, *m.*
Tubercule, *m.*	*Tuber* (subst. latin masc.)
Ventricule, *m.*	Ventre, *m.*
Vorticule, *m.*	*Vortex* (subst. latin. masc.)

(à cause de)

---

(1) L'auteur de la *Grammaire des Grammaires*, en consacrant ma règle, qui est tout-à-fait neuve, dit « que le substantif *monticule* fait exception ». Ce laborieux et estimable auteur se trompe, soit qu'il regarde *monticule* comme étant du genre féminin, soit qu'il lui donne pour primitif le substantif *montagne*, au lieu de *mont*.

Au lieu que les substantifs suivants sont du genre féminin :

Auricule, *f.*	Oreille, *f.*
Canicule, *f.*	Chienne, *f.*
Capsule, *f.*	Capse, *f.*
Canule, *f.*	Canne, *f.*
Caroncule, *f.*	Chair, *f.*
Cédule, *f.*	*Scheda (subst. latin fém.)*
Cellule, *f.*	*Cella (subst. latin fém.)*
Cuticule, *f.*	*Cutis (subst. latin fém.)*
Fécule, *f.*	Fèce, *f.*
Follicule, *f.*	Feuille, *f.* (1)
Formule, *f.*	Forme, *f.*
Glandule, *f.*	Glande, *f.*
Lenticule, *f.*	Lentille, *f.*
Lunule, *f.*	Lune, *f.*
Molécule, *f.*	Môle, *f.*
Ombellule, *f.*	Ombelle, *f.*
Particule, *f.*	Partie, *f.*
Pellicule, *f.*	Peau, *f.*
Pilule, *f.*	Pile, *f.*
Plantule, *f.*	Plante, *f.*
Plumule, *f.*	Plume, *f.*
Portioncule, *f.*	Portion, *f.*
Pyxidule, *f.*	*Pyxis (subst. latin fém.)*
Radicule, *f.*	Racine, *f.*
Rotule, *f.*	Roue, *f.*
Silicule, *f.*	Silique, *f.*
Utricule, *f.*	Outre, *f.*
Vésicule, *f.*	Vessie, *f.*
Virgule, *f.*	*Virga (subst. latin fém.)*

À cause de

---

(1) Il n'est question ici que d'une sorte de petite feuille qui sert d'enveloppe aux graines et aux plantes, et qu'on nomme *follicule*. Voy. la page 117.

Si cette règle est juste et conforme aux lois de la dérivation, tout le monde conviendra que le substantif *outre* est féminin, et non pas masculin, comme le croient bien des gens, puisque son dérivé-diminutif *utricule* est certainement du genre féminin. — Les substantifs *dent* et *fontaine* sont du genre féminin ; c'est donc à tort que l'on désigne comme masculins les mots *denticule* et *fonticule*, qui en dérivent. Les substantifs *lobe*, *orbe* et *ove* sont du genre masculin ; c'est donc également à tort que l'on désigne comme féminins les mots *lobule*, *orbicule* et *ovicule*, qui en dérivent.

Des noms d'Etats, d'Empires, de Royaumes, de Provinces, de Villes, de Montagnes.

1°. Les noms d'Etats, d'Empires, de Royaumes, de Provinces sont du genre masculin, pourvu qu'ils ne se terminent pas par un *e* muet ; ainsi *Piémont*, *Portugal*, *Danemarck*, *Pérou*, *Brandebourg*, *Bourbonnais*, etc. sont du genre masculin. *France*, *Italie*, *Espagne*, *Hollande*, *Suède*, *Allemagne*, *Russie*, *Pologne*, *Prusse*, *Champagne*, *Bourgogne*, *Picardie*, sont du genre féminin.

Exceptions. Le *Mexique*, le *Perche*, le *Maine*, etc. sont du genre masculin.

2°. Les noms de Villes sont masculins, lorsqu'ils dérivent d'un substantif latin masculin ou neutre ; et ils sont féminins, lorsqu'ils dérivent d'un substantif latin féminin.

Les noms de Villes qui se terminent par une syllabe féminine, comme *Lutèce*, *Marseille*, *Rome*, *Mantoue*, etc. sont généralement féminins; dans tout autre cas, ils sont masculins, comme *Paris*, *Lyon*, *Rouën*, *Bordeaux*, etc.

Exceptions. Jérusalem, Albion, Ilion, Sion, sont du genre féminin.

Remarque. Quand on personnifie une Ville, qu'on lui donne une épithète, on l'emploie presque toujours au genre féminin. Ex : Malheureuse Tyr, en quelles mains es-tu tombée !

3°. Les noms de Montagnes sont du genre masculin, quelle que soit leur terminaison : *Carmel*, *Saint-Gothard*, *Simplon*, *Cénis*, *Jura*, *Gibel*, *Athos*, *Liban*, *Vésuve*, *Oreb*, *Sinaï*, *Thabor*, etc.

Exceptions. Alpes, Pyrénées, Vosges, Cévennes, Cordilières, sont du genre féminin.

SECTION V.

Homonymes.

Le mot *homonyme* vient de deux mots grecs (1) qui signifient *nom semblable*. Les homonymes sont semblables de plusieurs manières ; c'est pourquoi nous les divisons en homonymes *auriculaires*, *oculaires* et *aurioculaires*. Quand je dis : « Bocace a fait des *contes*, Barême a fait des *comptes*, le roi a fait des *comtes* », je me sers d'homonymes auriculaires, parce que la ressemblance de ces trois mots ne frappe que l'oreille. Semblables par le son, ils diffèrent par l'écriture et par le sens.

Quand je dis : « On veut que nous *portions* les *portions* » ; « c'est au printemps surtout que les poules *couvent* » ; « vous avez donc quitté le *couvent* » ; je me sers d'homonymes oculaires, parce que leur ressemblance ne frappe que l'œil. Semblables par l'écriture, ils diffèrent par le son et par le sens.

Enfin, quand je dis : « un *souris* agréable, une *souris* incommode ; une *forêt* bien grande, un *foret* très utile », je me sers d'homonymes aurioculaires, parce que leur ressemblance frappe à la fois l'oreille et l'œil. Semblables par le son et par l'écriture, ils diffèrent par le sens.

---

(1) ὁμός (*omos*), semblable, et ὄνομα (*onoma*), nom.

TABLEAU DES HOMONYMES.

A (*déterminatif*) avec l'accent grave.................. } A, il a, c. à d. il est ayant. (1)

Acquis, du verbe *acquérir*... { Acquit (*s. m.*)
 Acquit ; qu'il acquit.
 A qui (*pron. rel.*)

Adhérant, part. du verbe *adhérer*.................. { Adhérent (*adj.*)

Adieu (*s. m.*).............. A Dieu, s'adresser à Dieu.
Affaire (*s. f.*).............. A faire, n'avoir rien à faire.

Ah ! (*exclamatif*).......... { Ha (*exclam.*)
 As, tu as, il a.

Aigayer, baigner............ Egayer, rendre gai.
Aîle d'oiseau................ Elle (*pron. fém.*)
Aine, partie du corps....... Haine, aversion.

Air qu'on respire............ { Aire, nid de l'aigle.
 Aire, place où l'on bat le grain.
 Haire, le cilice et la haire.

Ais, planche................ Hais, du verbe *haïr*.
Alêne de cordonnier........ Haleine, respiration.
Alèze (*s. f.*)................ A l'aise, on est ici à l'aise.

Alicante, ville d'Espagne.... { Aliquante, terme d'arithmétique.

Amande, fruit.............. Amende, peine.
Amant (*s. m.*).............. Aman (*subst. propre*).
Ami, qui aime, etc.......... Amict, linge d'église.
An, espace de douze mois... En (*pron.* ou *déterminatif*).
Anche de haut-bois......... Hanche, partie du corps.
Ancre de vaisseau........... Encre à écrire.
Ane, animal................ Anne (*subst. propre*).
Antre, caverne.............. Entre (*déterminatif* ou *verbe*).

Anvers, ville............... { Envers (*déterminatif*).
 En vers, écrire en vers.

Apelle, peintre célèbre...... Appelle (*verbe*).

---

(1) « La pomme à la plus belle, *a* dit l'antique adage ;
Un plus heureux *a* dit : la rose à la plus sage ».

IIe. PART.   7

Appas, charmes	Appât, amorce.
Appendre, suspendre	A pendre, c'est un homme à pendre.
Apprendre par cœur	A prendre, ce n'est pas à prendre.
Apprêt, (*subst. m.*)	Après (*déterminatif*).
Argot, sorte de langage	Argo, nom d'un vaisseau.
Art, méthode	Hart, corde.
Auspice, présage	Hospice, hôpital.
Autan, vent furieux	Autant (*adverbe*).
Autel d'église	Hôtel, maison.
Auteur, créateur	Hauteur, élévation.
Avant (*déterminatif*)	Avent, temps qui précède Noël. A vent, moulin à vent.
Avez, du verbe *avoir*	Avé, prière.
Balai, pour balayer	Ballet, danse.
Banc, siège	Ban, publication.
Bât de bête de somme	Bas (*adj.*) Bas de soie, etc. Bats (*verbe*).
Batiste, toile	Baptiste, surnom.
Beau (*adj. m.*)	Baux, *pl.* de *bail*. Bots, *pl.* de l'adj. *bot*.
Bean (*adj. m.*)	Beau cou; beau coup.
Belle (*adj. f.*)	Bayle (*subst. propre*).
Béni, en parlant des personnes.	Bénit, en parlant des choses.
Bête, animal	Bette, plante.
Boîte, coffret	Boite, en parlant du vin. Boite (*verbe*).
Bon (*adj.*)	Bond (*s. m.*)
Bonace, temps calme	Bonasse, trop bon.
Bout, extrémité	Bou, le thé bou. Bous, du verbe *bouillir*. Boue, fange.
Brocard, raillerie	Brocart, étoffe de soie. Broquart, jeune bête fauve.
Ça (*exclamatif.*)	Sa (*pron. poss.*)
Caisse (*s. f.*)	Qu'est-ce? pour *que est-ce*?
Camp de soldats	Quand (*conjonctif*).

ORTHOGRAPHE. HOMONYMES.

Canne, sorte de bâton......	Cane, femelle du canard.
Car (*conjonctif*)..........	Quart, quatrième partie.
Carte à jouer............	Quarte (*adj.*)
Cartier, marchand de cartes.	Quartier, un beau quartier.
Ce (*adj. démonstratif*).....	Se (*pronom personnel*).
Céans (*adverbe*)..........	Séant, participe du verbe *seoir*.
Ceint, part. du verbe *ceindre*. {	Sain, saine. Saint, sainte.
Celle, *fém. de celui*........ {	Selle de cheval. Selle (*verbe*). Cèle (*verbe*). Scelle (*verbe*).
Cène, dernier souper de J. C... {	Seine, rivière *ou* filet. Scène de théâtre. Saine (*adj. f.*)
Censé, réputé.............	Sensé, qui a du sens.
Cent (*adj. numéral*)....... {	C'en, c'en est fait. S'en, il s'en va. Sang, verser son sang. Sens commun. Sans (*déterminatif*). Sent, du verbe *sentir*.
Centaine (*adj. numéral.*)...	Sentine (*subst. f.*)
Centon, pièce de poésie...... {	Santon, sorte de moine turc. Sentons, du verbe *sentir*.
Cerf, animal..............	Serf, esclave.
Ces (*adj. démonst. pl.*).....	Ses (*adj. poss. pl.*)
C'est, pour ce est..........	S'est, pour se est.
Cet (*adj. démonst. sing.*)...	Sept (*adj. numéral*).
Chair d'animal............ {	Cher, rivière. Cher (*adj.*) Chère, bonne chère. Chaire à prêcher.
Champ, terre.............	Chant, action de chanter.
Chaos, la nuit du chaos......	Cahot, saut d'une voiture.
Chaud (*adj. m.*)..........	Chaux, ciment............
Chêne, arbre..............	Chaîne, lien.
Chœur de musique *ou* d'une église............ {	Cœur, partie de l'animal; et *fig.* courage. Qu'heur, pour *que heur*.

Choix (*subst. m.*)	Choie, je choie, tu choies.
Chrie, sorte d'amplification	Crie, du verbe *crier*.
Cil des yeux	S'il, pour *si il*. Sil, sorte de terre.
Cité (*subst. f.*)	Citer (*verbe*).
Clause, article, condition	Close, part. du verbe *clore*.
Clerc de procureur	Clair, claire. Ste Claire.
Clou de fer	Cloud, St. Cloud.
Colon, cultivateur	Colomb (*subst. propre.*)
Conte, récit	Compte, calcul. Comte, titre.
Content, satisfait	Contant, du verbe *conter*. Comptant, du verbe *compter*. Qu'on tend, pour *que on tend*.
Corps de l'homme, etc.	Cor, instrument. Cor aux pieds. Qu'or, pour *que or*.
Côte, os plat; rivage; penchant	Cote, marque numérale. Cotte d'armes. Quote-part.
Cou, partie du corps	Coût, ce qu'une chose coûte. Coup, un bon coup. Couds, tu couds, il coud.
Cour d'une maison	Cours, lieu de promenade; cours d'étude. Court, courte.
Crème, de la bonne crème	Chrême, le saint chrême.
Cri, action de crier	Cric, machine à lever des fardeaux. Christ, oint. *Voy.* Chrie.
Crin de cheval	Craint, part. du verbe *craindre*.
Crois, la sainte croix	Crois, je crois..., il croit; que je croie, du verbe *croire*. Crois, je crois..., il croît, du verbe *croître*.

ORTHOGRAPHE. HOMONYMES.

Cru, non cuit...............	Crû (*s. m.*) Crue (*s. f.*)
Cuir, peau................	Cuire (*verbe*).
Cygne, oiseau..............	Signe, marque.
Cyr, Saint-Cyr.............	Cire, bougie. Sir, mot purement anglais. Sire, en parlant au roi.
Dans (*déterminatif*)........	Dent d'animal. Dam, dommage. D'en, je crains d'en être dupe.
Danse, action de danser......	Dense, épais.
Date d'une lettre............	Datte, fruit du palmier.
Davantage, plus............	D'avantage, pour *de avantage*.
Dégoûter, causer du dégoût...	Dégoutter, tomber goutte à goutte.
Delà (*déterminatif*).........	De là (*adverbe*). De la, de la patience.
Délasser, ôter la fatigue......	Délacer, ôter un lacet.
Des pour *de les*	Dès (*déterminatif*). Dais (*s. m.*) Deys, les deys d'Alger et de Tunis.
Descartes, philosophe........	Des cartes, pour *de les cartes*.
Deuil, habit de deuil........	D'œil, coup-d'œil, clin d'œil.
Différent (*subst. et adj.*)....	Différant, part. du verbe *différer*.
Didon, reine de Carthage....	Dis donc, dis donc ce que tu sçais. Dit donc, il dit donc que...
Dime, payer la dime........	Dîmes, nous dîmes hier.
Divers, les peuples divers....	D'hiver, les fruits d'hiver.
Doigt, partie de la main......	Dois, du verbe *devoir*. Doit, *id*. D'oie, pour *de oie*.
Don, présent...............	Don Pèdre. Dom Calmet. Donc (*conjonctif*). Dont (*pronom relatif*).

Dors, du verbe *dormir*....... D'or, pour *de or*.
Doux, douce.............. Doubs, rivière.

Du, pour *de le*............ { Dû (*subst. m.*)
Dus, je dus, tu dus.
Dut, il dut; qu'il dût.

Eau, un des quatre éléments.. Au, pour *àle*. *Voy*. Haut et O.
Echo, répétition de son...... Ecot, payer son écot.

Emploi, charge............ { Emploie, que j'emploie.
Emploies, que tu emploies.
Emploient, qu'ils emploient.

Enter, greffer............. Hanter, fréquenter.
Envie, désir, jalousie....... A l'envi, travailler à l'envi.

Ere, époque............... { Hère, un pauvre hère.
Erre, j'erre, tu erres.

Es, tu es, il est............ { Ès, vieux mot qui veut dire *dans les*.
Aie, du verbe *avoir*.
Haie, une haie d'épines.
Hais, je hais.

Et (*conjonctif*)............ Hé, eh! (*exclamatifs*).

Etaim, partie fine de la laine. { Etain, métal.
Eteint, part. du verbe *éteindre*.

Etant, part. du verbe *être*.... { Etang, amas d'eau.
Etends, j'étends..., il étend.

Etat (*subst. m.*)........... OEta, montagne de Thessalie.
Etourdi (*adj.*)............. A l'étourdie, étourdiment.
Etre (*subst. et verbe*). Hêtre, arbre.
Eux (*pron. person.*) OEufs de poule.
Exaucer, écouter favorablement. Exhausser, rendre plus haut.

Excédant, part. du verbe *excéder*................. { Excédent (*subst. m.*)

Excellant, part. du verbe *exceller*................. { Excellent (*adjectif*).

Faire, verbe à l'indéfini..... { Fer, métal.
Ferre, du verbe *ferrer*.

ORTHOGRAPHE. HOMONYMES. 151

Fait, action...............	Fais, je fais, tu fais.
	Faix, fardeau.
	Faits, des vers bien faits.
	Faits d'armes.
Faîte, sommet............	Fête, jour solennel.
Faon de biche...........	Fend, du verbe fendre : je fends
	..., il fend.
Fasse, du verbe *faire*.......	Face, figure, forme.
Faux, fausse.............	Faulx, instrument.
	Faut, il faut.
Férie, vacance............	Féerie, art des Fées.
Fi (*exclamatif*)...........	Fis, je fis..., il fit.
	Fit, qu'il fît.
	Fils, enfant.
Fin (*subst. et adj.*).........	Faim, besoin de manger.
	Feint, part. du verbe *feindre*.
Flan, sorte de tarte........	Flanc, côté.
Foi, croyance, fidélité......	Fois, une fois.
	Foix, le duché de Foix.
	Foie, partie du corps.
Fonds de terre ; je fonds, du verbe *fondre*............	Fond de tonneau ; au fond.
	Font, ils font.
	Fonts baptismaux.
Forêt, bois...............	Forets, pl. de foret, instrument.
	Forez, le Forez, province.
Forçat, galérien..........	Força, il força, du verbe *forcer*.
Format d'un livre..........	Forma, il forma, du verbe *former*.
Fort (*subst. adj. et adv.*)...	For, le for intérieur.
Fosse (*subst. f.*)..........	Fausse, *fém*. de *faux*.
Fossé (*subst. m.*).........	Faussé, part. du verbe *fausser*.
Fournil, lieu où est le four...	Fournis, je fournis..., il fournit ; qu'il fournît.
Frais (*subst. et adj.*).......	Frai, reproduction des poissons.
	Fret, louage d'un vaisseau.

Fume, il fume, du verbe *fumer*. Fûmes, nous fûmes.

Fusse, que je fusse ; que tu fusses. { Fût-ce, fût-ce à la Chine.
Fut-ce, fut-ce un fou qu'Alexandre ?

Gai, joyeux.................. { Guet, le guet vient de passer.
Gué d'une rivière.

Gale, maladie............. { Galle, noix de Galle.
Galles, le pays de Galles.

Gant à mettre aux mains..... Gand, ville.

Geai, oiseau................ { Jet d'eau.
J'ai, du verbe *avoir*.
J'aie, que j'aie, que tu aies.
Jais, noir comme du jais.

Gens, hommes *ou* femmes... { Gent, la gent lionne.
Jean (*subst. propre*).
Jan, terme de trictrac.
J'en, j'en sors.

Goutte d'eau................ Goûte, du verbe *goûter*.
Grace, faveur............... Grasse (*adj. fém.*)
Gris (*adjectif*)............ Gril, ustensile de cuisine.
Guère (*adv.*).............. Guerre, opposé de paix.

Haut (*adj. m.*)............ { Aux, pour *à les*.
Aulx, pl. d'ail.

Haute (*adj. fém.*)......... { Hôte, étranger.
Ote, j'ôte, tu ôtes, il ôte.

Héros, personnage célèbre... { Héraut d'armes.
Hérault, rivière.

Hochet d'enfant............. Hochait, du verbe *hocher*.
Homard, écrevisse de mer.... Omar (*subst. propre*).
Horion, coup déchargé sur la tête. Orion, constellation.
Hors (*déterminatif*)....... Or, métal. Or (*conj.*)

Ilia, mère de Romulus....... Il y a, il y a des gens qui, etc.
Jambon de Mayence.......... Jean Bond (*subst. propre*).

ORTHOGRAPHE. HOMONYMES.

Jeune (adj.)	Jeûne (subst. m.)
Joug, fardeau	Joue, partie du visage.
Jus de viande	J'eus, j'eus..., il eût; qu'il eût.
La (article fém.)	Là (adverbe).
	L'a, il l'a reçue.
Lacet de soie	Laçait, du verbe *lacer*.
	Lassait, du verbe *lasser*.
Lacs, filets	Las, fatigué.
Laid, laide	Lait de chèvre.
	Lai, un frère lai.
	L'ait, je veux qu'il l'ait. *Voy.* Les.
L'aine, partie du corps	L'Aisne, rivière.
	Laine de brebis.
Laon, ville	Lent (adj.)
	L'an, le jour de l'an.
Lard, graisse ferme	L'art de charmer.
Larme, qui sort des yeux	L'arme du ridicule.
Las, employé pour *hélas*!	Laws, le système de Laws.
L'attention, pour *la attention*.	La tension, état de ce qui est tendu.
Leçon, précepte	Le son des cloches.
	Le sont, fous! ils le sont.
Lekain, acteur célèbre	Le quint, la cinquième partie.
Lé, largeur d'une étoffe	Lez, à côté de : St.-Denis-lez-Paris.
Les (article défini)	Legs de testament.
	L'es, fou! tu l'es.
	L'est, fou! il l'est.
	Laie, femelle du sanglier; route étroite dans une forêt.
	L'aie, que je l'aie, que tu l'aies, qu'ils l'aient. *Voy.* Laid.
Leur, pour *à eux*	Leurs, pour *d'eux, d'elles*.
	Leurre, appât.
Levain du boulanger	Le vin fortifie l'estomac.
Lice, entrer en lice	Lisse, uni, poli.

* 7

Lieu, endroit	Lieue, mesure itinéraire.
Lille, ville de Flandres	L'île de Malte.
Lin, plante	L'Ain, rivière.
Lion, animal	Lyon, ville. Lions, nous lions, du verbe *lier*.
Lionne, femelle du lion	L'Yonne, la Yonne, rivière.
Lire (*verbe*)	Lyre (*subst. f.*)
Lit à coucher	Lis, je lis..., il lit. Lis, fleur. Lie de vin.
Long (*adj. m.*)	L'on, l'on veut plaire. L'ont, ils l'ont connu.
Lois, *pl. de loi*	L'oie, pour *la oie*.
Lots, *pl. de lot*	Lods, redevance.
Loup, animal	Loue, du verbe *louer*.
Luce (*subst. propre*)	Lusse, que je lusse..., que tu lusses. L'eusse, que je l'eusse..., que tu l'eusses.
Lut, enduit	Luth, instrument. Lutte, sorte de combat.
Lycée, école d'Aristote	Lissée, féminin de *lissé*.
Ma, *fém. de mon*	M'a, il m'a frappé.
Mai, mois	Met, du verbe *mettre*. M'ait, il faut qu'il m'ait trompé.
Main, partie du bras	Mein, rivière. Maint, mainte.
Maître, un bon maître	M'être, pour *être à moi*.
Mandat (*subst.*)	Manda, du verbe *mander*.
Mande, du verbe *mander*	Mende, ville.
Mante, grand voile noir	Mantes, ville. Menthe, plante. Mente, je ne veux pas qu'il mente.

ORTHOGRAPHE. HOMONYMES. 155

Marc de raisin, *ou* poids de huit onces.............	Mare d'eau.
Marchand, négociant.......	Marchant, part. du verbe *marcher*.
Mari, époux...............	Marri, fâché.
Mât de vaisseau............	M'as, tu m'as désobligé.
Menton, partie du visage....	Mentons, du verbe *mentir*.
Mer, océan................	Mère, qui a des enfants. Maire, officier civil. (1)
Mes, *pl. de mon*............	Mais (*conjonctif*). M'aies, que tu m'aies, qu'ils m'aient. M'es, pour *es à moi*. M'est, pour *est à moi*. Mets, je mets, tu mets, il met. Mets, chose à manger. *Voy.* Mai.
Mètre, mesure..............	Mettre (*verbe*).
Meurs, du verbe *mourir*.....	Mœurs, conduite.
Mi, à mi-côte; mi, note de musique..................	Mie de pain. Mis, je mis. Il est bien mis. Mit, il mit; qu'il mît. M'y, je ne m'y fie pas.
Mille, mille cavaliers........	Mil, l'an mil huit cent..
Moi (*pronom personnel*).....	Mois, espace de trente jours.
Mon (*adj. possessif*).......	Mont, montagne. M'ont, ils m'ont abandonné.
Mort, la mort; mort, part. du verbe *mourir*............	Mors d'un cheval. Mord, il mord. Mords, mords les.
Mot, le mot, les mots.......	Maux, les maux de la vie. Meaux, ville.
Mou de veau; mou (*adj.*)...	Moût, vin nouveau. Moue, grimace. Mouds, je mouds..., il moud.

---

(1) Maire vient du mot latin *major*, plus ancien.

Mu, part. du verbe *mouvoir*..	M'eus, quand tu m'eus parlé. M'eut, quand il m'eut parlé. M'eût, quoiqu'il m'eût parlé.
Mur, muraille............	Mûr, mûre. Mûre, fruit.
Naître, venir au monde......	N'être, pour *ne être*.
Naît, il naît.............	Nais, je nais, tu nais. N'aie, que je n'aie, que tu n'aies. N'es, tu n'es, il n'est.
Né, part. du verbe *naitre*....	Nez, partie du visage.
Négligent (*adj.*)...........	Négligeant, part. du verbe *négliger*.
Neige, blanc comme neige...	N'ai-je pas raison ?
Ni, ni vous ni lui..........	Nid d'oiseau. N'y, pour *ne y*.
Nœud, faire un nœud......	Neuf personnes.
Noix, fruit................	Noies, tu te noies, il se noie.
Nom, un grand nom.......	Non (*adverbe négatif*). N'ont, ils n'ont rien.
Nourrice (*subst. fém.*).....	Nourrisse, il faut que je nourrisse.
Noyer, arbre.............	Noyé, part. du verbe *noyer*.
Nu, nue.................	N'eus, tu n'eus, il n'eut. N'eût, il faudrait qu'il n'eût rien.
Nuit, la nuit obscure.......	Nuis, je nuis. Nui, il a nui. Nuits, ville de France. Nuys, ville d'Allemagne.
O, ô douleur !............	Oh ! oh, pour cela non. Ho ! ho ! que dites-vous ? Au, aux, pour *à le*, *à les*. Aulx, *pl.* de *ail*. Eau, un des quatre éléments. Os, ronger un os. *Voy.*-Eau et Haut.

OEufs, des œufs de poule.... Eux (*pronom personnel*).
Oint, oint et sacré.......... Oing, du vieux oing.
Ombre, obscurité.......... Hombre, jeu de cartes.
On (*subst. indét.*)......... Ont, c. à d. ils sont ayant.
Or, métal. Or (*conjonctif*).. Hors (*déterminatif*).

Ordinand, celui qui doit recevoir les ordres.......... { Ordinant, évêque qui confère les ordres.

Ou, ou vous ou moi......... { Où, où allez-vous? l'espoir où je me fonde.
Août, mois.

Oubli, manque de souvenir... Oublie, pâtisserie.
Oui, je le veux bien; je l'ai ouï. Ouie, l'un des cinq sens.

Pain à manger.............. { Pin, arbre.
Peins, je peins..., il peint.
Peint, part. du verbe *peindre*.

Pair de France; pair ou non.. { Perds, je perds..., il perd.
Pers (*adj.*) des yeux pers.

Paix plâtrée............... { Pais, je pais..., il paît.
Pet, vent.

Palais d'un roi, de la bouche. Palet, disque.
Pâle, blême............... Pâle (*subst. f.*)

Paon, oiseau.............. { Pan de muraille.
Pan, dieu des bergers.
Pends, je pends..., il pend.

Panse, ventre; je panse la plaie. Pense, je pense, tu penses.
Par (*déterminatif*)......... Pars, je pars..., il part.
Parce que, par la raison que.. Par ce que, par les choses que.

Paris, ville capitale......... { Pari, gagner un pari.
Parie, je parie, tu paries.

Parterre (*subst. m.*)........ Par terre, être par terre.

Parti, résolution, condition, personne à marier, troupe de gens de guerre.......... { Partie, portion; partie de campagne.
Partis, je partis..., il partit; qu'il partît.

Pause, repos............... { Pose, l'action de poser; je pose, tu poses, il pose.

Peau, une peau blanche	Pau, ville de France. Pô, fleuve d'Italie. Pot, un pot, des pots.
Peine, punition	Pêne de serrure.
Pensée, opinion ; pensée, fleur.	Pansé, la plaie est pansée.
Penser, raisonner, etc.	Panser, traiter.
Perçant, un cri perçant	Persan, né en Perse.
Perce, du verbe *percer*, et mettre en perce	Perse, royaume d'Asie. Perse, poète satyrique.
Père, qui a des enfants	Paire, couple. *Voy.* Pair.
Persée (*subst. propre*)	Percée, percée (*subst.*), une porte percée.
Peu, opposé de beaucoup	Peux, je peux..., il peut.
Peut-être (*adverbe*)	Peut être, cela peut être.
Pinte, mesure	Peinte, la rage est peinte sur son front.
Plaie, cicatrice ; fléau	Plais, je plais..., il plaît.
Plaine, la plaine ; en plaine campagne	Pleine (*fém.* de *plein*).
Plainte, gémissement	Plinthe, terme de menuiserie.
Plan, le plan d'un ouvrage	Plant, un jeune plant.
Plein (*adj. m.*)	Plain, uni ; de plain pied. Plains, je plains..., il plaint.
Plus (*adverbe*)	Plu, il a plu, du verbe *pleuvoir* ; elle a plu, du verbe *plaire*. Plut, il plut hier ; elle plut autrefois. Plût, plût à Dieu que... !
Point, je n'en veux point ; le jour point ; un point d'aiguille	Poing, un coup de poing.
Pois, légume	Poids, pesanteur. Poix, résine. Pouah (*exclamatif*).
Police, la haute police	Polisse, que je polisse, que tu polisses.
Polisson, vaurien	Nous polissons, de *polir*. Nous poliçons, de *policer*.
Pont, un beau pont	Pond, elle pond souvent.
Pou, vermine	Pouls, battement des artères.

ORTHOGRAPHE. HOMONYMES.

Précédent, le chapitre précédent.... { Précédant, il va précédant les autres.

Prémices, les prémices de la terre.... { Prémisses, terme de logique.

Président, il est président de la chambre.... { Présidant, je l'ai vu présidant cette assemblée.

Prêt, un prêt; prêt à tout.... Près, il est près de tomber.

Prix, valeur *ou* récompense.... { Pris, il est pris. / Prît, je voudrais qu'il prît.

Pouce de la main.... Pousse des arbres; je pousse.

Puce, insecte.... { Pusse, que je pusse; que tu pusses.

Puits, un puits profond.... { Puis, je puis. / Puis (*adv.*) puis nous verrons. / Puy (*ville*). Le Puy-de-Dôme.

Pus, humeur blanchâtre.... { Pue; il pue (du verbe *puer*). / Pus, je pus (du verbe *pouvoir*). / Put, il put; qu'il pût.

Quand (*conjonctif*).... { Quant, quant à moi. / Caen, ville. / Kan, le kan des Tartares. / Camp, le camp des alliés. / Qu'en, qu'en dira-t-on ?

Quelle, quelle magnificence ! Qu'elle, je crois qu'elle pleure.

Queue d'animal, etc.... { Queux, cuisinier. / Qu'eux, pour *que eux*.

Quoi, c'est à quoi je songe. Quoi ! tout de bon?.... { Coi, tranquille.

Quoique (*conjonctif*), quoiqu'il m'aime.... { Quoi qu'il fasse, c. à d. quelque chose qu'il fasse.

Raisonner, faire des raisonnements.... { Résonner, retentir.

Rang, ordre, dignité.... Rends, je rends..., il rend.

Ras, rase.... Rat, animal.

Reine, femme d'un roi.... { Rennes, animal. / Rennes, ville. / Rênes, bride.

Requin, poisson.... Requint, le quint et le req int.

Résident, envoyé diplomatique.	Résidant, part. du verbe résider.
Rets, filets....................	Retz (le cardinal de). Raie, poisson; ligne.
Rhin, fleuve................	Reins, avoir les reins forts.
Ris, un ris agréable; je ris....	Rit, il rit; qu'il rît. Riz, plante des pays chauds. Rye, rivage de la mer.
Rond (*subst.* ou *adjectif*)...	Romps, je romps..., il rompt.
Roux, rousse.................	Roue de voiture.
Rubicond (*adj.*)............	Rubicon, fleuve.
Sa (*adj. possessif fém.*)....	Ça, pour *cela*. Çà, çà et là. Ç'a, pour *ce a*.
Sabbat, le jour du sabbat.....	Saba, la reine de Saba.
Saignons, du verbe *saigner*...	Ceignons, du verbe *ceindre*.
Saint, sainte............*b*...	Sain, saine. Ceint, part. du verbe *ceindre*. Sein, giron. Seing, seing privé. Cinq (*adj. num.*) *Voy.* Ceint.
Sainte (*fém.* de *saint*).......	Ceinte, part. du verbe *ceindre*. Cynthe, montagne de Délos. Saintes, ville de France.
Salle, appartement..........	Sale (*adj. m. et fém.*)
Salon, grande salle.........	Salons, ville; nous salons, du verbe *saler*.
Sans (*déterminatif*)........	Sang, liqueur rouge. Sens, jugement. Cens, dénombrement, redevance. Sens, je sens..., il sent. *Voy.* Cent.
Santé, bonne santé.........	Sentez, du verbe *sentir*.
Saule, arbrisseau............	Sole, poisson.
Sceptique, qui doute de tout.	Septique, qui fait pourrir.

ORTHOGRAPHE. HOMONYMES.

Seau, un seau d'eau.........	Sceau, grand cachet. Sceaux, village. Sots, qu'ils sont sots !
Seigneur, maître............	Saigneur, qui saigne.
Seine, rivière *ou* filet.......	Saine (*fém.* de *sain*). *Voy.* Cêne.
Serein (*adjectif*)...........	Serin, oiseau.
Sentier, petit chemin........	Sentiez, vous sentiez.
Servante (*subst. fém.*)......	Cervantes, écrivain espagnol.
Session, séance d'un concile.	Cession, action de céder.
Si (*adv.* ou *conj.*)..........	Sis, situé. S'y, pour *se y*. Scie, instrument. Ci pour *ici*. Six (*adj. num.*)
Sion, montagne.............	Scion d'arbre. Si on, pour *si l'on*.
Simon, nom de saint........	Cimon, général athénien.
Sinon, le perfide Sinon......	Sinon ; vous viendrez, sinon.
Sire, en parlant au roi......	Cire, bougie. *Voy.* Cyr.
Site, un site agréable........	Cite, du verbe *citer*. Scythe, qui est de la Scythie.
Soc de charrue.............	Socque, chaussure de bois.
Soi (*pron. person.*).........	Soit (*conj.*) Soit, soit, soient, du verbe *être*. Soie, de la belle soie.
Soir, soirée................	Seoir (*verbe*).
Son......................	Sont, ils sont aimables.
Sonner du cor, etc..........	Sonné, midi est sonné. Sonnez, terme de trictrac.
Sori, minéral grossier.......	Sorie, laine d'Espagne.
Sort, destin................	Saur (*adj.*) hareng saur. Sors, je sors..., il sort.
Sot (*adj.*).................	Saut, action de sauter. *V.* Seau.
Sou, pièce de monnaie.......	Soûl (*adj.*) Sous (*détermin.*)
Soufre, corps combustible....	Souffre, du verbe *souffrir*.
Statue, figure..............	Statut, réglement.

Sur, aigrelet. Sur (*déterm.*)..	Sûr, certain.
Surtout, vêtement..........	Sur-tout, principalement.
Sylla, romain célèbre.......	Scylla, nom d'un rocher.
Ta, *fém.* de *ton*...........	T'a, il t'a protégé.
Taie, tache blanche, ou enveloppe d'oreiller........	Tais, je tais..., il tait. *Voy.* Tes.
Tant (*adverbe*)............	Tan, pour tanner les cuirs. *Voy.* Temps.
Tante, parente............	Tente du général. Tente, du verbe *tenter*.
Tapis de Turquie...........	Tapi, part. du verbe *se tapir*.
Taux, prix.................	Tôt (*adverbe*).
Teint, un teint frais. Teint, part. du verbe *teindre*......	Tain d'un miroir. Thym, plante odoriférante. Teins, je teins, tu teins. Tins, je tins..., il tint ; qu'il tint.
Teinte, une teinte agréable ; soie teinte...............	Tinte, la cloche tinte.
Tel (*adj. m.*). telle, *f.*.....	Tell, Guillaume Tell.
Temps, le beau temps.......	T'en, il t'en remettra. Tends, je tends..., il tend.
Terre, le ciel et la terre.....	Taire (*verbe*).
Tes, pluriel de Ton, ta.......	T'es, tu t'es mépris. T'est, il t'est dévoué.
Toi (*pronom personnel*).....	Toît, couverture de maison.
Ton (*pron. possess.*) Ton, air.	Taon, grosse mouche. Thon, poisson de mer. T-on, a-t-on payé ? Tonds, je tonds..., il tond.
Tort, il a tort.............	Tords, je tords..., il tord. Tors, torse.
Tour, un bon tour ; une tour élevée..................	Tours, ville.
Tout (*adj.*)...............	Tous, *plur.* de *tout*. Toux, maladie. Toue, bateau.

ORTHOGRAPHE. HOMONYMES.

Trace (*subst.*); je trace..., il trace	Traces, tu traces. Thrace, la Thrace; le Thrace belliqueux.
Trait, action; dard..........	Très (*adverbe*). Trais, je trais, tu trais.
Tribut, impôt.............	Tribu, la tribu de Juda.
Trois (*adj. numéral*).......	Troie, ville de Phrygie. Troyes, ville de Champagne.
Trop (*adverbe*)	Trot, allure.
Tyran, despote............	Tirant, cordon. Tirant, part. du verbe *tirer*.
Vas, tu vas................	Va, il va. Va te promener.
Vanter, louer..............	Venter, faire du vent.
Veine, la veine du bras.....	Vaine, *fém.* de l'adj. *vain*.
Vent, air agité............	Van, avec lequel on vanne. Vends, je vends..., il vend.
Vente, aliénation..........	Vante, je vante, tu vantes.
Ver, reptile...............	Vert (*adjectif*). Verre à boire. Vers, poésie. Vers (*déterm.*)
Verrat, le mâle de la truie...	Verras, tu verras, il verra.
Vesce, graine..............	Vesse, ventosité.
Vets, je vets..., il vêt........	Vais, je vais.
Vice, opposé de vertu.......	Visse, que je visse, que tu visses. Vis, escalier en vis.
Vile, une âme vile..........	Ville, cité.
Vin à boire................	Vain, homme vain. Vingt (*adj. numéral*). Vins, je vins, tu vins, il vint; qu'il vînt.
Violat, où il entre de la violette.	Viola, il viola.
Vœu, promesse............	Veux, je veux...; il veut.

Voix, son............... { Voie, chemin ; moyen. Que je voie.
Vois, je vois... ; il voit.
Voies, que tu voies, qu'il voie, qu'ils voient.

Vos (*pron. possess. plur.*)... { Vau, à-vau-l'eau.
Vaud, le pays de Vaud.
Vaux, par monts et par vaux.
Veau, animal.

Votre, votre fils............ { Vôtre, le vôtre.
Vautre, il se vautre.

SECTION VI.

Prononciation.

La prononciation est la manière de prononcer les mots d'une langue ; s'il est important d'écrire selon les lois de l'orthographe, il ne l'est pas moins d'articuler selon les règles de la bonne prononciation.

Voyelles.

AE. L'E est nul dans *Caen* (ville.) Prononcez *Can*.

AI. Cette syllabe se prononce comme *é* fermé dans j'*ai* (du verbe *avoir*), dans je *sçais*, tu *sçais*, il *sçait* ; dans les passés des verbes de la première conjugaison : j'*aimai*, je *cherchai* ; dans les futurs de tous les verbes : j'*aimerai*, je *chanterai*, je *tirai*, je *rendrai* ; dans les adjectifs *bai* et *gai*, (un cheval *bai*, un homme *gai*). — AI se prononce comme *e* muet dans *bienfaisance*, nous *faisons*, qu'il vaut mieux, pour cette raison, écrire de cette manière : *bienfesance*, nous *fesons*. — AI a le son d'un *è* moyen dans *balai*, *bienfait*, *bienfaiteur* ; *délai*, *douairière* ; *engrais*, *essai*, *faible*, *Français*, *frais* ; *jais*, *jamais* ; *lait* ; *mais* ; *palais*, *portrait* ; *relais* ; *souhait* ; j'*aimais*, je *lisais* ; j'*aimerais*, je *lirais*, etc. — AI a le son d'un *è* ouvert dans *maison*, *maître*, *raison*, *l'aison*, etc.

AIE⎫
EAI⎬ Ces voyelles combinées ont le son de l'*è* ouvert dans *haie*, *orfraie*, *démangeaison*, *seigneur*, *bey*. — *Geai* (oiseau) se prononce *gé*.
EI⎪
EY⎭

AO. L'A est nul dans *aoriste*, *août*, *Saône* (rivière), et *taon* (grosse mouche). Prononcez *óriste*, *oût*, *Sône* et *ton*. Mais il faut prononcer *aoûter* (a-outer) faire mûrir au soleil du mois d'août.

E muet. L'E muet est nul dans j'ai *eu*, tu as *eu*, j'*eus*, nous *eûmes*, j'*eusse*, qu'il *eût*, (qu'on prononce j'ai *u*, tu as *u*, j'*us*, nous *ûmes*, j'*usse*, qu'il *ût*). Il est encore nul dans ces mots *aboiement*, *dénouement*, *paiement*, *reniement*, *enjouement*, *dénuement*, *blanchiement*, etc.; qu'il vaut mieux écrire de la sorte : *aboîment*, *dénoûment*, *paîment*, *renîment*, *enjoûment*, *dénûment*, *blanchîment*, etc. — Il est encore nul dans *bourgeois*, *vengeance*, il *songea*, nous *jugeâmes*, j'*oublierai*, j'*oublierais*, je *louerai*, je *louerais*; je *paierai*, je *paierais*; je *suppléerai*, je *suppléerais*; je *contribuerai*, je *contribuerais*, etc. (1).

I. L'I est nul dans ces mots : *encoignure*, *menuiserie*, *poignard*, *poignée*, *poignet*.

O. L'o est nul dans *faon*, *Laon* (ville) et *paon*. Prononcez *fan*, *Lan*, et *pan*.

---

(1) On supprime aujourd'hui l'*e* muet des futurs et des conditionnels présents des verbes terminés en *ier*, *ouer* et *yer*, et l'on écrit j'*oublîrai*, je *loûrai*, je *paîrai*, etc. j'*oublîrais*, je *loûrais*, je *paîrais*, etc. ; mais il vaut mieux écrire avec un *e* muet les futurs et les conditionnels présents des verbes terminés en *éer* et *uer*, comme je *suppléerai*, je *suppléerais*; je *contribuerai*, je *contribuerais*, etc.

OEU. Ces trois voyelles composées sonnent *eu* ouvert : *mœurs*, *sœur*, *œuf*.

OI. Cette diphthongue a presque le son de *oà* dans les mots suivants : *loi*, *roi*, *foison*, *droite*, *roide*, *roideur*, *roidillon*, *roidir*, *endroit*, *froid*, *croire*, *croître*, il faut que je *sois*, *soit* (disjonctif). C'est une faute que de prononcer *reddir* (pour roidir), *endrei* (pour endroit), *fred* (pour froid), *craire* (pour croire), *craître* (pour croître), il faut que je *sais* (pour que je sois), *sait* (pour soit).

U. Ecrivez et prononcez *vidange*, *vide*, *vider*, et non pas *vuidange*, *vuide*, *vuider*.

Y. L'y ne doit s'employer que dans les mots tirés du grec, comme nous l'avons dit, ou bien lorsqu'il tient la place de deux *i*, comme dans *abbaye*, *ayant*, *écuyer*, *frayeur*, *moyen*, *rayon*, etc., qu'on prononce comme s'il y avait *abbai-ie*, *ai-iant*, *écui-ier*, *frai-ieur*, *moi-ien*, *rai-ion*, etc. Mais, si l'on doit écrire *abbaye*, *ayant*, *écuyer*, *frayeur*, etc., et non pas *abbaie*, *aiant*, *écuïer*, *fraïeur*, il ne faut pas non plus écrire : *ayeux*, *Bayonne*, *fayence*, *payen*, etc., au lieu de *aïeux*, *Baïonne*, *faïence*, *païen*, car on serait forcé à prononcer *ai-ieux*, *Bai-ionne*, *fai-ience*, *pai-ien*, ce qui serait contraire aux lois de la Grammaire. Il s'en suit encore qu'il faut écrire *envoyer* et *j'envoie*, *ennuyer* et *j'ennuie*, *joyeux* et *joie*, *royaume* et *roi*, *loyal* et *loi*, etc.

Par la raison qu'on ne doit employer l'*y*, que pour remplacer deux *i*, ou pour distinguer les mots tirés du grec, on écrira : je *nettoie*, j'*essuie*;

je *nettoierai*, j'*essuierai*; je *nettoierais*, *'essuierais*; au lieu qu'on écrira je *nettoyais*, j'*essuyais*; je *nettoyai*, j'*essuyai*; je *nettoyasse*, j'*essuyasse*.

1re. *Observation*. Dans les verbes terminés en *ayer*, comme *payer*, *effrayer*, *essayer*, etc., on met toujours un *y*, parce qu'on emploie réellement deux *i*, *pai-ier*, je *pai-ie*; c'est pourquoi il faut écrire je *paye*, tu *payes*, il *paye* et ils *payent*. Les seuls temps où l'on doit faire usage de l'*i*, au lieu de l'*y*, sont le futur de l'affirmatif je *paierai*, et le présent *ou* futur conditionnel je *paierais*. L'*e* qui suit cet *i* est absolument nul, et l'on peut le supprimer ; alors on écrit : « Je *païrai*, je *païrais*, avec l'accent circonflèxe, pour marquer cette suppression.

2e. *Observation*. C'est une faute grossière, que de prononcer *ayant* comme s'il y avait *a-iant*; et bien des personnes, même instruites, commettent tous les jours cette sorte de faute.

Consonnes. (1)

B. Le B final est nul dans *plomb*; mais il sonne dans *Horeb*, *Jacob*, *Joab*, *Job*, *Moab*, *Oureng-Zeb*, *radoub* et *rumb* (de vent). — Quand le redoublement a lieu, comme dans *abbé*, et dans quelques autres noms, on ne prononce qu'un seul *b*.

C. Le C a le son dur avant *a*, *o*, *u*, comme

---

(1) Toutes les consonnes, ainsi que les voyelles, sont du genre masculin ; on doit dire un *f*, un *h*, un *m*, un *s*, etc.

ORTHOGRAPHE. PRONONCIATION. 169

cabane, *cou*, *fabricant*, *Maçon*, *vaincu*, etc. (1). Il a le son doux avant *e* et avant *i*, comme *cerise*, *ceci*, *cimetière*, etc. — Il est nul dans les mots suivants : *accroc*, *almanach*, *broc*, *Cotignac*, *échecs* (jeu), *estomac*, *jonc*, *lacs* (filets), *marc* (d'or), *tabac*, *tronc* ; mais il a le son ferme dans *agaric*, *aqueduc*, *avec*, *bec*, *donc*, *échec* (perte), *estoc*, *fisc*, *froc*, *hamac*, *Isaac*, *lac*, *parc*, *pic*, *scubac*, *sumac*, *siroc*, *sec*, *soc*, *syndic*, *talc*, *trafic*, *trictrac*, *troc*, et *Marc* (substantif propre). — Prononcez *secret*, *secrétaire*, comme *sekret*, *sekrétaire*. — C est nul dans *clerc*, *croc*, *porc*, *blanc* et *franc* ; mais, si ces mots sont immédiatement suivis d'une voyelle, il a le son ferme comme : de *clerc-à-maître*, un *croc en jambe*, un *porc-épic*, du *blanc au noir*, un *franc étourdi*, qu'on prononce : de *cler-ka-maître*, un *cro-ken jambe*, du *blan-kaunoir*, un *fran-kétourdi*. — C sonne comme g dans *Claude*, *second*, *seconder*, *secondement*, *secondaire*. — Il a le son de *ch* dans *vermicelle* et dans *violoncelle*, qu'on prononce *vermichelle* et *violonchelle*.

CH. Le CH se prononce comme *k* dans les mots suivants : *achromatique*, *anachorète*, *anachronisme*, *antichrèse*, *archange*, *archétype*, *archonte* ; *Bacchante* ; *bacchique* (pied de vers grec ou latin), *catachrèse*, *chaos*, *Chersonèse*, *chiragre*, *chirographaire*, *chiromancie*, *chœur*,

---

(1) Mais il n'a plus le son dur, quand on place dessous le petit signe qu'on nomme cédille, comme dans les mots *glaçant*, *maçon*, *reçu*, etc.

IIe. Part.

chorée, choriambe, chorion, choriste, chorographie, chorus, chrétien, chrie, Christ, chronique, chronologie, chrysalide; écho, eucharistie; ichtyologie; lichen; monachisme; orchestre; technique, etc. Ajoutez y plusieurs substantifs propres, tels que *Achéloüs, Anacharsis, Arachné; Bacchus;* la *Chaldée, Chanaan, Chloé, Chloris; Epicharis, Eucharis; Melchior, Melchisédec; Nabuchodonosor*, et *Zurich*. — On doit prononcer *archevêque* et *arkiépiscopat; bachique* et *Backante; patriarche* et *patriarkat; Michel* et *Mikel-Ange*. — Il faut donner le son français aux mots *tachigraphe* et *tachigraphie* (1). — *Douche* (épanchement d'eau) se prononce *douge*. — *Drachme* se prononce *dragme*.

D. Le D final se prononce fortement dans les substantifs propres : le *Cid, David, Obed*, le *Sud* (midi), le *Sund* (détroit de la mer Baltique), etc.; mais il est nul dans *bord; chaud, courtaud, crapaud; échafaud; froid; gond; nid, nœud; quand; réchaud; rond*, etc.

— D final, suivi d'un mot commençant par une voyelle, ou par un *h* muet, a le son du *t*; ainsi prononcez un grand effort, un grand homme, un profond idéologiste, entend-il? coud-elle bien? répond-on ainsi? qu'il vienne quand il voudra, un pied-à-terre, de pied-en-cap, de fond-en-comble, etc. — Il ne faut pas faire sentir le *d* qui

---

(1) Les mots qui prennent *k* sont : *kan, kermès, kiosque, kirsch-wasser, Konisberg* (ville), *kyrielle* et *kilo*, mot radical qui signifie mille, et qu'on joint aux noms de poids et de mesure.

termine les substantifs, lors même qu'il sont suivis immédiatement de leurs adjectifs commençant par une voyelle ou par un *h* muet ; c'est pourquoi il faut prononcer un *bord* escarpé, un *chaud* extrême, un *froid* épouvantable, comme s'il y avait un *bor* escarpé, un *chau* extrême, un *froi* épouvantable. A plus forte raison faut-il prononcer : le *chau* aujourd'hui n'est pas *gran* en comparaison de celu d'hier.

— Le D redoublé se prononce deux fois dans *addition*, *adducteur*, *reddition* ; ailleurs, il ne se prononce qu'une fois, mais la syllabe est brève dans l'un et dans l'autre cas.

F. Le F final est nul dans les mots *clef*, *cerf*, *cerf-volant*, *chef-d'œuvre*, *nerf-de-bœuf* ; il sonne dans *chef*, *grief*, *nef*, *veuf*, *serf* (esclave), *canif*, *juif*, *naïf*, *vif*, etc. etc.

— F sonne dans *bœuf*, *nerf*, *œuf* ; mais prononcez sans *f* du *bœu* salé, un *ner* délicat, un *œu* frais. On prononce encore sans *f* le pluriel de ces trois mots : des *bœux*, des *ners*, des *œus*.

— Prononcez fortement un *neuf* de cœur ; de cent qu'ils étaient, ils restèrent *neuf* ; *neuf* arrivèrent à la fois ; mais donnez à *f* final le son du *v*, quand le mot qui suit est un substantif ou un adjectif commençant par une voyelle ou par un *h* muet ; ainsi prononcez : un enfant de *neuf* ans, j'ai rencontré *neuf* hommes, comme s'il y avait *neuvans*, *neuvommes*. Prononcez *neu* personnes, *neu* cavaliers, *neu* huguenots.

— Quant à l'adjectif qualificatif *neuf*, le *f* qui le

termine se prononce fortement : un habit *neuf*, des habits *neufs*.

— Lorsque *f* est redoublé, on n'en prononce cependant qu'un, comme dans *affaiblir*, *offrir*, *effaroucher*, *sifflement*, etc. etc.

G. Le G a le son dur devant *a*, *o*, *u*, et devant les consonnes *l* et *r*, comme *gai*, *galon* ; *gosier*, *dragon* ; *augure*, *guttural* ; *gloire* ; *grâce*, etc. *Gessner* se prononce *Guesner*. Il a le son doux devant *e* et devant *i*, comme *gêne*, *vengeur*, *gageure*, *gingembre*, *rigide*, etc.

— G final est nul dans les mots *coing*, *doigt*, *étang*, *faubourg*, *hareng*, *legs*, *poing*, *rang*, *sang*, *seing*. Il sonne à peu près comme *c* dans *bourg*.

— G final, suivi d'un mot commençant par une voyelle ou par un *h* muet, a le son du *k* ; ainsi prononcez un *joug accablant*, un *long accès*, un *rang honorable*, un *sang impur*, *suer sang et eau*, etc. comme s'il y avait un *jou-kaccablant*, un *lon-kaccès*, un *ran-konorable*, un *san-kimpur*, *suer san-ket eau*, etc.

— Donnez le son doux au *g* dans ces mots *anguille*, *droguiste*, *gui*, *guidon*, *guignon*, *guise* (manière), *sanguin*, *sanguinaire*, *sanguinolent*, etc. ; mais faites sentir l'*u* dans ces mots *aiguière*, *aiguille*, *aiguillette*, *aiguillon*, *aiguillonner*, *aiguiser*, *arguer*, le *Guide* (peintre), le duc de *Guise*, et *inguinal*, adj.

— Dans le mot *gangrène*, le *g* initial prend le son de *k* ; prononcez *kangrène*.

— G final sonne *gue* dans les mots étrangers *doëg*, *agag*, *sicéleg*.

— Dans *joug*, il faut faire sentir un peu la lettre finale, même devant une consonne.

— G redoublé se prononce comme s'il était seul, excepté devant *gé*; alors le premier a le son *gue* : *suggérer*. Ce même son se retrouve dans le corps du mot avant *d*, *m*, *h* : *Magdebourg*, *augmenter*, *Berghen*, *Ghisleri*.

GN.. Le GN a le son ferme dans *diagnostic*, *Gnide*, *gnome*, *gnostique*, *ignée*, *inexpugnable*, *Progné*, *régnicole*, *stagnant*, et *stagnation*, qu'il faut prononcer comme s'il y avait *diaguenostic*, *Guenide*, *guenome*, etc. Les mots *Clugny*, signet d'un livre, et *Regnard* (poète comique), sont les seuls où *gn* se prononce comme un simple *n*; prononcez *Cluny*, *sinet*, *Renard*.

— GN a le son mouillé dans *agnus* (1), *cocagne*, *compagnie*, *gagner*, *ignorer*, *imprégner*, *incognito*, *magnanime*, *magnétisme*, *règne*, etc.

H. Le H est muet ou aspiré. Il est muet, c'est-à-dire nul dans l'*homme*, l'*honneur*, etc.; il est aspiré ou guttural dans le *hameau*, le *héros*, la *haine*, *haut*, *hautement*, etc. Le vocabulaire fait connaître tous les mots où *h* est aspiré; c'est pourquoi nous nous dispenserons d'en présenter ici un tableau complet.

— H est aspiré dans *aheurtement*, *enharnacher*, *enhardir*; mais il est muet dans *exhaussement*, *exhausser*, *héroïde*, *héroïne*, *héroïque*, *héroïquement*, *héroïsme*.

— On aspire *Henri* dans le discours soutenu, mais

---

(1) Mais il faut prononcer *agnus-castus* (nom d'arbuste), comme s'il y avait *aguenis-castus*.

on ne l'aspire pas dans la conversation ; il en est de même des mots *Hollande* et *Hongrie* ; on peut dire dans le style familier : du fromage *d'Hollande*, du point *d'Hongrie* ; hors de là, il faut aspirer le *h*. Il est muet dans *Henriette*.

L. Le L est nul à la fin de ces mots *avril*, *baril*, *chenil*, *coutil*, *cul*, *fenil*, *fournil*, *fusil*, *gril*, *nombril*, *outil*, *persil*, *sourcil*, *soûl*, *fils*, *pouls*, etc. ; il est encore nul dans *gentil* (joli), à moins qu'il ne soit suivi d'un mot commençant par une voyelle ou par un *h* muet, tel que *gentil enfant*, *gentil homme*, qu'on prononce comme s'il y avait *gentillenfant*, *gentillhomme* (1). — *Profil* se prononce *profile*.

— Le L simple est mouillé dans *babil*, *cil*, *mil* (sorte de graine), *péril*, et dans les mots où il est précédé de *ai*, *ei*, *ui*, comme *bail*, *bétail*, *détail*, *tillac*, *travail* ; *sommeil*, *orgueil*, *vermeil* ; *deuil*, *fauteuil*, *fenouil*, etc. — Il est encore mouillé dans *gentil* (païen), et dans le mot *pluriel*.

— Le double L est mouillé dans *Sully* (substantif propre) et dans les mots où il est précédé d'un *i*, comme dans *aiguillon*, *ailleurs*, *bataillon*, *billard*, *corbeille*, *étrille*, *famille*, *feuille*, *fille*, *gaillard*, *guilleret*, *grenouille*, *oreille*, *paille*, *pillage*, *treille*, *vetille*, *gentille*, *il brille*, *il s'habille*, etc. (2) mais il n'est pas mouillé dans les mots suivants : *Achille*, *codicille*, *Gilles*,

---

(1) *Gentils-hommes* se prononcent *gentizommes*.

(2) Prononcez comme double *l* mouillé *gli* dans *bonnevoglie* et dans *imbroglio*, qui sont tous deux tirés de l'italien.

idylle, *Lille* (ville), *mille*, *pupille*, *Séville* (ville), *sibylle*, *syllabe*, *ville*, *village*, *imbécille*, *tranquille*, il *distille*, il *vacille*, etc. etc.

— C'est mal rendre le son mouillé, que de prononcer *meilleur*, *tailleur*, comme s'il y avait *mélieur*, *talieur*, ou comme s'il y avait *méyeur*, *tayeur*.

M. Le M est nul dans *automne*, *damner* et les dérivés de ces deux mots; mais il se fait sentir dans les mots où il est suivi de *n*, comme *Agamemnon*, *amnistie*, *indemniser*, *Mnémosyne*.

— M a l'articulation nasale dans *compte*, *comte*, *combler*, *commencement*, *commerce*, *commettant*, *emmener*, *emmailloter*, *emmancher*, *prompt*, *Samson*, et bien d'autres que l'usage fera connaître, et à la fin des mots suivants: *Adam*, *daim*, *Dom* (titre d'honneur), *dam*, *essaim*, *étaim*, *faim*, *parfum*, *pronom*, *thym*, etc.; mais il se fait sentir dans l'exclamatif *hem*, dans quelques mots latins tels que *item*, *decemvir*, *septemvir*, et dans la plûpart des noms étrangers, sçavoir: *Amsterdam*, *Cham*, *Postdam*, *Priam*, *Rotterdam*, *Sem*, *Siam*, *Stockholm*, etc.

— Le double M se fait sentir toutes les fois que le mot commence par *im*, comme *immanquable*, *immédiatement*, *immobile*, *immodeste*, *immoral*, *immortel*, etc. etc.; mais on ne fait sentir qu'un *m* dans les mots *commis*, *commissaire*, *commode*, *nommer*, *plaisamment*, *sçavamment*, *impertinemment*, *prudemment*, etc. (1)

---

(1) Dans tous les adverbes terminés en *emment*, il faut

— Il faut faire sentir le double M dans *Ammon*, *Emmanuel*, *grammatical*, *grammatiste*, etc. (1)

N. Le N, quand il est suivi d'une voyelle, conserve toujours le son qui lui est propre au commencement et au milieu des mots, comme dans *mariné*, *anoblir*, *cabane*, *reine*, *puíné*, etc. ; on en excepte les mots *enivrer*, *enorgueillir*, et leurs dérivés, qui se prononcent comme s'il y avait deux *n*, le premier nasal, et le second articulé : *an-nivrer*, *an-norgueillir*. Suivi d'une consonne autre que la lettre *n*, il perd le son qui lui est propre pour prendre le son nasal, comme dans *ancre*, *engraver*, *ingredient*, etc. (2).

— Quand un substantif terminé par N est suivi d'un mot commençant par une voyelle ou par un *h* muet, et qu'il n'est pas possible de faire un repos intermédiaire, le N final se lie avec la voyelle initiale du mot suivant ; ainsi prononcez un arbre (*u-narbre*), un ameublement (*u-nableument*), mon ami (*mo-nami*), ton habit (*to-nhabit*), ancien auteur (*ancié-nauteur*), vain-éclat (*vai-néclat*), divin enfant (*divi-nenfant*). [*x x x*]

---

non seulement ne faire entendre qu'un *m*, mais encore donner à la voyelle *e* qui précède *mment*, le son de *a*, et prononcer *impertinament*, *insolament*, *prudament*, etc.

(1) Quoique le double *m* se fasse sentir dans les mots *grammatical* et *grammatiste*, on ne fait entendre qu'un *m* dans les mots *grammaire* et *grammairien*; la prononciation en a été adoucie par le fréquent usage qu'on en fait; c'est ainsi que *collégial* et *collégiale* se prononcent avec deux *l*, quoiqu'on n'en fasse entendre qu'un dans *collége*.

(2) Prononcez *ingredient* comme *expédient*.

— Prononcez aussi *bié-naimé, rié-nautre chose, o-naime, a-nItalie* (pour *en Italie*); mais, si l'on peut mettre un repos entre *bien, rien, on, en* et le mot suivant, on ne fait pas sentir le N, comme dans les phrases suivantes : « Je voudrais *bien* inviter vos parents. Vous n'avez *rien* à me répondre. Ce *bien* est à moi. Un *rien* a des attraits pour nous. Que dit-*on* à mon sujet? Prenez vous *en* à d'autres qu'à nous ». Il en est de même de l'adjectif radical *un*; on dira, sans liaison, « il y en eut *un* assez fou pour le croire », parce qu'on peut mettre un repos entre *un* et *assez*.

— N final sonne dans les mots suivants *abdomen, amen, Eden, hymen, lichen*; mais il est nul dans *examen* et le *Tarn* (rivière). — Le mot *spleen* se prononce *spline*.

— Le double N se fait sentir dans *annales, annexe, annihiler, annuel, annuler, Apennin, Cannibale, connivence, inné, innocent, innommé, innover*; mais on ne fait sentir qu'un *n* dans *anneau, année, consonne, bannir, ennemi, hanneton, innocence, innombrable, mannequin, tonnerre,* etc. — Le double N a le son nasal dans *ennobli, ennui* et leurs dérivés, qu'on prononce *an-nobli, en-nui*.

P. Le P est nul à la fin des mots *camp, champ, cep, drap, loup, sirop*. Il est encore nul à la fin de *coup, beaucoup* et *trop*, à moins qu'ils ne soient suivis d'un mot commençant par une voyelle ou par un *h* muet, car alors on prononce : « J'ai *beaucou-pétudié*, un *cou-pinattendu*, il est *tro-*

pinnocupé ». Quant aux mots *camp*, *champ*, *cep*, *drap*, *loup*, *sirop*, le P final ne se prononce pas lors même que ces substantifs sont suivis d'autres mots commençant par une voyelle ou par un *h* muet.

— P final sonne à la fin des mots *Alep*, *cap*, *Gap*, *jalap* ; et dans le corps d'un mot, il conserve le son qui lui est propre ; c'est pourquoi il sonne dans *accepter*, *adoption*, *baptismal*, *captieux*, *contempteur*, *description*, *exception*, *exemption*, *ineptie*, *inepte*, *percepteur*, *reptile*, *sceptique*, *septentrional*, *septembre*, *septemvir*, *septénaire*, *septuagésime*, quoiqu'on ne le fasse pas entendre dans les mots *baptême*, *baptiste*, *baptistaire*, *baptistère*, *Baptiste*, *sept*, *exempt*. — Il est nul dans *compte*, *compter*, *dompter*, *prompt*, et les dérivés de ces mots.

— Quoique le P soit double, on n'en prononce qu'un, comme dans *appartenir*, *appeler*, *apprendre*, *développement*, *frapper*, *grappin*, *mappemonde*, *opposition*, etc.

— P suivi de F a pour nous le son propre FE, comme dans *phare*, *philosophe*, *phosphore*, *phrase*, etc. qu'on prononce comme s'il y avait *fare*, *filosophe*, *fosfore*, *frase*, etc. Voyez les chiffres 109 et 153.

Q. Le Q final sonne dans *coq* et dans *cinq* ; il faut en excepter néanmoins, pour le premier, le mot *coq-d'inde*, où le *q* ne se prononce pas, et pour le second, le cas où il est suivi immédiatement de son substantif commençant par une consonne, comme *cin-personnes*, *cin-cavaliers*, etc. Dans tous les autres cas, et par exemple, dans *coq de bruyère*, *coq-à-l'âne*; espace de *cinq* ans, ils étaient *cinq*, j'en ai *cinq* pour cent, etc. le *q* se prononce fortement.

QU. Le QU a le son de *cou* dans *aquatique*, *équateur*, *équation*, *in-quarto*, *loquacité*, *quadragénaire*, *quadragésime*, *quadrangulaire*, *quadrature*, *quadrige*, *quadrilatéral*, *quadrupède*, *quadruple*, *quaker* (1), *quaterne*, *quoi*, *quoique*. — Il a le son de *cu* dans *équestre*, *équilatéral*, *équitation*, *liquéfaction*, *questeur*, *à quia*, *quiétude*, *quinquennium*, Quinte-Curce, Quintilien, *quintuple*, *quirinal*, *ubiquiste*.

— QU se prononce comme *k* dans *inquiétude*, *liquéfier*, *quadratin*, *quadrature*, *quadre*, *quadrille*, *qualification*, *qualité*, *quand*, *quant*, *quantième*, *quantité*, *quarante*, *quart*, *quartaut*, *quarteron*, *quartier*, *quartz*, *quasimodo*, *quatorze*, *quatrain*, *quatre*, *quatrième*, *quatriennal*, *quidam*, *quignon*, Quimper, *quinconce*, *quinquagénaire* (kincouagénaire), *quinquagésime* (kincouagésime), *quinquet*, *quinquina*, *quiproquo*, *quitte*, *qui vive*, *quolibet*, *quotepart*, *quotidien*, *quotient*, *quotité*, *reliquat*, *remarquable*, *risquer*, etc.

R. Le R final ne se prononce pas dans les substantifs et les adjectifs terminés en *er* ou *ier*, comme *berger*, *léger*, *officier*, *ouvrier*, *entier*, *premier*, *altier*, etc. Il faut en excepter les mots terminés en *er* dont on trouvera la liste au chiffre 56.

---

(1) On doit prononcer *quacre* (*couacre*).

— Le R final sonne dans les monosyllabes, comme *cher*, *fer*, *fier*, *mer*, *mur*, *or*, *sur*, le *Var* (rivière), et dans les mots terminés en *ir*, *oir*, *eur*, *our*, comme *soupir*, *zéphyr*, *souffrir*; *sçavoir*, *decevoir*; *valeur*, *grandeur*, *sieur* (1); *atour*, *jour*, *retour*, etc. etc.

— R final des verbes de la première conjugaison ne sonne que devant les mots commençant par une voyelle ou par un *h* muet : *folâtrer* et *rire*, par exemple, se prononcent *folâtré-rérire*; *aimer à jouer* se prononcent *aimé-rajouer*; mais on prononcera *aimer l'étude* comme s'il y avait *aimé l'étude*.

— Quand il y a deux R, on n'en fait sonner qu'un, excepté dans les mots suivants *aberration*, *abhorrer*, *concurrence*, *errata*, *errer*, *erronné*, *horreur*, *horrible*, *interrègne*, *irréfragable*, *irrégulier*, *irréparable*, *irrévocable*, *irriter*, *narration*, *terreur*, *torrent*; *je courrai*, *je mourrai*, *j'acquerrai*, etc. — Dans les mots *guerre* et *tonnerre*, il faut prononcer la voyelle *e* qui précède le double R comme si elle était ouverte (*guaire*, *tonnaire*).

S. Le S conserve le son qui lui est propre au commencement des mots, comme dans *scabieuse*, *scandale*, *scorpion*, *scorsonère*, *scubac*, *squelette*, *statue*, *stomacal*, etc.; mais on doit passer si rapidement sur l'*e* muet du son propre *se*, qu'il ne rende qu'un son très sourd.

— Quand après le *c* qui suit le S il se trouve un *e*, un *i*, ou un *h*, comme dans *sceau*, *scel*, *scélérat*,

---

(1) Le R ne sonne pas à la fin du mot *Monsieur*.

scène, scie, sciure, scheling, schisme, etc., la lettre S est alors nulle, et ces mots se prononcent comme s'il y avait *ceau, cel, célérat, cène*, etc.

— Le S entre deux voyelles a le son du *z* comme dans *base, basin, biset, Brésil, entreprise, filoselle, fusil, hésiter, magasin, maison, masure, mesure, misanthrope, misère, phrase, présure, pusillanime, rase, résipiscence, rose, vésicatoire, vase, visage*, etc.; mais il a le son ferme dans *désuétude, monosyllabe, parasol, polysyllabe, préséance, présupposer, tournesol, vraisemblable.* — S a encore le son du *z* dans *Alsace, Alsacien, balsamine, balsamique, balsamite, transaction, transiger, transition, transit, transitif, transitoire, transitif*; il faut excepter *transi, transir, transissement, Transylvanie*, où le S a le son ferme.

— Ne prononcez jamais *perzécution, perzécuter*; mais dites *persécution, persécuter*, en donnant au S un son ferme.

— Lorsqu'il y a deux S dans un mot, on n'en prononce ordinairement qu'un, comme dans *assassiner, bissextil, cresson, dessous, dessus, essieu, ressentir*, etc. qu'on prononce *a-sa-si-ner, bi-sex-til, cre-son, de-sous, de-sus, é-si-eu, re-sen-tir*, etc.

— On prononce le S final des mots suivants: *agnus, aloës, anus, as, atlas, bibus, bis, blocus, chorus, dervis, fœtus, fils* (1), *gratis, ibis*,

---

(1) On fait entendre le S final du mot *fils*, quand ce mot est devant une voyelle ou à la fin des phrases; hors de là, il est nul.

iris, *jadis*, *kermès*, *lapis*, *laps* de temps, *macis*, *Madras*, *matras*, *maïs*, *mars*, *oremus*, *ours*, *pathos*, *Picpus*, *prospectus*, *rébus*, *rhinocéros*, *sinus*, en *sus*, *thrumbus*, *Tunis*, *typhus*, *vasistas*, *vis*, etc. Il faut y ajouter quelques substantifs propres, tels que *Abydos* (ville), *Adonis*, *Athos* (montagne), *Bacchus*, *Calvados* (rocher), *Cérès*, *Chloris*, *Cincinnatus* (1), *Crésus*, *Curtius*, *Délos* (île), *Iris*, *Lys* (rivière), *Palès*, *Pallas*, *Périclès*, *Reims* (ville), *Rubens* (peintre), *Séthos*, le *Tanaïs*, *Titus*, *Vénus*, etc. etc. Mais on ne fait pas sentir le S final dans *Alexis*, *bis* (pain bis), *cacis*, *calus*, *camus*, *celles* (2), le *Doubs* (rivière), *frimas*, *hormis*, *Judas*, *matelas*, *Mathias*, *mets*, *obtus*, *os*, *perclus*, *talus*, *tapis*, *Thomas*, *trépas*, *trois*, *verglas*, *vers*, etc. etc.

— S sonne dans *lis* (fleur); il est nul dans *fleur-de-lis*. Il sonne dans *Jésus*; il est nul dans *Jésus-Christ*. Il sonne dans *plus*, quand cet adverbe est suivi du conjonctif *que*; hors de là, il est nul. Il sonne dans *sens*; il est nul dans *bon sens* et dans *sens commun*.

— S est nul dans *tous* suivi d'un mot commençant par une consonne, comme *tous* les hommes, *tous* nos convives; il sonne 1°. quand *tous* est pris substantivement, comme : *tous* sont d'avis ; 2°. quand il termine la phrase, comme : je les ai

---

(1) Il en est de même de tous les noms romains, tels que *Lucullus*, *Marcellus*, etc.

(2) C'est bien à tort que beaucoup d'orateurs prononcent *celles* comme *celse*, et *ceux* comme *ceusse*.

connus *tous*; 3°, quand il est suivi d'un mot commençant par une voyelle ou par un *h* muet, comme : c'étaient *tous* idiots, *tous* hôtes mal gracieux, etc.

— Quand S final se trouve devant un mot commençant par une voyelle ou par un *h* muet, donnez lui le son du *z*; ainsi prononcez les belles actions (*les belle-zactions*); les hommes sages (*lè-zhommes sages*); vous aimez (*vou-zaimez*); ils aiment (*il-zaiment*); nous aimons à jouer (*nou-zaimon-zajouer*); vous vous conduisez honnêtement (*vous vous conduisé-zhonnétement*).

T. Le T sonne à la fin des mots suivants : *brut, Christ* (1)*, chut, contact, correct, déficit, direct, district, dot, est* (orient)*, exact, exéat, fat, granit, indult, infect, lest, lut, luth, mat* (2)*, ouest, rapt, rit, strict, subit, succinct, suspect, tact, transit, vivat, zénith, zist* et *zest*. — Il est nul dans *aspect, circonspect, instinct, intestat, lot, soit* (verbe ou disjonctif)*, respect*, etc. *Respect humain* se prononce *respec-humain*.

— Dans les adjectifs radicaux *sept* et *huit*, le T final ne sonne pas devant une consonne, ni devant un *h* aspiré : Sept chameaux, sept hallebardes, huit villages, huit hameaux ; mais il sonne quand il est seul, ou quand il est suivi d'une voyelle ou d'un *h* muet : nous étions sept, ils restèrent huit ; sept enfants, huit ambassadeurs, sept hommes, huit hameçons, sept heures, huit homélies; on dit encore le sept de cœur, le huit de pique, etc.

---

(1) Mais T ne sonne pas dans *Jésus-Christ*.

(2) *Mat* (qui n'a pas d'éclat), et *mat* (terme du jeu d'échecs).

— Dans l'adjectif radical *vingt*, le T est nul quand ce mot est à la fin d'une phrase, ou qu'il est suivi d'une consonne : nous étions *vingt*, il y avait *vingt* généraux ; mais il sonne quand *vingt* est suivi d'un mot commençant par une voyelle ou par un *h* muet : *vingt* enfants, *vingt* hommes, et dans toute la série de *vingt* à *trente*.

— Le T final, quand il se trouve devant un mot commençant par une voyelle ou par un *h* muet, se lie avec la voyelle initiale du mot suivant ; prononcez de cette manière un sçavant architecte (*un sçavan-tarchitecte*), je suis tout à vous (*je suis tou-tavous*), un galant homme (*un galan-thomme*), s'il venait à périr (*s'il venai-ta périr*) ; il est tantôt honnête, tantôt impoli (*il est tanto-thonnête, tanto-timpoli*). Mais prononcez sans liaison : il est tantôt homme, et tantôt diable ; car il serait trop dur de prononcer : il est *tanto-thomme*, etc. Il serait également dur de prononcer un *goû-thorrible*, un *tor-tinoui*, un *instinc-theureux*, etc. au lieu de un *goût horrible*, un *tort inoui*, un *instinct heureux*, etc. sans liaison (1).

— T est nul dans le conjonctif *et* suivi d'une voyelle. Prononcez : il est fier et ignorant comme s'il y avait *il est fier é ignorant*.

TI. La syllabe TI, dans le corps du mot, se

---

(1) Il faut consulter l'oreille et l'usage pour l'emploi ou pour le rejet de la liaison ; nous pensons, contre l'avis de quelques personnes, qu'on doit prononcer avec la liaison : il part après demain, il court à bride abattue, il s'endort à l'ombre, etc.

prononce tantôt comme *ci*, tantôt comme *ti*. Elle se prononce comme *ci*, 1°. dans les mots qui se terminent en *tial*, *tiel*, *tient* et *tieux*, comme : *abbatial*, *impartial*, *initial*, *martial*, *nuptial*; *confidentiel*, *essentiel*, *substantiel*, *partiel*; *impatient*, *patient*, *quotient*; *ambitieux*, *captieux*, *contentieux*, *facétieux*, *séditieux*, etc. 2°. dans les mots terminés en *tion*, lorsque cette finale n'est précédée de *s*, ni de *x*, comme *attention*, *discrétion*, *notion*, *objection*, *portion*, *potion*, etc. 3°. dans les noms d'homme ou de peuple, comme *Dioclétien*, *Gratien*, le *Titien*, *Ægyptien*, etc. 4°. dans les substantifs féminins terminés en *tie*, lorsque cette désinence est précédée d'une voyelle, comme : *aristocratie*, *Croatie*, *Dalmatie*, *démocratie*, *épizootie*, *Helvétie*, *impéritie*, *minutie*, *prophétie*, *suprématie*, etc. auxquels mots il faut ajouter *ineptie* et *inertie*, bien que, dans ces deux substantifs, la finale *tie* ne soit pas précédée d'une voyelle, et les deux verbes *balbutier* et *initier*, qui sont les seuls terminés en *utier* et *itier*. — Elle se prononce comme *ti* dans tous les autres mots, tels que *alternative*, *altier*, *amitié*, *chantier*, *entier*, *pizootique*, *prophétique*, *retire*, *châtier*, *je retiens*, *nous objections*, *nous portions*, *ils obtiennent*, etc. etc.

Remarque. Si la syllabe TI se prononce comme *ti* dans *digestion*, *question*, *suggestion*, *Mathias*, *Ponthieu*, *mixtion*, c'est qu'elle est précédée d'un *s* ou d'un *x*. (*Voy.* ci-dessus).

W. Les trois mots suivants *Westminster*, *Wisk*

et *Wiski* se prononcent *Ouestminster*, *ouisk* et *ouiski*. Prononcez les mots ci-après *Brunswick*, *Laws*, *Newton*, *Wallon*, *Warvick*, *Washington*, *Weimar*, *Weissembourg*, *Wesel*, *Westphalie*, *Wigh*, *Windsor*, *wolfram*, *Wolga*, *Worms*, *Wurtemberg*, comme s'il y avait *Brunsvick*, *Làs* (1), *Neuton*, *Vallon*, *Varvick*, *Vashington*, *Veimar*, *Veissembourg*, *Vesel*, *Vestphalie*, *Vigh*, *Vindsor*, *wolfram*, *Volga*, *Vorms*, *Vurtemberg*.

X. Le x se prononce ou comme *cs*, ou comme *gs*, ou comme *k*, ou comme *ss*, ou comme *z*.

cs : *Aix-la-Chapelle*, *Alexandre*, *annèxe*, *axe*, *convèxe*, *équinoxe*, *extrême*, *fixe*, *luxe*, *maxime*, *paradoxe*, *perplèxe*, *prolixe*, *rixe*, *sèxe*, *taxe*, *Xerxès*, etc.

gs : *Examen*, *exécrable*, *exemple*, *exercice*, *exhausser*, *exhéréder*, *exhorter*, *exhumer*, *exil*, *Xantippe*, *Xavier*, *Xénophon*, *Ximenès*, etc.

k : *Excellent*, *exception*, *excès*, *exciter*, etc.

ss : *Aix*, *Auxerre*, *Auxonne*, *Bruxelles*, *soixante* et ses dérivés.

z : *Sixain*, *sixième*, *deuxième*, *dixième*.

— X final se prononce comme *cs* dans les mots suivants : *Ajax*, *Coisevox* (subst. propres), *borax*, *index*, *larynx*, *lynx*, *phénix*, *préfix*, *sphinx*, *styx*, *thorax*, etc.

— Le X final ne sonne à la fin des adjectifs radicaux *deux*, *six*, *dix*, qu'autant que le mot suivant commence par une voyelle ou par un *h* muet, comme *deux* amis, *six* échevins, *dix*

─────────

(1) Le système de *Làs*.

architectes, *dix* huissiers, ou bien encore quand ils sont suivis d'un autre adjectif radical, comme dix-sept, dix-huit, dix-neuf, etc. Hors de là on ne fait pas sentir le X final ; deux fantassins, six cavaliers, dix héros, se prononcent comme s'il y avait *deu-fantassins, si-cavaliers, di-héros*.

— Quand X final se trouve devant un mot commençant par une voyelle ou par un *h* muet, on le prononce comme un *z*. Ex : Pardonnons *aux* autres, *eux* aussi nous pardonneront ; des *travaux* inutiles, des *cheveux* épars, des *vaisseaux* équipés, des *époux* heureux, de *faux* accords, je *veux* obtenir cet emploi, je *peux* y prétendre, etc.

Z. Les mots qui commencent par *z* sont: *zain, zante, zèbre, Zélande, zèle, zénith, Zénon, zéphyr, zéro, zest, zeste, zeugme, zibeline, zigzag, zinc, zinzolin, zizonie, zodiaque, Zoïle, zone, zoographie, zoologie, zoophyte, Zurich, zymotechnie*. (*Voy*. le chiffre 116 où nous avons fait connaître les mots dans la composition desquels on fait entrer le *z*).

— Z final est nul dans *assez, chez, lez, nez, rez, sonnez*; il se prononce comme deux *s* dans *Alvarez, Metz* (ville), *Senez, Rodez, Suez*.

— Z qui termine la seconde personne plurielle des verbes se lie avec la voyelle initiale du mot suivant ; c'est pourquoi il faut prononcer : « Aimez avec respect, et servez avec amour votre père et votre mère », comme s'il y avait « *aimé-zavec* respect, et *servé-zavec* amour votre père et votre mère ». Prononcer autrement, c'est pécher contre toutes les règles ; prononcer avec affectation, c'est vouloir se rendre ridicule.

HOMONYMES *qui ont une signification différente, selon qu'ils sont prononcés* longs *ou* brefs.

SONS LONGS.	SONS BREFS.
Ācere, piquant.............	Ăcre de terre.
Alēne, outil de cordonnier...	Halĕine, respiration.
Avānt (déterminatif).......	Avĕnt, prêcher l'Avent.
Bāiller, respirer............	Băiller, donner.
Bāt, selle pour les bêtes de somme...................	Băt, il bat.
Bāteleur, faiseur de tours....	Bătelier, conducteur de bâteaux.
Beāuté des traits, etc.........	Bŏtté, qui porte des bottes.
Bēte, animal...............	Bĕtte, herbe potagère.
Boīte, sorte de coffret.......	Boĭte, il boite.
Bōnd, saut.................	Bŏn (adjectif).
Cēne, dernier souper de J. C..	Seĭne, rivière.
Chāir, substance molle......	Chĕr, de grand prix, chéri.
Clāir (adjectif)............	Clĕrc de notaire.
Cōrps, substance étendue....	Cŏr, instrument ; durillon.
Cōte, os plat et courbé.......	Cŏte, marque numérale.
Cōurs, lieu de promenade....	Coŭr de maison ; palais.
Craīnt, il craint............	Crĭn, poil long et rude.
Cuīre (verbe).............	Cuĭr d'animal.
Dégoūte, il ôte le goût.......	Dégoŭtte, il tombe goutte à goutte.
Dōnt (pron. relatif)........	Dŏn, présent.
Eteīnt, part. du verbe éteindre.	Etaĭn, métal. Etaĭm, laine cardée.
Faīs, tu fais................	Făit, il fait.
Faīte, sommet	Făite, elle a été faite.
Faīx, fardeau..............	Făit, il fait.
Fēte, jour de fête...........	Făite, elle a été faite.
Forēt, terrain couvert de bois.	Forĕt, instrument à percer.
Fūmes, passé du verbe *être*...	Fŭme, je fume.

SONS LONGS.	SONS BREFS.
Goûte, il goûte............	Goŭtte d'eau.
Grâve (adjectif)............	Grăve, du verbe graver.
Hâle, air chaud et sec.......	Hălle, marché.
Hôte, celui qui loge.........	Hŏtte, grand panier.
Jais, bitume fossile..........	Jĕt, action de jeter.
Jeûne, abstinence...........	Jeŭne, d'âge.
Lâcs, filets................	Lă (article ou adv.).
Laîsse, je laisse............	Laĭsse, cordon.
Lêgs, ce qui a été légué......	{ Laĭt, liqueur blanche. Laĭd, vilain. }
Maître (substantif).........	Mĕttre (verbe).
Mâle, du sexe masculin......	Mălle, sorte de coffre.
Mânne, la manne céleste....	Mănne, panier d'osier.
Mâsse, espèce de massue.....	Măsse, amas.
Mâtin, gros chien...........	Mătin, de grand matin.
Môis, partie de l'année......	Mŏi (pron. personn.)
Mônt, élévation............	Mŏn (adj. possess.)
Mûr (adjectif).............	Mŭr, muraille.
Naît, du verbe naître....... N'êst, pour il ne est........	{ Nĕt (adjectif). }
Pâte, farine détrempée......	Păte d'animal.
Paûme, jeu; dedans de la main.	Pŏmme, fruit.
Pêcher, prendre du poisson..	Pĕcher, faire des fautes.
Pêne de serrure............	Peĭne, affliction.
Plaîne, rase campagne.......	Pleĭne, fém. de plein.
Rôgne, je rogne............	Rŏgne, maladie.
Rôt, rôti.................	Rŏt, vent.
Saîne, fém. de l'adj. sain....	Seĭne, rivière; filet.
Saint, pur, sacré............	{ Seĭn, partie du corps. Seĭng, signature. Ceĭnt, part. du verbe ceindre. }
Sâs, tissu de crin............	{ Çă (excl.) Ç'a, pour ce a. Să (adj. poss.) }

SONS LONGS.	SONS BREFS.
Saūt, action de sauter.......	*Sŏt*, stupide.
Scēne de théâtre............	*Seĭne*, rivière ; filet.
Tāche, travail.............	*Tăche*, souillure.
Tēte, partie de l'animal.....	*Tĕtte*, il tette.
Trēs (adverbe).............	*Traĭt*, dard ; ligne.
Vaīne, fém. de l'adj. *vain*...	*Veĭne*, vaisseau qui contient le sang.
Vēr, insecte rampant........	*Vĕrt*, de couleur verte.
Vīvres, subst. m. pl.........	*Vĭvre* (verbe).
Vōix, le son qui sort de la bouche..................	*Voĭt*, il voit.
Vōler, dérober.............	*Vŏler* dans les airs.

C'est en observant les syllabes longues et les syllabes brèves, c'est en contractant l'habitude d'appuyer sur les premières, et de glisser sur les secondes, c'est en accoutumant son oreille à placer l'accent prosodique sur la syllabe qui doit le recevoir, et l'accent oratoire sur le mot de la phrase qui en est susceptible, que l'on parvient à saisir les nuances prosodiques, d'où résulte l'harmonie que l'orateur ou le poète a eue en vue ; c'est alors enfin qu'on réussit à bien parler et à bien lire.

SECTION VII.

PONCTUATION.

La ponctuation est l'art d'indiquer et de séparer par des signes convenus, les divers sens que l'esprit sépare dans le discours grammatical. De même qu'on ne parle que pour se faire entendre, de même on n'écrit que pour transmettre ses pensées au lecteur d'une manière intelligible ; or, il en est à-peu-près de la parole écrite comme de la parole prononcée : le repos de la voix dans le discours, et les signes de la ponctuation dans l'écriture, se correspondant toujours, indiquent également la liaison ou la disjonction des idées, suppléent à une infinité d'expressions ; c'est pourquoi il y aurait autant d'inconvénient à supprimer ou à mal placer dans le discours les signes de la ponctuation, qu'à supprimer ou à mal placer dans la parole les repos de la voix ; les uns et les autres servent à déterminer le sens, et il y a telle suite de mots qui n'aurait, sans le secours des pauses ou des caractères qui les indiquent, qu'une signification équivoque, et qui pourait même présenter des sens contradictoires, selon la manière dont on y placerait ces caractères. Quelle différence, par exemple, n'y a-t-il pas dans les phrases suivantes, eu égard à la place qu'occupent les signes de ponctuation !

Il propageait sa religion ; l'alcoran d'une main, et l'épée dans l'autre, il mourut empoisonné.

Régnez en père, lorsque vous aurez vaincu ; souvenez vous que vous avez un maître dans le ciel.

Ce prince, défenseur de Tarquin le superbe, chassé de Rome, alla faire le siége de cette ville.

Les préfets dont le choix honore le Gouvernement, surveilleront l'exécution de cette mesure.

Il propageait sa religion, l'alcoran d'une main, et l'épée dans l'autre ; il mourut empoisonné.

Régnez en père : lorsque vous aurez vaincu, souvenez vous que vous avez un maître dans le ciel.

Ce prince, défenseur de Tarquin le superbe chassé de Rome, alla faire le siége de cette ville.

Les préfets, dont le choix honore le Gouvernement, surveilleront l'exécution de cette mesure.

Si l'on ne met pas de virgule après le mot *préfets*, il paraîtra qu'on ne veut parler que de certains préfets, c. à d. de ceux dont le choix honore le Gouvernement. Si l'on met, au contraire, une virgule après le mot *préfets*, ce signe fera connaître qu'on ne fait pas de distinction des personnes, mais qu'il est question de tous les préfets. «Les préfets, dont le choix honore le Gouvernement, surveilleront l'exécution de cette mesure ». (1).

---

(1) On connaît ce vers latin dont une transposition de virgule change entièrement le sens :

Porta patens esto, nulli claudatur honesto.
Porta patens esto nulli, claudatur honesto.

ORTHOGRAPHE. PONCTUATION.

Les signes de la ponctuation sont la virgule (,), le point et virgule (;), les deux points (:), le point (.); auxquels on joint les points suspensifs (....), le point d'interrogation (?), et le point d'exclamation (!)

De la virgule.

On emploie la virgule,

1º quand on adresse la parole à un être quelconque. Ex : Et toi aussi, mon cher Brutus. Adieu, cher antre ; adieu, Nymphes de ces prés humides. [*y y y*]

2º pour les détails. Ex : Sa probité, sa bonne foi, sa modération le rendent l'arbitre des Etats voisins. Tout l'agite, l'inquiète, le ronge.

3º pour annoncer la suppression d'un mot qui, exprimé dans une proposition, est sous-entendu dans la suivante. Ex : L'amour fait notre tourment, et l'amitié, notre bonheur. Une femme inconstante est celle qui n'aime plus ; une indifférente, celle qui n'aime rien.

4º pour indiquer tout complément éloigné. Ex : Calypso, dans sa douleur, se trouvait malheureuse d'être immortelle. Mentor, les yeux baissés, gardant un silence modeste, suivait Télémaque. Il était semblable à un rocher qui, sur le sommet d'une montagne, se joue de la fureur des vents.

5º pour indiquer une proposition complétive *éloignée*. Ex : Venez dans ma demeure, où je vous recevrai comme mon fils. Eurybiade, dans un moment d'impatience, voulut frapper Thémistocle. *Frappe, mais écoute*, lui répliqua le héros Athénien. Sylla, étant dictateur, changea la forme du gouvernement (1). Il faut être toujours prêt à faire la guerre, pour n'être jamais réduit au malheur de la faire. J'ai pitié de vous, dit Mentor, votre passion est si furieuse, que vous ne la sentez pas. Malheur à ces impies qui cherchent une gloire cruelle dans le sang de leurs frères, qui est leur propre sang! Sésostris, qui était fort âgé, mourut subitement. Le vice, qui est si funeste, nous entraîne hors de la voie du salut. — Mais il ne faut pas de virgule, quand la proposition complétive est *prochaine*. Ex : Heureux le roi qui est aimé de son peuple! Ils s'entretenaient de la superbe ville qui était l'ornement de toute l'Asie. Le vice lequel est appelé oisiveté, consiste à dissiper le temps de la vie. (*Voy*. la règle 158ᵉ page 211).

6° quand le verbe est loin de son sujet. Ex : La loi que nous venons d'établir pour l'agriculture, rendra leur vie laborieuse. La science de la nature qui procure à l'homme tant de jouissances, acquiert de jour en jour de nouvelles richesses.

7° enfin, lorsque *et*, *ni*, *ou* unissent des membres de phrase d'une certaine étendue. Ex : Il regrette tout ce qu'il donne, et craint toujours de perdre. Je ne veux ni demeurer dans cette île, ni m'abandonner à l'amour. Il défendit d'in-

---

(1) Au lieu qu'on écrira sans virgule : Sylla étant dictateur, les Romains eurent beaucoup à souffrir.

jurier personne, ni dans les lieux où se rendait la justice, ni au théâtre pendant les représentations. Il fallait ou ne point le montrer aux hommes, ou ne le leur ôter jamais. — Si les membres de phrase sont très courts, on supprime la virgule. Ex : Il s'aigrit et s'irrite contre elle. Il ne dort ni nuit ni jour. Il craint ou la honte ou les supplices.

Du point et virgule.

On emploie le point et virgule,

1° après une proposition dont le sens, quoique complet, a une liaison prochaine avec la proposition suivante. Ex : Je n'ignore pas combien je te serai à charge ; mais il y aurait de la honte à m'abandonner ; jette moi à la proue, à la pouppe, dans la sentine même, partout où je t'incommoderai le moins. Platon et Cicéron, chez les Anciens, Clarck et Leibnitz, chez les modernes, ont prouvé métaphysiquement et presque géométriquement l'existence du souverain Être ; les plus grands génies, dans tous les siècles, ont cru à ce dogme consolateur.

2° dans une phrase composée de plusieurs propositions complétives éloignées en même rapport, et suivies de compléments un peu étendus. Ex : Le but de ses voyages était d'examiner partout le physique et le moral ; d'étudier les lois et la constitution de chaque pays ; de visiter les sçavants, les écrivains, les artistes célèbres ; de chercher sur-tout ces hommes rares et singuliers dont le commerce supplée quelquefois à plusieurs années d'observations et de séjour.

3º dans les énumérations qui offrent des parallèles, des distributions, des contrastes. Ex : Cette personne est distinguée par sa figure ; celle-ci, par sa vertu. L'une paraît belle au premier coup-d'œil ; l'autre ne le paraît pas moins au second. Les devoirs des pères et des mères sont l'instruction et la tendresse ; les devoirs des enfants, sont l'obéissance, l'amour et le respect ; les devoirs de l'amitié, sont la confiance, la bienveillance et les bons conseils. Nous gémissions sous le poids de la servitude, et nous respirons aujourd'hui en liberté ; nous ne voiions partout que des ennemis, nous ne rencontrons que des mortels généreux et bienfesants ; nous détestions les horreurs de la guerre, nous jouissons enfin des douceurs de la paix.

Des deux points.

On emploie les deux points,

1º quand on annonce un discours, une citation. Ex. Socrate avait coutume de dire : Les fables sont le lait dont on doit nourrir l'esprit des enfants. Mentor dit à Télémaque : Sont-ce là les pensées qui doivent occuper le cœur du fils d'Ulysse ?

2º lorsqu'une proposition générale est suivie ou précédée de l'énumération, comme « La frugalité, la douceur, la tendre amitié : voilà les objets qu'il aperçut en sortant du berceau ». « Chez les Anciens, trois hommes célèbres ont écrit sur l'Histoire naturelle, sçavoir : Aristote, Théophraste, et Pline, né à Vérone ». « Deux grands traits peignent le caractère : l'activité à rendre service, et le silence sur les services rendus ». (1)

3º quand, après deux propositions séparées l'une de l'autre par le point et virgule, on ajoute une troisième proposition qui leur appartient par le sens. Ex : En ce moment, je sentis mon cœur partagé ; j'étais touché de la naïveté de Néoptolème, et de la bonne foi avec laquelle il m'avait rendu mon arc : mais je ne pouvais me résoudre à voir encore le jour, s'il fallait céder à Ulysse.

Du point.

On emploie le point, dernier signe de la ponctuation, à la fin de toute proposition, de toute phrase dont le sens est fini, absolu, complet. Ex : Laissez périr une malheureuse que le destin veut perdre. Je sçais mourir, et je vous dois trop, pour vous entraîner dans mon malheur. Non, je ne puis me résoudre à mentir. Je ne suis pas Cyprien, et je ne sçaurais dire que je le suis.

---

(1) Nous avons mis une virgule entre « *l'activité à rendre service*, et *le silence sur les services rendus* », parce que ces deux substantifs ne sont pas liés immédiatement. C'est pour cette raison que, dans la phrase suivante, nous avons encore écrit avec une virgule « j'étais touché de la *naïveté* de Néoptolème, et de la *bonne foi* avec laquelle il m'avait rendu mon arc » ; au lieu que nous aurions écrit sans virgule « j'étais touché de la naïveté et de la bonne foi de Néoptolème ». On écrira pour la même raison « Il sçut toujours vaincre et pardonner » ; au lieu qu'on écrira « Il sçut toujours vaincre, et pardonner à ses ennemis ».

Des points suspensifs.

On emploie les points suspensifs, lorsqu'il y a interruption dans le sens. Ils annoncent du désordre dans les idées; ils expriment l'état d'une âme fortement agitée. Ex : O Ulysse, auteur de nos maux, que les dieux puissent te... Mais les dieux ne m'écoutent point; au contraire, ils excitent mon ennemi.... O terre de ma patrie, que je ne reverrai jamais!... O dieux, punissez, punissez Ulysse ; alors je me croirai guéri.

Du point d'interrogation.

On emploie le point d'interrogation à la fin des propositions où l'on interroge. Ex : Où êtes-vous, Mentor ? Est-ce ainsi que vous soutenez Télémaque contre le vice auquel il succombe ? Verrez-vous toujours tranquillement le fils d'Ulysse déshonorer son père, et négliger sa haute destinée ? Est-ce à vous ou à moi, que ses parents ont confié sa conduite ?

Remarque. Comme le point d'interrogation ne doit se placer qu'à la fin des propositions interrogatives, il s'en suit qu'il est tout-à-fait déplacé, 1° quand l'interrogation n'est pas directe ; 2° quand elle n'appelle pas une réponse. Ex : Mentor demanda ensuite à Idoménée, quelle était la conduite de Protésilas dans le changement des affaires. Dites moi si l'on doit accorder ou refuser à la Henriade le titre de poème épique. Une bonne action est quelquefois pénible ; est-elle achevée, la peine est passée, et l'on se félicite, toute la vie, de l'avoir faite (est-elle achevée, la peine est passée, c. à d. quand elle est achevée, etc.)

« Laisse-t-elle un moment respirer son époux,
Ses valets sont d'abord l'objet de son courroux. ».

« Voulez-vous du Public mériter les amours,
Sans cesse, en écrivant, variez vos discours ».

Du point d'exclamation.

On emploie le point d'exclamation à la fin des propositions où l'on s'écrie, où l'on manifeste quelque mouvement de joie, de crainte, de surprise, de douleur, d'admiration, etc. Ex : O cruelle Vénus ! Vénus, vous m'avez trompée ! O perfide présent que vous m'avez fait ! Pernicieux enfant ! Amour empesté ! Je ne t'avais ouvert mon cœur, que dans l'espérance de vivre heureuse avec Télémaque ; et tu n'as porté dans ce cœur, que trouble et que désespoir ! Oh ! si j'étais libre de me donner la mort, pour finir mes douleurs ! Télémaque, il faut que tu meures, puisque je ne puis mourir !... Mais je m'égare ! O malheureuse Calypso ! Que veux-tu ? faire périr !... Quelle innocence ! quelle vertu ! quelle horreur du vice ! quel courage contre les honteux plaisirs !

« Barbare, (1) c'est donc là cet heureux sacrifice
Que vos soins préparaient avec tant d'artifice !
Quoi ! l'horreur de souscrire à cet ordre inhumain
N'a pas, en le traçant, arrêté votre main ! »

---

(1) C'est véritablement à tort qu'on met un point exclamatif, au lieu d'une virgule, quand on adresse la parole à quelque objet animé ou inanimé ; il ne faut donc pas écrire « Dieux ! détournez ce présage ! » « Barbare ! c'est donc là ce que tu préparais ! » « Vénus ! c'est vous qui m'avez trompée ! » On doit écrire « Dieux, détournez ce présage ! » « Barbare, c'est donc là ce que tu préparais ! » « Vénus, c'est donc vous qui m'avez trompée ! »

SECTION VIII.
TABLEAU DES VERBES RÉGULIERS.

Conjugaison du verbe ÉTRE.

AFFIRMATIF (*Mode*).

POSITIF.

PRÉSENT.

Sing. { Je suis,
Tu es,
Il est.

Plur. { Nous sommes,
Vous êtes,
Ils sont.

PASSÉ.

J'ai été,
Tu as été,
Il a été.
Nous avons été,
Vous avez été,
Ils ont été.

FUTUR.

Je serai,
Tu seras,
Il sera.
Nous serons,
Vous serez,
Ils seront.

PASSÉ PÉRIODIQUE.

Je fus,
Tu fus,
Il fut.
Nous fûmes,
Vous fûtes,
Ils furent.

PASSÉ SIMULTANÉE.

J'étais,
Tu étais,
Il était.
Nous étions,
Vous étiez,
Ils étaient.

PASSÉ SIMULTANÉE POSTÉRIEUR.

Je serais,
Tu serais, etc.
(*Voy*. ci-dessous).

PASSÉ ANTÉRIEUR.

J'avais été,
Tu avais été,
Il avait été.
Nous avions été,
Vous aviez été,
Ils avaient été.

PASSÉ ANTÉRIEUR IMMÉDIAT.

J'ai eu été,
Tu as eu été,
Il a eu été.
Nous avons eu été,
Vous avez eu été,
Ils ont eu été.

VERBE ÊTRE.

PASSÉ ANTÉR. IMMÉDIAT PÉRIODIQUE.

J'eus été,
Tu eus été,
Il eut été.
Nous eûmes été,
Vous eûtes été,
Ils eurent été.

FUTUR ANTÉRIEUR.

J'aurai été,
Tu auras été,
Il aura été.
Nous aurons été,
Vous aurez été,
Ils auront été.

CONDITIONNEL.

PRÉSENT.

Je serais,
Tu serais,
Il serait.
Nous serions,
Vous seriez,
Ils seraient.

PASSÉ.

J'aurais été,
Tu aurais été,
Il aurait été.
Nous aurions été,
Vous auriez été,
Ils auraient été.

FUTUR.

Je serais,
Tu serais, etc.
(*Voy. ci-dessus.*)

PASSÉ PÉRIODIQUE.

J'eusse été,
Tu eusses été,
Il eût été.
Nous eussions été,
Vous eussiez été,
Ils eussent été.

CONDITIONNEL.

PASSÉ SIMULTANÉE POSTÉRIEUR.

Je serais,
Tu serais, etc.
(*Voy. ci-dessus.*)

PASSÉ ANTÉRIEUR IMMÉDIAT.

J'aurais eu été,
Tu aurais eu été,
Il aurait eu été.
Nous aurions eu été,
Vous auriez eu été,
Ils auraient eu été.

PASSÉ ANTÉR. IMMÉDIAT PÉRIODIQUE.

J'eusse eu été,
Tu eusses eu été,
Il eût eu été.
Nous eussions eu été,
Vous eussiez eu été,
Ils eussent eu été.

FUTUR ANTÉRIEUR.

J'aurais été,
Tu aurais été, etc.
(*Voy. ci-dessus.*)

IMPÉRATIF. (*Mode.*)

PRÉSENT ou FUTUR.

Sois.
Soyons,
Soyez.

FUTUR ANTÉRIEUR.

Aies été.
Ayons été,
Ayez été.

COMPLÉTIF. (Mode.)

PRÉSENT.

Que je sois,
Que tu sois,
Qu'il soit.
Que nous soyons,
Que vous soyez,
Qu'ils soient.

PASSÉ.

Que j'aie été,
Que tu aies été,
Qu'il ait été.
Que nous ayons été,
Que vous ayez été,
Qu'ils aient été.

FUTUR.

Que je sois,
Que tu sois, etc.
(*Voy. ci-dessus.*)

PASSÉ PÉRIODIQUE.

Que je fusse,
Que tu fusses,
Qu'il fût.
Que nous fussions,
Que vous fussiez,
Qu'ils fussent.

PASSÉ SIMULTANÉE.

Que je fusse,
Que tu fusses, etc.
(*Voy. ci-dessus.*)

PASSÉ SIMULTANÉE POSTÉRIEUR.

Que je fusse,
Que tu fusses, etc.
(*Voy. ci-dessus.*)

POSITIF.

PASSÉ ANTÉRIEUR.

Que j'eusse été,
Que tu eusses été,
Qu'il eût été.
Que nous eussions été,
Que vous eussiez été,
Qu'ils eussent été.

PASSÉ ANTÉRIEUR IMMÉDIAT.

Que j'aie eu été,
Que tu aies eu été,
Qu'il ait eu été.
Que nous ayons eu été,
Que vous ayez eu été,
Qu'ils aient eu été.

PASSÉ ANT. IMMÉDIAT PÉRIODIQUE.

Que j'eusse eu été,
Que tu eusses eu été,
Qu'il eût eu été.
Que nous eussions eu été,
Que vous eussiez eu été,
Qu'ils eussent eu été.

FUTUR ANTÉRIEUR.

Que j'aie été,
Que tu aies été, etc.
(*Voy. ci-dessus.*)

POSITIF.

CONDITIONNEL.

PRÉSENT.

Que je fusse,
Que tu fusses, etc.
(*Voy. ci-dessus.*)

PASSÉ.

Que j'eusse été,
Que tu eusses été, etc.
(*Voy. ci-dessus.*)

VERBE ÊTRE.

CONDITIONNEL.

FUTUR.

Que je fusse,
Que tu fusses, etc.
(*Voy. ci-dessus.*)

PASSÉ PÉRIODIQUE.

Que j'eusse été,
Que tu eusses été, etc.
(*Voy. ci-dessus.*)

PASSÉ ANTÉRIEUR.

Que j'eusse été,
Que tu eusses été, etc.
(*Voy. ci-dessus.*)

PASSÉ ANTÉRIEUR
IMMÉDIAT.

Que j'eusse eu été,
Que tu eusses eu été, etc.
(*Voy. ci-dessus.*)

PASSÉ ANT. IMMÉDIAT
PÉRIODIQUE.

Que j'eusse eu été,
Que tu eusses eu été, etc.
(*Voy. ci-dessus.*)

FUTUR ANTÉRIEUR.

Que j'eusse été,
Que tu eusses été, etc.
(*Voy. ci-dessus.*)

INDÉFINI. (*Mode*).

PRÉSENT, PASSÉ, *ou* FUTUR,

(*d'une manière vague*).

Être.

PASSÉ (*avec précision*).

Avoir été.

PARTICIPE PRÉSENT.

Etant.

PARTICIPE PASSÉ.

Ayant été.

Première conjugaison.   *Deuxième.*

AFFIRMATIF. (*Mode*).   AFFIRMATIF.

PRÉSENT.   PRÉSENT.

J'appelle,   Je finis,
Tu appelles,   Tu finis,
Il appelle.   Il finit.
Nous appelons,   Nous finissons,
Vous appelez,   Vous finissez,
Ils appellent.   Ils finissent.

PASSÉ.   PASSÉ.

J'ai appelé,   J'ai fini,
Tu as appelé,   Tu as fini,
Il a appelé.   Il a fini.
Nous avons appelé,   Nous avons fini,
Vous avez appelé,   Vous avez fini,
Ils ont appelé.   Ils ont fini.

FUTUR.   FUTUR.

J'appellerai,   Je finirai,
Tu appelleras,   Tu finiras,
Il appellera.   Il finira.
Nous appellerons,   Nous finirons,
Vous appellerez,   Vous finirez,
Ils appelleront.   Ils finiront.

PASSÉ PÉRIODIQUE.   PASSÉ PÉRIODIQUE.

J'appelai,   Je finis,
Tu appelas,   Tu finis,
Il appela.   Il finit.
Nous appelâmes,   Nous finîmes,
Vous appelâtes,   Vous finîtes,
Ils appelèrent.   Ils finirent.

PASSÉ SIMULTANÉE.   PASSÉ SIMULTANÉE.

J'appelais,   Je finissais,
Tu appelais,   Tu finissais,
Il appelait.   Il finissait.
Nous appelions,   Nous finissions,
Vous appeliez,   Vous finissiez,
Ils appelaient.   Ils finissaient.

PASSÉ SIMULTANÉE POSTÉRIEUR.   PASSÉ SIMULTANÉE POSTÉRIEUR.

J'appellerais,   Je finirais,
Tu appellerais, etc.   Tu finirais, etc.
(*Voy. ci-dessous.*)   (*Voy. ci-dessous.*)

POSITIF.

VERBES RÉGULIERS.

Troisième.   *Quatrième.*

AFFIRMATIF.   AFFIRMATIF.

PRÉSENT.   PRÉSENT.

Je reçois,   Je rends,
Tu reçois,   Tu rends,
Il reçoit.   Il rend.
Nous recevons,   Nous rendons,
Vous recevez,   Vous rendez,
Ils reçoivent.   Ils rendent.

PASSÉ.   PASSÉ.

J'ai reçu,   J'ai rendu,
Tu as reçu,   Tu as rendu,
Il a reçu.   Il a rendu.
Nous avons reçu,   Nous avons rendu,
Vous avez reçu,   Vous avez rendu,
Ils ont reçu.   Ils ont rendu.

FUTUR.   FUTUR.

Je recevrai,   Je rendrai,
Tu recevras,   Tu rendras,
Il recevra.   Il rendra.
Nous recevrons,   Nous rendrons,
Vous recevrez,   Vous rendrez,
Ils recevront.   Ils rendront.

PASSÉ PÉRIODIQUE.   PASSÉ PÉRIODIQUE.

Je reçus,   Je rendis,
Tu reçus,   Tu rendis,
Il reçut.   Il rendit.
Nous reçûmes,   Nous rendîmes,
Vous reçûtes,   Vous rendîtes,
Ils reçurent.   Ils rendirent.

PASSÉ SIMULTANÉE.   PASSÉ SIMULTANÉE.

Je recevais,   Je rendais,
Tu recevais,   Tu rendais,
Il recevait.   Il rendait.
Nous recevions,   Nous rendions,
Vous receviez,   Vous rendiez,
Ils recevaient.   Ils rendaient.

PASSÉ SIMULTANÉE POSTÉ-   PASSÉ SIMULTANÉE POSTÉ-
RIEUR.   RIEUR.

Je recevrais,   Je rendrais,
Tu recevrais, etc.   Tu rendrais, etc.
   (*Voy. ci-dessous.*)   (*Voy. ci-dessous.*)

Première conjugaison.   *Deuxième.*

PASSÉ ANTÉRIEUR.   PASSÉ ANTÉRIEUR.

J'avais appelé,   J'avais fini,
Tu avais appelé,   Tu avais fini,
Il avait appelé.   Il avait fini.
Nous avions appelé,   Nous avions fini,
Vous aviez appelé,   Vous aviez fini,
Ils avaient appelé.   Ils avaient fini.

PASSÉ ANTÉRIEUR IMMÉ-   PASSÉ ANTÉRIEUR IMMÉ-
DIAT.   DIAT.

J'ai eu appelé,   J'ai eu fini,
Tu as eu appelé,   Tu as eu fini,
Il a eu appelé.   Il a eu fini.
Nous avons eu appelé,   Nous avons eu fini,
Vous avez eu appelé,   Vous avez eu fini,
Ils ont eu appelé.   Ils ont eu fini.

PASSÉ ANTÉRIEUR IMMÉ-   PASSÉ ANTÉRIEUR IMMÉ-
DIAT PÉRIODIQUE.   DIAT PÉRIODIQUE.

J'eus appelé,   J'eus fini,
Tu eus appelé,   Tu eus fini,
Il eut appelé.   Il eut fini.
Nous eûmes appelé,   Nous eûmes fini,
Vous eûtes appelé,   Vous eûtes fini,
Ils eurent appelé.   Ils eurent fini.

FUTUR ANTÉRIEUR.   FUTUR ANTÉRIEUR.

J'aurai appelé,   J'aurai fini,
Tu auras appelé,   Tu auras fini,
Il aura appelé.   Il aura fini.
Nous aurons appelé,   Nous aurons fini,
Vous aurez appelé,   Vous aurez fini,
Ils auront appelé.   Ils auront fini.

PRÉSENT.   PRÉSENT.

J'appellerais,   Je finirais,
Tu appellerais,   Tu finirais,
Il appellerait.   Il finirait.
Nous appellerions,   Nous finirions,
Vous appelleriez,   Vous finiriez,
Ils appelleraient.   Ils finiraient.

PASSÉ.   PASSÉ.

J'aurais appelé,   J'aurais fini,
Tu aurais appelé,   Tu aurais fini,
Il aurait appelé.   Il aurait fini.

VERBES RÉGULIERS.

Troisième.   *Quatrième.*

PASSÉ ANTÉRIEUR.

J'avais reçu,
Tu avais reçu,
Il avait reçu.
Nous avions reçu,
Vous aviez reçu,
Ils avaient reçu.

PASSÉ ANTÉRIEUR IMMÉDIAT.

J'ai eu reçu,
Tu as eu reçu,
Il a eu reçu.
Nous avons eu reçu,
Vous avez eu reçu,
Ils ont eu reçu.

PASSÉ ANTÉR. IMMÉDIAT PÉRIODIQUE.

J'eus reçu,
Tu eus reçu,
Il eut reçu.
Nous eûmes reçu,
Vous eûtes reçu,
Ils eurent reçu.

FUTUR ANTÉRIEUR.

J'aurai reçu,
Tu auras reçu,
Il aura reçu.
Nous aurons reçu,
Vous aurez reçu,
Ils auront reçu.

PRÉSENT.

Je recevrais,
Tu recevrais,
Il recevrait.
Nous recevrions,
Vous recevriez,
Ils recevraient.

PASSÉ.

J'aurais reçu,
Tu aurais reçu,
Il aurait reçu.

PASSÉ ANTÉRIEUR.

J'avais rendu,
Tu avais rendu,
Il avait rendu.
Nous avions rendu,
Vous aviez rendu,
Ils avaient rendu.

PASSÉ ANTÉRIEUR IMMÉDIAT.

J'ai eu rendu,
Tu as eu rendu,
Il a eu rendu.
Nous avons eu rendu,
Vous avez eu rendu,
Ils ont eu rendu.

PASSÉ ANTÉR. IMMÉDIAT PÉRIODIQUE.

J'eus rendu,
Tu eus rendu,
Il eut rendu.
Nous eûmes rendu,
Vous eûtes rendu,
Ils eurent rendu.

FUTUR ANTÉRIEUR.

J'aurai rendu,
Tu auras rendu,
Il aura rendu.
Nous aurons rendu,
Vous aurez rendu,
Ils auront rendu.

PRÉSENT.

Je rendrais,
Tu rendrais,
Il rendrait.
Nous rendrions,
Vous rendriez,
Ils rendraient.

PASSÉ.

J'aurais rendu,
Tu aurais rendu,
Il aurait rendu.

Première conjugaison.   *Deuxième*

Nous aurions appelé,
Vous auriez appelé,
Ils auraient appelé.

Nous aurions fini,
Vous auriez fini,
Ils auraient fini.

FUTUR.

J'appellerais,
Tu appellerais, etc.
(*Voy. ci-dessus.*)

FUTUR.

Je finirais,
Tu finirais, etc.
(*Voy. ci-dessus.*)

PASSÉ PÉRIODIQUE.

J'eusse appelé,
Tu eusses appelé,
Il eût appelé.
Nous eussions appelé,
Vous eussiez appelé,
Ils eussent appelé.

PASSÉ PÉRIODIQUE.

J'eusse fini,
Tu eusses fini,
Il eût fini.
Nous eussions fini,
Vous eussiez fini,
Ils eussent fini.

PASSÉ SIMULTANÉE POSTÉRIEUR.

J'appellerais,
Tu appellerais, etc.
(*Voy. ci-dessus.*)

PASSÉ SIMULTANÉE POSTÉRIEUR.

Je finirais,
Tu finirais, etc.
(*Voy. ci-dessus.*)

PASSÉ ANTÉRIEUR IMMÉDIAT.

J'aurais eu appelé,
Tu aurais eu appelé,
Il aurait eu appelé.
Nous aurions eu appelé,
Vous auriez eu appelé,
Ils auraient eu appelé.

PASSÉ ANTÉRIEUR IMMÉDIAT.

J'aurais eu fini,
Tu aurais eu fini,
Il aurait eu fini.
Nous aurions eu fini,
Vous auriez eu fini,
Ils auraient eu fini.

PASSÉ ANTÉRIEUR IMMÉDIAT PÉRIODIQUE.

J'eusse eu appelé,
Tu eusses eu appelé,
Il eût eu appelé.
Nous eussions eu appelé,
Vous eussiez eu appelé,
Ils eussent eu appelé.

PASSÉ ANTÉRIEUR IMMÉDIAT PÉRIODIQUE.

J'eusse eu fini,
Tu eusses eu fini,
Il eût eu fini.
Nous eussions eu fini,
Vous eussiez eu fini,
Ils eussent eu fini.

FUTUR ANTÉRIEUR.

J'aurais appelé,
Tu aurais appelé, etc.
(*Voy. ci-dessus.*)

FUTUR ANTÉRIEUR.

J'aurais fini,
Tu aurais fini, etc.
(*Voy. ci-dessus.*)

VERBES RÉGULIERS.

Troisième.

Nous aurions reçu,
Vous auriez reçu,
Ils auraient reçu.

FUTUR.

Je recevrais,
Tu recevrais, etc.
(*Voy. ci-dessus.*)

PASSÉ PÉRIODIQUE.

J'eusse reçu,
Tu eusses reçu,
Il eût reçu.
Nous eussions reçu,
Vous eussiez reçu,
Ils eussent reçu.

PASSÉ SIMULTANÉE POSTÉRIEUR.

Je recevrais,
Tu recevrais, etc.
(*Voy. ci-dessus.*)

PASSÉ ANTÉRIEUR IMMÉDIAT.

J'aurais eu reçu,
Tu aurais eu reçu,
Il aurait eu reçu.
Nous aurions eu reçu,
Vous auriez eu reçu,
Ils auraient eu reçu.

PASSÉ ANTÉRIEUR IMMÉDIAT PERIODIQUE.

J'eusse eu reçu,
Tu eusses eu reçu,
Il eût eu reçu.
Nous eussions eu reçu,
Vous eussiez eu reçu,
Ils eussent eu reçu.

FUTUR ANTÉRIEUR.

J'aurais reçu,
Tu aurais reçu, etc.
(*Voy. ci-dessus.*)

Quatrième.

Nous aurions rendu,
Vous auriez rendu,
Ils auraient rendu.

FUTUR.

Je rendrais,
Tu rendrais, etc.
(*Voy. ci-dessus.*)

PASSÉ PERIODIQUE.

J'eusse rendu,
Tu eusses rendu,
Il eût rendu.
Nous eussions rendu,
Vous eussiez rendu,
Ils eussent rendu.

PASSÉ SIMULTANÉE POSTÉRIEUR.

Je rendrais,
Tu rendrais, etc.
(*Voy. ci-dessus.*)

PASSÉ ANTÉRIEUR IMMÉDIAT.

J'aurais eu rendu,
Tu aurais eu rendu,
Il aurait eu rendu.
Nous aurions eu rendu,
Vous auriez eu rendu,
Ils auraient eu rendu.

PASSÉ ANTÉRIEUR IMMÉDIAT PERIODIQUE.

J'eusse eu rendu,
Tu eusses eu rendu,
Il eût eu rendu.
Nous eussions eu rendu,
Vous eussiez eu rendu,
Ils eussent eu rendu.

FUTUR ANTÉRIEUR.

J'aurais rendu,
Tu aurais rendu, etc.
(*Voy. ci-dessus.*)

Première conjugaison.   *Deuxième.*

IMPÉRATIF. (Mode.)   IMPÉRATIF.

PRÉSENT ou FUTUR.   PRÉSENT ou FUTUR.

Appelle.   Finis.
Appelons,   Finissons,
Appelez.   Finissez.

FUTUR ANTÉRIEUR.   FUTUR ANTÉRIEUR.

Aies appelé.   Aies fini.
Ayons appelé,   Ayons fini,.
Ayez appelé.   Ayez fini.

COMPLÉTIF. (Mode.)   COMPLÉTIF.

PRÉSENT.   PRÉSENT.

POSITIF.

Il faut {
Que j'appelle,   Que je finisse,
Que tu appelles,   Que tu finisses,
Qu'il appelle.   Qu'il finisse.
Que nous appelions,   Que nous finissions,
Que vous appeliez,   Que vous finissiez,
Qu'ils appellent.   Qu'ils finissent.

PASSÉ.   PASSÉ.

Il a fallu {
Que j'aie appelé,   Que j'aie fini,
Que tu aies appelé,   Que tu aies fini,
Qu'il ait appelé.   Qu'il ait fini.
Que nous ayons appelé,   Que nous ayons fini,
Que vous ayez appelé,   Que vous ayez fini,
Qu'ils aient appelé.   Qu'ils aient fini.

FUTUR.   FUTUR.

Il faudra {
Que j'appelle,   Que je finisse,
Que tu appelles, etc.   Que tu finisses, etc.
(*Voy. ci-dessus.*)   (*Voy. ci-dessus.*)

PASSÉ PÉRIODIQUE.   PASSÉ PÉRIODIQUE.

Il fallait ou Il fallut bien {
Que j'appelasse,   Que je finisse,
Que tu appelasses,   Que tu finisses,
Qu'il appelât.   Qu'il finît.
Que nous appelassions,   Que nous finissions,
Que vous appelassiez,   Que vous finissiez,
Qu'ils appelassent.   Qu'ils finissent.

VERBES RÉGULIERS.

Troisième.
IMPÉRATIF.

PRÉSENT ou FUTUR.

Reçois.
Recevons,
Recevez.

FUTUR ANTÉRIEUR.

Aies reçu.
Ayons reçu,
Ayez reçu.

COMPLÉTIF.

PRÉSENT.

Que je reçoive,
Que tu reçoives,
Qu'il reçoive.
Que nous recevions,
Que vous receviez,
Qu'ils reçoivent.

PASSÉ.

Que j'aie reçu,
Que tu aies reçu,
Qu'il ait reçu.
Que nous ayons reçu,
Que vous ayez reçu,
Qu'ils aient reçu.

FUTUR.

Que je reçoive,
Que tu reçoives, etc.
(*Voy. ci-dessus.*)

PASSÉ PÉRIODIQUE.

Que je reçusse,
Que tu reçusses,
Qu'il reçût.
Que nous reçussions,
Que vous reçussiez,
Qu'ils reçussent.

Quatrième.
IMPÉRATIF.

PRÉSENT ou FUTUR.

Rends.
Rendons,
Rendez.

FUTUR ANTÉRIEUR.

Aies rendu.
Ayons rendu,
Ayez rendu.

COMPLÉTIF.

PRÉSENT.

Que je rende,
Que tu rendes,
Qu'il rende.
Que nous rendions,
Que vous rendiez,
Qu'ils rendent.

PASSÉ.

Que j'aie rendu,
Que tu aies rendu,
Qu'il ait rendu.
Que nous ayons rendu,
Que vous ayez rendu,
Qu'ils aient rendu.

FUTUR.

Que je rende,
Que tu rendes, etc.
(*Voy. ci-dessus.*)

PASSÉ PÉRIODIQUE.

Que je rendisse,
Que tu rendisses,
Qu'il rendît.
Que nous rendissions,
Que vous rendissiez,
Qu'ils rendissent.

Première conjugaison.   *Deuxième.*

PASSÉ SIMULTANÉE.

Il a fallu
{ Que j'appelasse,
Que tu appelasses, etc.
(*Voy. ci-dessus.*) }

PASSÉ SIMULTANÉE.

Que je finisse,
Que tu finisses, etc.
(*Voy. ci-dessus.*)

PASSÉ SIMULTANÉE POSTÉRIEUR.

Je ne croyais pas
{ Que j'appelasse,
Que tu appelasses, etc.
(*Voy. ci-dessus.*) }

PASSÉ SIMULTANÉE POSTÉRIEUR.

Que je finisse,
Que tu finisses, etc.
(*Voy. ci-dessus.*)

PASSÉ ANTÉRIEUR.

Il était nécessaire
{ Que j'eusse appelé,
Que tu eusses appelé,
Qu'il eût appelé.
Que nous eussions appelé,
Que vous eussiez appelé,
Qu'ils eussent appelé. }

PASSÉ ANTÉRIEUR.

Que j'eusse fini,
Que tu eusses fini,
Qu'il eût fini.
Que nous eussions fini,
Que vous eussiez fini,
Qu'ils eussent fini.

PASSÉ ANTÉRIEUR IMMÉDIAT.

Il a fallu
{ Que j'aie eu appelé,
Que tu aies eu appelé,
Qu'il ait eu appelé.
Que nous ayons eu appelé,
Que vous ayez eu appelé,
Qu'ils aient eu appelé. }

PASSÉ ANTÉRIEUR IMMÉDIAT.

Que j'aie eu fini,
Que tu aies eu fini,
Qu'il ait eu fini.
Que nous ayons eu fini,
Que vous ayez eu fini,
Qu'ils aient eu fini.

PASSÉ ANTÉRIEUR IMMÉDIAT PÉRIODIQUE.

Il était nécessaire
{ Que j'eusse eu appelé,
Que tu eusses eu appelé,
Qu'il eût eu appelé.
Que nous eussions eu appelé,
Que vous eussiez eu appelé,
Qu'ils eussent eu appelé. }

PASSÉ ANTÉRIEUR IMMÉDIAT PÉRIODIQUE.

Que j'eusse eu fini,
Que tu eusses eu fini,
Qu'il eût eu fini.
Que nous eussions eu fini,
Que vous eussiez eu fini,
Qu'ils eussent eu fini.

FUTUR ANTÉRIEUR.

Il a fallu
Il faut ou
Il avait fallu
{ Que j'aie appelé,
Que tu aies appelé, etc.
(*Voy. ci-dessus.*) }

FUTUR ANTÉRIEUR.

Que j'aie fini,
Que tu aies fini, etc.
(*Voy. ci-dessus.*)

POSITIF.

VERBES RÉGULIERS.

Troisième.

PASSÉ SIMULTANÉE.

Que je reçusse,
Que tu reçusses, etc.
(*Voy. ci-dessus.*)

PASSÉ SIMULTANÉE POSTÉRIEUR.

Que je reçusse,
Que tu reçusses, etc.
(*Voy. ci-dessus.*)

PASSÉ ANTÉRIEUR.

Que j'eusse reçu,
Que tu eusses reçu,
Qu'il eût reçu.
Que nous eussions reçu,
Que vous eussiez reçu,
Qu'ils eussent reçu.

PASSÉ ANTÉRIEUR IMMÉDIAT.

Que j'aie eu reçu,
Que tu aies eu reçu,
Qu'il ait eu reçu.
Que nous ayons eu reçu,
Que vous ayez eu reçu,
Qu'ils aient eu reçu.

PASSÉ ANTÉRIEUR IMMÉDIAT PERIODIQUE.

Que j'eusse eu reçu,
Que tu eusses eu reçu,
Qu'il eût eu reçu.
Que nous eussions eu reçu,
Que vous eussiez eu reçu,
Qu'ils eussent eu reçu.

FUTUR ANTÉRIEUR.

Que j'aie reçu,
Que tu aies reçu, etc.
(*Voy. ci-dessus.*)

Quatrième.

PASSÉ SIMULTANÉE.

Que je rendisse,
Que tu rendisses, etc.
(*Voy. ci-dessus.*)

PASSÉ SIMULTANÉE POSTÉRIEUR.

Que je rendisse,
Que tu rendisses, etc.
(*Voy. ci-dessus.*)

PASSÉ ANTÉRIEUR.

Que j'eusse rendu,
Que tu eusses rendu,
Qu'il eût rendu.
Que nous eussions rendu,
Que vous eussiez rendu,
Qu'ils eussent rendu.

PASSÉ ANTÉRIEUR IMMÉDIAT.

Que j'aie eu rendu,
Que tu aies eu rendu,
Qu'il ait eu rendu.
Que nous ayons eu rendu,
Que vous ayez eu rendu,
Qu'ils aient eu rendu.

PASSÉ ANTÉRIEUR IMMÉDIAT PÉRIODIQUE.

Que j'eusse eu rendu,
Que tu eusses eu rendu,
Qu'il eût eu rendu.
Que nous eussions eu rendu,
Que vous eussiez eu rendu,
Qu'ils eussent eu rendu.

FUTUR ANTÉRIEUR.

Que j'aie rendu,
Que tu aies rendu, etc.
(*Voy. ci-dessus.*)

		Première conjugaison.	Deuxième.
CONDITIONNEL	Il faudrait	PRÉSENT. Que j'appelasse, Que tu appelasses, etc. (*Voy. ci-dessus.*)	PRÉSENT. Que je finisse, Que tu finisses, etc. (*Voy. ci-dessus.*)
	Il aurait fallu	PASSÉ. Que j'eusse appelé, Que tu eusses appelé, etc. (*Voy. ci-dessus.*)	PASSÉ. Que j'eusse fini, Que tu eusses fini, etc. (*Voy. ci-dessus.*)
	Il faudrait	FUTUR. Que j'appelasse, Que tu appelasses, etc. (*Voy. ci-dessus.*)	FUTUR. Que je finisse, Que tu finisses, etc. (*Voy. ci-dessus.*)
	Il eût fallu	PASSÉ PÉRIODIQUE. Que j'eusse appelé, Que tu eusses appelé, etc. (*Voy. ci-dessus.*)	PASSÉ PÉRIODIQUE. Que j'eusse fini, Que tu eusses fini, etc. (*Voy. ci-dessus.*)
	Il aurait fallu	PASSÉ ANTÉRIEUR. Que j'eusse appelé, Que tu eusses appelé, etc. (*Voy. ci-dessus.*)	PASSÉ ANTÉRIEUR. Que j'eusse fini, Que tu eusses fini, etc. (*Voy. ci-dessus.*)
	Il aurait fallu	PASSÉ ANTÉRIEUR IMMÉDIAT. Que j'eusse eu appelé, Que tu eusses eu appelé, etc. (*Voy. ci-dessus.*)	PASSÉ ANTÉRIEUR IMMÉDIAT. Que j'eusse eu fini, Que tu eusses eu fini, etc. (*Voy. ci-dessus.*)
	Il eût fallu	PASSÉ ANTÉRIEUR IMMÉDIAT PÉRIODIQUE. Que j'eusse eu appelé, Que tu eusses eu appelé, etc. (*Voy. ci-dessus.*)	PASSÉ ANTÉRIEUR IMMÉDIAT PÉRIODIQUE. Que j'eusse eu fini, Que tu eusses eu fini, etc. (*Voy. ci-dessus.*)
	Il faudrait	FUTUR ANTÉRIEUR. Que j'eusse appelé, Que tu eusses appelé, etc. (*Voy. ci-dessus.*)	FUTUR ANTÉRIEUR. Que j'eusse fini, Que tu eusses fini, etc. (*Voy. ci-dessus.*)

VERBES RÉGULIERS.

Troisième.

PRÉSENT.

Que je reçusse,
Que tu reçusses, etc.
(*Voy. ci-dessus.*)

PASSÉ.

Que j'eusse reçu,
Que tu eusses reçu, etc.
(*Voy. ci-dessus.*)

FUTUR.

Que je reçusse,
Que tu reçusses, etc.
(*Voy. ci-dessus.*)

PASSÉ PÉRIODIQUE.

Que j'eusse reçu,
Que tu eusses reçu, etc.
(*Voy. ci-dessus.*)

PASSÉ ANTÉRIEUR.

Que j'eusse reçu,
Que tu eusses reçu, etc.
(*Voy. ci-dessus.*)

**PASSÉ ANTÉRIEUR IMMÉ-
DIAT.**

Que j'eusse eu reçu,
Que tu eusses eu reçu, etc.
(*Voy. ci-dessus.*)

**PASSÉ ANTÉRIEUR IMMÉ-
DIAT-PÉRIODIQUE.**

Que j'eusse eu reçu,
Que tu eusses eu reçu, etc.
(*Voy. ci-dessus.*)

FUTUR ANTÉRIEUR.

Que j'eusse reçu,
Que tu eusses reçu, etc.
(*Voy. ci-dessus.*)

Quatrième.

PRÉSENT.

Que je rendisse,
Que tu rendisses, etc.
(*Voy. ci-dessus.*)

PASSÉ.

Que j'eusse rendu,
Que tu eusses rendu, etc.
(*Voy. ci-dessus.*)

FUTUR.

Que je rendisse,
Que tu rendisses, etc.
(*Voy. ci-dessus.*)

PASSÉ PÉRIODIQUE.

Que j'eusse rendu.
Que tu eusses rendu, etc.
(*Voy. ci-dessus.*)

PASSÉ ANTÉRIEUR.

Que j'eusse rendu,
Que tu eusses rendu, etc.
(*Voy. ci-dessus.*)

**PASSÉ ANTÉRIEUR IMMÉ-
DIAT.**

Que j'eusse eu rendu,
Que tu eusses eu rendu, etc.
(*Voy. ci-dessus.*)

**PASSÉ ANTER. IMMÉDIAT
PÉRIODIQUE.**

Que j'eusse eu rendu,
Que tu eusses eu rendu, etc.
(*Voy. ci-dessus.*)

FUTUR ANTÉRIEUR.

Que j'eusse rendu,
Que tu eusses rendu, etc.
(*Voy. ci-dessus.*)

Première conjugaison.   *Deuxième.*

INDÉFINI. *(Mode).*   INDÉFINI.

PRÉSENT, PASSÉ, *ou* FUTUR.   PRÉSENT, PASSÉ, *ou* FUTUR.

On m'entend
On m'a entendu
On m'entendra
{ (*d'une manière vague.*)   (*d'une manière vague.*)
Appeler.   Finir.

PASSÉ.   PASSÉ.

Je sçais { (*avec précision.*)   (*avec précision.*)
Avoir appelé.   Avoir fini.

PARTICIPE PRÉSENT.   PARTICIPE PRÉSENT.

Je suis
J'ai été
Je serai
{ Appelant.   Finissant.

PARTICIPE PASSÉ.   PARTICIPE PASSÉ.

Je suis { Ayant appelé.   Ayant fini.

OBSE

Conjuguez sur *appeler* tous les verbes dont l'indéfi
Conjuguez sur *finir* tous les verbes dont l'indéfi
Conjuguez sur *recevoir* tous les verbes dont l'indéfi
Conjuguez sur *rendre* tous les verbes dont l'indéfi
appendre, attendre, défendre, condescendre, dé
pendre, prétendre, suspendre, tendre, vendre
mordre, tordre, détordre, retordre, perdre

VERBES RÉGULIERS.

<table>
<tr><td>Troisième.
INDÉFINI.
PRÉSENT, PASSÉ, ou FUTUR.</td><td>Quatrième.
INDÉFINI.
PRÉSENT, PASSÉ, ou FUTUR.</td></tr>
<tr><td>(d'une manière vague.)
Recevoir.</td><td>(d'une manière vague.)
Rendre.</td></tr>
<tr><td>PASSÉ.
(avec précision.)
Avoir reçu.</td><td>PASSÉ.
(avec précision.)
Avoir rendu.</td></tr>
<tr><td>PARTICIPE PRÉSENT.
Recevant.</td><td>PARTICIPE PRÉSENT.
Rendant.</td></tr>
<tr><td>PARTICIPE PASSÉ.
Ayant reçu.</td><td>PARTICIPE PASSÉ.
Ayant rendu.</td></tr>
</table>

VATION.

est terminé en *er*, excepté *aller* et *envoyer*.
est terminé en *ir*, et qui sont réguliers.
est terminé en *oir*, et qui sont réguliers.
est terminé en *re*, et qui sont réguliers, tels que
:endre, détendre, entendre, étendre, fendre,
·evendre, répandre, fondre, répondre, tondre,
·ompre, corrompre, interrompre, etc. etc.

SECTION IX.

TABLEAU DES VERBES IRRÉGULIERS.

On appelle verbes réguliers tous ceux qui ne peuvent se conjuguer sur les modèles offerts pages 204, etc. (*appeler*, *finir*, *recevoir*, *rendre*).

On appelle verbes irréguliers ou anomaux tous ceux qui s'écartent de la règle ordinaire.

PREMIÈRE CONJUGAISON.

Aller et *envoyer* sont les seuls verbes irréguliers de la première conjugaison.

Aller.

AFFIRMATIF.

PRÉSENT.

Je vais, *ou* je vas,
Tu vas,
Il va.
Nous allons,
Vous allez,
Ils vont.

PASSÉ.

Je suis allé,
Tu es allé,
Il est allé.
Nous sommes allés, etc.

Envoyer.

AFFIRMATIF.

PRÉSENT.

J'envoie,
Tu envoies,
Il envoie.
Nous envoyons,
Vous envoyez,
Ils envoient.

PASSÉ.

J'ai envoyé,
Tu as envoyé,
Il a envoyé.
Nous avons envoyé, etc.

VERBES IRRÉGULIERS. Ire. CONJUGAISON.

Aller.

FUTUR.

J'irai,
Tu iras,
Il ira.
Nous irons,
Vous irez,
Ils iront.

PASSÉ PÉRIODIQUE.

J'allai,
Tu allas,
Il alla.
Nous allâmes,
Vous allâtes,
Ils allèrent.

PASSÉ SIMULTANÉE.

J'allais,
Tu allais,
Il allait.
Nous allions,
Vous alliez,
Ils allaient.

PASSÉ ANTÉRIEUR.

J'étais allé,
Tu étais allé,
Il était allé.
Nous étions allés, etc.

FUTUR ANTÉRIEUR.

Je serai allé,
Tu seras allé,
Il sera allé.
Nous serons allés, etc.

PRÉSENT ou FUTUR.

J'irais,
Tu irais,
Il irait.
Nous irions,
Vous iriez,
Ils iraient.

Envoyer.

FUTUR.

J'enverrai,
Tu enverras,
Il enverra.
Nous enverrons,
Vous enverrez,
Ils enverront.

PASSÉ PÉRIODIQUE.

J'envoyai,
Tu envoyas,
Il envoya.
Nous envoyâmes,
Vous envoyâtes,
Ils envoyèrent.

PASSÉ SIMULTANÉE.

J'envoyais,
Tu envoyais,
Il envoyait.
Nous envoiions,
Vous envoiiez,
Ils envoyaient.

PASSÉ ANTÉRIEUR.

J'avais envoyé,
Tu avais envoyé,
Il avait envoyé.
Nous avions envoyé, etc.

FUTUR ANTÉRIEUR.

J'aurai envoyé,
Tu auras envoyé,
Il aura envoyé.
Nous aurons envoyé, etc.

PRÉSENT ou FUTUR.

J'enverrais,
Tu enverrais,
Il enverrait.
Nous enverrions,
Vous enverriez,
Ils enverraient.

Aller.   *Envoyer.*

PASSÉ.

Je serais allé,
Tu serais allé,
Il serait allé.
Nous serions allés, etc.

J'aurais envoyé,
Tu aurais envoyé,
Il aurait envoyé.
Nous aurions envoyé, etc.

PASSÉ PÉRIODIQUE.

Je fusse allé,
Tu fusses allé,
Il fût allé.
Nous fussions allés, etc.

J'eusse envoyé,
Tu eusses envoyé,
Il eût envoyé.
Nous eussions envoyé, etc.

IMPÉRATIF.   IMPÉRATIF.

PRÉSENT ou FUTUR.

Va.
Allons,
Allez.

Envoie.
Envoyons,
Envoyez.

FUTUR ANTÉRIEUR.

Sois allé.
Soyons allés,
Soyez allés.

Aies envoyé.
Ayons envoyé,
Ayez envoyé.

COMPLÉTIF.   COMPLÉTIF.

PRÉSENT ou FUTUR.

Que j'aille,
Que tu ailles,
Qu'il aille.
Que nous allions,
Que vous alliez,
Qu'ils aillent.

Que j'envoie,
Que tu envoies,
Qu'il envoie.
Que nous envoiions,
Que vous envoiiez,
Qu'ils envoient.

PASSÉ.

Que je sois allé,
Que tu sois allé,
Qu'il soit allé.
Que nous soyons allés, etc.

Que j'aie envoyé,
Que tu aies envoyé,
Qu'il ait envoyé.
Que nous ayons envoyé, etc.

Aller.

PASSÉ PÉRIODIQUE.

Que j'allasse,
Que tu allasses,
Qu'il allât.
Que nous allassions,
Que vous allassiez,
Qu'ils allassent.

PASSÉ ANTÉRIEUR.

Que je fusse allé,
Que tu fusses allé,
Qu'il fût allé.
Que nous fussions allés, etc.

PRÉSENT ou FUTUR.

Que j'allasse,
Que tu allasses, etc.
(*Voy. ci-dessus.*)

PASSÉ.

Que je fusse allé,
Que tu fusses allé, etc.
(*Voy. ci-dessus.*)

INDÉFINI.

PRÉSENT, PASSÉ, ou FUTUR.

Aller.

PASSÉ.

Etre allé.

PARTICIPE PRÉSENT.

Allant.

PARTICIPE PASSÉ.

Étant allé.

Envoyer.

PASSÉ PÉRIODIQUE.

Que j'envoyasse,
Que tu envoyasses,
Qu'il envoyât.
Que nous envoyassions,
Que vous envoyassiez,
Qu'ils envoyassent.

PASSÉ ANTÉRIEUR.

Que j'eusse envoyé,
Que tu eusses envoyé,
Qu'il eût envoyé.
Que nous eussions envoyé, etc.

PRÉSENT ou FUTUR.

Que j'envoyasse,
Que tu envoyasses, etc.
(*Voy. ci-dessus.*)

PASSÉ.

Que j'eusse envoyé,
Que tu eusses envoyé, etc.
(*Voy. ci-dessus.*)

INDÉFINI.

PRÉSENT, PASSÉ, ou FUTUR.

Envoyer.

PASSÉ.

Avoir envoyé.

PARTICIPE PRÉSENT.

Envoyant.

PARTICIPE PASSÉ.

Ayant envoyé.

Conjuguez sur

ALLER : *s'en aller.*
ENVOYER : *renvoyer.*

OBSERVATIONS.

1º. Si *va* (présent de l'impératif du verbe *aller*) est suivi de *en* ou de *y*, il faut lui donner un *s* euphonique « va-s-en chercher ; va-s-y de ma part ». Mais on dira et l'on écrira « va y mettre ordre », parce que le pronom *y* n'est pas complément du verbe *aller*. — Il en sera de même de tous les verbes qui, à la deuxième personne de l'impératif, se terminent par un *e* muet : *aime*, *cueille*, *ouvre*, etc. etc. « Aime-s-en du moins la simplicité ; cueille-s-y les fleurs les plus belles ; ouvre-s-en la porte à tout le monde, etc. (1)

2º. Le verbe *puer* est régulier ; il faut le conjuguer ainsi : Je *pue*, tu *pues*, il *pue*, etc. C'est donc à tort que beaucoup de personnes écrivent sur la foi de certains Grammairiens « Je pus, tu pus, il put, etc. »

3º. Dans tous les verbes terminés en *ayer*, *oyer*, *uyer*, mettez un *i*, au lieu d'un *y*, partout où la prononciation ne doit faire entendre qu'un *i*. Exemples : J'essaie, j'envoie, j'essuie, etc. (et non pas j'essaye, j'envoye, j'essuye, etc.) — Changez l'*y* en deux *i* au passé simultanée de l'affirmatif, et au présent ou futur du complétif. Ex : Nous essaiions, nous envoiions, nous essuiions, etc. que nous es-

---

(1) Il vaut beaucoup mieux écrire *va-s-en*, *va-s-y*, *ouvre-s-en*, *mène-s-y*, etc. que *vas-en*, *vas-y*, *ouvres-en*, *mènes-y*, etc. de même que l'on écrit *va-t-il*, *va-t-en*, etc. et non pas *vat-il*, *vat-en*, etc.

saiions, que nous envoiions, que nous essuiions, etc. (et non pas essayions, envoyions, essuyions, etc.) Écrivez de même « Nous priions autrefois nos amis ; il faut que vous priiez aujourd'hui les vôtres, etc. »

4°. Écrivez « J'emploierai, j'essaierai, je louerai, je suppléerai ; j'emploierais, j'essaierais, je louerais, je suppléerais » mieux que « *j'emploîrai, j'essaîrai, je loûrai, je supplérai ; j'emploîrais, j'essaîrais, je loûrais, je supplérais.*

5°. Dans les verbes terminés en *ger*, la lettre *g* est toujours suivie d'un *e* muet partout où le paradigme commence par un *a* ou par un *o*. Exemples : *Jugeant, jugeons* (juge...ant, juge...ons). *Juge* est le tronc de *juger* ; *ant* et *ons* sont deux paradigmes ou différentes terminaisons du verbe *Juger* (1). Vous écrirez de même : Nous vengeons, nous affligeons ; vengeant, affligeant, etc.

---

(1) Le mot *paradigme* vient du grec παράδειγμα (*paradeigma*) exemple, modèle, lequel mot grec est dérivé du verbe παραδείκνυω (*paradeicnuô*) je montre clairement. Les Grammairiens emploient le mot paradigme, pour désigner les exemples de déclinaisons et de conjugaisons qui peuvent servir ensuite de modèles aux autres mots que l'usage et l'analogie ont soumis aux mêmes variations de l'une ou de l'autre espèce. Les paradigmes sont des exemples, des modèles pour d'autres termes analogues ; et c'est le sens littéral du mot.

DEUXIÈME

La deuxième conjugaison renferme beaucoup de sous un même coup-d'œil ; et, comme un assez grand différents temps leur ont été refusés par un usage véritable service à la langue française et aux étrangers sans offenser le goût.

Acquérir.	*Bouillir.*	*Courir.*
AFFIRMATIF.	AFFIRMATIF.	AFFIRMATIF.
PRÉSENT.	PRÉSENT.	PRÉSENT.
J'acquiers,	Je bous,	Je cours,
Tu acquiers,	Tu bous,	Tu cours,
Il acquiert.	Il bout.	Il court.
Nous acquérons,	Nous bouillons,	Nous courons,
Vous acquérez,	Vous bouillez,	Vous courez,
Ils acquièrent.	Ils bouillent.	Ils courent.
PASSÉ.	PASSÉ.	PASSÉ.
J'ai acquis,	J'ai bouilli,	J'ai couru,
Tu as acquis,	Tu as bouilli,	Tu as couru,
Il a acquis.	Il a bouilli.	Il a couru.
Nous avons acquis, etc.	Nous avons bouilli, etc.	Nous avons couru, etc.
FUTUR.	FUTUR.	FUTUR.
J'acquerrai,	Je bouillirai,	Je courrai,
Tu acquerras,	Tu bouilliras,	Tu courras,
Il acquerra.	Il bouillira.	Il courra.
Nous acquerrons,	Nous bouillirons,	Nous courrons,
Vous acquerrez,	Vous bouillirez,	Vous courrez,
Ils acquerront.	Ils bouilliront.	Ils courront.
PASSÉ PÉRIODIQUE.	PASSÉ PÉRIODIQUE.	PASSÉ PÉRIODIQUE.
J'acquis,	Je bouillis,	Je courus,
Tu acquis,	Tu bouillis,	Tu courus,
Il acquit.	Il bouillit.	Il courut.

CONJUGAISON.

verbes irréguliers; nous les avons réunis et présentés nombre d'entre eux sont défectifs, je veux dire que capricieux, nous avons cru que ce serait rendre un gers, que de les régulariser sans blesser l'oreille et

Cueillir.	*Faillir.*	*Fuir.*
AFFIRMATIF.	AFFIRMATIF.	AFFIRMATIF.
PRÉSENT.	PRÉSENT.	PRÉSENT.
Je cueille,	Je faux,	Je fuis,
Tu cueilles,	Tu faux,	Tu fuis,
Il cueille.	Il faut.	Il fuit.
Nous cueillons,	Nous faillons,	Nous fuyons,
Vous cueillez,	Vous faillez,	Vous fuyez,
Ils cueillent.	Ils faillent.	Ils fuient.
PASSÉ.	PASSÉ.	PASSÉ.
J'ai cueilli,	J'ai failli,	J'ai fui,
Tu as cueilli,	Tu as failli,	Tu as fui,
Il a cueilli.	Il a failli.	Il a fui.
Nous avons cueilli, etc.	Nous avons failli, etc.	Nous avons fui, etc.
FUTUR.	FUTUR.	FUTUR.
Je cueillerai,	Je faillirai,	Je fuirai,
Tu cueilleras,	Tu failliras,	Tu fuiras,
Il cueillera.	Il faillira.	Il fuira.
Nous cueillerons,	Nous faillirons,	Nous fuirons,
Vous cueillerez,	Vous faillirez,	Vous fuirez,
Ils cueilleront.	Ils failliront. (1)	Ils fuiront.
PASSÉ PÉRIODIQUE.	PASSÉ PÉRIODIQUE.	PASSÉ PÉRIODIQUE.
Je cueillis,	Je faillis,	Je fuis,
Tu cueillis,	Tu faillis,	Tu fuis,
Il cueillit.	Il faillit.	Il fuit.

---

(1) Quelques Grammairiens (et je suis de ce nombre) estiment que l'analogie et le bon goût commandent je *faillirai*. En effet, rien ne peut légitimer je *faudrai*, il *faudra*, et l'Académie me semble avoir tort de donner au verbe FAILLIR le même futur positif et le même présent conditionnel, qu'au verbe FALLOIR.

Nous acquîmes,
Vous acquîtes,
Ils acquirent.

Nous bouillîmes,
Vous bouillîtes,
Ils bouillirent.

Nous courûmes,
Vous courûtes,
Ils coururent.

PASSÉ SIMULTANÉE.

PASSÉ SIMULTANÉE.

PASSÉ SIMULTANÉE.

J'acquérais,
Tu acquérais,
I acquérait.
Nous acquérions,
Vous acquériez,
Ils acquéraient.

Je bouillais,
Tu bouillais,
Il bouillait.
Nous bouillions,
Vous bouilliez,
Ils bouillaient.

Je courais,
Tu courais,
Il courait.
Nous courions,
Vous couriez,
Ils couraient.

PASSÉ ANTÉRIEUR.

PASSÉ ANTÉRIEUR.

PASSÉ ANTÉRIEUR.

J'avais acquis,
Tu avais acquis,
Il avait acquis.
Nous avions acquis,
etc.

J'avais bouilli,
Tu avais bouilli,
Il avait bouilli.
Nous avions bouilli,
etc.

J'avais couru,
Tu avais couru,
Il avait couru.
Nous avions couru,
etc.

FUTUR ANTÉRIEUR.

FUTUR ANTÉRIEUR.

FUTUR ANTÉRIEUR.

J'aurai acquis,
Tu auras acquis,
Il aura acquis.
Nous aurons acquis,
etc.

J'aurai bouilli,
Tu auras, bouilli,
Il aura bouilli.
Nous aurons bouilli,
etc.

J'aurai couru,
Tu auras couru,
Il aura couru.
Nous aurons couru,
etc.

PRÉSENT *ou* FUTUR.

PRÉSENT *ou* FUTUR.

PRÉSENT *ou* FUTUR.

J'acquerrais,
Tu acquerrais,
Il acquerrait.
Nous acquerrions,
Vous acquerriez,
Ils acquerraient.

Je bouillirais,
Tu bouillirais,
Il bouillirait.
Nous bouillirions,
Vous bouilliriez,
Ils bouilliraient.

Je courrais,
Tu courrais,
Il courrait.
Nous courrions,
Vous courriez,
Ils courraient.

PASSÉ.

PASSÉ.

PASSÉ.

J'aurais acquis,
Tu aurais acquis,
Il aurait acquis.
Nous aurions acquis,
etc.

J'aurais bouilli,
Tu aurais bouilli,
Il aurait bouilli.
Nous aurions bouilli,
etc.

J'aurais couru,
Tu aurais couru,
Il aurait couru.
Nous aurions couru,
etc.

Nous cueillîmes,	Nous faillîmes,	Nous fuîmes,
Vous cueillîtes,	Vous faillîtes,	Vous fuîtes,
Ils cueillirent.	Ils faillirent.	Ils fuirent.

PASSÉ SIMULTANÉE.	PASSÉ SIMULTANÉE.	PASSÉ SIMULTANÉE.
Je cueillais,	Je faillais,	Je fuyais,
Tu cueillais,	Tu faillais,	Tu fuyais,
Il cueillait.	Il faillait.	Il fuyait.
Nous cueillions,	Nous faillions,	Nous fuiions,
Vous cueilliez,	Vous failliez,	Vous fuiiez,
Ils cueillaient.	Ils faillaient.	Ils fuyaient.

PASSÉ ANTÉRIEUR.	PASSÉ ANTÉRIEUR.	PASSÉ ANTÉRIEUR.
J'avais cueilli,	J'avais failli,	J'avais fui,
Tu avais cueilli,	Tu avais failli,	Tu avais fui,
Il avait cueilli.	Il avait failli.	Il avait fui.
Nous avions cueilli, etc.	Nous avions failli, etc.	Nous avions fui, etc.

FUTUR ANTÉRIEUR.	FUTUR ANTÉRIEUR.	FUTUR ANTÉRIEUR.
J'aurai cueilli,	J'aurai failli,	J'aurai fui,
Tu auras cueilli,	Tu auras failli,	Tu auras fui,
Il aura cueilli.	Il aura failli.	Il aura fui.
Nous aurons cueilli, etc.	Nous aurons failli, etc.	Nous aurons fui, etc.

PRÉSENT *ou* FUTUR.	PRÉSENT *ou* FUTUR.	PRÉSENT *ou* FUTUR.
Je cueillerais,	Je faillirais,	Je fuirais,
Tu cueillerais,	Tu faillirais,	Tu fuirais,
Il cueillerait.	Il faillirait.	Il fuirait.
Nous cueillerions,	Nous faillirions,	Nous fuirions,
Vous cueilleriez,	Vous failliriez,	Vous fuiriez,
Ils cueilleraient.	Ils failliraient.	Ils fuiraient.

PASSÉ.	PASSÉ.	PASSÉ.
J'aurais cueilli,	J'aurais failli,	J'aurais fui,
Tu aurais cueilli,	Tu aurais failli,	Tu aurais fui,
Il aurait cueilli.	Il aurait failli.	Il aurait fui.
Nous aurions cueilli, etc.	Nous aurions failli, etc.	Nous aurions fui, etc.

GRAMMAIRE RAISONNÉE.

PASSÉ PÉRIODIQUE.	PASSÉ PÉRIODIQUE.	PASSÉ PÉRIODIQUE.
J'eusse acquis,	J'eusse bouilli,	J'eusse couru,
Tu eusses acquis,	Tu eusses bouilli,	Tu eusses couru,
Il eût acquis.	Il eût bouilli.	Il eût couru.
Nous eussions acquis, etc.	Nous eussions bouilli, etc.	Nous eussions couru, etc.

IMPÉRATIF.   IMPÉRATIF.   IMPÉRATIF.

PRÉSENT ou FUTUR.	PRÉSENT ou FUTUR.	PRÉSENT ou FUTUR.
Acquiers.	Bous.	Cours.
Acquérons,	Bouillons,	Courons,
Acquérez.	Bouillez.	Courez.

FUTUR ANTÉRIEUR.	FUTUR ANTÉRIEUR.	FUTUR ANTÉRIEUR.
Aies acquis.	Aies bouilli.	Aies couru.
Ayons acquis,	Ayons bouilli,	Ayons couru,
Ayez acquis.	Ayez bouilli.	Ayez couru.

COMPLÉTIF.   COMPLÉTIF.   COMPLÉTIF.

PRÉSENT ou FUTUR.	PRÉSENT ou FUTUR.	PRÉSENT ou FUTUR.
Que j'acquière,	Que je bouille,	Que je coure,
Que tu acquières,	Que tu bouilles,	Que tu coures,
Qu'il acquière.	Qu'il bouille.	Qu'il coure.
Que nous acquérions,	Que nous bouillions,	Que nous courions,
Que vous acquériez,	Que vous bouilliez,	Que vous couriez,
Qu'ils acquièrent.	Qu'ils bouillent.	Qu'ils courent.

PASSÉ.	PASSÉ.	PASSÉ.
Que j'aie acquis,	Que j'aie bouilli,	Que j'aie couru,
Que tu aies acquis,	Que tu aies bouilli,	Que tu aies couru,
Qu'il ait acquis.	Qu'il ait bouilli.	Qu'il ait couru.
Que nous ayons acquis, etc.	Que nous ayons bouilli, etc.	Que nous ayons couru, etc.

PASSÉ PÉRIODIQUE.	PASSÉ PÉRIODIQUE.	PASSÉ PÉRIODIQUE.
Que j'acquisse,	Que je bouillisse,	Que je courusse,
Que tu acquisses,	Que tu bouillisses,	Que tu courusses,
Qu'il acquît.	Qu'il bouillît.	Qu'il courût.
Que nous acquissions,	Que nous bouillissions,	Que nous courussions,
Que vous acquissiez,	Que vous bouillissiez,	Que vous courussiez,
Qu'ils acquissent.	Qu'ils bouillissent.	Qu'ils courussent.

VERBES IRRÉGULIERS. 2ᵉ. CONJUGAISON. 229

PASSÉ PÉRIODIQUE.

J'eusse cueilli,
Tu eusses cueilli,
Il eût cueilli.
Nous eussions cueilli,
etc.

PASSÉ PÉRIODIQUE.

J'eusse failli,
Tu eusses failli,
Il eût failli.
Nous eussions failli,
etc.

PASSÉ PÉRIODIQUE.

J'eusse fui,
Tu eusses fui,
Il eût fui.
Nous eussions fui,
etc.

IMPÉRATIF.

PRÉSENT *ou* FUTUR.

Cueille.
Cueillons,
Cueillez.

IMPÉRATIF.

PRÉSENT *ou* FUTUR.

Faille.
Faillons,
Faillez.

IMPÉRATIF.

PRÉSENT *ou* FUTUR.

Fuis.
Fuyons,
Fuyez.

FUTUR ANTÉRIEUR.

Aies cueilli.
Ayons cueilli,
Ayez cueilli.

FUTUR ANTÉRIEUR.

Aies failli.
Ayons failli,
Ayez failli.

FUTUR ANTÉRIEUR.

Aies fui.
Ayons fui,
Ayez fui.

COMPLÉTIF.

PRÉSENT *ou* FUTUR.

Que je cueille,
Que tu cueilles,
Qu'il cueille.
Que nous cueillions,
Que vous cueilliez,
Qu'ils cueillent.

COMPLÉTIF.

PRÉSENT *ou* FUTUR.

Que je faille,
Que tu failles,
Qu'il faille.
Que nous faillions,
Que vous failliez,
Qu'ils faillent.

COMPLÉTIF.

PRÉSENT *ou* FUTUR.

Que je fuie,
Que tu fuies,
Qu'il fuie.
Que nous fuiions,
Que vous fuiiez,
Qu'ils fuient.

PASSÉ.

Que j'aie cueilli,
Que tu aies cueilli,
Qu'il ait cueilli.
Que nous ayons cueilli,
etc.

PASSÉ.

Que j'aie failli,
Que tu aies failli,
Qu'il ait failli.
Que nous ayons failli,
etc.

PASSÉ.

Que j'aie fui,
Que tu aies fui,
Qu'il ait fui.
Que nous ayons fui,
etc.

PASSÉ PÉRIODIQUE.

Que je cueillisse,
Que tu cueillisses,
Qu'il cueillît.
Que nous cueillissions,
Que vous cueillissiez,
Qu'ils cueillissent.

PASSÉ PÉRIODIQUE.

Que je faillisse,
Que tu faillisses,
Qu'il faillît.
Que nous faillissions,
Que vous faillissiez,
Qu'ils faillissent.

PASSÉ PÉRIODIQUE.

Que je fuisse,
Que tu fuisses,
Qu'il fuît.
Que nous fuissions,
Que vous fuissiez,
Qu'ils fuissent.

PASSÉ ANTÉRIEUR.	PASSÉ ANTÉRIEUR.	PASSÉ ANTÉRIEUR.
Que j'eusse acquis,	Que j'eusse bouilli,	Que j'eusse couru,
Que tu eusses acquis,	Que tu eusses bouilli,	Que tu eusses couru,
Qu'il eût acquis.	Qu'il eût bouilli.	Qu'il eût couru.
Que nous eussions acquis, etc.	Que nous eussions bouilli, etc.	Que nous eussions couru, etc.

PRÉSENT *ou* FUTUR.	PRÉSENT *ou* FUTUR.	PRÉSENT *ou* FUTUR.
Que j'acquisse,	Que je bouillisse,	Que je courusse,
Que tu acquisses, etc.	Que tu bouillisses, etc.	Que tu courusses, etc.
(*Voy. ci-dessus.*)	(*Voy. ci-dessus.*)	(*Voy. ci-dessus.*)

PASSÉ.	PASSÉ.	PASSÉ.
Que j'eusse acquis,	Que j'eusse bouilli,	Que j'eusse couru,
Que tu eusses acquis, etc.	Que tu eusses bouilli, etc.	Que tu eusses couru, etc.
(*Voy. ci-dessus.*)	(*Voy. ci-dessus.*)	(*Voy. ci-dessus.*)

INDÉFINI.	INDÉFINI.	INDÉFINI.
PRÉSENT, PASSÉ, *ou* FUTUR.	PRÉSENT, PASSÉ, *ou* FUTUR.	PRÉSENT, PASSÉ, *ou* FUTUR.
Acquérir.	Bouillir.	Courir.
PASSÉ.	PASSÉ.	PASSÉ.
Avoir acquis.	Avoir bouilli.	Avoir couru.
PARTICIPE PRÉSENT.	PARTICIPE PRÉSENT.	PARTICIPE PRÉSENT.
Acquérant.	Bouillant.	Courant.
PARTICIPE PASSÉ.	PARTICIPE PASSÉ.	PARTICIPE PASSÉ.
Ayant acquis.	Ayant bouilli.	Ayant couru.

VERBES IRRÉGULIERS. 2ᵉ. CONJUGAISON.

PASSÉ ANTÉRIEUR.

Que j'eusse cueilli,
Que tu eusses cueilli,
Qu'il eût cueilli.
Que nous eussions cueilli, etc.

PASSÉ ANTÉRIEUR.

Que j'eusse failli,
Que tu eusses failli,
Qu'il eût failli.
Que nous eussions failli, etc.

PASSÉ ANTÉRIEUR.

Que j'eusse fui,
Que tu eusses fui,
Qu'il eût fui.
Que nous eussions fui, etc.

PRÉSENT *ou* FUTUR.

Que je cueillisse,
Que tu cueillisses, etc.
(*Voy. ci-dessus.*)

PRÉSENT *ou* FUTUR.

Que je faillisse,
Que tu faillisses, etc.
(*Voy. ci-dessus.*)

PRÉSENT *ou* FUTUR.

Que je fuisse,
Que tu fuisses, etc.
(*Voy. ci-dessus.*)

PASSÉ.

Que j'eusse cueilli,
Que tu eusses cueilli,
etc.
(*Voy. ci-dessus.*)

PASSÉ.

Que j'eusse failli,
Que tu eusses failli,
etc.
(*Voy. ci-dessus.*)

PASSÉ.

Que j'eusse fui,
Que tu eusses fui,
etc.
(*Voy. ci-dessus.*)

INDÉFINI.

PRÉSENT, PASSÉ, *ou* FUTUR.

Cueillir.

INDÉFINI.

PRÉSENT, PASSÉ, *ou* FUTUR.

Faillir.

INDÉFINI.

PRÉSENT, PASSÉ, *ou* FUTUR.

Fuir.

PASSÉ.

Avoir cueilli.

PASSÉ.

Avoir failli.

PASSÉ.

Avoir fui.

PARTICIPE PRÉSENT.

Cueillant.

PARTICIPE PRÉSENT.

Faillant.

PARTICIPE PRÉSENT.

Fuyant.

PARTICIPE PASSÉ.

Ayant cueilli.

PARTICIPE PASSÉ.

Ayant failli.

PARTICIPE PASSÉ.

Ayant fui.

Mourir.

AFFIRMATIF.

PRÉSENT.

Je meurs,
Tu meurs,
Il meurt.
Nous mourons,
Vous mourez,
Ils meurent.

PASSÉ.

Je suis mort,
Tu es mort,
Il est mort.
Nous sommes morts,
etc.

FUTUR.

Je mourrai,
Tu mourras,
Il mourra.
Nous mourrons,
Vous mourrez,
Ils mourront.

PASSÉ PÉRIODIQUE.

Je mourus,
Tu mourus,
Il mourut.
Nous mourûmes,
Vous mourûtes,
Ils moururent.

PASSÉ SIMULTANÉE.

Je mourais,
Tu mourais,
Il mourait.
Nous mourions,
Vous mouriez,
Ils mouraient.

Offrir.

AFFIRMATIF.

PRÉSENT.

J'offre,
Tu offres,
Il offre.
Nous offrons,
Vous offrez,
Ils offrent.

PASSÉ.

J'ai offert,
Tu as offert,
Il a offert.
Nous avons offert,
etc.

FUTUR.

J'offrirai,
Tu offriras,
Il offrira.
Nous offrirons,
Vous offrirez,
Ils offriront.

PASSÉ PÉRIODIQUE.

J'offris,
Tu offris,
Il offrit.
Nous offrîmes,
Vous offrîtes,
Ils offrirent.

PASSÉ SIMULTANÉE.

J'offrais,
Tu offrais,
Il offrait.
Nous offrions,
Vous offriez,
Ils offraient.

Sentir.

AFFIRMATIF.

PRÉSENT.

Je sens,
Tu sens,
Il sent.
Nous sentons,
Vous sentez,
Ils sentent.

PASSÉ.

J'ai senti,
Tu as senti,
Il a senti.
Nous avons senti,
etc.

FUTUR.

Je sentirai,
Tu sentiras,
Il sentira.
Nous sentirons,
Vous sentirez,
Ils sentiront.

PASSÉ PÉRIODIQUE.

Je sentis,
Tu sentis,
Il sentit.
Nous sentîmes,
Vous sentîtes,
Ils sentirent.

PASSÉ SIMULTANÉE.

Je sentais,
Tu sentais,
Il sentait.
Nous sentions,
Vous sentiez,
Ils sentaient.

VERBES IRRÉGULIERS. 2ᵉ. CONJUGAISON.

Tenir.   *Tressaillir.*   *Vêtir.*

AFFIRMATIF.	AFFIRMATIF.	AFFIRMATIF.
PRÉSENT.	PRÉSENT.	PRÉSENT.
Je tiens,	Je tressaille,	Je vêts,
Tu tiens,	Tu tressailles,	Tu vêts,
Il tient.	Il tressaille.	Il vêt.
Nous tenons,	Nous tressaillons,	Nous vêtons,
Vous tenez,	Vous tressaillez.	Vous vêtez,
Ils tiennent.	Ils tressaillent.	Ils vêtent.
PASSÉ.	PASSÉ.	PASSÉ.
J'ai tenu,	J'ai tressailli,	J'ai vêtu,
Tu as tenu,	Tu as tressailli,	Tu as vêtu,
Il a tenu.	Il a tressailli.	Il a vêtu.
Nous avons tenu, etc.	Nous avons tressailli, etc.	Nous avons vêtu, etc.
FUTUR.	FUTUR.	FUTUR.
Je tiendrai,	Je tressaillerai, (1)	Je vêtirai,
Tu tiendras,	Tu tressailleras,	Tu vêtiras,
Il tiendra.	Il tressaillera.	Il vêtira.
Nous tiendrons,	Nous tressaillerons,	Nous vêtirons,
Vous tiendrez,	Vous tressaillerez,	Vous vêtirez,
Ils tiendront.	Ils tressailleront.	Ils vêtiront.
PASSÉ PÉRIODIQUE.	PASSÉ PÉRIODIQUE.	PASSÉ PÉRIODIQUE.
Je tins,	Je tressaillis,	Je vêtis,
Tu tins,	Tu tressaillis,	Tu vêtis,
Il tint.	Il tressaillit.	Il vêtit.
Nous tînmes,	Nous tressaillîmes,	Nous vêtîmes,
Vous tîntes,	Vous tressaillîtes,	Vous vêtîtes,
Ils tinrent.	Ils tressaillirent.	Ils vêtirent.
PASSÉ SIMULTANÉE.	PASSÉ SIMULTANÉE.	PASSÉ SIMULTANÉE.
Je tenais,	Je tressaillais,	Je vêtais,
Tu tenais,	Tu tressaillais,	Tu vêtais,
Il tenait.	Il tressaillait.	Il vêtait.
Nous tenions,	Nous tressaillions,	Nous vêtions,
Vous teniez,	Vous tressailliez,	Vous vêtiez,
Ils tenaient.	Ils tressaillaient.	Ils vêtaient.

---

(1) On doit dire : je tressaillerai, je tressaillerais (et non pas tressaillirai, tressaillirais) . parce que le présent est je tressaille. » Domergue et plusieurs bons Grammairiens partagent notre opinion.

PASSÉ ANTÉRIEUR.	PASSÉ ANTÉRIEUR.	PASSÉ ANTÉRIEUR.
J'étais mort,	J'avais offert,	J'avais senti,
Tu étais mort,	Tu avais offert,	Tu avais senti,
Il était mort.	Il avait offert.	Il avait senti.
Nous étions morts, etc.	Nous avions offert, etc.	Nous avions senti, etc.

FUTUR ANTÉRIEUR.	FUTUR ANTÉRIEUR.	FUTUR ANTÉRIEUR.
Je serai mort,	J'aurai offert,	J'aurai senti,
Tu seras mort,	Tu auras offert,	Tu auras senti,
Il sera mort.	Il aura offert.	Il aura senti.
Nous serons morts, etc.	Nous aurons offert, etc.	Nous aurons senti, etc.

PRÉSENT ou FUTUR.	PRÉSENT ou FUTUR.	PRÉSENT ou FUTUR.
Je mourrais,	J'offrirais,	Je sentirais,
Tu mourrais,	Tu offrirais,	Tu sentirais,
Il mourrait.	Il offrirait.	Il sentirait.
Nous mourrions,	Nous offririons,	Nous sentirions,
Vous mourriez,	Vous offririez,	Vous sentiriez,
Ils mourraient.	Ils offriraient.	Ils sentiraient.

PASSÉ.	PASSÉ.	PASSÉ.
Je serais mort,	J'aurais offert,	J'aurais senti,
Tu serais mort,	Tu aurais offert,	Tu aurais senti,
Il serait mort.	Il aurait offert.	Il aurait senti.
Nous serions morts, etc.	Nous aurions offert, etc.	Nous aurions senti, etc.

PASSÉ PÉRIODIQUE.	PASSÉ PÉRIODIQUE.	PASSÉ PÉRIODIQUE.
Je fusse mort,	J'eusse offert,	J'eusse senti,
Tu fusses mort,	Tu eusses offert,	Tu eusses senti,
Il fût mort.	Il eût offert.	Il eût senti.
Nous fussions morts, etc.	Nous eussions offert, etc.	Nous eussions senti, etc.

IMPÉRATIF.	IMPÉRATIF.	IMPÉRATIF.
PRÉSENT ou FUTUR.	PRÉSENT ou FUTUR.	PRÉSENT ou FUTUR.
Meurs.	Offre.	Sens.
Mourons,	Offrons,	Sentons,
Mourez.	Offrez.	Sentez.

PASSÉ ANTÉRIEUR.

J'avais tenu,
Tu avais tenu,
Il avait tenu.
Nous avions tenu,
etc.

PASSÉ ANTÉRIEUR.

J'avais tressailli,
Tu avais tressailli,
Il avait tressailli.
Nous avions tressailli,
etc.

PASSÉ ANTÉRIEUR.

J'avais vêtu,
Tu avais vêtu,
Il avait vêtu.
Nous avions vêtu,
etc.

FUTUR ANTÉRIEUR.

J'aurai tenu,
Tu auras tenu,
Il aura tenu.
Nous aurons tenu,
etc.

FUTUR ANTÉRIEUR.

J'aurai tressailli,
Tu auras tressailli,
Il aura tressailli.
Nous aurons tressailli,
etc.

FUTUR ANTÉRIEUR.

J'aurai vêtu,
Tu auras vêtu,
Il aura vêtu.
Nous aurons vêtu,
etc.

PRÉSENT ou FUTUR.

Je tiendrais,
Tu tiendrais,
Il tiendrait.
Nous tiendrions,
Vous tiendriez,
Ils tiendraient.

PRÉSENT ou FUTUR.

Je tressaillerais,
Tu tressaillerais,
Il tressaillerait.
Nous tressaillerions,
Vous tressailleriez,
Ils tressailleraient.

PRÉSENT ou FUTUR.

Je vêtirais,
Tu vêtirais,
Il vêtirait.
Nous vêtirions,
Vous vêtiriez,
Ils vêtiraient.

PASSÉ.

J'aurais tenu,
Tu aurais tenu,
Il aurait tenu.
Nous aurions tenu,
etc.

PASSÉ.

J'aurais tressailli,
Tu aurais tressailli,
Il aurait tressailli.
Nous aurions tressailli,
etc.

PASSÉ.

J'aurais vêtu,
Tu aurais vêtu,
Il aurait vêtu.
Nous aurions vêtu,
etc.

PASSÉ PÉRIODIQUE.

J'eusse tenu,
Tu eusses tenu,
Il eût tenu.
Nous eussions tenu,
etc.

PASSÉ PÉRIODIQUE.

J'eusse tressailli,
Tu eusses tressailli,
Il eût tressailli.
Nous eussions tressailli, etc.

PASSÉ PÉRIODIQUE.

J'eusse vêtu,
Tu eusses vêtu,
Il eût vêtu.
Nous eussions vêtu,
etc.

IMPÉRATIF.

PRÉSENT ou FUTUR.

Tiens.
Tenons,
Tenez.

IMPÉRATIF.

PRÉSENT ou FUTUR.

Tressaille.
Tressaillons,
Tressailliez.

IMPÉRATIF.

PRÉSENT ou FUTUR.

Vêts.
Vêtons,
Vêtez.

FUTUR ANTÉRIEUR.	FUTUR ANTÉRIEUR.	FUTUR ANTÉRIEUR.
Sois mort.	Aies offert.	Aies senti.
Soyons morts,	Ayons offert,	Ayons senti,
Soyez morts.	Ayez offert.	Ayez senti.

COMPLÉTIF. | COMPLÉTIF. | COMPLÉTIF.

PRÉSENT ou FUTUR.	PRÉSENT ou FUTUR.	PRÉSENT ou FUTUR.
Que je meure,	Que j'offre,	Que je sente,
Que tu meures,	Que tu offres,	Que tu sentes,
Qu'il meure.	Qu'il offre.	Qu'il sente.
Que nous mourions,	Que nous offrions,	Que nous sentions,
Que vous mouriez,	Que vous offriez,	Que vous sentiez,
Qu'ils meurent.	Qu'ils offrent.	Qu'ils sentent.

PASSÉ.	PASSÉ.	PASSÉ.
Que je sois mort,	Que j'aie offert,	Que j'aie senti,
Que tu sois mort,	Que tu aies offert,	Que tu aies senti,
Qu'il soit mort.	Qu'il ait offert.	Qu'il ait senti.
Que nous soyons morts, etc.	Que nous ayons offert, etc.	Que nous ayons senti, etc.

PASSÉ PÉRIODIQUE.	PASSÉ PÉRIODIQUE.	PASSÉ PÉRIODIQUE.
Que je mourusse,	Que j'offrisse,	Que je sentisse,
Que tu mourusses,	Que tu offrisses,	Que tu sentisses,
Qu'il mourût.	Qu'il offrît.	Qu'il sentît.
Que nous mourussions,	Que nous offrissions,	Que nous sentissions,
Que vous mourussiez,	Que vous offrissiez,	Que vous sentissiez,
Qu'ils mourussent.	Qu'ils offrissent.	Qu'ils sentissent.

PASSÉ ANTÉRIEUR.	PASSÉ ANTÉRIEUR.	PASSÉ ANTÉRIEUR.
Que je fusse mort,	Que j'eusse offert,	Que j'eusse senti,
Que tu fusses mort,	Que tu eusses offert,	Que tu eusses senti,
Qu'il fût mort.	Qu'il eût offert.	Qu'il eût senti.
Que nous fussions morts, etc.	Que nous eussions offert, etc.	Que nous eussions senti, etc.

PRÉSENT ou FUTUR.	PRÉSENT ou FUTUR.	PRÉSENT ou FUTUR.
Que je mourusse,	Que j'offrisse,	Que je sentisse,
Que tu mourusses, etc.	Que tu offrisses, etc.	Que tu sentisses, etc.
(*Voy. ci-dessus.*)	(*Voy. ci-dessus.*)	(*Voy. ci-dessus.*)

VERBES IRRÉGULIERS. 2e. CONJUGAISON.

FUTUR ANTÉRIEUR.

Aies tenu.
Ayons tenu,
Ayez tenu.

FUTUR ANTÉRIEUR.

Aies tressailli.
Ayons tressailli,
Ayez tressailli.

FUTUR ANTÉRIEUR.

Aies vêtu.
Ayons vêtu,
Ayez vêtu.

COMPLÉTIF.

PRÉSENT *ou* FUTUR.

Que je tienne,
Que tu tiennes,
Qu'il tienne.
Que nous tenions,
Que vous teniez,
Qu'ils tiennent.

COMPLÉTIF.

PRÉSENT *ou* FUTUR.

Que je tressaille,
Que tu tressailles,
Qu'il tressaille.
Que nous tressaillions,
Que vous tressailliez,
Qu'ils tressaillent.

COMPLÉTIF.

PRÉSENT *ou* FUTUR.

Que je vête,
Que tu vêtes,
Qu'il vête.
Que nous vêtions,
Que vous vêtiez,
Qu'ils vêtent.

PASSÉ.

Que j'aie tenu,
Que tu aies tenu,
Qu'il ait tenu.
Que nous ayons tenu, etc.

PASSÉ.

Que j'aie tressailli,
Que tu aies tressailli,
Qu'il ait tressailli.
Que nous ayons tressailli, etc.

PASSÉ.

Que j'aie vêtu,
Que tu aies vêtu,
Qu'il ait vêtu.
Que nous ayons vêtu, etc.

PASSÉ PÉRIODIQUE.

Que je tinsse,
Que tu tinsses,
Qu'il tînt.
Que nous tinssions,
Que vous tinssiez,
Qu'ils tinssent.

PASSÉ PÉRIODIQUE.

Que je tressaillisse,
Que tu tressaillisses,
Qu'il tressaillît.
Que nous tressaillissions,
Que vous tressaillissiez,
Qu'ils tressaillissent.

PASSÉ PÉRIODIQUE.

Que je vêtisse,
Que tu vêtisses,
Qu'il vêtit.
Que nous vêtissions,
Que vous vêtissiez,
Qu'ils vêtissent.

PASSÉ ANTÉRIEUR.

Que j'eusse tenu,
Que tu eusses tenu,
Qu'il eût tenu.
Que nous eussions tenu, etc.

PASSÉ ANTÉRIEUR.

Que j'eusse tressailli,
Que tu eusses tressailli,
Qu'il eût tressailli.
Que nous eussions tressailli, etc.

PASSÉ ANTÉRIEUR.

Que j'eusse vêtu,
Que tu eusses vêtu,
Qu'il eût vêtu.
Que nous eussions vêtu, etc.

PRÉSENT *ou* FUTUR.

Que je tinsse,
Que tu tinsses, etc.
(*Voy. ci-dessus.*)

PRÉSENT *ou* FUTUR.

Que je tressaillisse,
Que tu tressaillisses, etc.
(*Voy. ci-dessus.*)

PRÉSENT *ou* FUTUR.

Que je vêtisse,
Que tu vêtisses, etc.
(*Voy. ci-dessus.*)

PASSÉ.	PASSÉ.	PASSÉ.
Que je fusse mort, Que tu fusses mort, etc.	Que j'eusse offert, Que tu eusses offert, etc.	Que j'eusse senti, Que tu eusses senti, etc.
(*Voy. ci-dessus.*)	(*Voy. ci-dessus.*)	(*Voy. ci-dessus.*)

INDÉFINI.	INDÉFINI.	INDÉFINI.
PRÉSENT, PASSÉ, *ou* FUTUR.	PRÉSENT, PASSÉ *ou* FUTUR.	PRÉSENT, PASSÉ, *ou* FUTUR.
Mourir.	Offrir.	Sentir.
PASSÉ.	PASSÉ.	PASSÉ.
Être mort.	Avoir offert.	Avoir senti.
PARTICIPE PRÉSENT.	PARTICIPE PRÉSENT.	PARTICIPE PRÉSENT.
Mourant.	Offrant.	Sentant.
PARTICIPE PASSÉ.	PARTICIPE PASSÉ.	PARTICIPE PASSÉ.
Etant mort.	Ayant offert.	Ayant senti.

PASSÉ. | PASSÉ. | PASSÉ.

Que j'eusse tenu,
Que tu eusses tenu,
etc.
(*Voy. ci-dessus.*)

Que j'eusse tressailli,
Que tu eusses tressailli, etc.
(*Voy. ci-dessus.*)

Que j'eusse vêtu,
Que tu eusses vêtu,
etc.
(*Voy. ci dessus.*)

INDÉFINI. | INDÉFINI. | INDÉFINI.

PRÉSENT, PASSÉ, ou FUTUR.

Tenir. | Tressaillir. | Vêtir.

PASSÉ.

Avoir tenu. | Avoir tressailli. | Avoir vêtu.

PARTICIPE PRÉSENT.

Tenant. | Tressaillant. | Vêtant.

PARTICIPE PASSÉ.

Ayant tenu. | Ayant tressailli. | Ayant vêtu.

Conjuguez sur

Acquérir : *s'enquérir*, *requérir* et *conquérir*. — *Quérir* n'est usité qu'à l'indéfini : « Allez *quérir* cet homme », et l'on ne doit s'en servir que quand on sçait où est l'objet qu'on va quérir.

Bouillir : *ébouillir* (diminuer à force de bouillir); mais il se conjugue avec *être*.

Courir : *concourir*, *discourir*, *encourir*, *parcourir*, *recourir*, *secourir* et *accourir*; mais ce dernier se conjugue avec *être*.

Cueillir: *accueillir* et *recueillir*.

Faillir. Son composé *défaillir* est un verbe défectif.

Fuir : *s'enfuir*; mais il se conjugue avec *être*.

Mourir. Il n'a pas d'analogue.

Offrir : *ouvrir*, *découvrir*, *souffrir*. — Le verbe *appauvrir* se conjugue sur *finir*.

Sentir : *consentir*, *démentir*, *desservir*, *dormir*, *endormir*, *mentir*, *partir*, *pressentir*, *repartir* (partir de nouveau), *répartir* (répliquer), *se repentir*, *ressentir*, *ressortir* (sortir de nouveau), *servir*, *se servir*, *sortir*. Mais *partir* et *repartir* (partir de nouveau); *sortir* et *ressortir* (sortir de nouveau) se conjuguent avec *être*. —

Les verbes *répartir* (partager) et *ressortir* (être du ressort) se conjuguent sur FINIR.

TENIR : *appartenir, contenir, entretenir, maintenir, obtenir, retenir, soutenir, se souvenir, venir* et *revenir ;* mais ces trois derniers se conjugent avec *être.*

TRESSAILLIR : *assaillir,* et *saillir* (s'avancer en dehors).

VÊTIR : *dévêtir, revêtir, survêtir.*

TROISIÈME

La troisième conjugaison comprend un grand
conformer au plan que nous nous sommes tracé,

Asseoir. *Avoir.* *Déchoir.*

AFFIRMATIF. AFFIRMATIF. AFFIRMATIF.

PRÉSENT. PRÉSENT. PRÉSENT.

J'assieds,   J'ai,   Je déchois,
Tu assieds,   Tu as,   Tu déchois,
Il assied.   Il a.   Il déchoit.
Nous asséions,   Nous avons,   Nous déchoyons,
Vous asséiez,   Vous avez,   Vous déchoyez,
Ils asséient.   Ils ont.   Ils déchoient.

PASSÉ. PASSÉ. PASSÉ.

J'ai assis,   J'ai eu,   Je suis déchu,
Tu as assis,   Tu as eu,   Tu es déchu,
Il a assis.   Il a eu.   Il est déchu.
Nous avons assis,   Nous avons eu,   Nous sommes déchus,
etc.   etc.   etc.

FUTUR. FUTUR. FUTUR.

J'assiérai,   J'aurai,   Je déchérai,
Tu assiéras,   Tu auras,   Tu déchéras,
Il assiéra.   Il aura.   Il déchéra.
Nous assiérons,   Nous aurons,   Nous déchérons,
Vous assiérez,   Vous aurez,   Vous déchérez,
Ils assiéront.   Ils auront.   Ils déchéront.

PASSÉ PÉRIODIQUE. PASSÉ PÉRIODIQUE. PASSÉ PÉRIODIQUE.

J'assis,   J'eus,   Je déchus,
Tu assis,   Tu eus,   Tu déchus,
Il assit.   Il eut.   Il déchut.
Nous assîmes,   Nous eûmes,   Nous déchûmes,
Vous assîtes,   Vous eûtes,   Vous dechûtes,
Ils assirent.   Ils eurent.   Ils déchurent.

(1) *On dit aussi* Je puis.
(2) *Il serait ridicule d'écrire* Je pourrai, tu pourras, il pourra, etc.
on doit écrire, à cause de la prononciation, Je courrai, tu courras,
tu mourras, il mourra, etc. Je mourrais, tu mourrais, il mour

CONJUGAISON.

nombre de verbes anomaux et défectifs ; pour nous nous les avons rendus pleins et réguliers.

Mouvoir.	*Pourvoir.*	*Pouvoir.*
AFFIRMATIF.	AFFIRMATIF.	AFFIRMATIF.
PRÉSENT.	PRÉSENT.	PRÉSENT.
Je meus,	Je pourvois,	Je peux, (1)
Tu meus,	Tu pourvois,	Tu peux,
Il meut.	Il pourvoit.	Il peut.
Nous mouvons,	Nous pourvoyons,	Nous pouvons,
Vous mouvez,	Vous pourvoyez,	Vous pouvez,
Ils meuvent.	Ils pourvoient.	Ils peuvent.
PASSÉ.	PASSÉ.	PASSÉ.
J'ai mu,	J'ai pourvu,	J'ai pu,
Tu as mu,	Tu as pourvu,	Tu as pu,
Il a mu.	Il a pourvu.	Il a pu.
Nous avons mu, etc.	Nous avons pourvu, etc.	Nous avons pu, etc.
FUTUR.	FUTUR.	FUTUR.
Je mouvrai,	Je pourvoirai,	Je pourai (2),
Tu mouvras,	Tu pourvoiras,	Tu pouras,
Il mouvra.	Il pourvoira.	Il poura.
Nous mouvrons,	Nous pourvoirons,	Nour pourons,
Vous mouvrez,	Vous pourvoirez,	Vous pourez,
Ils mouvront.	Ils pouvoiront.	Ils pouront.
PASSÉ PÉRIODIQUE.	PASSÉ PÉRIODIQUE.	PASSÉ PÉRIODIQUE.
Je mus,	Je pourvus,	Je pus,
Tu mus,	Tu pourvus,	Tu pus,
Il mut.	Il pourvut.	Il put.
Nous mûmes,	Nous pourvûmes,	Nous pûmes,
Vous mûtes,	Vous pourvûtes,	Vous pûtes,
Ils mûrent.	Ils pourvurent.	Ils purent.

Je pourrais, tu pourrais, il pourrait, etc. *comme on écrit, et comme* il courra, etc. Je courrais, tu courrais, il courrait, etc. Je mourrairait, etc.

PASSÉ SIMULTANÉE.	PASSÉ SIMULTANÉE.	PASSÉ SIMULTANÉE.
J'asséiais,	J'avais,	Je déchoyais,
Tu asséiais,	Tu avais,	Tu déchoyais,
Il asséiait.	Il avait.	Il dechoyait.
Nous asséions,	Nous avions,	Nous déchoiions,
Vous asséiez,	Vous aviez,	Vous déchoiiez,
Ils asséiaient.	Ils avaient.	Ils déchoyaient.

PASSÉ ANTÉRIEUR.	PASSÉ ANTÉRIEUR.	PASSÉ ANTÉRIEUR.
J'avais assis,	J'avais eu,	J'étais déchu,
Tu avais assis,	Tu avais eu,	Tu étais déchu,
Il avait assis.	Il avait eu.	Il était déchu.
Nous avions assis, etc.	Nous avions eu, etc.	Nous étions déchus, etc.

FUTUR ANTÉRIEUR.	FUTUR ANTÉRIEUR.	FUTUR ANTÉRIEUR.
J'aurai assis,	J'aurai eu,	Je serai déchu,
Tu auras assis,	Tu auras eu,	Tu seras déchu,
Il aura assis.	Il aura eu.	Il sera déchu.
Nous aurons assis, etc.	Nous aurons eu, etc.	Nous serons déchus, etc.

PRÉSENT ou FUTUR.	PRÉSENT ou FUTUR.	PRÉSENT ou FUTUR.
J'assiérais,	J'aurais,	Je déchérais,
Tu assiérais,	Tu aurais,	Tu déchérais,
Il assiérait.	Il aurait.	Il déchérait.
Nous assiérions,	Nous aurions,	Nous déchérions,
Vous assiériez,	Vous auriez,	Vous déchériez,
Ils assiéraient.	Ils auraient.	Ils déchéraient.

PASSÉ.	PASSÉ.	PASSÉ.
J'aurais assis,	J'aurais eu,	Je serais déchu,
Tu aurais assis,	Tu aurais eu,	Tu serais déchu,
Il aurait assis.	Il aurait eu.	Il serait déchu.
Nous aurions assis, etc.	Nous aurions eu, etc.	Nous serions déchus, etc.

PASSÉ PÉRIODIQUE.	PASSÉ PÉRIODIQUE.	PASSÉ PÉRIODIQUE.
J'eusse assis,	J'eusse eu,	Je fusse déchu,
Tu eusses assis,	Tu eusses eu,	Tu fusses déchu,
Il eût assis.	Il eût eu.	Il fût déchu.
Nous eussions assis, etc.	Nous eussions eu, etc.	Nous fussions déchus, etc.

VERBES IRRÉGULIERS. 3e. CONJUGAISON.

PASSÉ SIMULTANÉE.	PASSÉ SIMULTANÉE.	PASSÉ SIMULTANÉE.
Je mouvais,	Je pourvoyais,	Je pouvais,
Tu mouvais,	Tu pourvoyais,	Tu pouvais,
Il mouvait.	Il pourvoyait.	Il pouvait.
Nous mouvions,	Nous pourvoiions,	Nous pouvions,
Vous mouviez,	Vous pourvoiiez,	Vous pouviez,
Ils mouvaient.	Ils pourvoyaient.	Ils pouvaient.

PASSÉ ANTÉRIEUR.	PASSÉ ANTÉRIEUR.	PASSÉ ANTÉRIEUR.
J'avais mu,	J'avais pourvu,	J'avais pu,
Tu avais mu,	Tu avais pourvu,	Tu avais pu,
Il avait mu.	Il avait pourvu.	Il avait pu.
Nous avions mu, etc.	Nous avions pourvu, etc.	Nous avions pu etc.

FUTUR ANTÉRIEUR.	FUTUR ANTÉRIEUR.	FUTUR ANTÉRIEUR.
J'aurai mu,	J'aurai pourvu,	J'aurai pu,
Tu auras mu,	Tu auras pourvu,	Tu auras pu,
Il aura mu.	Il aura pourvu.	Il aura pu.
Nous aurons mu, etc.	Nous aurons pourvu, etc.	Nous aurons pu, etc.

PRÉSENT *ou* FUTUR.	PRÉSENT *ou* FUTUR.	PRÉSENT *ou* FUTUR.
Je mouvrais,	Je pourvoirais,	Je pourais,
Tu mouvrais,	Tu pourvoirais,	Tu pourais,
Il mouvrait.	Il pourvoirait.	Il pourrait.
Nous mouvrions,	Nous pourvoirions,	Nous pourions,
Vous mouvriez,	Vous pourvoiriez,	Vous pouriez,
Ils mouvraient.	Ils pourvoiraient.	Ils pouraient.

PASSÉ.	PASSÉ.	PASSÉ.
J'aurais mu,	J'aurais pourvu,	J'aurais pu,
Tu aurais mu,	Tu aurais pourvu,	Tu aurais pu,
Il aurait mu.	Il aurait pourvu.	Il aurait pu.
Nous aurions mu, etc.	Nous aurions pourvu, etc.	Nous aurions pu, etc.

PASSÉ PÉRIODIQUE.	PASSÉ PÉRIODIQUE.	PASSÉ PÉRIODIQUE.
J'eusse mu,	J'eusse pourvu,	J'eusse pu,
Tu eusses mu,	Tu eusses pourvu,	Tu eusses pu,
Il eût mu.	Il eût pourvu.	Il eût pu.
Nous eussions mu, etc.	Nous eussions pourvu, etc.	Nous eussions pu, etc.

IMPÉRATIF.	IMPÉRATIF.	IMPÉRATIF.
PRÉSENT *ou* FUTUR.	PRÉSENT *ou* FUTUR.	PRÉSENT *ou* FUTUR.
Assieds.	Aies.	Déchois.
Asséions,	Ayons,	Déchoyons,
Asséiez.	Ayez.	Déchoyez.
FUTUR ANTÉRIEUR.	FUTUR ANTÉRIEUR.	FUTUR ANTÉRIEUR.
Aies assis.	Aies eu.	Sois déchu.
Ayons assis,	Ayons eu,	Soyons déchus,
Ayez assis.	Ayez eu.	Soyez déchus.

COMPLÉTIF.	COMPLÉTIF.	COMPLÉTIF.
PRÉSENT *ou* FUTUR.	PRÉSENT *ou* FUTUR.	PRÉSENT *ou* FUTUR.
Que j'asséie,	Que j'aie,	Que je déchoie,
Que tu asséies,	Que tu aies,	Que tu déchoies,
Qu'il asséie.	Qu'il ait.	Qu'il déchoie.
Que nous asséions,	Que nous ayons,	Que nous déchoiions,
Que vous asséiez,	Que vous ayez,	Que vous déchoiiez,
Qu'ils asséient.	Qu'ils aient.	Qu'ils déchoient.
PASSÉ.	PASSÉ.	PASSÉ.
Que j'aie assis,	Que j'aie eu,	Que je sois déchu,
Que tu aies assis,	Que tu aies eu,	Que tu sois déchu,
Qu'il ait assis.	Qu'il ait eu.	Qu'il soit déchu.
Que nous ayons assis, etc.	Que nous ayons eu, etc.	Que nous soyons déchus, etc.
PASSÉ PÉRIODIQUE.	PASSÉ PÉRIODIQUE.	PASSÉ PÉRIODIQUE.
Que j'assisse,	Que j'eusse,	Que je déchusse,
Que tu assisses,	Que tu eusses,	Que tu déchusses,
Qu'il assît.	Qu'il eût.	Qu'il déchût.
Que nous assissions,	Que nous eussions,	Que nous déchussions,
Que vous assissiez,	Que vous eussiez,	Que vous déchussiez,
Qu'ils assissent.	Qu'ils eussent.	Qu'ils déchussent.
PASSÉ ANTÉRIEUR.	PASSÉ ANTÉRIEUR.	PASSÉ ANTÉRIEUR.
Que j'eusse assis,	Que j'eusse eu,	Que je fusse déchu,
Que tu eusses assis,	Que tu eusses eu,	Que tu fusses déchu,
Qu'il eût assis.	Qu'il eût eu.	Qu'il fût déchu.
Que nous eussions assis, etc.	Que nous eussions eu, etc.	Que nous fussions déchus, etc.

VERBES IRRÉGULIERS. 3ᵉ. CONJUGAISON.

IMPÉRATIF.
PRÉSENT *ou* FUTUR.

Meus.
Mouvons,
Mouvez.

FUTUR ANTÉRIEUR.

Aies mu.
Ayons mu,
Ayez mu.

IMPÉRATIF.
PRÉSENT *ou* FUTUR.

Pourvois.
Pourvoyons,
Pourvoyez.

FUTUR ANTÉRIEUR.

Aies pourvu.
Ayons pourvu,
Ayez pourvu.

IMPÉRATIF.
PRÉSENT *ou* FUTUR.

Puisse.
Puissions,
Puissiez.

FUTUR ANTÉRIEUR.

Aies pu.
Ayons pu,
Ayez pu.

COMPLÉTIF.
PRÉSENT *ou* FUTUR.

Que je meuve,
Que tu meuves,
Qu'il meuve.
Que nous mouvions,
Que vous mouviez,
Qu'ils meuvent.

PASSÉ.

Que j'aie mu,
Que tu aies mu,
Qu'il ait mu.
Que nous ayons mu,
etc.

PASSÉ PÉRIODIQUE.

Que je musse,
Que tu musses,
Qu'il mût.
Que nous mussions,
Que vous mussiez,
Qu'ils mussent.

PASSÉ ANTÉRIEUR.

Que j'eusse mu,
Que tu eusses mu,
Qu'il eût mû.
Que nous eussions mu,
etc.

COMPLÉTIF.
PRÉSENT *ou* FUTUR.

Que je pourvoie,
Que tu pourvoies,
Qu'il pourvoie.
Que nous pourvoiions,
Que vous pourvoiiez,
Qu'ils pourvoient.

PASSÉ.

Que j'aie pourvu,
Que tu aies pourvu,
Qu'il ait pourvu.
Que nous ayons pourvu, etc.

PASSÉ PÉRIODIQUE.

Que je pourvusse,
Que tu pourvusses,
Qu'il pourvût.
Que nous pourvussions,
Que vous pourvussiez,
Qu'ils pourvussent.

PASSÉ ANTÉRIEUR.

Que j'eusse pourvu,
Que tu eusses pourvu,
Qu'il eût pourvu.
Que nous eussions pourvu, etc.

COMPLÉTIF.
PRÉSENT *ou* FUTUR.

Que je puisse,
Que tu puisses,
Qu'il puisse.
Que nous puissions,
Que vous puissiez,
Qu'ils puissent.

PASSÉ.

Que j'aie pu,
Que tu aies pu,
Qu'il ait pu.
Que nous ayons pu,
etc.

PASSÉ PÉRIODIQUE.

Que je pusse,
Que tu pusses,
Qu'il pût.
Que nous pussions,
Que vous pussiez,
Qu'ils pussent.

PASSÉ ANTÉRIEUR.

Que j'eusse pu,
Que tu eusses pu,
Qu'il eût pu.
Que nous eussions pu,
etc.

PRÉSENT ou FUTUR.	PÉRSENT ou FUTUR.	PRÉSENT ou FUTUR.
Que j'assisse, Que tu assisses, etc.	Que j'eusse, Que tu eusses, etc.	Que je déchusse, Que tu déchusses, etc.
(*Voyez ci dessus.*)	(*Voy. ci-dessus.*)	(*Voy. ci-dessus.*)
PASSÉ.	PASSÉ.	PASSÉ.
Que j'eusse assis, Que tu eusses assis, etc.	Que j'eusse eu, Que tu eusses eu, etc.	Que je fusse déchu, Que tu fusses déchu, etc.
(*Voy. ci-dessus.*)	(*Voy. ci-dessus.*)	(*Voy. ci-dessus.*)

INDÉFINI.	INDÉFINI.	INDÉFINI.
PRÉSENT, PASSÉ, ou FUTUR.	RÉSENT, PASSÉ, ou FUTUR.	PRÉSENT, PASSÉ, ou FUTUR.
Asseoir.	Avoir.	Déchoir.
PASSÉ.	PASSÉ,	PASSÉ.
Avoir assis.	Avoir eu.	Etre déchu.
PARTICIPE PRÉSENT.	PARTICIPE PRÉSENT.	PARTICIPE PRÉSENT.
Asséiant.	Ayant.	Déchéant.
PARTICIPE PASSÉ.	PARTICIPE PASSÉ.	PARTICIPE PASSÉ.
Ayant assis.	Ayant eu.	Etant déchu.

VERBES IRRÉGULIERS. 3ᵉ CONJUGAISON.

PRÉSENT ou FUTUR.	PRÉSENT ou FUTUR.	PRÉSENT ou FUTUR.
Que je musse, Que tu musses, etc.	Que je pourvusse, Que tu pourvusses, etc.	Que je pusse, Que tu pusses, etc.
(*Voy. ci-dessus.*)	(*Voy. ci-dessus.*)	(*Voy. ci-dessus*).

PASSÉ.	PASSÉ.	PASSÉ.
Que j'eusse mu, Que tu eusses mu, etc.	Que j'eusse pourvu, Que tu eusses pourvu, etc.	Que j'eusse pu, Que tu eusses pu, etc.
(*Voy. ci-dessus.*)	(*Voy. ci-dessus.*)	(*Voy. ci-dessus.*)

INDÉFINI.	INDÉFINI.	INDÉFINI.
PRÉSENT, PASSÉ, ou FUTUR.	PRÉSENT, PASSÉ, ou FUTUR.	PRÉSENT, PASSÉ, ou FUTUR.
Mouvoir.	Pourvoir.	Pouvoir.
PASSÉ.	PASSÉ.	PASSÉ.
Avoir mu.	Avoir pourvu.	Avoir pu.
PARTICIPE PRÉSENT.	PARTICIPE PRÉSENT.	PARTICIPE PRÉSENT.
Mouvant.	Pourvoyant.	Pouvant.
PARTICIPE PASSÉ.	PARTICIPE PASSÉ.	PARTICIPE PASSÉ.
Ayant mu.	Ayant pourvu.	Ayant pu.

Prévoir.   *Sçavoir.*   *Sursoir.*

AFFIRMATIF.	AFFIRMATIF.	AFFIRMATIF.
PRÉSENT.	PRÉSENT.	PRÉSENT.
Je prévois,	Je sçais,	Je sursois,
Tu prévois,	Tu sçais,	Tu sursois,
Il prévoit.	Il sçait.	Il sursoit.
Nous prévoyons,	Nous sçavons,	Nous sursoyons,
Vous prévoyez,	Vous sçavez,	Vous sursoyez,
Ils prévoient.	Ils sçavent.	Ils sursoient.
PASSÉ.	PASSÉ.	PASSÉ.
J'ai prévu,	J'ai sçu,	J'ai sursis,
Tu as prévu,	Tu as sçu,	Tu as sursis,
Il a prévu.	Il a sçu.	Il a sursis.
Nous avons prévu, etc.	Nous avons sçu, etc.	Nous avons sursis, etc.
FUTUR.	FUTUR.	FUTUR.
Je prévoirai,	Je sçaurai,	Je sursoirai,
Tu prévoiras,	Tu sçauras,	Tu sursoiras,
Il prévoira.	Il sçaura.	Il sursoira.
Nous prévoirons,	Nous sçaurons,	Nous sursoirons,
Vous prévoirez,	Vous sçaurez,	Vous sursoirez,
Ils prévoiront.	Ils sçauront.	Ils sursoiront.
PASSÉ PÉRIODIQUE.	PASSÉ PÉRIODIQUE.	PASSÉ PÉRIODIQUE.
Je prévis,	Je sçus,	Je sursis,
Tu prévis,	Tu sçus,	Tu sursis,
Il prévit.	Il sçut.	Il sursit.
Nous prévîmes,	Nous sçûmes,	Nous sursîmes,
Vous prévîtes,	Vous sçûtes,	Vous sursîtes,
Ils prévirent.	Ils sçurent.	Ils sursirent.
PASSÉ SIMULTANÉE.	PASSÉ SIMULTANÉE.	PASSÉ SIMULTANÉE.
Je prévoyais,	Je sçavais,	Je sursoyais,
Tu prévoyais,	Tu sçavais,	Tu sursoyais,
Il prévoyait.	Il sçavait.	Il sursoyait.
Nous prévoiions,	Nous sçavions,	Nous sursoiions,
Vous prévoiiez,	Vous sçaviez,	Vous sursoiiez,
Ils prévoyaient.	Ils sçavaient.	Ils sursoyaient.

VERBES IRRÉGULIERS. 3ᵉ. CONJUGAISON.

Valoir.

AFFIRMATIF.

PRÉSENT.

Je vaux,
Tu vaux,
Il vaut.
Nous valons,
Vous valez,
Ils valent.

PASSE.

J'ai valu,
Tu as valu,
Il a valu.
Nous avons valu,
etc.

FUTUR.

Je vaudrai,
Tu vaudras,
Il vaudra.
Nous vaudrons,
Vous vaudrez,
Ils vaudront.

PASSÉ PÉRIODIQUE.

Je valus,
Tu valus,
Il valut.
Nous valûmes,
Vous valûtes,
Ils valurent.

PASSÉ SIMULTANÉE.

Je valais,
Tu valais,
Il valait.
Nous valions,
Vous valiez,
Ils valaient.

Voir.

AFFIRMATIF.

PRÉSENT.

Je vois,
Tu vois,
Il voit.
Nous voyons,
Vous voyez,
Ils voient.

PASSÉ.

J'ai vu,
Tu as vu,
Il a vu.
Nous avons vu,
etc.

FUTUR.

Je verrai,
Tu verras,
Il verra.
Nous verrons,
Vous verrez,
Ils verront.

PASSÉ PÉRIODIQUE.

Je vis,
Tu vis,
Il vit.
Nous vîmes,
Vous vîtes,
Ils virent.

PASSÉ SIMULTANÉE.

Je voyais,
Tu voyais,
Il voyait.
Nous voiions,
Vous voiiez,
Ils voyaient.

Vouloir.

AFFIRMATIF.

PRÉSENT.

Je veux,
Tu veux,
Il veut.
Nous voulons,
Vous voulez,
Ils veulent.

PASSÉ.

J'ai voulu,
Tu as voulu,
Il a voulu.
Nous avons voulu,
etc.

FUTUR.

Je voudrai,
Tu voudras,
Il voudra.
Nous voudrons,
Vous voudrez,
Ils voudront.

PASSÉ PÉRIODIQUE.

Je voulus,
Tu voulus,
Il voulut.
Nous voulûmes,
Vous voulûtes,
Ils voulurent.

PASSÉ SIMULTANÉE.

Je voulais,
Tu voulais,
Il voulait.
Nous voulions,
Vous vouliez,
Ils voulaient.

PASSÉ ANTÉRIEUR.	PASSÉ ANTÉRIEUR.	PASSÉ ANTÉRIEUR.
J'avais prévu,	J'avais sçu,	J'avais sursis,
Tu avais prévu,	Tu avais sçu,	Tu avais sursis,
Il avait prévu.	Il avait sçu.	Il avait sursis.
Nous avions prévu, etc.	Nous avions sçu, etc.	Nous avions sursis, etc.

FUTUR ANTÉRIEUR.	FUTUR ANTÉRIEUR.	FUTUR ANTÉRIEUR.
J'aurai prévu,	J'aurai sçu,	J'aurai sursis,
Tu auras prévu,	Tu auras sçu,	Tu auras sursis,
Il aura prévu.	Il aura sçu.	Il aura sursis.
Nous aurons prévu, etc.	Nous aurons sçu, etc.	Nous aurons sursis, etc.

PRÉSENT ou FUTUR.	PRÉSENT ou FUTUR.	PRÉSENT ou FUTUR.
Je prévoirais,	Je sçaurais,	Je sursoirais,
Tu prévoirais,	Tu sçaurais,	Tu sursoirais,
Il prévoirait.	Il sçaurait.	Il sursoirait.
Nous prévoirions,	Nous sçaurions,	Nous sursoirions,
Vous prévoiriez,	Vous sçauriez,	Vous sursoiriez,
Ils prévoiraient.	Ils sçauraient.	Ils sursoiraient.

PASSÉ.	PASSÉ.	PASSÉ.
J'aurais prévu,	J'aurais sçu,	J'aurais sursis,
Tu aurais prévu,	Tu aurais sçu,	Tu aurais sursis,
Il aurait prévu.	Il aurait sçu.	Il aurait sursis.
Nous aurions prévu, etc.	Nous aurions sçu, etc.	Nous aurions sursis, etc.

PASSÉ PÉRIODIQUE.	PASSÉ PÉRIODIQUE.	PASSÉ PÉRIODIQUE.
J'eusse prévu,	J'eusse sçu,	J'eusse sursis,
Tu eusses prévu,	Tu eusses sçu,	Tu eusses sursis,
Il eût prévu.	Il eût sçu.	Il eût sursis.
Nous eussions prévu, etc.	Nous eussions sçu, etc.	Nous eussions sursis, etc.

IMPÉRATIF.	IMPÉRATIF.	IMPÉRATIF.
PRÉSENT ou FUTUR.	PRÉSENT ou FUTUR.	PRÉSENT ou FUTUR.
Prévois.	Sçache.	Sursois.
Prévoyons,	Sçachons,	Sursoyons,
Prévoyez.	Sçachez.	Sursoyez.

VERBES IRRÉGULIERS. 3ᵉ. CONJUGAISON.

PASSÉ ANTÉRIEUR.

J'avais valu,
Tu avais valu,
Il avait valu.
Nous avions valu,
etc.

PASSÉ ANTÉRIEUR.

J'avais vu,
Tu avais vu,
Il avait vu.
Nous avions vu,
etc.

PASSÉ ANTÉRIEUR.

J'avais voulu,
Tu avais voulu,
Il avait voulu.
Nous avions voulu,
etc.

FUTUR ANTÉRIEUR.

J'aurai valu,
Tu auras valu,
Il aura valu.
Nous aurons valu,
etc.

FUTUR ANTÉRIEUR.

J'aurai vu,
Tu auras vu,
Il aura vu.
Nous aurons vu,
etc.

FUTUR ANTÉRIEUR.

J'aurai voulu,
Tu auras voulu,
Il aura voulu.
Nous aurons voulu,
etc.

PRÉSENT *ou* FUTUR.

Je vaudrais,
Tu vaudrais,
Il vaudrait.
Nous vaudrions,
Vous vaudriez,
Ils vaudraient.

PRÉSENT *ou* FUTUR.

Je verrais,
Tu verrais,
Il verrait.
Nous verrions,
Vous verriez,
Ils verraient.

PRÉSENT *ou* FUTUR.

Je voudrais,
Tu voudrais,
Il voudrait.
Nous voudrions,
Nous voudriez,
Ils voudraient.

PASSÉ.

J'aurais valu,
Tu aurais valu,
Il aurait valu.
Nous aurions valu,
etc.

PASSÉ.

J'aurais vu,
Tu aurais vu,
Il aurait vu.
Nous aurions vu,
etc.

PASSÉ.

J'aurais voulu,
Tu aurais voulu,
Il aurait voulu.
Nous aurions voulu,
etc.

PASSÉ PÉRIODIQUE.

J'eusse valu,
Tu eusses valu,
Il eût valu.
Nous eussions valu,
etc.

PASSÉ PÉRIODIQUE.

J'eusse vu,
Tu eusses vu,
Il eût vu.
Nous eussions vu,
etc.

PASSÉ PÉRIODIQUE.

J'eusse voulu,
Tu eusses voulu,
Il eût voulu.
Nous eussions voulu,
etc.

IMPÉRATIF.

PRÉSENT *ou* FUTUR.

Vaille.
Vaillons,
Vaillez.

IMPÉRATIF.

PRÉSENT *ou* FUTUR.

Vois.
Voyons,
Voyez.

IMPÉRATIF.

PRÉSENT *ou* FUTUR.

Veuille.
Veuillons,
Veuillez.

FUTUR ANTÉRIEUR.	FUTUR ANTÉRIEUR.	FUTUR ANTÉRIEUR.
Aies prévu.	Aies sçu.	Aies sursis.
Ayons prévu,	Ayons sçu,	Ayons sursis,
Ayez prévu.	Ayez sçu.	Ayez sursis.

COMPLÉTIF.	COMPLÉTIF.	COMPLÉTIF.
PRÉSENT *ou* FUTUR.	PRÉSENT *ou* FUTUR.	PRÉSENT *ou* FUTUR.
Que je prévoie,	Que je sçache,	Que je sursoie,
Que tu prévoies,	Que tu sçaches,	Que tu sursoies,
Qu'il prévoie.	Qu'il sçache.	Qu'il sursoie.
Que nous prévoiions,	Que nous sçachions,	Que nous sursoiions,
Que vous prévoiiez,	Que vous sçachiez,	Que vous sursoiiez,
Qu'ils prévoient.	Qu'ils sçachent.	Qu'ils sursoient.

PASSÉ.	PASSÉ.	PASSÉ.
Que j'aie prévu,	Que j'aie sçu,	Que j'aie sursis,
Que tu aies prévu,	Que tu aies sçu,	Que tu aies sursis,
Qu'il ait prévu.	Qu'il ait sçu.	Qu'il ait sursis.
Que nous ayons prévu, etc.	Que nous ayons sçu, etc.	Que nous ayons sursis, etc.

PASSÉ PÉRIODIQUE.	PASSÉ PÉRIODIQUE.	PASSÉ PÉRIODIQUE.
Que je prévisse,	Que je sçusse,	Que je sursisse,
Que tu prévisses,	Que tu sçusses,	Que tu sursisses,
Qu'il prévît.	Qu'il sçut.	Qu'il sursît.
Que nous prévissions,	Que nous sçussions,	Que nous sursissions,
Que vous prévissiez,	Que vous sçussiez,	Que vous sursissiez,
Qu'ils prévissent.	Qu'ils sçussent.	Qu'ils sursissent.

PASSÉ ANTÉRIEUR.	PASSÉ ANTÉRIEUR.	PASSÉ ANTÉRIEUR.
Que j'eusse prévu,	Que j'eusse sçu,	Que j'eusse sursis,
Que tu eusses prévu,	Que tu eusses sçu,	Que tu eusses sursis,
Qu'il eût prévu.	Qu'il eût sçu.	Qu'il eût sursis.
Que nous eussions prévu, etc.	Que nous eussions sçu, etc.	Que nous eussions sursis, etc.

PRÉSENT *ou* FUTUR.	PRÉSENT *ou* FUTUR.	PRÉSENT *ou* FUTUR.
Que je prévisse,	Que je sçusse,	Que je sursisse,
Que tu prévisses, etc.	Que tu sçusses, etc.	Que tu sursisses, etc.
(*Voy.* ci-dessus.)	(*Voy.* ci-dessus.)	(*Voy.* ci-dessus.)

VERBES IRRÉGULIERS. 3e. CONJUGAISON.

FUTUR ANTÉRIEUR. | FUTUR ANTÉRIEUR. | FUTUR ANTÉRIEUR.

Aies valu.
Ayons valu,
Ayez valu.

Aies vu.
Ayons vu,
Ayez vu.

Aies voulu.
Ayons voulu,
Ayez voulu.

COMPLÉTIF. | COMPLÉTIF. | COMPLÉTIF.

PRÉSENT *ou* FUTUR. | PRÉSENT *ou* FUTUR. | PRÉSENT *ou* FUTUR.

Que je vaille,
Que tu vailles,
Qu'il vaille.
Que nous vaillions,
Que vous vailliez,
Qu'ils vaillent.

Que je voie,
Que tu voies,
Qu'il voie.
Que nous voiions,
Que vous voiiez,
Qu'ils voient.

Que je veuille,
Que tu veuilles,
Qu'il veuille.
Que nous voulions,
Que vous vouliez,
Qu'ils veuillent.

PASSÉ. | PASSÉ. | PASSÉ.

Que j'aie valu,
Que tu aies valu,
Qu'il ait valu.
Que nous ayons valu,
etc.

Que j'aie vu,
Que tu aies vu,
Qu'il ait vu.
Que nous ayons vu,
etc.

Que j'aie voulu,
Que tu aies voulu,
Qu'il ait voulu.
Que nous ayons voulu,
etc.

PASSÉ PÉRIODIQUE. | PASSÉ PÉRIODIQUE. | PASSÉ PÉRIODIQUE.

Que je valusse,
Que tu valusses,
Qu'il valût.
Que nous valussions,
Que vous valussiez,
Qu'ils valussent.

Que je visse,
Que tu visses,
Qu'il vît.
Que nous vissions,
Que vous vissiez,
Qu'ils vissent.

Que je voulusse,
Que tu voulusses,
Qu'il voulût.
Que nous voulussions,
Que vous voulussiez,
Qu'ils voulussent.

PASSÉ ANTÉRIEUR. | PASSÉ ANTÉRIEUR. | PASSÉ ANTÉRIEUR.

Que j'eusse valu,
Que tu eusses valu,
Qu'il eût valu.
Que nous eussions va-
lu, etc.

Que j'eusse vu,
Que tu eusses vu,
Qu'il eût vu.
Que nous eussions vu,
etc.

Que j'eusse voulu,
Que tu eusses voulu,
Qu'il eût voulu.
Que nous eussions vou-
lu, etc.

PRÉSENT *ou* FUTUR. | PRÉSENT *ou* FUTUR. | PRÉSENT *ou* FUTUR.

Que je valusse,
Que tu valusses,
(*Voy. ci-dessus.*)

Que je visse,
Que tu visses, etc.
(*Voy. ci-dessus.*)

Que je voulusse,
Que tu voulusses, etc.
(*Voy. ci-dessus.*)

PASSÉ.	PASSÉ.	PASSÉ
Que j'eusse prévu,	Que j'eusse sçu,	Que j'eusse sursis,
Que tu eusses prévu,	Que tu eusses sçu,	Que tu eusses sursis,
etc.	etc.	etc.
(*Voy. ci-dessus.*)	(*Voy. ci-dessus.*)	(*Voy. ci-dessus.*)

INDÉFINI.	INDÉFINI.	INDÉFINI.
PRÉSENT, PASSÉ, *ou* FUTUR.	PRÉSENT, PASSÉ, *ou* FUTUR.	PRÉSENT, PASSÉ, *ou* FUTUR.
Prévoir.	Sçavoir.	Sursoir.
PASSÉ.	PASSÉ.	PASSÉ.
Avoir prévu.	Avoir sçu.	Avoir sursis.
PARTICIPE PRÉSENT.	PARTICIPE PRÉSENT.	PARTICIPE PRÉSENT.
Prévoyant.	Sçachant.	Sursoyant.
PARTICIPE PASSÉ.	PARTICIPE PASSÉ.	PARTICIPE PASSÉ.
Ayant prévu.	Ayant sçu.	Ayant sursis.

DES IRRÉGULIERS. 3ᵉ. CONJUGAISON. 257

PASSÉ.	PASSÉ.	PASSÉ.
Que j'eusse valu,	Que j'eusse vu,	Que j'eusse voulu,
Que tu eussses valu,	Que tu eusses vu,	Que tu eusses voulu,
etc.	etc.	etc.
(*Voy. ci-dessus.*)	(*Voy. ci-dessus.*)	(*Voy. ci-dessus.*)

INDÉFINI.	INDÉFINI.	INDÉFINI.
PRÉSENT, PASSÉ, *ou* FUTUR.	PRÉSENT, PASSÉ, *ou* FUTUR.	PRÉSENT, PASSÉ, *ou* FUTUR.
Valoir.	Voir.	Vouloir.
PASSÉ.	PASSÉ.	PASSÉ.
Avoir valu.	Avoir vu.	Avoir voulu.
PARTICIPE PRÉSENT.	PARTICIPE PRÉSENT.	PARTICIPE PRÉSENT.
Valant.	Voyant.	Voulant.
PARTICIPE PASSÉ.	PARTICIPE PASSÉ.	PARTICIPE PASSÉ.
Ayant valu.	Ayant vu.	Ayant voulu.

Conjuguèz sur

Asseoir : *rasseoir*, *s'asseoir* et *seoir* (être assis). Ce dernier fait *séant*, au participe présent, et non pas *séiant*.

Avoir : il n'a pas d'analogue ; le verbe *ravoir* n'est usité qu'au présent de l'indéfini.

Déchoir : *choir* et *échoir* ; mais *choir* n'est usité qu'au présent de l'indéfini, et au participe passé : *chu*, *chue*.

Mouvoir : *émouvoir*.

Pourvoir : il n'a pas d'analogue.

Pouvoir : il n'a pas d'analogue,

Prévoir : il n'a pas d'analogue.

Sçavoir : il n'a pas d'analogue.

Sursoir : il n'a pas d'analogue.

Valoir : *revaloir*, *équivaloir* et *prévaloir* ; mais ces deux derniers font au présent du complétif que j'équivale, que tu équivales, qu'il équivale, etc. que je prévale, que tu prévales, qu'il prévale, etc.

Voir : *revoir et entrevoir.*

Vouloir : il n'a pas d'analogue.

QUATRIÈM[E]

La quatrième conjugaison renferme beaucou[p]
avons soumis tous à un système régulier d[e]

Battre.	*Boire.*	*Clore.*
AFFIRMATIF.	AFFIRMATIF.	AFFIRMATIF.
PRÉSENT.	PRÉSENT.	PRÉSENT.
Je bats,	Je bois,	Je clos,
Tu bats,	Tu bois,	Tu clos,
Il bat.	Il boit.	Il clot.
Nous battons,	Nous buvons,	Nous closons,
Vous battez,	Vous buvez,	Vous closez,
Ils battent.	Ils boivent.	Ils closent.
PASSÉ.	PASSÉ.	PASSÉ.
J'ai battu,	J'ai bu,	J'ai clos,
Tu as battu,	Tu as bu,	Tu as clos,
Il a battu.	Il a bu.	Il a clos.
Nous avons battu, etc.	Nous avons bu, etc.	Nous avons clos, etc
FUTUR.	FUTUR.	FUTUR.
Je battrai,	Je boirai,	Je clorrai,
Tu battras,	Tu boiras,	Tu clorras,
Il battra.	Il boira.	Il clorra.
Nous battrons,	Nous boirons,	Nous clorrons,
Vous battrez,	Vous boirez,	Vous clorrez,
Ils battront.	Ils boiront.	Ils clorront.
PASSÉ PÉRIODIQUE.	PASSÉ PÉRIODIQUE.	PASSÉ PÉRIODIQUE.
Je battis,	Je bus,	Je closis,
Tu battis,	Tu bus,	Tu closis,
Il battit.	Il but.	Il closit.
Nous battîmes,	Nous bûmes,	Nous closîmes,
Vous battîtes,	Vous bûtes,	Vous closîtes,
Ils battirent.	Ils burent.	Ils closirent.
PASSÉ SIMULTANÉE.	PASSÉ SIMULTANÉE.	PASSÉ SIMULTANÉE.
Je battais,	Je buvais,	Je closais,
Tu battais,	Tu buvais,	Tu closais,
Il battait.	Il buvait.	Il closait.

ONJUGAISON.

e verbes auxquels il manque des temps ; nous les onjugaison.

Conclure.	Connaitre.	Coudre.
AFFIRMATIF.	AFFIRMATIF.	AFFIRMATIF.
PRÉSENT.	PRÉSENT.	PRÉSENT.
e conclus,	Je connais,	Je couds,
u conclus,	Tu connais,	Tu couds,
conclut.	Il connait.	Il cout.
ous concluons,	Nous connaissons,	Nous cousons,
ous concluez,	Vous connaissez,	Vous cousez,
s concluent.	Ils connaissent.	Ils cousent.
PASSÉ.	PASSÉ.	PASSÉ.
ai conclu,	J'ai connu,	J'ai cousu,
u as conclu,	Tu as connu,	Tu as cousu,
a conclu.	Il a connu.	Il a cousu.
ous avons conclu,	Nous avons connu,	Nous avons cousu,
etc.	etc.	etc.
FUTUR.	FUTUR.	FUTUR.
e conclurai,	Je connaîtrai,	Je coudrai,
u concluras,	Tu connaîtras,	Tu coudras,
conclura.	Il connaîtra.	Il coudra.
ous conclurons,	Nous connaîtrons,	Nous coudrons,
ous conclurez,	Vous connaîtrez,	Vous coudrez,
s concluront.	Ils connaîtront.	Ils coudront.
PASSÉ PÉRIODIQUE.	PASSÉ PÉRIODIQUE.	PASSÉ PÉRIODIQUE.
e conclus,	Je connus,	Je cousis,
u conclus,	Tu connus,	Tu cousis,
conclut.	Il connut.	Il cousit.
ous conclûmes,	Nous connûmes,	Nous cousîmes,
ous conclûtes,	Vous connûtes,	Vous cousîtes,
s conclurent.	Ils connurent.	Ils cousirent.
PASSÉ SIMULTANÉE.	PASSÉ SIMULTANÉE.	PASSÉ SIMULTANÉE.
e concluais,	Je connaissais,	Je cousais,
u concluais,	Tu connaissais,	Tu cousais,
concluait.	Il connaissait.	Il cousait.

Nous battions,	Nous buvions,	Nous closions,
Vous battiez,	Vous buviez,	Vous closiez,
Ils battaient.	Ils buvaient.	Ils closaient.

PASSÉ ANTÉRIEUR.	PASSÉ ANTÉRIEUR.	PASSÉ ANTÉRIEUR.
J'avais battu,	J'avais bu,	J'avais clos,
Tu avais battu,	Tu avais bu,	Tu avais clos,
Il avait battu.	Il avait bu.	Il avait clos.
Nous avions battu, etc.	Nous avions bu, etc.	Nous avions clos, et

FUTUR ANTÉRIEUR.	FUTUR ANTÉRIEUR.	FUTUR ANTÉRIEUR.
J'aurai battu,	J'aurai bu,	J'aurai clos,
Tu auras battu,	Tu auras bu,	Tu auras clos,
Il aura battu.	Il aura bu.	Il aura clos.
Nous aurons battu, etc.	Nous aurons bu, etc.	Nous aurons clos, et

---

PRÉSENT *ou* FUTUR.	PRÉSENT *ou* FUTUR.	PRÉSENT *ou* FUTUR.
Je battrais,	Je boirais,	Je clorrais,
Tu battrais,	Tu boirais,	Tu clorrais,
Il battrait.	Il boirait.	Il clorrait.
Nous battrions,	Nous boirions,	Nous clorrions,
Vous battriez,	Vous boiriez,	Vous clorriez,
Ils battraient.	Ils boiraient.	Ils clorraient.

PASSÉ.	PASSÉ.	PASSÉ.
J'aurais battu,	J'aurais bu,	J'aurais clos,
Tu aurais battu,	Tu aurais bu,	Tu aurais clos,
Il aurait battu.	Il aurait bu.	Il aurait clos.
Nous aurions battu, etc.	Nous aurions bu, etc.	Nous aurions clos etc.

PASSÉ PÉRIODIQUE.	PASSÉ PÉRIODIQUE.	PASSÉ PÉRIODIQUE.
J'eusse battu,	J'eusse bu,	J'eusse clos,
Tu eusses battu,	Tu eusses bu,	Tu eusses clos,
Il eût battu.	Il eût bu.	Il eût clos.
Nous eussions battu, etc.	Nous eussions bu, etc.	Nous eussions clos etc.

VERBES IRRÉGULIERS. 4ᵉ. CONJUGAISON.

Nous concluions, Nous connaissions, Nous cousions,
Vous concluiez, Vous connaissiez, Vous cousiez,
Ils concluaient. Ils connaissaient. Ils cousaient.

PASSÉ ANTÉRIEUR. PASSÉ ANTÉRIEUR. PASSÉ ANTÉRIEUR.

J'avais conclu, J'avais connu, J'avais cousu,
Tu avais conclu, Tu avais connu, Tu avais cousu,
Il avait conclu. Il avait connu. Il avait cousu.
Nous avions conclu, Nous avions connu, Nous avions cousu,
etc. etc. etc.

FUTUR ANTÉRIEUR. FUTUR ANTÉRIEUR. FUTUR ANTÉRIEUR.

J'aurai conclu, J'aurai connu, J'aurai cousu,
Tu auras conclu, Tu auras connu, Tu auras cousu,
Il aura conclu. Il aura connu. Il aura cousu.
Nous aurons conclu, Nous aurons connu, Nous aurons cousu,
etc. etc. etc.

PRÉSENT *ou* FUTUR. PRÉSENT *ou* FUTUR. PRÉSENT *ou* FUTUR.

Je conclurais, Je connaîtrais, Je coudrais,
Tu conclurais, Tu connaîtrais, Tu coudrais,
Il conclurait. Il connaîtrait. Il coudrait.
Nous conclurions, Nous connaîtrions, Nous coudrions,
Vous concluriez, Vous connaîtriez, Vous coudriez,
Ils concluraient. Ils connaîtraient. Ils coudraient.

PASSÉ. PASSÉ. PASSÉ.

J'aurais conclu, J'aurais connu, J'aurais cousu,
Tu aurais conclu, Tu aurais connu, Tu aurais cousu,
Il aurait conclu. Il aurait connu. Il aurait cousu.
Nous aurions conclu, Nous aurions connu, Nous aurions cousu,
etc. etc. etc.

PASSÉ PÉRIODIQUE. PASSÉ PÉRIODIQUE. PASSÉ PÉRIODIQUE.

J'eusse conclu, J'eusse connu, J'eusse cousu,
Tu eusses conclu, Tu eusses connu, Tu eusses cousu,
Il eût conclu. Il eût connu. Il eût cousu.
Nous eussions conclu, Nous eussions connu, Nous eussions cousu,
etc. etc. etc.

IMPÉRATIF.	IMPÉRATIF.	IMPÉRATIF.
PRÉSENT *ou* FUTUR.	PRÉSENT *ou* FUTUR.	PRÉSENT *ou* FUTUR.
Bats.	Bois.	Clos.
Battons,	Buvons,	Closons,
Battez.	Buvez.	Closez.
FUTUR ANTÉRIEUR.	FUTUR ANTÉRIEUR.	FUTUR ANTÉRIEUR.
Aies battu.	Aies bu.	Aies clos.
Ayons battu,	Ayons bu,	Ayons clos,
Ayez battu.	Ayez bu.	Ayez clos.

COMPLÉTIF.	COMPLÉTIF.	COMPLÉTIF.
PRÉSENT *ou* FUTUR.	PRÉSENT *ou* FUTUR.	PRÉSENT *ou* FUTUR.
Que je batte,	Que je boive,	Que je close,
Que tu battes,	Que tu boives,	Que tu closes,
Qu'il batte.	Qu'il boive.	Qu'il close.
Que nous battions,	Que nous buvions,	Que nous closions,
Que vous battiez,	Que vous buviez,	Que vous closiez,
Qu'ils battent.	Qu'ils boivent.	Qu'ils closent.
PASSÉ.	PASSÉ.	PASSÉ.
Que j'aie battu,	Que j'aie bu,	Que j'aie clos,
Que tu aies battu,	Que tu aies bu,	Que tu aies clos,
Qu'il ait battu.	Qu'il ait bu.	Qu'il ait clos.
Que nous ayons battu, etc.	Que nous ayons bu, etc.	Que nous ayons clos etc.
PASSÉ PÉRIODIQUE.	PASSÉ PÉRIODIQUE.	PASSÉ PÉRIODIQUE.
Que je battisse,	Que je busse,	Que je closisse,
Que tu battisses,	Que tu busses,	Que tu closisses,
Qu'il battît.	Qu'il bût.	Qu'il closît.
Que nous battissions,	Que nous bussions,	Que nous closissions
Que vous battissiez,	Que vous bussiez,	Que vous closissiez,
Qu'ils battissent.	Qu'ils bussent.	Qu'ils closissent.
PASSÉ ANTÉRIEUR.	PASSÉ ANTÉRIEUR.	PASSÉ ANTÉRIEUR.
Que j'eusse battu,	Que j'eusse bu,	Que j'eusse clos,
Que tu eusses battu,	Que tu eusses bu,	Que tu eusses clos,
Qu'il eût battu.	Qu'il eût bu.	Qu'il eût clos.
Que nous eussions battu, etc.	Que nous eussions bu, etc.	Que nous eussions clos etc.

VERBES IRRÉGULIERS. 4e. CONJUGAISON.

IMPÉRATIF.	IMPÉRATIF.	IMPÉRATIF.
PRÉSENT ou FUTUR.	PRÉSENT ou FUTUR.	PRÉSENT ou FUTUR.
Conclus.	Connais.	Couds.
Concluons,	Connaissons,	Cousons,
Concluez.	Connaissez.	Cousez.
FUTUR ANTÉRIEUR.	FUTUR ANTÉRIEUR.	FUTUR ANTÉRIEUR.
Aies conclu.	Aies connu.	Aies cousu.
Ayons conclu,	Ayons connu,	Ayons cousu,
Ayez conclu.	Ayez connu.	Ayez cousu.

COMPLÉTIF.	COMPLÉTIF.	COMPLÉTIF.
PRÉSENT ou FUTUR.	PRÉSENT ou FUTUR.	PRÉSENT ou FUTUR.
Que je conclue,	Que je connaisse,	Que je couse,
Que tu conclues,	Que tu connaisses,	Que tu couses,
Qu'il conclue.	Qu'il connaisse.	Qu'il couse.
Que nous concluions,	Que nous connaissions,	Que nous cousions,
Que vous concluiez,	Que vous connaissiez,	Que vous cousiez,
Qu'ils concluent.	Qu'ils connaissent.	Qu'ils cousent.
PASSÉ.	PASSÉ.	PASSÉ.
Que j'aie conclu,	Que j'aie connu,	Que j'aie cousu,
Que tu aies conclu,	Que tu aies connu,	Que tu aies cousu,
Qu'il ait conclu.	Qu'il ait connu.	Qu'il ait cousu.
Que nous ayons conclu, etc.	Que nous ayons connu, etc.	Que nous ayons cousu, etc.
PASSÉ PÉRIODIQUE.	PASSÉ PÉRIODIQUE.	PASSÉ PÉRIODIQUE.
Que je conclusse,	Que je connusse,	Que je cousisse,
Que tu conclusses,	Que tu connusses,	Que tu cousisses,
Qu'il conclût.	Qu'il connût.	Qu'il cousît.
Que nous conclussions,	Que nous connussions,	Que nous cousissions,
Que vous conclussiez,	Que vous connussiez,	Que vous cousissiez,
Qu'ils conclussent.	Qu'ils connussent.	Qu'ils cousissent.
PASSÉ ANTÉRIEUR.	PASSÉ ANTÉRIEUR.	PASSÉ ANTÉRIEUR.
Que j'eusse conclu,	Que j'eusse connu,	Que j'eusse cousu,
Que tu eusses conclu,	Que tu eusses connu,	Que tu eusses cousu,
Qu'il eût conclu.	Qu'il eût connu.	Qu'il eût cousu.
Que nous eussions conclu, etc.	Que nous eussions connu, etc.	Que nous eussions cousu, etc.

IIe. PART.

PRÉSENT ou FUTUR.	PRÉSENT ou FUTUR.	PRÉSENT ou FUTUR.
Que je battisse, Que tu battisses, etc. (*Voy. ci-dessus.*)	Que je busse, Que tu busses, etc. (*Voy. ci-dessus.*)	Que je closisse, Que tu closisses, etc. (*Voy. ci-dessus.*)
PASSÉ.	PASSÉ.	PASSÉ.
Que j'eusse battu, Que tu eusses battu, etc. (*Voy. ci dessus.*)	Que j'eusse bu, Que tu eusses bu, etc. (*Voy. ci-dessus.*)	Que j'eusse clos, Que tu eusses clos, etc. (*Voy. ci-dessus.*)

INDÉFINI.	INDÉFINI.	INDÉFINI.
PRÉSENT, PASSÉ, ou FUTUR.	PRÉSENT, PASSÉ, ou FUTUR.	PRÉSENT, PASSÉ, ou FUTUR.
Battre.	Boire.	Clore.
PASSÉ.	PASSÉ.	PASSÉ.
Avoir battu.	Avoir bu.	Avoir clos.
PARTICIPE PRÉSENT.	PARTICIPE PRÉSENT.	PARTICIPE PRÉSENT.
Battant.	Buvant.	Closant.
PARTICIPE PASSÉ.	PARTICIPE PASSÉ.	PARTICIPE PASSÉ.
Ayant battu.	Ayant bu.	Ayant clos.

VERBES IRRÉGULIERS. 4e. CONJUGAISON.

PRÉSENT *ou* FUTUR.

Que je conclusse,
Que tu conclusses, etc.
(*Voy. ci-dessus.*)

PASSÉ.

Que j'eusse conclu,
Que tu eusses conclu,
etc.
(*Voy. ci-dessus.*)

INDÉFINI.

PRÉSENT, PASSÉ,
ou FUTUR.

Conclure.

PASSÉ.

Avoir conclu.

PARTICIPE PRÉSENT.

Concluant.

PARTICIPE PASSÉ.

Ayant conclu.

PRÉSENT *ou* FUTUR.

Que je connusse,
Que tu connusses, etc.
(*Voy. ci-dessus.*)

PASSÉ.

Que j'eusse connu,
Que tu eusses connu,
etc.
(*Voy. ci-dessus.*)

INDÉFINI.

PRÉSENT, PASSÉ,
ou FUTUR.

Connaître.

PASSÉ.

Avoir connu.

PARTICIPE PRÉSENT.

Connaissant.

PARTICIPE PASSÉ.

Ayant connu.

PRÉSENT *ou* FUTUR.

Que je cousisse,
Que tu cousisses, etc.
(*Voy. ci-dessus.*)

PASSÉ.

Que j'eusse cousu,
Que tu eusses cousu,
etc.
(*Voy. ci-dessus.*)

INDÉFINI.

PRÉSENT, PASSÉ,
ou FUTUR.

Coudre.

PASSÉ.

Avoir cousu.

PARTICIPE PRÉSENT.

Cousant.

PARTICIPE PASSÉ.

Ayant cousu.

Craindre.	*Croire.*	*Dire.*
AFFIRMATIF.	AFFIRMATIF.	AFFIRMATIF.
PRÉSENT.	PRÉSENT.	PRÉSENT.
Je crains,	Je crois,	Je dis,
Tu crains,	Tu crois,	Tu dis,
Il craint.	Il croit.	Il dit.
Nous craignons,	Nous croyons,	Nous disons,
Vous craignez,	Vous croyez,	Vous dites,
Ils craignent.	Ils croient.	Ils disent.
PASSÉ.	PASSÉ.	PASSÉ.
J'ai craint,	J'ai cru,	J'ai dit,
Tu as craint,	Tu as cru,	Tu as dit,
Il a craint.	Il a cru.	Il a dit.
Nous avons craint,	Nous avons cru,	Nous avons dit,
etc.	etc.	etc.
FUTUR.	FUTUR.	FUTUR.
Je craindrai,	Je croirai,	Je dirai,
Tu craindras,	Tu croiras,	Tu diras,
Il craindra.	Il croira.	Il dira.
Nous craindrons,	Nous croirons,	Nous dirons,
Vous craindrez,	Vous croirez,	Vous direz,
Ils craindront.	Ils croiront.	Ils diront.
PASSÉ PÉRIODIQUE.	PASSÉ PÉRIODIQUE.	PASSÉ PÉRIODIQUE.
Je craignis,	Je crus,	Je dis,
Tu craignis,	Tu crus,	Tu dis,
Il craignit.	Il crut.	Il dit.
Nous craignîmes,	Nous crûmes,	Nous dîmes,
Vous craignîtes,	Vous crûtes,	Vous dîtes,
Ils craignirent.	Ils crurent.	Ils dirent.
PASSÉ SIMULTANÉE.	PASSÉ SIMULTANÉE.	PASSÉ SIMULTANÉE.
Je craignais,	Je croyais,	Je disais,
Tu craignais,	Tu croyais,	Tu disais,
Il craignait.	Il croyait.	Il disait.
Nous craignions,	Nous croiions,	Nous disions,
Vous craigniez,	Vous croiiez,	Vous disiez,
Ils craignaient.	Ils croyaient.	Ils disaient.

VERBES IRRÉGULIERS. 4e. CONJUGAISON.

Ecrire.
AFFIRMATIF.

PRÉSENT.

J'écris,
Tu écris,
Il écrit.
Nous écrivons,
Vous écrivez,
Ils écrivent.

PASSÉ.

J'ai écrit,
Tu as écrit,
Il a écrit.
Nous avons écrit,
etc.

FUTUR.

J'écrirai,
Tu écriras,
Il écrira.
Nous écrirons,
Vous écrirez,
Ils écriront.

PASSÉ PÉRIODIQUE.

J'écrivis,
Tu écrivis,
Il écrivit.
Nous écrivîmes,
Vous écrivîtes,
Ils écrivirent.

PASSÉ SIMULTANÉE.

J'écrivais,
Tu écrivais,
Il écrivait.
Nous écrivions,
Vous écriviez,
Ils écrivaient.

Faire.
AFFIRMATIF.

PRÉSENT.

Je fais,
Tu fais,
Il fait.
Nous fesons,
Vous faites,
Ils font.

PASSÉ.

J'ai fait,
Tu as fait,
Il a fait.
Nous avons fait,
etc.

FUTUR.

Je ferai,
Tu feras,
Il fera.
Nous ferons,
Vous ferez,
Ils feront.

PASSÉ PÉRIODIQUE.

Je fis,
Tu fis,
Il fit.
Nous fîmes,
Vous fîtes,
Ils firent.

PASSÉ SIMULTANÉE.

Je fesais,
Tu fesais,
Il fesait.
Nous fesions,
Vous fesiez,
Ils fesaient.

Lire.
AFFIRMATIF.

PRÉSENT.

Je lis,
Tu lis,
Il lit.
Nous lisons,
Vous lisez,
Ils lisent.

PASSÉ.

J'ai lu,
Tu as lu,
Il a lu.
Nous avons lu,
etc.

FUTUR.

Je lirai,
Tu liras,
Il lira.
Nous lirons,
Vous lirez,
Ils liront.

PASSÉ PÉRIODIQUE.

Je lus,
Tu lus,
Il lut.
Nous lûmes,
Vous lûtes,
Ils lurent.

PASSÉ SIMULTANÉE.

Je lisais,
Tu lisais,
Il lisait.
Nous lisions,
Vous lisiez,
Ils lisaient.

PASSÉ ANTÉRIEUR.	PASSÉ ANTÉRIEUR.	PASSÉ ANTÉRIEUR.
J'avais craint,	J'avais cru,	J'avais dit,
Tu avais craint,	Tu avais cru,	Tu avais dit,
Il avait craint.	Il avait cru.	Il avait dit.
Nous avions craint, etc.	Nous avions cru, etc.	Nous avions dit, etc.

FUTUR ANTÉRIEUR.	FUTUR ANTÉRIEUR.	FUTUR ANTÉRIEUR.
J'aurai craint,	J'aurai cru,	J'aurai dit,
Tu auras craint,	Tu auras cru,	Tu auras dit,
Il aura craint.	Il aura cru.	Il aura dit.
Nous aurons craint, etc.	Nous aurons cru, etc.	Nous aurons dit, etc.

PRÉSENT ou FUTUR.	PRÉSENT ou FUTUR.	PRÉSENT ou FUTUR.
Je craindrais,	Je croirais,	Je dirais,
Tu craindrais,	Tu croirais,	Tu dirais,
Il craindrait.	Il croirait.	Il dirait.
Nous craindrions,	Nous croirions,	Nous dirions,
Vous craindriez,	Vous croiriez,	Vous diriez,
Ils craindraient.	Ils croiraient.	Ils diraient.

PASSÉ.	PASSÉ.	PASSÉ.
J'aurais craint,	J'aurais cru,	J'aurais dit,
Tu aurais craint,	Tu aurais cru,	Tu aurais dit,
Il aurait craint.	Il aurait cru.	Il aurait dit.
Nous aurions craint, etc.	Nous aurions cru, etc.	Nous aurions dit, etc.

PASSÉ PÉRIODIQUE.	PASSÉ PÉRIODIQUE.	PASSÉ PÉRIODIQUE.
J'eusse craint,	J'eusse cru,	J'eusse dit,
Tu eusses craint,	Tu eusses cru,	Tu eusses dit,
Il eût craint.	Il eût cru.	Il eût dit.
Nous eussions craint, etc.	Nous eussions cru, etc.	Nous eussions dit, etc.

IMPÉRATIF.	IMPÉRATIF.	IMPÉRATIF.
PRÉSENT ou FUTUR.	PRÉSENT ou FUTUR.	PRÉSENT ou FUTUR.
Crains.	Crois.	Dis.
Craignons,	Croyons,	Disons,
Craignez.	Croyez.	Dites.

VERBES IRRÉGULIERS. 4ᵉ. CONJUGAISON.

PASSÉ ANTÉRIEUR.	PASSÉ ANTÉRIEUR.	PASSÉ ANTÉRIEUR.
J'avais écrit,	J'avais fait,	J'avais lu,
Tu avais écrit,	Tu avais fait,	Tu avais lu,
Il avait écrit.	Il avait fait.	Il avait lu.
Nous avions écrit, etc.	Nous avions fait, etc.	Nous avions lu, etc.

FUTUR ANTÉRIEUR.	FUTUR ANTÉRIEUR.	FUTUR ANTÉRIEUR.
J'aurai écrit,	J'aurai fait,	J'aurai lu,
Tu auras écrit,	Tu auras fait,	Tu auras lu,
Il aura écrit.	Il aura fait.	Il aura lu.
Nous aurons écrit, etc.	Nous aurons fait, etc.	Nous aurons lu, etc.

PRÉSENT *ou* FUTUR.	PRÉSENT *ou* FUTUR.	PRÉSENT *ou* FUTUR.
J'écrirais,	Je ferais,	Je lirais,
Tu écrirais,	Tu ferais,	Tu lirais,
Il écrirait.	Il ferait.	Il lirait.
Nous écririons,	Nous ferions,	Nous lirions,
Vous écririez,	Vous feriez,	Vous liriez,
Ils écriraient.	Ils feraient.	Ils liraient.

PASSÉ.	PASSÉ.	PASSÉ.
J'aurais écrit,	J'aurais fait,	J'aurais lu,
Tu aurais écrit,	Tu aurais fait,	Tu aurais lu,
Il aurait écrit.	Il aurait fait.	Il aurait lu.
Nous aurions écrit, etc.	Nous aurions fait, etc.	Nous aurions lu, etc.

PASSÉ PÉRIODIQUE.	PASSÉ PÉRIODIQUE.	PASSÉ PÉRIODIQUE.
J'eusse écrit,	J'eusse fait,	J'eusse lu,
Tu eusses écrit,	Tu eusses fait,	Tu eusses lu,
Il eût écrit.	Il eût fait.	Il eût lu.
Nous eussions écrit, etc.	Nous eussions fait, etc.	Nous eussions lu, etc.

IMPÉRATIF.   IMPÉRATIF.   IMPÉRATIF.

PRÉSENT *ou* FUTUR.	PRÉSENT *ou* FUTUR.	PRÉSENT *ou* FUTUR.
Ecris.	Fais.	Lis.
Ecrivons,	Fesons,	Lisons,
Ecrivez.	Faites.	Lisez.

FUTUR ANTÉRIEUR.　　FUTUR ANTÉRIEUR.　　FUTUR ANTÉRIEUR.

Aies craint.　　　　　Aies cru,　　　　　　Aies dit.
Ayons craint,　　　　 Ayons cru,　　　　　 Ayons dit,
Ayez craint.　　　　　Ayez cru.　　　　　　Ayez dit.

COMPLÉTIF.　　　COMPLÉTIF.　　　COMPLÉTIF.

PRÉSENT *ou* FUTUR.　 PRÉSENT *ou* FUTUR.　 PRÉSENT *ou* FUTUR.

Que je craigne,　　　 Que je croie,　　　　Que je dise,
Que tu craignes,　　　Que tu croies,　　　 Que tu dises,
Qu'il craigne.　　　　Qu'il croie.　　　　 Qu'il dise.
Que nous craignions,　Que nous croiions,　 Que nous disions,
Que vous craigniez,　 Que vous croiiez,　　Que vous disiez,
Qu'ils craignent.　　 Qu'ils croient.　　　Qu'ils disent.

PASSÉ.　　　　　　　　PASSÉ.　　　　　　　 PASSÉ.

Que j'aie craint,　　 Que j'aie cru,　　　 Que j'aie dit,
Que tu aies craint,　 Que tu aies cru,　　 Que tu aies dit,
Qu'il ait craint.　　 Qu'il ait cru.　　　 Qu'il ait dit.
Que nous ayons craint,Que nous ayons cru,　Que nous ayons dit,
  etc.　　　　　　　　 etc.　　　　　　　　 etc.

PASSÉ PÉRIODIQUE.　　 PASSÉ PÉRIODIQUE.　　PASSÉ PÉRIODIQUE.

Que je craignisse,　　Que je crusse,　　　 Que je disse,
Que tu craignisses,　 Que tu crusses,　　　Que tu disses,
Qu'il craignît.　　　 Qu'il crût.　　　　　Qu'il dît.
Que nous craignissions, Que nous crussions, Que nous dissions,
Que vous craignissiez, Que vous crussiez,　Que vous dissiez,
Qu'ils craignissent.　Qu'ils crussent.　　 Qu'ils disssent.

PASSÉ ANTÉRIEUR.　　　PASSÉ ANTÉRIEUR.　　 PASSÉ ANTÉRIEUR.

Que j'eusse craint,　 Que j'eusse cru,　　 Que j'eusse dit,
Que tu eusses craint, Que tu eusses cru,　 Que tu eusses dit,
Qu'il eût craint.　　 Qu'il eût cru.　　　 Qu'il eût dit.
Que nous eussions　　 Que nous eussions cru, Que nous eussions dit,
  craint, etc.　　　　 etc.　　　　　　　　 etc.

PRÉSENT *ou* FUTUR.　 PRÉSENT *ou* FUTUR.　 PRÉSENT *ou* FUTUR.

Que je craignisse,　　Que je crusse,　　　 Que je disse,
Que tu craignisses, etc. Que tu crusses, etc. Que tu disses, etc.
  (*Voy. ci-dessus.*)　 (*Voy. ci-dessus.*)　 (*Voy. ci-dessus.*)

VERBES IRRÉGULIERS. 4e. CONJUGAISON.

FUTUR ANTÉRIEUR.	FUTUR ANTÉRIEUR.	FUTUR ANTÉRIEUR.
Aies écrit.	Aies fait.	Aies lu.
Ayons écrit,	Ayons fait,	Ayons lu,
Ayez écrit.	Ayez fait.	Ayez lu.

COMPLÉTIF.	COMPLÉTIF.	COMPLÉTIF.
PRÉSENT *ou* FUTUR.	PRÉSENT *ou* FUTUR.	PRÉSENT *ou* FUTUR.
Que j'écrive,	Que je fasse,	Que je lise,
Que tu écrives,	Que tu fasses,	Que tu lises,
Qu'il écrive.	Qu'il fasse.	Qu'il lise.
Que nous écrivions,	Que nous fassions,	Que nous lisions,
Que vous écriviez,	Que vous fassiez,	Que vous lisiez,
Qu'ils écrivent.	Qu'ils fassent.	Qu'ils lisent.

PASSÉ.	PASSÉ.	PASSÉ.
Que j'aie écrit,	Que j'aie fait,	Que j'aie lu,
Que tu aies écrit,	Que tu aies fait,	Que tu aies lu,
Qu'il ait écrit.	Qu'il ait fait.	Qu'il ait lu.
Que nous ayons écrit, etc.	Que nous ayons fait, etc.	Que nous ayons lu, etc.

PASSÉ PÉRIODIQUE.	PASSÉ PÉRIODIQUE.	PASSÉ PÉRIODIQUE.
Que j'écrivisse,	Que je fisse,	Que je lusse,
Que tu écrivisses,	Que tu fisses,	Que tu lusses,
Qu'il écrivît.	Qu'il fît.	Qu'il lût.
Que nous écrivissions,	Que nous fissions,	Que nous lussions,
Que vous écrivissiez,	Que vous fissiez,	Que vous lussiez,
Qu'ils écrivissent.	Qu'ils fissent.	Qu'ils lussent.

PASSÉ ANTÉRIEUR.	PASSÉ ANTÉRIEUR.	PASSÉ ANTÉRIEUR.
Que j'eusse écrit,	Que j'eusse fait,	Que j'eusse lu,
Que tu eusses écrit,	Que tu eusses fait,	Que tu eusses lu,
Qu'il eût écrit.	Qu'il eût fait.	Qu'il eût lu.
Que nous eussions écrit, etc.	Que nous eussions fait, etc.	Que nous eussions lu, etc.

PRÉSENT *ou* FUTUR.	PRÉSENT *ou* FUTUR.	PRÉSENT *ou* FUTUR.
Que j'écrivisse,	Que je fisse,	Que je lusse,
Que tu écrivisses, etc.	Que tu fisses, etc.	Que tu lusses, etc.
(*Voy. ci-dessus.*)	(*Voy. ci-dessus.*)	(*Voy. ci-dessus.*)

PASSÉ.	PASSÉ.	PASSÉ.
Que j'eusse craint, Que tu eusses craint, etc. (*Voy. ci-dessus.*)	Que j'eusse cru, Que tu eusses cru, etc. (*Voy. ci-dessus.*)	Que j'eusse dit, Que tu eusses dit, etc. (*Voy. ci-dessus.*)
INDÉFINI.	INDÉFINI.	INDÉFINI.
PRÉSENT, PASSÉ, *ou* FUTUR.	PRÉSENT, PASSÉ, *ou* FUTUR.	PRÉSENT, PASSÉ, *ou* FUTUR.
Craindre.	Croire.	Dire.
PASSÉ.	PASSÉ.	PASSÉ.
Avoir craint.	Avoir cru.	Avoir dit.
PARTICIPE PRÉSENT.	PARTICIPE PRÉSENT.	PARTICIPE PRÉSENT.
Craignant.	Croyant.	Disant.
PARTICIPE PASSÉ.	PARTICIPE PASSÉ.	PARTICIPE PASSÉ.
Ayant craint.	Ayant cru.	Ayant dit.

VERBES IRRÉGULIERS. 4e. CONJUGAISON. 275

PASSÉ.	PASSE.	PASSÉ.
Que j'eusse écrit, Que tu eusses écrit, etc. (*Voy. ci-dessus.*)	Que j'eusse fait, Que tu eusses fait, etc. (*Voy. ci-dessus.*)	Que j'eusse lu, Que tu eusses lu, etc. (*Voy. ci-dessus.*)

INDÉFINI.	INDÉFINI.	INDÉFINI.
PRÉSENT, PASSÉ, *ou* FUTUR.	PRÉSENT, PASSÉ, *ou* FUTUR.	PRÉSENT, PASSÉ, *ou* FUTUR.
Ecrire.	Faire.	Lire.
PASSÉ.	PASSÉ.	PASSÉ.
Avoir écrit.	Avoir fait.	Avoir lu.
PARTICIPE PRÉSENT.	PARTICIPE PRÉSENT.	PARTICIPE PRÉSENT.
Ecrivant.	Fesant.	Lisant.
PARTICIPE PASSÉ.	PARTICIPE PASSÉ.	PARTICIPE PASSÉ.
Ayant écrit.	Ayant fait.	Ayant lu.

Mettre.   *Moudre.*   *Naître.*

AFFIRMATIF.   AFFIRMATIF.   AFFIRMATIF.

PRÉSENT.   PRÉSENT.   PRÉSENT.

Je mets,	Je mouds,	Je nais,
Tu mets,	Tu mouds,	Tu nais,
Il met.	Il moud.	Il naît.
Nous mettons,	Nous moudons,	Nous naissons,
Vous mettez,	Vous moudez,	Vous naissez,
Ils mettent.	Ils moudent.	Ils naissent.

PASSÉ.   PASSÉ.   PASSÉ.

J'ai mis,	J'ai moulu,	Je suis né,
Tu as mis,	Tu as moulu,	Tu es né,
Il a mis.	Il a moulu.	Il est né.
Nous avons mis,	Nous avons moulu,	Nous sommes nés,
etc.	etc.	etc.

FUTUR.   FUTUR.   FUTUR.

Je mettrai,	Je moudrai,	Je naîtrai,
Tu mettras,	Tu moudras,	Tu naîtras,
Il mettra.	Il moudra.	Il naîtra.
Nous mettrons,	Nous moudrons,	Nous naîtrons,
Vous mettrez,	Vous moudrez,	Vous naîtrez,
Ils mettront.	Ils moudront.	Ils naîtront.

PASSÉ PÉRIODIQUE.   PASSÉ PÉRIODIQUE.   PASSÉ PÉRIODIQUE.

Je mis,	Je moulus,	Je naquis,
Tu mis,	Tu moulus,	Tu naquis,
Il mit.	Il moulut.	Il naquit.
Nous mîmes,	Nous moulûmes,	Nous naquîmes,
Vous mîtes,	Vous moulûtes,	Vous naquîtes,
Ils mirent.	Ils moulurent.	Ils naquirent.

PASSÉ SIMULTANÉE.   PASSÉ SIMULTANÉE.   PASSÉ SIMULTANÉE.

Je mettais,	Je moudais,	Je naissais,
Tu mettais,	Tu moudais,	Tu naissais,
Il mettait.	Il moudait.	Il naissait.
Nous mettions,	Nous moudions,	Nous naissions,
Vous mettiez,	Vous moudiez,	Vous naissiez,
Ils mettaient.	Ils moudaient.	Ils naissaient.

VERBES IRRÉGULIERS. 4e. CONJUGAISON.

Nuire.   *Paître.*   *Prendre.*

AFFIRMATIF.   AFFIRMATIF.   AFFIRMATIF.

PRÉSENT.   PRÉSENT.   PRÉSENT.

Je nuis,	Je pais,	Je prends,
Tu nuis,	Tu pais,	Tu prends,
Il nuit.	Il paît.	Il prend.
Nous nuisons,	Nous paissons,	Nous prenons,
Vous nuisez,	Vous paissez,	Vous prenez,
Ils nuisent.	Ils paissent.	Ils prennent.

PASSÉ.   PASSÉ.   PASSÉ.

J'ai nui,	J'ai pû,	J'ai pris,
Tu as nui,	Tu as pû,	Tu as pris,
Il a nui.	Il a pû.	Il a pris.
Nous avons nui,	Nous avons pû,	Nous avons pris,
etc.	etc. (1).	etc.

FUTUR.   FUTUR.   FUTUR.

Je nuirai,	Je paîtrai,	Je prendrai,
Tu nuiras,	Tu paîtras,	Tu prendras,
Il nuira.	Il paîtra.	Il prendra.
Nous nuirons,	Nous paîtrons,	Nous prendrons,
Vous nuirez,	Vous paîtrez,	Vous prendrez,
Ils nuiront.	Ils paîtront.	Ils prendront.

PASSÉ PÉRIODIQUE.   PASSÉ PÉRIODIQUE.   PASSÉ PÉRIODIQUE.

Je nuisis,	Je pûs,	Je pris,
Tu nuisis,	Tu pûs,	Tu pris,
Il nuisit.	Il pût.	Il prit.
Nous nuisîmes,	Nous pûmes,	Nous prîmes,
Vous nuisîtes,	Vous pûtes,	Vous prîtes,
Ils nuisirent.	Ils pûrent.	Ils prirent.

PASSÉ SIMULTANÉE.   PASSÉ SIMULTANÉE.   PASSÉ SIMULTANÉE.

Je nuisais,	Je paissais,	Je prenais,
Tu nuisais,	Tu paissais,	Tu prenais,
Il nuisait.	Il paissait.	Il prenait.
Nous nuisions,	Nous paissions,	Nous prenions,
Vous nuisiez,	Vous paissiez,	Vous preniez,
Ils nuisaient.	Ils paissaient.	Ils prenaient.

(1) On distinguera de cette manière *pû* (du verbe *paître*) de *pu* (du verbe *pouvoir*.)

PASSÉ ANTÉRIEUR.	PASSÉ ANTÉRIEUR.	PASSÉ ANTÉRIEUR.
J'avais mis,	J'avais moulu,	J'étais né,
Tu avais mis,	Tu avais moulu,	Tu étais né,
Il avait mis.	Il avait moulu.	Il était né.
Nous avions mis, etc.	Nous avions moulu, etc.	Nous étions nés, etc.

FUTUR ANTÉRIEUR.	FUTUR ANTÉRIEUR.	FUTUR ANTÉRIEUR.
J'aurai mis,	J'aurai moulu,	Je serai né,
Tu auras mis,	Tu auras moulu,	Tu seras né,
Il aura mis.	Il aura moulu.	Il sera né.
Nous aurons mis, etc.	Nous aurons moulu, etc.	Nous serons nés, etc.

PRÉSENT ou FUTUR.	PRÉSENT ou FUTUR.	PRÉSENT ou FUTUR.
Je mettrais,	Je moudrais,	Je naîtrais,
Tu mettrais,	Tu moudrais,	Tu naîtrais,
Il mettrait.	Il moudrait.	Il naîtrait.
Nous mettrions,	Nous moudrions,	Nous naîtrions,
Vous mettriez,	Vous moudriez,	Vous naîtriez,
Ils mettraient.	Ils moudraient.	Ils naîtraient.

PASSÉ.	PASSÉ.	PASSÉ.
J'aurais mis,	J'aurais moulu,	Je serais né,
Tu aurais mis,	Tu aurais moulu,	Tu serais né,
Il aurait mis.	Il aurait moulu.	Il serait né.
Nous aurions mis, etc.	Nous aurions moulu, etc.	Nous serions nés, etc.

PASSÉ PÉRIODIQUE.	PASSÉ PÉRIODIQUE.	PASSÉ PÉRIODIQUE.
J'eusse mis,	J'eusse moulu,	Je fusse né,
Tu eusses mis,	Tu eusses moulu,	Tu fusses né,
Il eût mis.	Il eût moulu.	Il fût né.
Nous eussions mis, etc.	Nous eussions moulu, etc.	Nous fussions nés, etc.

IMPÉRATIF.	IMPÉRATIF.	IMPÉRATIF.
PRÉSENT ou FUTUR.	PRÉSENT ou FUTUR.	PRÉSENT ou FUTUR.
Mets.	Mouds.	Nais.
Mettons,	Moudons,	Naissons,
Mettez.	Moudez.	Naissez.

VERBES IRRÉGULIERS. 4e. CONJUGAISON.

PASSÉ ANTÉRIEUR.	PASSÉ ANTÉRIEUR.	PASSÉ ANTÉRIEUR.
J'avais nui,	J'avais pû,	J'avais pris,
Tu avais nui,	Tu avais pû,	Tu avais pris,
Il avait nui.	Il avait pû.	Il avait pris.
Nous avions nui, etc.	Nous avions pû, etc.	Nous avions pris, etc.

FUTUR ANTÉRIEUR.	FUTUR ANTÉRIEUR.	FUTUR ANTÉRIEUR.
J'aurai nui,	J'aurai pû,	J'aurai pris,
Tu auras nui,	Tu auras pû,	Tu auras pris,
Il aura nui.	Il aura pû.	Il aura pris.
Nous aurons nui, etc.	Nous aurons pû, etc.	Nous aurons pris, etc.

PRÉSENT *ou* FUTUR.	PRÉSENT *ou* FUTUR.	PRÉSENT *ou* FUTUR.
Je nuirais,	Je paîtrais,	Je prendrais,
Tu nuirais,	Tu paîtrais,	Tu prendrais,
Il nuirait.	Il paîtrait.	Il prendrait.
Nous nuirions,	Nous paîtrions,	Nous prendrions,
Vous nuiriez,	Vous paîtriez,	Vous prendriez,
Ils nuiraient.	Ils paîtraient.	Ils prendraient.

PASSÉ.	PASSÉ.	PASSÉ.
J'aurais nui,	J'aurais pû,	J'aurais pris,
Tu aurais nui,	Tu aurais pû,	Tu aurais pris,
Il aurait nui.	Il aurait pû.	Il aurait pris.
Nous aurions nui, etc.	Nous aurions pû, etc.	Nous aurions pris, etc.

PASSÉ PÉRIODIQUE.	PASSÉ PÉRIODIQUE.	PASSÉ PÉRIODIQUE.
J'eusse nui,	J'eusse pû,	J'eusse pris,
Tu eusses nui,	Tu eusses pû,	Tu eusses pris,
Il eût nui.	Il eût pu.	Il eût pris.
Nous eussions nui, etc.	Nous eussions pu, etc.	Nous eussions pris, etc.

IMPÉRATIF.	IMPÉRATIF.	IMPÉRATIF.
PRÉSENT *ou* FUTUR.	PRÉSENT *ou* FUTUR.	PRÉSENT *ou* FUTUR.
Nuis.	Pais.	Prends.
Nuisons,	Paissons,	Prenons,
Nuisez.	Paissez.	Prenez.

FUTUR ANTÉRIEUR.	FUTUR ANTÉRIEUR.	FUTUR ANTÉRIEUR.
Aies mis.	Aies moulu.	Sois né.
Ayons mis,	Ayons moulu,	Soyons nés,
Ayez mis.	Ayez moulu.	Soyez nés.

COMPLÉTIF.   COMPLÉTIF.   COMPLÉTIF.

PRÉSENT ou FUTUR.	PRÉSENT ou FUTUR.	PRÉSENT ou FUTUR.
Que je mette,	Que je moude,	Que je naisse,
Que tu mettes,	Que tu moudes,	Que tu naisses,
Qu'il mette.	Qu'il moude.	Qu'il naisse.
Que nous mettions,	Que nous moudions,	Que nous naissions,
Que vous mettiez,	Que vous moudiez,	Que vous naissiez,
Qu'ils mettent.	Qu'ils moudent.	Qu'ils naissent.

PASSÉ.	PASSÉ.	PASSÉ.
Que j'aie mis,	Que j'aie moulu,	Que je sois né,
Que tu aies mis,	Que tu aies moulu,	Que tu sois né,
Qu'il ait mis.	Qu'il ait moulu.	Qu'il soit né.
Que nous ayons mis, etc.	Que nous ayons moulu, etc.	Que nous soyons nés, etc.

PASSÉ PÉRIODIQUE.	PASSÉ PÉRIODIQUE.	PASSÉ PÉRIODIQUE.
Que je misse,	Que je moulusse,	Que je naquisse,
Que tu misses,	Que tu moulusses,	Que tu naquisses,
Qu'il mît.	Qu'il moulût.	Qu'il naquît.
Que nous missions,	Que nous moulussions,	Que nous naquissions,
Que vous missiez,	Que vous moulussiez,	Que vous naquissiez,
Qu'ils missent.	Qu'ils moulussent.	Qu'ils naquissent.

PASSÉ ANTÉRIEUR.	PASSÉ ANTÉRIEUR.	PASSÉ ANTÉRIEUR.
Que j'eusse mis,	Que j'eusse moulu,	Que je fusse né,
Que tu eusses mis,	Que tu eusses moulu,	Que tu fusses né,
Qu'il eût mis.	Qu'il eût moulu.	Qu'il fût né.
Que nous eussions mis, etc.	Que nous eussions moulu, etc.	Que nous fussions nés, etc.

PRÉSENT ou FUTUR.	PRÉSENT ou FUTUR.	PRÉSENT ou FUTUR.
Que je misse,	Que je moulusse,	Que je naquisse,
Que tu misses, etc.	Que tu moulusses, etc.	Que tu naquisses, etc.
(*Voy. ci-dessus.*)	(*Voy. ci-dessus.*)	(*Voy. ci-dessus.*)

VERBES IRRÉGULIERS. 4ᵉ. CONJUGAISON.

FUTUR ANTÉRIEUR.	FUTUR ANTÉRIEUR.	FUTUR ANTÉRIEUR.
Aies nui.	Aies pû.	Aies pris.
Ayons nui,	Ayons pû,	Ayons pris,
Ayez nui.	Ayez pû.	Ayez pris.

COMPLÉTIF. — COMPLÉTIF. — COMPLÉTIF.

PRÉSENT *ou* FUTUR.	PRÉSENT *ou* FUTUR.	PRÉSENT *ou* FUTUR.
Que je nuise,	Que je paisse,	Que je prenne,
Que tu nuises,	Que tu paisses,	Que tu prennes,
Qu'il nuise.	Qu'il paisse.	Qu'il prenne.
Que nous nuisions,	Que nous paissions,	Que nous prenions,
Que vous nuisiez,	Que vous paissiez,	Que vous preniez,
Qu'ils nuisent.	Qu'ils paissent.	Qu'ils prennent.

PASSÉ.	PASSÉ.	PASSÉ.
Que j'aie nui,	Que j'aie pû,	Que j'aie pris,
Que tu aies nui,	Que tu aies pû,	Que tu aies pris,
Qu'il ait nui.	Qu'il ait pû.	Qu'il ait pris.
Que nous ayons nui,	Que nous ayons pû,	Que nous ayons pris,
etc.	etc.	etc.

PASSÉ PÉRIODIQUE.	PASSÉ PÉRIODIQUE.	PASSÉ PÉRIODIQUE.
Que je nuisisse,	Que je pûsse,	Que je prisse,
Que tu nuisisses,	Que tu pûsses,	Que tu prisses,
Qu'il nuisît.	Qu'il pût.	Qu'il prît.
Que nous nuisissions,	Que nous pûssions,	Que nous prissions,
Que vous nuisissiez,	Que vous pûssiez,	Que vous prissiez,
Qu'ils nuisissent.	Qu'ils pûssent.	Qu'ils prissent.

PASSÉ ANTÉRIEUR.	PASSÉ ANTÉRIEUR.	PASSÉ ANTÉRIEUR.
Que j'eusse nui,	Que j'eusse pû,	Que j'eusse pris,
Que tu eusses nui,	Que tu eusses pû,	Que tu eusses pris,
Qu'il eût nui.	Qu'il eût pû.	Qu'il eût pris.
Que nous eussions nui,	Que nous eussions pû,	Que nous eussions pris,
etc.	etc.	etc.

PRÉSENT *ou* FUTUR.	PRÉSENT *ou* FUTUR.	PRÉSENT *ou* FUTUR.
Que je nuisisse,	Que je pûsse,	Que je prisse,
Que tu nuisisses, etc.	Que tu pûsses, etc.	Que tu prisses, etc.
(*Voy. ci-dessus.*)	(*Voy. ci-dessus.*)	(*Voy. ci-dessus.*)

PASSÉ.	PASSÉ.	PASSÉ.
Que j'eusse mis,	Que j'eusse moulu,	Que je fusse né,
Que tu eussses mis,	Que tu eusses moulu,	Que tu fusses né,
etc.	etc.	etc.
(*Voy. ci-dessus.*)	(*Voy. ci-dessus.*)	(*Voy. ci-dessus.*)

INDÉFINI.	INDÉFINI.	INDÉFINI.
PRÉSENT, PASSÉ, ou FUTUR.	PRÉSENT, PASSÉ, ou FUTUR.	PRÉSENT, PASSÉ, ou FUTUR.
Mettre.	Moudre.	Naître.
PASSÉ.	PASSÉ.	PASSÉ.
Avoir mis.	Avoir moulu.	Etre né.
PARTICIPE PRÉSENT.	PARTICIPE PRÉSENT.	PARTICIPE PRÉSENT.
Mettant.	Moudant.	Naissant.
PARTICIPE PASSÉ.	PARTICIPE PASSÉ	PARTICIPE PASSÉ.
Ayant mis.	Ayant moulu.	Etant né.

VERBES IRRÉGULIERS. 4ᵉ. CONJUGAISON.

PASSÉ.	PASSÉ.	PASSÉ.
Que j'eusse nui, Que tu eusses nui, etc. (*Voy. ci-dessus.*)	Que j'eusse pû, Que tu eusses pû, etc. (*Voy. ci-dessus.*)	Que j'eusse pris, Que tu eusses pris, etc. (*Voy. ci-dessus.*)

INDÉFINI. | INDÉFINI. | INDÉFINI.

PRÉSENT, PASSÉ, ou FUTUR.

Nuire.	Paître.	Prendre.

PASSÉ.

Avoir nui.	Avoir pû.	Avoir pris.

PARTICIPE PRÉSENT.

Nuisant.	Paissant.	Prenant.

PARTICIPE PASSÉ.

Ayant nui.	Ayant pû.	Ayant pris.

Résoudre (1).   *Rire.*   *Suivre.*

AFFIRMATIF.	AFFIRMATIF.	AFFIRMATIF.
PRÉSENT.	PRÉSENT.	PRÉSENT.
Je résous,	Je ris,	Je suis,
Tu résous,	Tu ris,	Tu suis,
Il résout.	Il rit.	Il suit.
Nous résolvons,	Nous rions,	Nous suivons,
Vous résolvez,	Vous riez,	Vous suivez,
Ils résolvent.	Ils rient.	Ils suivent.
PASSÉ.	PASSÉ.	PASSÉ.
J'ai résolu,	J'ai ri,	J'ai suivi,
Tu as résolu,	Tu as ri,	Tu as suivi,
Il a résolu.	Il a ri.	Il a suivi.
Nous avons résolu, etc.	Nous avons ri, etc.	Nous avons suivi, etc.
FUTUR.	FUTUR.	FUTUR.
Je résoudrai,	Je rirai,	Je suivrai,
Tu résoudras,	Tu riras,	Tu suivras,
Il résoudra.	Il rira.	Il suivra.
Nous résoudrons,	Nous rirons,	Nous suivrons,
Vous résoudrez,	Vous rirez,	Vous suivrez,
Ils résoudront.	Ils riront.	Ils suivront.
PASSÉ PÉRIODIQUE.	PASSÉ PÉRIODIQUE.	PASSÉ PÉRIODIQUE.
Je résolus,	Je ris,	Je suivis,
Tu résolus,	Tu ris,	Tu suivis,
Il résolut.	Il rit.	Il suivit.
Nous résolûmes,	Nous rîmes,	Nous suivîmes,
Vous résolûtes,	Vous rîtes,	Vous suivîtes,
Ils résolurent.	Ils rirent.	Ils suivirent.
PASSÉ SIMULTANÉE.	PASSÉ SIMULTANÉE.	PASSÉ SIMULTANÉE.
Je résolvais,	Je riais,	Je suivais,
Tu résolvais,	Tu riais,	Tu suivais,
Il résolvait.	Il riait.	Il suivait.
Nous résolvions,	Vous riions,	Nous suivions,
Vous résolviez,	Nous riiez,	Vous suiviez,
Ils résolvaient.	Ils riaient.	Ils suivaient.

_____

(1) *Résoudre* est pris ici dans le sens de *déterminer*.

VERBES IRRÉGULIERS. 4ᵉ. CONJUGAISON.

Vaincre. *Vivre.* *Traire.*

AFFIRMATIF. AFFIRMATIF. AFFIRMATIF.

PRÉSENT. PRÉSENT. PRÉSENT.

Je vaincs, Je vis, Je trais,
Tu vaincs, Tu vis, Tu trais,
Il vainc. Il vit. Il trait.
Nous vainquons, Nous vivons, Nous trayons,
Vous vainquez, Vous vivez, Vous trayez,
Ils vainquent. Ils vivent. Ils traient.

PASSÉ. PASSÉ. PASSÉ.

J'ai vaincu, J'ai vécu, J'ai trait,
Tu as vaincu, Tu as vécu, Tu as trait,
Il a vaincu. Il a vécu. Il a trait.
Nous avons vaincu, Nous avons vécu, Nous avons trait,
etc. etc. etc.

FUTUR. FUTUR. FUTUR.

Je vaincrai, Je vivrai, Je trairai,
Tu vaincras, Tu vivras, Tu trairas,
Il vaincra. Il vivra. Il traira.
Nous vaincrons, Nous vivrons, Nous trairons,
Vous vaincrez, Vous vivrez, Vous trairez,
Ils vaincront. Ils vivront. Ils trairont.

PASSÉ PÉRIODIQUE. PASSÉ PÉRIODIQUE. PASSÉ PÉRIODIQUE.

Je vainquis, Je vécus, Je trays,
Tu vainquis, Tu vécus, Tu trays,
Il vainquit. Il vécut. Il trayt.
Nous vainquîmes, Nous vécûmes, Nous traymes,
Vous vainquîtes, Vous vécûtes, Vous traytes,
Ils vainquirent. Ils vécurent. Ils trayrent.

PASSÉ SIMULTANÉE. PASSÉ SIMULTANÉE. PASSÉ SIMULTANÉE.

Je vainquais, Je vivais, Je trayais,
Tu vainquais, Tu vivais, Tu trayais,
Il vainquait. Il vivait. Il trayait.
Nous vainquions, Nous vivions, Nous traiions,
Vous vainquiez, Vous viviez, Vous traiiez,
Ils vainquaient. Ils vivaient. Ils trayaient.

PASSÉ ANTÉRIEUR.	PASSÉ ANTÉRIEUR.	PASSÉ ANTÉRIEUR.
J'avais résolu,	J'avais ri,	J'avais suivi,
Tu avais résolu,	Tu avais ri,	Tu avais suivi,
Il avait résolu.	Il avait ri.	Il avait suivi.
Nous avions résolu, etc.	Nous avions ri, etc.	Nous avions suivi, etc.

FUTUR ANTÉRIEUR.	FUTUR ANTÉRIEUR.	FUTUR ANTÉRIEUR.
J'aurai résolu,	J'aurai ri,	J'aurai suivi,
Tu auras résolu,	Tu auras ri,	Tu auras suivi,
Il aura résolu.	Il aura ri.	Il aura suivi.
Nous aurons résolu, etc.	Nous aurons ri, etc.	Nous aurons suivi, etc.

PRÉSENT ou FUTUR.	PRÉSENT ou FUTUR.	PRÉSENT ou FUTUR.
Je résoudrais,	Je rirais,	Je suivrais,
Tu résoudrais,	Tu rirais,	Tu suivrais,
Il résoudrait.	Il rirait.	Il suivrait.
Nous résoudrions,	Nous ririons,	Nous suivrions,
Vous résoudriez,	Vous ririez,	Vous suivriez,
Ils résoudraient.	Ils riraient.	Ils suivraient.

PASSÉ.	PASSÉ.	PASSÉ.
J'aurais résolu,	J'aurais ri,	J'aurais suivi,
Tu aurais résolu,	Tu aurais ri,	Tu aurais suivi,
Il aurait résolu.	Il aurait ri.	Il aurait suivi.
Nous aurions résolu, etc.	Nous aurions ri, etc.	Nous aurions suivi, etc.

PASSÉ PÉRIODIQUE.	PASSÉ PÉRIODIQUE.	PASSÉ PÉRIODIQUE.
J'eusse résolu,	J'eusse ri,	J'eusse suivi,
Tu eusses résolu,	Tu eusses ri,	Tu eusses suivi,
Il eût résolu.	Il eût ri.	Il eût suivi.
Nous eussions résolu, etc.	Nous eussions ri, etc.	Nous eussions suivi, etc.

IMPÉRATIF. IMPÉRATIF. IMPÉRATIF.

PRÉSENT ou FUTUR.	PRÉSENT ou FUTUR.	PRÉSENT ou FUTUR.
Résous.	Ris.	Suis.
Résolvons,	Rions,	Suivons,
Résolvez.	Riez.	Suivez.

VERBES IRRÉGULIERS. 4ᵉ. CONJUGAISON.

PASSÉ ANTÉRIEUR.

J'avais vaincu,
Tu avais vaincu,
Il avait vaincu.
Nous avions vaincu,
etc.

FUTUR ANTÉRIEUR.

J'aurai vaincu,
Tu auras vaincu,
Il aura vaincu.
Nous aurons vaincu,
etc.

PRÉSENT ou FUTUR.

Je vaincrais,
Tu vaincrais,
Il vaincrait.
Nous vaincrions,
Vous vaincriez,
Ils vaincraient.

PASSÉ.

J'aurais vaincu,
Tu aurais vaincu,
Il aurait vaincu.
Nous aurions vaincu,
etc.

PASSÉ PÉRIODIQUE.

J'eusse vaincu,
Tu eusses vaincu,
Il eût vaincu.
Nous eussions vaincu,
etc.

IMPÉRATIF.

PRÉSENT ou FUTUR.

Vincs.
Vainquons,
Vainquez.

PASSÉ ANTÉRIEUR.

J'avais vécu,
Tu avais vécu,
Il avait vécu.
Nous avions vécu,
etc.

FUTUR ANTÉRIEUR.

J'aurai vécu,
Tu auras vécu,
Il aura vécu.
Nous aurons vécu,
etc.

PRÉSENT ou FUTUR.

Je vivrais,
Tu vivrais,
Il vivrait.
Nous vivrions,
Vous vivriez,
Ils vivraient.

PASSÉ.

J'aurais vécu,
Tu aurais vécu,
Il aurait vécu.
Nous aurions vécu,
etc.

PASSÉ PÉRIODIQUE.

J'eusse vécu,
Tu eusses vécu,
Il eût vécu.
Nous eussions vécu,
etc.

IMPÉRATIF.

PRÉSENT ou FUTUR.

Vis.
Vivons,
Vivez.

PASSÉ ANTÉRIEUR.

J'avais trait,
Tu avais trait,
Il avait trait.
Nous avions trait,
etc.

FUTUR ANTÉRIEUR.

J'aurai trait,
Tu auras trait,
Il aura trait.
Nous aurons trait,
etc.

PRÉSENT ou FUTUR.

Je trairais,
Tu trairais,
Il trairait.
Nous trairions,
Vous trairiez,
Ils trairaient.

PASSÉ.

J'aurais trait,
Tu aurais trait,
Il aurait trait.
Nous aurions trait,
etc.

PASSÉ PÉRIODIQUE.

J'eusse trait,
Tu eusses trait,
Il eût trait.
Nous eussions trait,
etc.

IMPÉRATIF.

PRÉSENT ou FUTUR.

Trais.
Trayons,
Trayez.

FUTUR ANTÉRIEUR.	FUTUR ANTÉRIEUR.	FUTUR ANTÉRIEUR.
Aies résolu.	Aies ri.	Aies suivi.
Ayons résolu,	Ayons ri,	Ayons suivi,
Ayez résolu.	Ayez ri.	Ayez suivi.

COMPLÉTIF.	COMPLÉTIF.	COMPLÉTIF.
PRÉSENT *ou* FUTUR.	PRÉSENT *ou* FUTUR.	PRÉSENT *ou* FUTUR
Que je résolve,	Que je rie,	Que je suive,
Que tu résolves,	Que tu ries,	Que tu suives,
Qu'il résolve.	Qu'il rie.	Qu'il suive.
Que nous résolvions,	Que nous riions,	Que nous suivions,
Que vous résolviez,	Que vous riiez,	Que vous suiviez,
Qu'ils résolvent.	Qu'ils rient.	Qu'ils suivent.
PASSÉ.	PASSÉ.	PASSÉ.
Que j'aie résolu,	Que j'aie ri,	Que j'aie suivi,
Que tu aies résolu,	Que tu aies ri,	Que tu aies suivi,
Qu'il ait résolu.	Qu'il ait ri.	Qu'il ait suivi.
Que nous ayons résolu, etc.	Que nous ayons ri, etc.	Que nous ayons suivi etc.
PASSÉ PÉRIODIQUE.	PASSÉ PÉRIODIQUE.	PASSÉ PÉRIODIQUE.
Que je résolusse,	Que je risse,	Que je suivisse,
Que tu résolusses,	Que tu risses,	Que tu suivisses,
Qu'il résolût.	Qu'il rît.	Qu'il suivît.
Que nous résolussions,	Que nous rissions,	Que nous suivissions
Que vous résolussiez,	Que vous rissiez,	Que vous suivissiez,
Qu'ils résolussent.	Qu'ils rissent.	Qu'ils suivissent.
PASSÉ ANTÉRIEUR.	PASSÉ ANTÉRIEUR.	PASSÉ ANTÉRIEUR.
Que j'eusse résolu,	Que j'eusse ri,	Que j'eusse suivi,
Que tu eusses résolu,	Que tu eusses ri,	Que tu eusses suivi,
Qu'il eût résolu.	Qu'il eût ri.	Qu'il eût suivi.
Que nous eussions résolu, etc.	Que nous eussions ri, etc.	Que nous eussions suivi, etc.
PRÉSENT *ou* FUTUR.	PRÉSENT *ou* FUTUR.	PRÉSENT *ou* FUTUR.
Que je résolusse,	Que je risse,	Que je suivisse,
Que tu résolusses, etc.	Que tu risses, etc.	Que tu suivisses, etc.
(*Voy.* ci-dessus.)	(*Voy.* ci-dessus.)	(*Voy.* ci-dessus.)

VERBES IRRÉGULIERS. 4º. CONJUGAISON.

FUTUR ANTÉRIEUR.

Aies vaincu.
Ayons vaincu,
Ayez vaincu.

FUTUR ANTÉRIEUR.

Aies vécu.
Ayons vécu,
Ayez vécu.

FUTUR ANTÉRIEUR.

Aies trait.
Ayons trait,
Ayez trait.

COMPLÉTIF.

PRÉSENT *ou* FUTUR.

Que je vainque,
Que tu vainques,
Qu'il vainque.
Que nous vainquions,
Que vous vainquiez,
Qu'ils vainquent.

COMPLÉTIF.

PRÉSENT *ou* FUTUR.

Que je vive,
Que tu vives,
Qu'il vive.
Que nous vivions,
Que vous viviez,
Qu'ils vivent.

COMPLÉTIF.

PRÉSENT *ou* FUTUR.

Que je traie,
Que tu traies,
Qu'il traie.
Que nous traiions,
Que vous traiiez,
Qu'ils traient.

PASSÉ.

Que j'aie vaincu,
Que tu aies vaincu,
Qu'il ait vaincu.
Que nous ayons vaincu,
etc.

PASSÉ.

Que j'aie vécu,
Que tu aies vécu,
Qu'il ait vécu.
Que nous ayons vécu,
etc.

PASSÉ.

Que j'aie trait,
Que tu aies trait,
Qu'il ait trait.
Que nous ayons trait,
etc.

PASSÉ PÉRIODIQUE.

Que je vainquisse,
Que tu vainquisses,
Qu'il vainquît.
Que nous vainquissions,
Que vous vainquissiez,
Qu'ils vainquissent.

PASSÉ PÉRIODIQUE.

Que je vécusse,
Que tu vécusses,
Qu'il vécût.
Que nous vécussions,
Que vous vécussiez,
Qu'ils vécussent.

PASSÉ PÉRIODIQUE.

Que je traysse,
Que tu traysses,
Qu'il trayt.
Que nous trayssions,
Que vous trayssiez,
Qu'ils trayssent.

PASSÉ ANTÉRIEUR.

Que j'eusse vaincu,
Que tu eusses vaincu,
Qu'il eût vaincu.
Que nous eussions vaincu, etc.

PASSÉ ANTÉRIEUR.

Que j'eusse vécu,
Que tu eusses vécu,
Qu'il eût vécu.
Que nous eussions vécu, etc.

PASSÉ ANTÉRIEUR.

Que j'eusse trait,
Que tu eusses trait,
Qu'il eût trait.
Que nous eussions trait, etc.

PRÉSENT *ou* FUTUR.

Que je vainquisse,
Que tu vainquisses, etc.
(*Voy. ci-dessus.*)

PRÉSENT *ou* FUTUR.

Que je vécusse,
Que tu vécusses, etc.
(*Voy. ci-dessus.*)

PRÉSENT *ou* FUTUR.

Que je traysse,
Que tu traysses, etc.
(*Voy. ci-dessus.*)

IIᵉ. PART.

PASSÉ.	PASSÉ.	PASSÉ.
Que j'eusse résolu, Que tu eusses résolu, etc.	Que j'eusse ri, Que tu eusses ri, etc.	Que j'eusse suivi, Que tu eusses suivi, etc.
(Voy. ci-dessus.)	*(Voy. ci-dessus.)*	*(Voy. ci-dessus.)*

INDÉFINI.	INDÉFINI.	INDÉFINI.
PRÉSENT, PASSÉ, ou FUTUR.	PRÉSENT, PASSÉ, ou FUTUR.	PRÉSENT, PASSÉ, ou FUTUR.
Résoudre.	Rire.	Suivre.
PASSÉ.	PASSÉ.	PASSÉ.
Avoir résolu.	Avoir ri.	Avoir suivi.
PARTICIPE PRÉSENT.	PARTICIPE PRÉSENT.	PARTICIPE PRÉSENT.
Résolvant.	Riant.	Suivant.
PARTICIPE PASSÉ.	PARTICIPE PASSÉ.	PARTICIPE PASSÉ.
Ayant résolu.	Ayant ri.	Ayant suivi.

VERBES IRRÉGULIERS. 4e. CONJUGAISON.

PASSÉ.	PASSÉ.	PASSÉ.
Que j'eusse vaincu, Que tu eusses vaincu, etc.	Que j'eusse vécu, Que tu eusses vécu, etc.	Que j'eusse trait, Que tu eusses trait, etc.
(*Voy. ci-dessus.*)	(*Voy. ci-dessus.*)	(*Voy. ci-dessus.*)

INDÉFINI.	INDÉFINI.	INDÉFINI.
PRÉSENT, PASSÉ, *ou* FUTUR.	PRÉSENT, PASSÉ, *ou* FUTUR.	PRÉSENT, PASSÉ, *ou* FUTUR.
Vaincre.	Vivre.	Traire.
PASSÉ.	PASSÉ.	PASSÉ.
Avoir vaincu.	Avoir vécu.	Avoir trait.
PARTICIPE PRÉSENT.	PARTICIPE PRÉSENT.	PARTICIPE PRÉSENT.
Vainquant.	Vivant.	Trayant.
PARTICIPE PASSÉ.	PARTICIPE PASSÉ.	PARTICIPE PASSÉ.
Ayant vaincu.	Ayant vécu.	Ayant trait.

Conjuguez sur

BATTRE : *abattre*, *combattre*, *débattre*, *ébattre*, *rabattre* et *rebattre*.

BOIRE : *reboire*.

CLORE : *enclore*, *forclore*, *renclore*, *éclore* ; mais ce dernier se conjugue avec *être*.

CONCLURE : *exclure*. Le participe passé est *exclu*, *exclue*, mieux que *exclus*, *excluse*; mais vous direz et vous écrirez, *inclus*, *incluse*; *perclus*, *percluse* ; *reclus*, *recluse*, participes des verbes inusités *inclure*, *perclure* et *reclure*.

CONNAITRE : *paraître* et ses composés ; *croître* et *décroître*, mais ces deux derniers se conjuguent tantôt avec *être*, tantôt avec *avoir*, et prennent un *o*, au lieu d'un *a*, avant la voyelle *i* : je *croîtrai*, il *décroîtrait*, etc.

COUDRE : *découdre* et *recoudre*.

CRAINDRE : *contraindre*, *plaindre*; *astreindre*, *restreindre* ; *atteindre*, *ceindre*, *éteindre*, *peindre* ; *joindre*, *disjoindre*, *enjoindre*, *rejoindre*. (Le participe passé de tous ces verbes est terminé en *int* : *contraint*, *plaint*; *astreint*, *restreint*; *atteint*, *ceint*, etc. *joint*, *disjoint*, *enjoint*, *rejoint*.)

CROIRE : il n'a pas d'analogue.

DIRE : *contredire*, *redire*. (*Dédire*, *interdire*, *médire* et *prédire* se conjuguent bien sur *dire*; mais la deuxième personne plurielle du présent de l'affirmatif et de l'impératif est terminée en *isez* : vous *dédisez*, vous *interdisez*, vous *médisez*, vous *prédisez* (1). (Maudire fait nous *maudissons*, vous *maudissez*, ils *maudissent*; je *maudissais*, etc. *maudissant*. Dans tous les autres temps, *Maudire* suit la conjugaison de *dire*). — Conjuguez *confire* sur *interdire*.

ECRIRE : *circonscrire, décrire, inscrire, prescrire, proscrire, récrire, souscrire* et *transcrire*.

FAIRE : *contrefaire, défaire, parfaire, refaire, satisfaire* et *surfaire*. (*Forfaire* et *méfaire* n'ont que le présent de l'indéfini et les temps composés : *il a forfait, ils auront méfait*, etc.)

LIRE : *élire, relire, plaire, taire, suffire*; mais ce dernier fait au passé périodique de l'affirmatif, *je suffis, tu suffis*, etc.; au passé périodique du complétif, *que je suffisse, que tu suffisses*, etc., et au participe passé *suffi*.

METTRE : *admettre, commettre, compromettre, démettre, émettre, permettre, promettre, remettre, soumettre, transmettre*.

MOUDRE : *remoudre, émoudre, rémoudre*.

NAITRE : il n'a pas d'analogue.

NUIRE : *luire*. (*Conduire, déduire, enduire, induire, réduire, séduire; construire, instruire, cuire* se conjuguent sur *nuire*; mais le participe

---

(1) Quelques Grammairiens pensent qu'on doit dire « vous *contredisez, et contredisez*, à l'impératif »; nous estimons, avec Domergue, qu'on doit dire « vous *contredites, et contredites* ».

passé de ces verbes est terminé en *uit* : *conduit, déduit, enduit, induit,* etc. etc.)

PAITRE : *repaître.*

PRENDRE : *apprendre, comprendre, reprendre, surprendre.*

RÉSOUDRE : *résoudre* (réduire, changer en...); mais il fait au participe passé *résous*, sans féminin, et par conséquent j'ai *résous*, j'avais *résous*, j'aurai *résous*, etc. (1)

RIRE : *sourire, frire ;* mais ce dernier fait au participe passé *frit, frite*, et par conséquent j'ai *frit*, j'avais *frit*, j'aurai *frit*, etc. (Du participe passé *friant* dérivent *friandise* et *friand*) (2)

SUIVRE : *poursuivre* et ses composés.

---

(1) ABSOUDRE se conjugue en partie sur *résoudre* (déterminer); mais il fait au passé *j'ai absous;* de plus, il n'a pas de passé périodique, tant à l'affirmatif qu'au complétif, c'est-à-dire que ni *j'absolvis*, ni *j'absolvisse* ne peuvent être employés. Le participe passé est *absous, absoute* (et non pas *absout*, comme le dit l'auteur de la Grammaire des Grammaires). — DISSOUDRE (fondre) se conjugue comme *absoudre*, et fait comme lui au participe passé, *dissous, dissoute*. Comme lui, il n'a pas de passé périodique, tant à l'affirmatif qu'au complétif, c'est-à-dire qu'on ne sçaurait employer ni *je dissolvai*, ni *je dissolvasse* (ainsi que l'avance l'auteur de la Grammaire des Grammaires). — Il ne faut pas confondre *dissous* (fondu) avec *dissolu* (débauché).

(2) Les personnes qui craignent de dire *nous frions*, etc. *je friais*, etc. disent « nous fesons frire, etc., je fesais frire, etc. »; et, dans ce sens, *frire* est un verbe intransitif. Quand je dis, par exemple « on frit le poisson », le verbe *frire* est actif, car *frire* signifie faire cuire dans la friture. - Quand je dis « le poisson frit », le verbe *frire* est intransitif.

Vaincre : *convaincre.*

Vivre : *revivre, survivre.*

Traire : *abstraire, attraire, distraire, extraire, retraire, soustraire;* mais le verbe *attraire* n'est en usage qu'au présent de l'indéfini.

Verbes défectifs. (1)

Outre les verbes irréguliers que nous venons de faire connaître, il y a des verbes *défectifs;* nous appelons ainsi ceux qui manquent de quelques temps.

Bénir. Ce verbe est régulier, il se conjugue sur *finir;* mais, au lieu de *béni*, qu'on n'emploie qu'en parlant des personnes, on se sert de *bénit, bénite,* quand on parle des choses sacrées, comme du pain *bénit*, de l'eau *bénite.*

Défaillir. Il n'est usité qu'au pluriel du présent de l'affirmatif : *nous défaillons;* au passé : *j'ai défailli;* au futur: *je défaillirai;* au passé périodique : *je défaillis;* au passé simultanée : *je défaillais;* au participe présent: *défaillant, défaillante.*

Fleurir (être en crédit ou en vogue). Il fait au passé simultanée : *je florissais, tu florissais, il florissait*, etc., et au participe présent: *florissant, florissante.*

_____

(1) *Défectif* vient du verbe latin *deficere*, manquer, avoir faute. Ceux qui appellent verbes *défectueux* les verbes défectifs, s'expriment d'une manière tout-à-fait impropre.

Gésir ou Gir (être couché). On dit seulement : *il gît, nous gisons, vous gisez, ils gisent ; je gisais,* etc. *gisant.*

Haïr. Ce verbe est actif. On prononce *je hais, tu hais, il hait ;* et à l'impératif, *hais,* comme si l'on écrivait je *hès,* tu *hès,* il *hèt ; hès.* On prononce : nous *haïssons,* vous *haïssez,* ils *haïssent.* Passé : J'ai *haï,* tu as *haï,* etc. Futur : je *haïrai,* etc. Passé périodique : je *haïs,* tu *haïs,* etc. Passé simultanée : je *haïssais,* tu *haïssais,* etc.

Issir. Ce verbe ne s'emploie qu'au participe passé : *issu, issue,* qui signifie descendu, sorti d'une personne ou d'une race.

Ouïr. Ce verbe n'est plus usité qu'au passé périodique, tant de l'affirmatif que du complétif : *j'ouïs, tu ouïs,* etc. *que j'ouïsse, que tu ouïsses,* etc., et dans les temps composés : *j'ai ouï, j'avais ouï, j'aurai ouï,* etc. Participe passé : *ouï, ouïe.* On ne dit plus : *j'ois, tu ois, il oït, nous oyons, vous oyez, ils oient ; j'oyais ; j'oirai, j'oirais,* etc.

Saillir (sauter, bondir, sortir avec impétuosité). Ce verbe se conjugue sur *finir,* et il fait au participe présent *saillissant,* et non pas *saillant,* comme le dit l'auteur de la Grammaire des Grammaires.

Choir. Ce verbe n'est usité qu'au présent de l'indéfini et au participe passé : *chu, chue.*

Falloir. Ce verbe, qui est unipersonnel, se

conjugue de la manière suivante : *il faut ; il a fallu, il faudra ; il fallut ; il fallait ; il faudrait ; qu'il faille ; qu'il fallût*, etc. Il n'a pas de participe présent.

PLEUVOIR. Ce verbe, qui est unipersonnel, fait au présent de l'affirmatif, *il pleut ;* au passé, *il a plu ;* au futur, *il pleuvra ;* au passé périodique, *il plut ;* au passé simultanée, *il pleuvait ;* au présent conditionnel, *il pleuvrait ;* au présent du complétif, *qu'il pleuve ;* au passé périodique du complétif, *qu'il plût ;* au participe présent, *pleuvant*.

PROMOUVOIR. Il n'est usité qu'au présent de l'indéfini, et aux temps composés : *j'ai promu, j'avais promu, elle aura été promue*, etc.

SEOIR (être convenable). Il n'est en usage qu'aux troisièmes personnes des temps suivants : *il sied, ils siéent ; il siéra, ils siéront ; il seyait, ils seyaient ; il siérait, ils siéraient ; qu'il siée, qu'ils siéent ; seyant*.

ABSOUDRE. Voyez la note de la page 294.

BRAIRE. Ce verbe n'est guère usité qu'aux troisièmes personnes des temps suivants : *il brait, ils braient ; il braira, ils brairont ; il brairait, ils brairaient*. (Rien n'empêcherait cependant qu'on ne dît : *il a brait, il avait brait, ils auraient brait*, etc.)

BRUIRE. Voici les seuls temps de ce verbe : *il bruit* (en parlant du tonnerre) ; *ils bruissent* (en parlant des flots) ; *il bruyait, ils bruyaient ;* des flots *bruyants*, des trompettes *bruyantes*.

CIRCONCIRE. C'est ainsi que ce verbe se conjugue : *je circoncis, tu circoncis, il circoncit, nous circoncisons, vous circoncisez, ils circoncisent. J'ai circoncis*, etc. *je circoncirai*, etc. *je circoncis, tu circoncis, il circoncit, nous circoncîmes, vous circoncîtes, ils circoncirent; je circoncisais, tu circoncisais*, etc.; *je circoncirais*, etc.; *que je circoncise*, etc.; *que je circoncisse*, etc.; *circoncisant; circoncis.*

DISSOUDRE. Voyez la note de la page 294.

SOUDRE. Ce verbe n'est usité qu'au présent de l'indéfini.

SOURDRE. Ce verbe n'a que la troisième personne, tant au singulier qu'au pluriel, du présent et du passé simultanée de l'affirmatif. L'eau *sourd*, les eaux *sourdent*; l'eau *sourdait*, les eaux *sourdaient*. (Les autres temps manquent).

TISTRE. Il ne s'emploie qu'aux temps composés : *j'ai tissu, j'avais tissu ; elle a été tissue*, etc.

SECTION X.

LISTE DES VERBES MOYENS.

On appelle en français verbes *moyens* tous ceux qui, selon les circonstances, ont tantôt le sens actif, et tantôt le sens passif. La dénomination imposée à cette sorte de verbes est empruntée de la langue grèque, dans laquelle on distingue la voix active, la voix passive, et la voix *moyenne*; celle-ci est ainsi nommée, parce qu'elle tient comme le milieu entre les deux autres.

SENS ACTIF.	SENS PASSIF.
ABÊTIR. Les mauvais traitements abêtissent les enfants.	Les enfants qu'on maltraite abêtissent de jour en jour (*sont rendus bêtes*).
ABONNIR. Les caves fraîches abonnissent le vin.	C'est un vieux pêcheur qui n'abonnit point en vieillissant (*n'est point rendu bon*).
ABYMER. Dieu abyma Sodome et quatre autres villes.	Les méchants s'abymeront avec leurs projets (*seront précipités dans l'abyme*).
ACCOUTUMER. Son père l'avait accoutumé à garder le secret (lui avait donné l'habitude (1).	Son père avait accoutumé de l'instruire sur-tout par des exemples (*avait pris l'habitude*).
ACCROÎTRE. Il a accru sa maison et son revenu.	Son bien, son revenu et sa réputation accroissent tous les jours (*sont rendus plus grands*).

---

(1) Ce verbe n'est *moyen* que dans ses temps composés.

SENS ACTIF.	SENS PASSIF.
AGRÉER. Le Seigneur agrée la prière du juste.	Son caractère agréait à tous ceux qui l'écoutaient (*était reçu favorablement*).
AMAIGRIR. Le jeûne l'amaigrisssait.	Les troupeaux amaigriront ici (*seront rendus maigres*).
AMOINDRIR. Cela amoindrira vos revenus.	Son revenu en amoindrira considérablement (*sera diminué*).
APETISSER. Ce manteau est trop long, il faut l'apetisser.	Après le solstice d'été, les jours appetissent (*sont rendus plus courts*).
ARRÊTER. Il faut arrêter le cours de ce ruisseau.	Après huit jours de marche, nous arrêtâmes à Avignon (*nous fûmes fixés dans notre course*).
AUGMENTER. Il augmente son revenu tous les jours.	Son revenu augmente tous les jours, tant il est économe (*est rendu plus considérable*).
BAISSER. Quand la pièce fut jouée, on baissa la toile.	Le jour commence à baisser (*est rendu plus bas*).
BANDER. Le vent bandait les voiles.	Cette corde bande trop (*est trop tendue*).
BATTRE. On a battu la caisse.	Le tambour battait (*était frappé avec les baguettes*).
BLANCHIR. Cette pâte blanchit le teint.	Tête de fou ne blanchit jamais (*n'est jamais rendue plus blanche*).
BOUFFIR. L'hydropisie lui a bouffi tout le corps.	Le visage lui bouffit (*est rendu enflé*).
BRANLER. Il branle la tête.	La tête lui branlait (*était agitée*).
BRISER. Les Iconoclastes brisaient les images.	Le vaisseau alla briser contre un écueil (*fut mis en pièces*).
BRULER. Anciennement on brûlait les morts.	On voyait de loin des vaisseaux qui brûlaient (*qui étaient consumés par le feu*).
BRUNIR. Le hâle brunit le teint.	Vos cheveux commencent à brunir (*à être rendus de couleur brune*).

SENS ACTIF.	SENS PASSIF.
Casser. Les années ont bien cassé cet homme.	Au milieu de l'opération, la corde cassa (*fut rompue*).
Changer. Cet orage changera le temps.	Les modes changent d'un jour à un autre (*sont rendues différentes*).
Chauffer. Pendant qu'on chauffera le bain.	Pendant que le bain chauffera (*sera rendu chaud*).
Clore. Je n'ai pas clos l'œil.	Cette porte clot mal (*est mal fermée*).
Commencer. Il faut bien commencer la journée.	La journée n'a pas commencé fort heureusement (*n'a pas été entamée*...)
Communier. Son curé l'a communié.	Il a communié de la main de son curé (*il a été admis à la communion*).
Continuer. Je continuerai mes recherches.	Si la guerre continue, nous sommes perdus (*est prolongée*).
Coucher. Il faut coucher cet enfant. L'orage a couché les blés.	Nous couchâmes dans un bon lit (*nous fûmes étendus de notre long*).
Couler. Il a coulé cette clause dans le contrat.	Les jours, les années, les siècles coulent insensiblement (*sont entraînés dans l'espace*).
Couver. Cet homme couve quelque mauvais dessein.	Ce projet couvait depuis bien longtemps (*était préparé sourdement*).
Crever. La trop grande charge de poudre crevera le canon.	La digue ne put résister, et elle creva (*elle fut rompue avec effort*).
Cuire. Faites cuire les viandes à petit feu. La guimauve cuit le rhume.	Ces légumes cuisent difficilement (*sont difficilement préparés à leur destination par le moyen du feu*).
Débarquer. On débarqua les troupes à Calais.	Les troupes débarquèrent à la Jamaïque (*furent mises hors de la barque*).
Débonder. On débondera cet étang.	L'eau a débondé cette nuit par une ouverture (*a été débarassée de la bonde*).

SENS ACTIF.	SENS PASSIF.
Découcher. Ne découchez pas cet enfant.	Il a découché trois fois depuis huit jours (*il a été détourné de son lit*).
Dégeler. Le vent du midi a dégelé la rivière.	La rivière commence à dégeler (*à être tirée de l'état de congellation*).
Dégorger. Il conviendrait de dégorger cet égout.	Si cet égout vient à dégorger, il infectera le voisinage (*à être débarassé de l'état d'engorgement*).
Déjucher. Allez déjucher les poules.	Les poules déjucheront bientôt (*seront tirées du juchoir*).
Déloger. On délogea les ennemis de leurs retranchements.	L'ennemi épouvanté délogea, la nuit, sans trompette (*fut mis hors du poste*).
Dénicher. On a déniché les voleurs de cet endroit.	Les ennemis eurent peur et dénichèrent promptement (*furent mis dehors*).
Dérougir. Elle était fort rouge de la petite vérole, un mois l'a entièrement dérougie.	Son nez ne rougit point. Cela dérougira à l'air (*sera rendu moins rouge*).
Descendre. Descendons des chaises au jardin.	Son manteau lui descend jusqu'aux talons (*est porté jusqu'à ses talons*).
Désenfler. Désenflez vos joues.	Son bras désenflera bientôt (*sera rendu moins enflé*).
Désenivrer. Le sommeil l'a désenivré.	Cet homme ne désenivre jamais (*n'est jamais tiré de l'ivresse*).
Diminuer. Son malheur a diminué son crédit.	Leur crédit diminue de jour en jour (*est rendu moindre*).
Discontinuer. On a discontinué le jeu.	La guerre n'a pas discontinué pendant vingt ans (*n'a pas été interrompue*).
Doubler. Il a doublé son bien dans le commerce.	Son bien a doublé dans le commerce (*a été augmenté du double*).

VERBES MOYENS.

SENS ACTIF.	SENS PASSIF.
DRESSER. Ce cheval dresse les oreilles.	Les cheveux me dressaient à la tête (étaient tenus droits sur ma tête).
DURCIR. La grande chaleur durcit la terre.	Le chêne durcit dans l'eau (est rendu dur).
ECHAUFFER. Il a un tel froid, qu'on ne peut l'échauffer.	Il a un tel froid, qu'il ne sçaurait échauffer (être rendu chaud).
ECHOUER. Le pilote échoua son vaisseau, pour ne pas se laisser prendre.	Notre vaisseau échoua sur un banc de sable (fut poussé contre un banc de sable).
EMBELLIR. Cette fontaine embellira bien votre jardin.	Son teint embellit à vue d'œil (est rendu plus beau).
EMMAIGRIR. L'excès du travail l'avait emmaigri.	Il emmaigrit tous les jours (il est rendu plus maigre).
EMPIRER. Les remèdes ont empiré sa maladie.	Le malade empirait à vue d'œil (était rendu pire).
ENCHÉRIR. Vous avez fort enchéri vos marchandises.	Les blés ont fort enchéri cette année (ont été rendus plus chers).
ENFLER. Les pluies ont enflé la rivière.	La rivière enfle tous les jours (est rendue grosse outre mesure).
ENFONCER. Il faut enfoncer ce pieu dans l'eau.	Sa maison enfonça dans une cavité (fut précipitée au fond d'une cavité).
ENFORCIR. La bonne nourriture enforcira ce cheval.	Ce cheval enforcit tous les jours (est rendu plus fort).
ENLAIDIR. La petite vérole l'a fort enlaidie.	Cette femme enlaidit de plus en plus (est rendue de plus en plus laide).
EPAISSIR. Ces aliments épaississent le sang.	Les confitures épaississent en cuisant (sont rendues plus épaisses).
ETOUFFER. L'excessive chaleur étouffe nos moissonneurs.	Les moissonneurs étouffent de chaud (sont suffoqués par la chaleur).

SENS ACTIF.	SENS PASSIF.
Fermer. Ayez soin de fermer votre chambre et la fenêtre.	Cette fenêtre et cette chambre ne ferment pas (*ne sont pas clos*).
Finir. Finissez promptement cette affaire.	Cette affaire ne finira jamais (*ne sera jamais terminée*).
Fléchir. Il ne fléchira pas le genou. Ils ont fléchi la rigueur du maître.	Que tout genou fléchisse à son nom (*soit ployé*). Cet homme fléchit aisément (*est adouci aisément*).
Fondre. La chaleur fondit toute la cire.	La neige fond au soleil (*est rendue fluide*).
Frire. Il faut frire cette carpe. On a fri ces poissons.	Cette carpe a fri dans la poêle (*a été cuite par le moyen de la friture*).
Geler. Le froid a gelé le vin dans les caves.	Le vin a gelé dans le tonneau (*a été glacé*).
Gercer. Le grand froid gerce les lèvres.	Les lèvres gercent au grand froid (*sont crevassées*).
Glacer. Le grand froid glace les rivières et le vin même.	Les fontaines d'eau vive ne glacent jamais (*ne sont jamais converties en glace*).
Gonfler. Les légumes gonflent l'estomac.	Dès qu'il a mangé, l'estomac lui gonfle (*est rendu enflé*).
Griller. Le feu lui a grillé les jambes.	Buvons tandis que les côtelettes grillent (*sont rôties*).
Grossir. Les pluies ont grossi la rivière.	La rivière a bien grossi (*a été rendue bien grosse*).
Guérir. Mon médecin l'a guérie parfaitement.	Il est fort malade, mais il guérira bientôt (*il sera bientôt rendu à la santé*).
Hausser. On a haussé ses gages de cette année.	Ses gages ont haussé cette année (*ont été rendus plus forts*).
Havir. Un trop grand feu havit la viande.	La viande havit à un trop grand feu (*est desséchée*).
Jaunir. Jaunissez cette toile.	Les blés jaunissent (*sont rendus jaunes*).
Joindre. Il faudrait joindre ces deux planches.	Ces deux planches ne joignent pas (*ne sont pas rapprochées*).

VERBES MOYENS.

SENS ACTIF.	SENS PASSIF.
LÂCHER. Vous devriez lâcher cette corde.	Cette corde lâche trop (*est trop détendue*).
LEVER. On ne peut lever cette masse énorme.	Les orges lèvent plus vite que les blés (*sont portées en haut*).
LOGER. On ne peut loger trois mille hommes dans cette caserne.	Nous logeons près du palais (*nous sommes établis*).
MANQUER. Vous avez manqué une belle occasion.	Les vivres manquaient dans la place (*étaient en défaut*).
MONTER. Montez ces meubles dans ma chambre.	Toutes ces sommes montent à cent mille francs (*sont élevées*).
MULTIPLIER. On multipliera les sentinelles.	Les lapins multiplient considérablement (*sont rendus plus nombreux*).
NOIRCIR. Le soleil noircit le teint.	Le teint noircit au soleil (*est rendu noir*).
OUVRIR. Il faut ouvrir cette porte.	Cette fenêtre n'ouvre jamais (*n'est jamais ouverte*).
PAÎTRE. Paissez ces brebis.	Les chevaux paissent dans la prairie (*sont nourris*).
PARQUER. Ils ont parqué leurs moutons.	Nos moutons ne parquent pas encore (*ne sont pas encore enfermés dans le parc*).
PASSER. On a passé le canon dans des bâteaux. Passez ce bouillon au tamis.	Le canon passa dans des bâteaux (*fut transporté*). Cette liqueur passe lentement par la chausse (*s'écoule au travers*).
PEINER. Ce travail nous peinera extrêmement.	Les chevaux peinent beaucoup sur cette route (*sont beaucoup fatigués*).
PENCHER. Penchez un peu ce vase.	Cet arbre penche (*est incliné*).
PENDRE. Nous avons pendu des raisins au plancher.	Les fruits qui pendent à cet arbre sont délicieux (*qui sont suspendus*).

SENS ACTIF.	SENS PASSIF.
Peser. Il faut peser ce ballot.	Le tout pèse deux cents livres (*est pesant*).
Peupler. On a peuplé cet étang de poissons.	Il n'y a pas de poisson qui peuple autant que la carpe (*qui se multiplie*).
Plier. Il faut plier votre bras.	Le plancher pliait sous le faix (*était rendu courbe*).
Plonger. On a plongé cet homme dans la mer.	Ces pêcheurs plongent jusqu'au fond des eaux (*sont enfoncés*).
Porter. Deux colonnes portent cette galerie.	La tablette porte à faux (*est soutenue*).
Poser. Posez cette poutre sur le mur.	La poutre ne pose pas assez sur le mur (*n'est pas assez posée*).
Pourrir. Les pluies ont pourri les biens de la terre.	Les fruits trop long-temps gardés pourrissent (*sont corrompus*).
Prêter. Je vous prêterai ma voiture.	Voilà des gants qui prêtent (*qui s'étendent aisément*).
Profiter. Il a profité des avis qu'on lui a donnés.	Nos avis ont beaucoup profité (*ont été mis à grand profit*).
Quadrupler. Ses économies ont quadruplé son revenu.	Son revenu a quadruplé par ses économies (*est augmenté du quadruple*).
Raccourcir. Elle a raccourci sa robe.	Les jours raccourcissent (*sont rendus plus courts*).
Rafraîchir. Il faut rafraîchir le vin.	Le vin rafraîchira dans l'eau (*sera rendu frais*).
Rajeûnir. Cette perruque semble vous rajeûnir.	Il semble que cette femme rajeûnisse (*soit rendue plus jeune*).
Ramaigrir. Ce long voyage l'a ramaigri.	Il ramaigrit tous les jours (*il est rendu plus maigre*).
Rapetisser. Il faut rapetisser cette table.	Les jours rapetissent (*sont rendus plus petits*).
Redoubler. Cette nouvelle a redoublé son affliction.	Ma crainte redouble (*est rendue plus considérable*).

VERBES MOYENS.

SENS ACTIF.	SENS PASSIF.
RÉFLÉCHIR. Les miroirs réfléchissent les rayons de tous les objets.	Les rayons du soleil qui réfléchissent d'un miroir (*qui sont renvoyés*).
REFROIDIR. La pluie a refroidi l'air.	Tandis que le bouillon refroidira (*sera rendu froid*).
RELEVER. Cette succession a relevé ses affaires.	Il ne relevera pas de cette maladie (*il ne sera pas rétabli*).
RENCHÉRIR. On a renchéri le vin.	Le vin va renchérir (*être rendu plus cher*).
RENGRAISSER. On a rengraissé ce cheval avec du son.	Il rengraisse à la campagne (*il est rendu plus gras*).
REPOSER. Cela repose les humeurs.	Il repose sur son lit (*il est tranquille*).
RESSUSCITER. Jésus-Christ ressuscita Lazare.	Jésus-Christ ressuscita le troisième jour (*il fut rappelé à la vie*).
RETARDER. Pourquoi retarder ce mariage ?	Ce mariage retarde de jour en jour (*est différé*).
REVERDIR. Il faut reverdir ces barreaux.	Les arbres reverdiront bientôt (*seront rendus verts*).
ROIDIR. Roidissez votre jambe.	Il roidissait de froid (*il était rendu roide*).
ROMPRE. Il a rompu les portes.	Cette poutre rompra (*sera brisée*).
RÔTIR. L'excessive chaleur rôtit toutes les plantes.	Vous rôtissez au soleil (*vous êtes échauffé ardemment*).
ROUGIR. Je vous engage à rougir votre eau.	Cette femme a rougi de colère (*a été rendue rouge*).
ROUIR. On rouit le chanvre et le lin dans l'eau dormante.	Le lin et le chanvre rouïssent plus promptement quand ils sont encore verts (*sont macérés plus promptement*).
ROULER. Il roulait les yeux comme un possédé.	Les yeux lui roulaient dans la tête (*étaient agités en tournant*).
ROUSSIR. Le grand air roussit le papier.	Votre papier roussira à l'air (*sera rendu roux*).

SENS ACTIF.	SENS PASSIF.
Saigner. On l'a saigné sous la langue.	La plaie saigne encore (*perd du sang*).
Sécher. Le soleil sèche les prairies.	Le manteau séchera au soleil (*sera rendu sec*).
Sonner. On va sonner le diner.	Le sermon sonne (*est annoncé par le son*).
Suffoquer. Un catarrhe l'a suffoqué.	Il suffoque de douleur (*il a la respiration supprimée*).
Tarir. Les chaleurs ont tari les fontaines.	Les fontaines ont tari pendant les chaleurs (*ont été mises à sec*).
Tenir. Ce prince ne tint l'empire que fort peu de temps.	Toutes ces parties tiennent ensemble (*sont attachées*). Il ne tiendra pas long-temps (*ne sera pas long-temps sur pied*).
Tinter. On tinte la messe.	La messe tinte (*est annoncée par un tintement*).
Tirer. On tira aussitôt le canon.	Le canon tira souvent (*fut déchargé souvent*).
Tourner. Il vous faudra tourner la roue.	La terre tourne autour du soleil (*est mue en rond*).
Traîner. Ce rapporteur traîne mon affaire.	Mon affaire traîne depuis deux ans (*est remise* ou *différée*).
Transir. Le froid m'a transi.	Je transis de froid (*je suis pénétré et engourdi*).
Tremper. Trempez ce linge dans l'eau.	Ce linge trempe depuis deux jours (*est imbibé*).
Tripler. Il triplera bientôt son revenu.	Son revenu triplera bientôt (*sera bientôt rendu triple*).
Varier. On doit varier son style.	Le vent a varié plusieurs fois (*est devenu différent*).
Verdir. Il faut verdir ce treillage.	Tout verdit au printemps (*tout est rendu vert*).
Verser. Ce charretier a versé sa voiture.	Ce carrosse versera (*sera jeté sur le côté*).
Vieillir. Les chagrins le vieillissent à vue d'œil.	Il a vieilli dans les affaires (*il a été rendu* ou *il est devenu vieux*).

STYLE.

Le mot *Style* était, chez les Anciens, ce qu'est aujourd'hui, chez nous, le mot plume. Ils donnaient ce nom à une longue aiguille, pointue par un bout, aplatie par l'autre. La pointe servait à graver les caractères sur la cire dont les tablettes étaient enduites; le bout aplati servait à effacer en appuyant sur l'écriture (1). Le mot *style*, qui signifie aujourd'hui *manière d'écrire*, est donc un terme métaphorique, emprunté de l'instrument dont les Anciens se servaient pour tracer des lettres; quand on veut exprimer la manière d'écrire de Bossuet, de Racine, etc., on dit le style de Racine, de Bossuet, etc. Le style, dit Buffon, n'est que l'ordre et le mouvement qu'on met dans ses pensées.

Les principales qualités du style sont la *correction*, la *clarté*, la *concision*, le *naturel*, l'*élégance*, la *noblesse*, l'*harmonie* et la *convenance*.

La correction consiste à employer des termes propres et avoués par le bon usage.

La clarté consiste à éviter les termes ambigus et les constructions louches.

La concision consiste à rejeter les mots inutiles et les circonlocutions embarrassantes.

---

(1) C'est pour cette raison qu'Horace dit « *sæpè stylum vertas* » effacez souvent. (Saty. 10, lib. 1).

Le naturel consiste à rendre une idée ou un sentiment sans effort et sans apprêt (1).

L'élégance consiste dans un tour de pensée noble et poli, rendu par des expressions châtiées, coulantes et gracieuses à l'oreille.

La noblesse consiste à éviter les comparaisons basses, les idées triviales, les images déplacées et les termes populaires.

L'harmonie résulte du choix et de l'arrangement des mots.

La convenance consiste à approprier le style au sujet.

Bien écrire, dit l'immortel Buffon, c'est tout-à-la-fois bien penser, bien sentir et bien rendre.

Les Rhéteurs distinguent trois sortes de style : 1°. le style *simple* que l'on emploie dans les entretiens familiers, dans les lettres et les fables ; 2°. le style *tempéré* qui, à la netteté du style simple, joint toutes les richesses de l'élocution ; 3°. le style *sublime* qui réunit la dignité, l'élégance, la majesté.

On trouve dans les fables de La Fontaine et dans les lettres de madame de Sévigné beaucoup d'exemples du style simple. La description du paon, par Buffon, nous offre un beau modèle du style tempéré. Enfin, nous trouvons dans Bossuet et Fléchier, dans Corneille, Racine et Voltaire

---

(1) « Ne forçons point notre talent,
Nous ne ferions rien avec grâce ».

LA FONTAINE.

une infinité d'exemples du style sublime. Nous citerons seulement ici ces vers de Racine :

« J'ai vu l'impie adoré sur la terre ;
Semblable au cèdre, il cachait dans les cieux
Son front audacieux,
Il semblait à son gré gouverner le tonnerre,
Fouler aux pieds ses ennemis vaincus :
Je n'ai fait que passer, il n'était déjà plus.

Ces vers nous fournissent l'occasion de distinguer le style sublime du sublime d'image, de pensée. Les premiers vers sont du style sublime ; le dernier vers est sublime, sans être du style sublime. Au reste, ces distinctions de style ont été tirées de la différence des sujets qu'on peut traiter ; car les divisions de style s'étendraient à l'infini, si on les tirait de la manière de traiter un sujet : en effet, il y a autant de styles différents, qu'il y a de bons écrivains.

On confond souvent le mot *style* avec les mots *diction* et *élocution* ; il y a néanmoins cette différence entre eux, que la diction et le style sont restreints à la manière de rendre les idées, abstraction faite des idées, et que l'élocution renferme les idées et la manière de les rendre. Le style a plus de rapport à l'acteur ; la diction, à l'ouvrage ; et l'élocution à l'art oratoire. On dit d'un auteur, qu'il a un bon style, pour faire entendre qu'il possède l'art de rendre ses idées ; d'un ouvrage, que la diction en est bonne, pour exprimer qu'il est écrit d'une manière convenable à son genre ; d'un orateur, qu'il a une belle élocution, pour signifier qu'il parle bien. « La *diction* ne s'entend bien, dit d'Alembert, que des qualités générales et grammaticales du discours ; et ces qualités sont au nombre de deux : la correction et la clarté. (1) Elles sont indispensables dans quelque ouvrage que ce puisse être, soit d'éloquence, soit de tout autre genre ; l'étude de la langue et l'habitude d'écrire les donnent presque infailliblement, quand on cherche de bonne foi à les acquérir. Le *style*, au contraire, se dit des qualités du discours, plus particulières, plus difficiles et plus rares, qui marquent le génie et le talent de celui qui écrit ou qui parle : telles sont la propriété des termes, l'élégance, la facilité, la précision, l'élévation, la noblesse, l'harmonie, la convenance avec le sujet, etc. »

---

(1) Le défaut de clarté est le plus grand vice de l'élocution. Il est nécessaire, dit Quintilien, non seulement qu'on puisse nous entendre, mais qu'on ne puisse pas ne pas nous entendre ; la lumière, dans un écrit, doit être comme celle du soleil dans l'univers, laquelle ne demande point d'attention pour être vue, il ne faut qu'ouvrir les yeux.

ARTICLE PREMIER.

Des Figures de Grammaire.

LES figures sont des tours de mots et de pensées qui animent ou ornent le discours. On appelle style figuré, non pas celui où l'on emploie des figures (car il n'y a pas moyen de parler sans figures), mais celui où l'on affecte d'employer beaucoup de mots en des sens figurés. Le sens figuré est un autre sens que l'on donne à un mot, à cause de la relation qui se trouve entre l'idée du sens *propre*, et celle qu'on lui fait signifier dans le sens *figuré*. Si je dis « le feu *brûle*, le soleil *éclaire* », je me sers du sens propre ; mais si je dis « cet homme *brûle* du désir d'apprendre ; il faut que nos conseils *éclairent* la jeunesse », je me sers du sens figuré. On ne sçaurait parler sans employer des figures ; quiconque voudra faire attention au langage du peuple, reconnaîtra qu'il est toujours figuré. Ces expressions « une maison *triste*, une campagne *riante*, le *froid* d'un discours, le *feu* des yeux » sont dans la bouche de ceux qui courent le moins après les métaphores, et qui ne sçavent pas même ce que c'est que métaphore.

La *Métaphore* (1) consiste à transporter un mot

---

(1) Métaphore vient du grec μεταφέρω (*metapheri*), je transporte ; en effet, par elle, on transporte, pour ainsi dire, la signification propre d'un mot à une autre signification.

de sa signification naturelle à une autre signification qui ne lui convient qu'en vertu d'une comparaison qu'on a dans l'esprit, comme quand on dit « la Grammaire est la *clé* des sciences; la bonne fortune *enivre* les sots; il ne faut *ternir* la réputation de personne; vous avez *blessé* son honneur; mettons un *frein* à nos passions; la géographie et la chronologie sont les *yeux* de l'histoire, etc. etc. » Une métaphore doit être suivie; elle ne doit pas rapprocher dans la même phrase deux idées, dont l'une exclue l'autre. C'est avec raison qu'on a condamné ce vers de Corneille dans la bouche de Chimène :

« Malgré des feux si beaux qui *rompent* ma *colère* ».

On condamnera également cette expression :

« Ciel! qui peut de tes *feux* interrompre le *cours* » ?

Ces images n'ont entre elles aucune convenance : on ne rompt pas la colère; on n'interrompt pas le cours des feux.

Un poète moderne a dit :

« Croyez vous que ma sœur à ce flatteur *hommage*
Soit *sourde* » ?

On n'est pas sourd à un hommage.

On a reproché à Malherbe d'avoir dit :

« Prends ta foudre, Louis, et va comme un lion ».

Quelle analogie y a-t-il entre *Louis*, *foudre* et *lion* ?

On a blâmé Corneille d'avoir dit :

« La vapeur de mon sang ira grossir la foudre
Que Dieu tient déjà prête à te réduire en poudre ».

En effet, ces mots *sang* et *foudre* ne peuvent se convenir entre eux.

J. B. Rousseau a eu tort d'écrire :

« L'hiver, qui si long-temps a fait blanchir nos plaines,
N'enchaîne plus le cours des paisibles ruisseaux ;
Et les jeunes Zéphyrs, de leurs chaudes haleines,
 Ont *fondu l'écorce* des eaux ».

Fondre se dit de la glace ou du métal ; on ne peut donc pas dire au figuré « *fondre l'écorce* ».

Beaucoup de poëtes lyriques ont employé des métaphores extrêmement vicieuses ; la beauté des images, la hardiesse des expressions dont ils ont fait usage ne sçauraient leur tenir lieu d'excuse. Divers écrivains en prose ont usé de métaphores répréhensibles, en disant : « la charrue *écorche* la *plaine* ». « Je baignerai mes mains dans les *ondes* de tes *cheveux* ». « Ecoutez et rendez vous *sensibles* aux *larmes* des pauvres ». « L'Eglise avait besoin d'un secours semblable, étant comme *assiégée* au dehors par un *déluge* d'hérésies ». « On ne peut pas *assouvir la soif* dont il brûle ». « Les instituteurs *éteignaient* avec soin, ou condamnaient avec humeur les *élans* de l'imagination, etc. »

Il ne suffit pas que les métaphores soient justes, il faut encore qu'elles soient naturelles et sans bassesse (1). Toutes celles qui suivent, manquent de noblesse ou de naturel. « La voile s'enflait à plein *ventre* ». « Le déluge envoyé par Dieu fut la *lessive* générale de la nature ». « Les hommes sont des *lampes* que le temps *allume*, et qu'un *souffle*

---

(1) *Verecunda debet esse translatio.* Cic.

de vent peut éteindre à tout moment ». « Je vous confesse, Messieurs, que tout cela ne fait qu'*accroître mes flammes*, et exciter dans mon cœur un *plus grand incendie* et *un plus vaste embrâsement d'amour* pour cet éminentissime cardinal ». « Les pensées partent *des vastes côtes de la mémoire*, s'embarquent sur *la mer de l'imagination*, arrivent *au port de l'esprit*, pour être *enregîtrées à la douane de l'entendement* ». (Voy. le STYLE INSIGNIFIANT, article XII).

De l'Ellipse.

L'ellipse (1) est une construction abrégée, dont on a écarté divers mots que le sens suppose, et qu'il était inutile d'exprimer, parce que leur énoncé n'ajouterait rien à la clarté de la phrase, et pourait la rendre froide et languissante. C'est par ellipse, que nous disons tous les jours, « les grands, les riches, les sçavants, pour les hommes *qui sont* grands, riches, sçavants ». « Que dire? que faire »? offrent des propositions elliptiques, qui signifient: « que *faut-il* dire? que *doit-on* faire »? « Où irez-vous? à Paris »; c. à d. *nous irons* à Paris. « Fasse le ciel que nous ayons bientôt la paix »! c. à d. *je désire ardemment que* le ciel fasse *de manière que* nous ayons bientôt la paix. « Il y a des reproches qui louent, et des louanges qui médisent »; c. à d. *il y a* des louanges qui médisent. « Comprenez-vous ma pensée »? c. à d. *dites moi si* vous comprenez ma pensée. « Comprenez-vous ma pensée?

---

(1) L'Ellipse est ainsi appelée du mot grec ἔλλειψις (*elleipsis*), manquement, omission.

Très bien » ; c. à d. *je comprends* très bien *votre pensée*. « Dussions-nous périr, soyons fermes dans nos devoirs » ; c. à d. *quand la chose serait de manière que* nous dussions périr, etc. « Quelque élevés que vous soyez, montrez vous toujours humbles et affables » ; c. à d. *si la chose est de manière* que vous soyez élevés *à quelque degré, même le plus éminent*, montrez vous toujours humbles et affables. « De par le Roi » ; c. à d. de *l'ordre donné* par le Roi. « Sous de belles apparences » ; c. à d. sous *le voile* de belles apparences. « Dès que le soleil paraît » ; c. à d. dès *le moment* que le soleil paraît. « Depuis que je les fréquente » ; c. à d. depuis *le temps* que je les fréquente. « Nous sommes unis pour jamais » ; c. à d. pour *ne nous séparer* jamais. « Bon ! courage ! ferme » ! c. à d. *tenez* bon, *prenez* courage, *soyez* ferme. « Je n'en puis plus », c. à d. je ne puis plus *rien faire* de lui (de mon corps).

« Tout louer est d'un sot, tout blâmer, d'un caustique ».

« Contre tant d'ennemis que vous reste-t-il ? moi ».

« On a toujours raison, le Destin, toujours tort ».

Il est facile de suppléer ce qui manque dans chacun de ces trois vers.

« Je t'aimais inconstant, qu'aurais-je fait, fidèle » !

De toutes les ellipses, voilà peut-être la plus forte, la plus hardie. Je suis loin de la condamner ; Hermione, dans son transport, ne pouvait parler différemment : de plus, tout ce qui est sous-entendu dans ce vers, peut être aisément suppléé. Je ne conseillerais pas à un prosateur d'admettre des ellipses de cette nature ; trop fortes, elles sont voisines de l'obscurité : et notre langue, essentiellement amie de la clarté, les rejette (1). Au nombre de ces ellipses qui ont besoin d'un commentaire, nous citerons celles-ci : « Il a quarante ans, mais il ne *les* paraît pas ». On doit dire, « mais il ne paraît pas les *avoir* ». « Le peuple jouit des refus du prince, et les courtisans, de ses grâces ». Montesquieu devait dire, « et les courtisans *jouissent* de ses grâces ». « Il y a des chrétiens qui aiment plus leur prochain qu'eux-mêmes ». Il fallait dire, « qui aiment plus leur prochain, qu'*ils ne s'aiment* eux-mêmes ». « Cette fille est plus petite et plus laide que son père ». On dira beaucoup mieux : « Cette fille est plus petite et plus laide que son père *n'est petit et laid* ». « Les Français sont aussi légers que les Athéniens ». Il faut dire : « Les Français sont aussi légers que *l'étaient* les Athéniens ». « Vous passiez votre temps à chasser, et lui amassait des provisions pour l'âge mûr ». On devait dire, « et lui, *il* amassait des provisions pour l'âge mûr ». « Il s'en faut bien que j'aie fait pour vous autant que vous pour moi ». J'aurais dit : « Il s'en faut bien que j'aie fait pour vous autant que vous *avez fait* pour moi ». « Qui ne sçait point aimer, n'est pas digne de l'être ». Il fallait : « Qui ne sçait point aimer, n'est pas digne d'*être aimé* ». « On ne trompe pas long-temps les hommes sur leurs intérêts, et ils ne haïssent rien tant que de l'être ». « Vauvenargues

---

(1) . . . . *Brevis esse laboro,*
Obscurus fio.

Hor.

devait dire : « On ne trompe pas long-temps les hommes sur leurs intérêts, et ils ne haïssent rien autant que d'*être trompés* ».

« Vous régnez, Londre est libre, et vos lois triomphantes ».

« Le cœur est pour Pyrrhus, et les vœux pour Oreste ».

« Votre exemple est leur dot, leurs vertus votre ouvrage ».

« Près de qui l'Apennin n'est qu'un humble côteau,
Nos forêts, des buissons, le Danube un ruisseau ».

Il n'est pas nécessaire de faire connaître que l'omission du mot *sont* jette de l'embarras dans les exemples que nous venons de citer. (1)

« J'eusse été près du Gange, esclave des faux Dieux,
Chrétienne dans Paris, Musulmane en ces lieux ».

Voici une plus grande licence ; je ne sçaurais la condamner dans un poète ; mais elle serait très-répréhensible chez un prosateur. Il fallait : « *Je suis* musulmane en ces lieux ».

« J'admire ton éclat, mais crains ta violence ».

Pour éviter l'équivoque, il fallait dire nécessairement : « J'admire ton éclat, mais je crains ta violence.

Du Pléonasme.

Le pléonasme (2) est l'opposé de l'ellipse ; c'est une surabondance d'expressions qui semblent superflues ; en sorte que, quand ces mots ne seraient pas exprimés, le sens n'en serait pas moins dans toute son intégrité.

---

(1) Voyez la règle 184ᵉ, page 230.
(2) Pléonasme vient du grec πλεονάζειν (*pleonazein*), redonder, dont la racine est πλέος (*pleos*) plein ; en sorte que le mot pléonasme signifie ou plénitude, ou superfluité.

Il faut distinguer deux sortes de pléonasme : celui par lequel on ajoute à une phrase des mots qui servent à y jeter de la clarté ou à en augmenter l'énergie, et celui par lequel on ajoute des mots véritablement inutiles par rapport à l'intégrité grammaticale. Le premier de ces pléonasmes peut être considéré comme une beauté dans le langage ; le second est un défaut, une abondance stérile à laquelle on donne le nom de *périssologie*. Voici quelques exemples de pléonasmes permis, autorisés par le goût : « Je l'ai vu *de mes yeux* ; je l'ai entendu *de mes oreilles* ; je vous l'ai dit à *vous-même* ; il lui appartient bien *à lui* de parler de la sorte. Louis douze, le bon roi *Louis douze*, mérita le glorieux surnom de père du peuple ».

« Eh ! que m'a fait *à moi* cette Troie où je cours » ?

« Mais enfin je l'ai vu, *vu de mes yeux*, vous dis-je ».

« Les éclairs sont moins prompts, je l'ai vu de *mes yeux*, Je l'ai *vu* qui frappait ce monstre audacieux ».

« Je l'ai vu, dis-je, *vu de mes propres yeux*, *vu*....
» Ce q'on appelle *vu* ».

Les pléonasmes qui suivent, sont essentiellement vicieux. « Je monte *en haut*. Descendez *en bas*. Ces oiseaux volaient *en l'air*. Pourquoi les unir *ensemble* ? Notre perte a été *d'environ* cinq *ou* six cents hommes. Plus on le craint, *et* plus on le hait. Elle paraissait si belle *à nos yeux*. La flamme montait *en haut*. Des pierres sont tombées *d'en haut*. Cicéron étendit les bornes *et les limites* de l'éloquence. Oncques ne voulut-il *jamais* y consentir. Si l'univers *entier* s'écroulait sur sa tête, il en serait écrasé, sans en être ému. Ce cadavre était rempli de *beaucoup* de sang. A vous voir trébucher aussi souvent, on dirait que vous n'*y* voyez pas clair. Il n'y a que lui *seul* dont le secours me soit nécessaire. Les conquêtes d'Alexandre donnèrent lieu à ses capitaines de s'entr'égorger *les uns les autres*. Il se manifesta alors une forte hémorragie *de sang*. *Peut-être* avec de l'instruction poura-t-il réussir. Tant d'hommes *se* sont suicidés, qui auraient mieux fait de vivre. Il représenta au monarque qu'il n'avait *seulement* qu'à se montrer pour contenir les mutins. Ils tirent le sabre, et tous ensemble, *d'une voix unanime*, ils s'écrient : Mourons pour notre Roi. L'Amour est un petit dieu qui n'*y* voit goutte. Ils eurent un entretien qui aboutit à des plaintes réciproques *de part et d'autre*. Il préfère de périr avec eux *plutôt* que de les abandonner ».

« Nos emplois sont bien lourds, je le sçais, *bien pesants* ».

« Il vous faut un état, vous êtes de mon âge,
Je suis aussi du vôtre ». VOLTAIRE.

« Et plus loin sans relâche on voit les Danaïdes
Remplir *incessamment* des tonneaux toujours vides ».
ST. ANGE.

De la Syllepse.

La syllepse (1) est une figure qui consiste dans une construction selon le sens, et non pas selon les mots. Voici quelques exemples de syllepse :

(1) La Syllepse, appelée aussi synthèse, vient du grec συλ-λαμβάνω (*sullambanō*), je conçois

Une foule d'amis sont *venus* me féliciter. Moïse eut recours au Seigneur, et lui dit : Que ferai-je à ce peuple ? bientôt *ils* me lapideront.

Autres exemples : *Il est* six heures. Les vieilles gens sont *soupçonneux*. Selon la construction grammaticale, il faudrait dire « elles sont six heures », comme on le disait autrefois, et comme on dit encore, « ils sont six, quinze, vingt hommes ». Mais, comme on ne veut que marquer un temps précis, et une seule de ces heures, sçavoir la sixième, la pensée qui se porte sur celle-là, sans songer aux mots, fait que l'on dit « il est six heures », plutôt que « elles sont six heures ». Selon les lois de la grammaire, il faudrait dire, « les vieilles gens sont soupçonneuses »; mais, l'esprit ne considérant que des individus, des hommes, celui qui parle fait rapporter l'adjectif *soupçonneux* à ce substantif masculin. « Une femme infidèle, si elle est connue pour telle de la personne intéressée, n'est qu'infidèle ; s'*il* la croit fidèle, elle est perfide ». *Il* offre un tour élégant, parce que c'est, non pas le mot *personne* qui reste à l'esprit, mais l'idée d'homme, de mari. On lit dans Jean-Jacques : « Diderot m'avait promis, de la part des libraires, une rétribution dont il ne m'a jamais reparlé, ni *moi* non plus ». La construction grammaticale réclamait, « et dont *je* ne lui *ai* jamais reparlé non plus ». Quand nous disons : « Je crains qu'il *ne* nous oublie ; j'empêcherai qu'il *ne* parte, etc. », dans ces occasions, on est occupé du désir que la chose n'arrive pas ; on a la volonté de faire tout ce qu'on poura, afin que rien n'apporte d'obstacle à ce qu'on souhaite : voilà ce qui fait énoncer la négation. « J'ai eu cette consolation en mes ennuis, qu'une infinité de personnes qualifiées ont pris la peine de me témoigner le déplaisir qu'*ils* en ont eu ».

« Jeune et charmant objet dont le sort de la guerre,
Propice à ma vieillesse, honora cette terre,
Vous n'êtes point *tombée* en de barbares mains ;
Tout respecte avec moi vos malheureux destins ».

Le participe *tombée* est mis au féminin, parce que l'auteur a été plus occupée de la jeune Palmire, à qui ces paroles s'adressent, que de la qualification de *jeune et charmant objet*, qu'il lui donne.

« Entre le pauvre et vous, vous prendrez Dieu pour juge,
Vous souvenant, mon fils, que caché sous ce lin,
Comme *eux* vous fûtes pauvre, et comme *eux* orphelin ».

La syntaxe réclamait comme *lui*, puisque ce pronom se rapporte au mot *pauvre*; mais le poète oublie qu'il a employé ce substantif ; plein de son idée, il ne voit que les pauvres et les orphelins en général ; et c'est sur ces êtres intéressants qu'il porte son attention ; *comme eux* est donc la seule expression que Racine a dû employer, puisqu'elle répond aussi bien à l'idée et au sentiment qui l'occupent. — Il en est de même de ces vers de M. Raynouard :

« Enfin la foule entière, *oppresseurs* ou *victimes*,
N'*ont* à délibérer que sur le choix des crimes ».

Il faut prendre garde d'abuser de cette figure pour commettre contre la langue des fautes telles que les suivantes: « Sa justice et sur-tout son respect pour les dieux le *fit* chérir de ses sujets ».
« M. Necker était, comme sont tous les ministres, pour me servir de l'expression d'un auteur anglais,

des oiseaux de passage ». « *Est-ce* des athées, s'écrie M. de Châteaubriand, qui ont effrayé le Rhin et le Danube, subjugué le Nil, etc. » ? « *C'est* Voltaire et Rousseau qui, par leurs écrits, ont le plus contribué à la révolution française ». (1)

De l'Hyperbate.

L'hyperbate (2) a lieu quand on s'écarte de l'ordre successif des rapports des mots selon la construction simple. Cette figure est très commune chez les poètes ; nous allons en donner quelques exemples en prose. « Dans une contrée d'Espagne, qu'on appelle La Manche, vivait, il n'y a pas long-temps, un gentil-homme, etc. ». « Il périt, ce Germanicus si cher aux Romains, il périt dans une armée où il eut moins à craindre les ennemis de l'empire, qu'un empereur qu'il avait si bien servi ». « Déjà prenait l'essor pour se sauver dans les montagnes cet aigle dont le vol hardi avait d'abord effrayé nos provinces ». « Ceux-là seuls sont heureux en possédant les faveurs de la fortune, qui pouvaient être heureux sans la posséder ». « O nuit désastreuse ! ô nuit effroyable, où retentit tout-à-coup, comme un éclat de tonnerre, cette étonnante nouvelle : Madame se meurt, Madame est morte » ! « Auguste voulut faire oublier ses crimes à force de bienfaits ; car autant il avait été barbare au commencement de son règne, autant il fut doux et populaire par la suite ». « Plus on est élevé en

---

(1) Voyez aussi la note de la page 144.
(2) Ce mot est formé de ὑπερ (*uper*), au-delà, et de βαινω (*baino*), je vais. Quintilien appelle cette figure *verbi transgressio*.

dignité, plus on est obligé à faire pardonner son rang ». « Déjà, pour l'honneur de la France, était entré dans l'administration des affaires un homme plus grand par son esprit et par ses vertus que par ses dignités ». « La justice qui nous est quelquefois refusée par nos contemporains, la postérité sçait nous la rendre ».

« . . . . Chastes sont les oreilles,
Encor que les yeux soient fripons ».

L'hyperbate est plus particulière aux poètes qu'aux prosateurs, et les inversions sont plus fréquentes chez les uns que chez les autres, parce que, plus l'esprit est animé de passions fortes et véhémentes, plus il s'écarte des règles ordinaires du langage. Il faut bien prendre garde néanmoins que les inversions ne donnent lieu à des phrases louches, équivoques, et où l'esprit ne puisse pas aisément rétablir la construction grammaticale ; car on ne doit jamais perdre de vue que l'on ne parle que pour être entendu, et que c'est là le seul but de la parole, le premier objet de toutes les langues. Si donc les inversions sont forcées, si les règles du langage sont violées, l'esprit est mécontent et condamne le poëte. Nous pourions citer beaucoup d'exemples d'inversions vicieuses ; nous nous bornerons aux trois suivants. (1) « Il faut que ces honneurs soient rendus à Molière après sa mort, qui ne lui ont pas été rendus pendant sa vie ».

« Je descends dans la tombe où tu m'as condamnée,
Où la gloire me suit, qui t'était destinée ».

---

(1) Voyez la règle 156e, page 209, et la note de cette même règle.

« Que George vive ici, puisque George y sçait vivre,
Qu'un million comptant, par ses fourbes acquis,
De clerc, jadis laquais, a fait comte et marquis ». (1)

De l'Antithèse.

L'antithèse (2) est une figure qui exprime un rapport d'opposition entre des objets différents ; ou, dans un même objet, entre ses qualités ou ses manières d'être ou d'agir : ainsi, tantôt elle réunit les contraires sous un rapport commun, tantôt elle présente la même chose sous deux rapports contraires. Voici quelques exemples d'antithèse : « Pendant la paix, les enfants ensevelissent leurs pères ; et, pendant la guerre, les pères ensevelissent leurs enfants ». Socrate, condamné par des juges iniques, leur adresse ces mots : « Il est temps de nous en aller ; moi, pour mourir, et vous, pour vivre ». « Qui poura voir patiemment des lâches dresser des embûches aux hommes les plus courageux ; les plus insensés, aux hommes les plus sages ; des crapuleux, à ceux qui sont sobres ; des gens assoupis dans l'oisiveté, à ceux qui veillent pour la patrie » ?

« Ai-je assez de vertu pour lui trouver des crimes » ?
Crébillon.

Il ne faut pas que les antithèses soient trop fréquentes ; quand la circonstance les amène, et que le sentiment les place, elles donnent au style plus

---

(1) On peut encore citer ce vers de Virgile :

« Aret ager; vitio moriens sitit aeris herba ».

(2) Ce mot est formé du verbe grec ἀντίθημι (antithémi), j'oppose.

de grâce et plus de beauté. Quoi de plus naturel que ce mot du bon roi Henri à un ambassadeur d'Espagne? « Monsieur l'ambassadeur, voilà Biron, je le présente volontiers à mes amis et à mes ennemis ». Chez les anciens, Sénèque et Pline le jeune ont abusé de l'antithèse ; chez les modernes, Voiture et Fléchier n'en ont pas été assez sobres.

De l'Hyperbole.

L'hyperbole (1) est une figure qui consiste à présenter des idées qui surpassent même la vraisemblance, non pas dans l'intention de tromper, mais dans la vue d'amener l'esprit à la vérité par cette espèce de mensonge, et de fixer ce qu'il doit croire, en lui présentant des choses incroyables. L'hyperbole consiste souvent dans un seul mot, comme quand on dit d'un homme de haute taille, « c'est un *géant* », d'un petit homme, « c'est un *pygmée* ». L'hyperbole de pensée se trouve également dans la diminution comme dans l'augmentation des choses qu'elle décrit, quoiqu'elle se plaise ordinairement plutôt dans l'excès que dans le défaut. Voici des exemples d'hyperbole. En parlant d'un fanfaron pauvre et plein de vanité, un poète ancien a dit : « Il possède à la campagne une terre qui n'est pas plus grande qu'une épître de lacédémonien ». En parlant des Lacédémoniens qui combattirent au pas des Thermopyles, Hérodote dit « qu'ils se défendirent en ce lieu jusqu'à ce que les

---

(1) Ce mot est formé du verbe grec ὑπερβάλλειν (*uperballein*), surpasser de beaucoup.

barbares les eussent ensevelis sous leurs traits ». Un particulier ayant annoncé dans Athènes la mort d'Alexandre-le-Grand, l'orateur Démadès s'écria : « Si cette nouvelle était vraie, la terre entière aurait déjà senti l'odeur du mort ».

Il ne faut pas que l'hyperbole soit fausse ; elle l'est toutes les fois que l'expression dit plus qu'on ne doit penser naturellement ; au contraire, elle est juste toutes les fois qu'on n'excède pas l'idée qu'on a ou qu'on peut avoir. On affaiblit toujours ce qu'on exagère ; mais exagérer, dans ce sens-là, veut dire aller au-delà, non de la vérité absolue, mais de la vérité relative.

Du Zeugme.

Le zeugme (1) est une figure par laquelle un mot déjà exprimé dans une proposition, est sous-entendu dans un autre qui lui est analogue et même attachée. Le zeugme diffère de l'ellipse, avec laquelle elle a beaucoup d'affinité, en ce que, dans celle-ci, le mot sous-entendu ne se trouve dans aucune des propositions de la phrase. Exemples du zeugme : « Comment vous soutenir toute seule contre toutes les attaques que le monde, que la nature, que votre propre cœur vous livrait » ? Le verbe *livrait* est sous-entendu après les substantifs *monde* et *nature*. « Celui-ci est humble et modeste, malgré son grand mérite ; ceux-là, fiers et insolents, quoiqu'ils n'aient aucune instruction ».

---

(1) Le mot *zeugme* vient du grec ζεῦγμα (*zeugma*), connexion, lien, assemblage.

Le verbe *est* a été exprimé dans le premier membre de phrase où le sujet est du nombre singulier ; il est sous-entendu dans le second membre, où le sujet est du nombre pluriel ; il aurait fallu exprimer *sont* dans ce second membre de phrase.
« L'Evangile me *paraît* une seule règle ; les exemples de J. C., mon modèle ; les terreurs de la piété, des dons de Dieu ; la sécurité des libertins, une fureur désespérée ; en un mot, l'infidélité aux grâces reçues et les rechûtes dans les premiers désordres, le plus grand des malheurs et le caractère des réprouvés ». Le verbe *paraître*, exprimé dans le premier membre, est supprimé dans les quatre membres suivants : voilà ce qui constitue le zeugme ; mais l'orateur sacré aurait beaucoup mieux fait de répéter le verbe dans les propositions qui exigent le verbe au pluriel, parce que le mot *paraît* ne peut convenir qu'après un substantif du nombre singulier. Il y a, dans cette phrase de Massillon, une disparate qui choque l'oreille et le goût. Nous en dirons autant de ce vers du grand Corneille :

« Ma cour fut ta prison, mes faveurs, tes liens ».

On trouve chez l'abbé Delille beaucoup de vers semblables à celui de Corneille ; mais le besoin de la concision et la nécessité de la mesure font excuser de pareilles hardiesses chez les poètes du premier ordre.

« C'est là qu'il faut porter, dans vos pieux transports,
Le juste, ses malheurs, le méchant, ses remords ».
DELILLE.

Voici un exemple bien frappant de la figure que les Grammairiens appellent zeugme.

ARTICLE II.

Des différents Sens.

On distingue huit sortes de sens en grammaire, sçavoir : le sens *propre*, le sens *figuré*, le sens *abstrait*, le sens *concret*, le sens *absolu*, le sens *relatif*, le sens *défini*, et le sens *indéfini*. — Le sens propre et le sens figuré s'appliquent aux mots ; les autres espèces de sens s'appliquent aux phrases et aux idées.

Sens propre.

Le sens propre est la signification primitive du mot sans aucune altération, comme quand on dit : « le feu brûle, la lumière nous éclaire ». Les mots *brûle* et *éclaire* sont employés dans la signification primitive qui leur appartient et qui convient à chacun d'eux ; c'est pourquoi ils sont dans le sens propre.

Sens figuré.

Le sens figuré est une signification qui n'est pas naturelle ; le mot qui est employé dans le sens figuré, paraît, pour ainsi dire, sous une figure empruntée, comme dans ces phrases : « L'imagination brille, l'esprit s'obscurcit ». Les mots *brille* et *obscurcit* sont employés dans le sens figuré, parce qu'on semble donner aux facultés de l'âme la propriété physique du feu et de la lumière, qui font sensation sur l'organe de la vue. Il est à remarquer qu'il n'y a peut-être pas un seul mot qui ne puisse s'employer dans le sens figuré, c. à d. éloigné de sa signification propre et primitive. Les termes les plus communs et les plus usités sont ceux qui sont le plus fréquemment pris dans un sens figuré ; tels sont *corps*, *âme*, *tête*, *couleur*, *poids*, *vaisseau*, *faire*, *avoir*, etc. etc.

Observation. Dans une même phrase, on ne doit pas employer le sens *propre* et le sens *figuré*. Racine s'est donc mépris, lorsqu'il fait dire à Pyrrhus, dans Andromaque :

« Vaincu, chargé de fers, de regrets consumé,
Brûlé de plus de feux que je n'en allumai ».

Brûlé de plus de feux est au figuré ; que *je n'en allumai* est au propre, puisque c'est comme s'il y avait, « embrâsé de plus d'amour que je n'allumai de feux à Troie ». Fléchier est tombé dans une semblable négligence, quand il a dit : « Puissiez-vous, dans l'abondance de vos *larmes*, éteindre les *feux* d'une guerre que vous avez allumée » !

Sens abstrait.

Le sens abstrait est, en général, celui dans lequel on s'occupe d'une pensée, sans avoir égard aux autres choses qui ont à cette pensée un rapport naturel et nécessaire. Par exemple, toute substance physique est naturellement étendue en longueur, en largeur et en profondeur ; si l'on s'occupe de la profondeur sans faire attention à la longueur et à la largeur, on fait *abstraction* de ces deux dernières, et l'on considère la profondeur dans un *sens abstrait;* ainsi l'*abstraction* est une sorte de séparation que l'esprit fait d'une propriété, etc. d'avec le sujet auquel elle est inhérente.

Sens concret.

Le sens concret consiste dans le sujet considéré uni au mode, ou dans le mode uni au sujet; c'est-à-dire à regarder le sujet et la qualité comme ne fesant qu'une même chose et un être particulier. Par exemple, une *table carrée*, un *tableau gracieux*, une *boîte ronde*, sont pris dans un sens concret, puisque les adjectifs ne forment qu'un tout avec leurs sujets; on ne les sépare point l'un de l'autre par la pensée. Ainsi le *sens concret* renferme toujours deux idées : celle du sujet et celle de la propriété (1).

Sens absolu.

Le sens absolu est un sens qui exprime une chose considérée en elle-même, et qui n'a aucun rapport à un autre; un sens qui est accompli, circonscrit, et sans aucune sorte de relation. Par exemple, si je dis que *la terre est un corps opaque,*

---

(1) Le mot *concret* vient du latin *concretus* (part. de *concrescere*, croître ensemble, s'épaissir, être composé de....); en effet, dans le sens concret, les adjectifs ne forment qu'un tout avec leurs sujets. — Le mot *abstrait* vient du latin *abstractus* (part. de *abstrahere*, arracher, séparer de...); en effet, dans le sens abstrait, on s'occupe d'une idée sans faire attention aux autres idées qui se rapportent naturellement et nécessairement à cette idée.

cette phrase est dans le sens absolu ; on n'attend rien de plus, aucune idée relative, aucune idée accessoire, aucun objet de comparaison ou de dépendance.

Sens relatif.

Le sens relatif est un sens qui a relation à quelque chose, ou qui sert à l'expression de quelque rapport. Par exemple, si je dis que *l'esprit est préférable à la beauté*, cette phrase est dans le sens relatif, parce que je considère l'esprit relativement à la beauté. Le sens relatif ou *respectif* consiste donc à parler d'une chose par rapport à quelque autre ; on l'appelle *respectif* du verbe latin *respicere*, regarder, parce que la chose dont on parle, en regarde, pour ainsi dire, une autre ; elle en rappelle l'idée, elle s'y rapporte.

Sens défini.

Le sens défini, ou *déterminé*, s'entend d'une phrase où le sens est déterminé, où le sujet est nommé, comme quand je dis : « Un cube est un corps régulier, qui est composé de six faces carrées, et qui a toutes ses faces égales aussi bien que ses angles ». Le sens de cette phrase est défini, il tombe sur un objet particulier, qui est le *cube*.

Sens indéfini.

Le sens indéfini, ou *indéterminé*, s'entend de toutes les façons de parler qui ont quelque chose de vague, c'est-à-dire qui ne présentent rien de fixe à l'idée, qui n'expriment qu'une pensée générale, laquelle ne tombe sur aucun objet particulier. Si je dis, par exemple, « On n'a pas satisfait à tous les devoirs de chrétien, quand on n'a rendu service à personne », cette phrase offre une pensée générale, le sens en est indéfini, car on ne désigne qui que ce soit de qui l'on dise qu'il n'a rendu service à personne.

Observation. Lorsqu'on s'exprime dans un sens *indéfini*, on ne donne pas de complément au verbe. Quand, au contraire, on s'exprime dans un sens *défini*, il faut que le verbe ait un complément ; ainsi l'on dira : « il sçait médire, entreprendre, attaquer », parce qu'alors ces mots ont un sens indéfini ; il en est de même de plusieurs verbes actifs qu'on laisse sans complément, comme « il a une tête capable d'imaginer, un génie fait pour dompter » ; mais « j'imagine contre vous, j'entreprends contre vous », ne sont pas des expressions françaises. Pourquoi ? c'est que ce défini *contre vous*, fait attendre la chose qu'on imagine, qu'on entreprend.

ARTICLE III.

Des Gallicismes.

Le gallicisme est une construction propre à la langue française, et que n'admet pas la grammaire générale. Il y a cette différence entre *gallicisme* et *idiotisme*, que celui-ci est le genre, et celui-là, l'espèce. Un idiotisme est une façon de parler éloignée des règles générales du langage, adaptée au génie propre d'une langue particulière ; c'est un terme général dont on peut faire usage à l'égard de toutes les langues : un *idiotisme* grec, latin, français, hébreu, allemand, etc. ; mais un idiotisme français s'appelle *gallicisme*, comme nous appelons hellénisme, latinisme, hébraïsme, germanisme, anglicisme, celticisme, etc. les idiotismes de la langue grèque, de la langue latine, hébraïque, allemande, anglaise, celtique, etc. Voici des exemples de gallicismes : « Chacun a *son* opinion, sa manière de voir ». Le principe de concordance est sacrifié, dans cette phrase, au besoin de l'euphonie, car il faudrait dire : « chacun a sa opinion ». « Ces femmes sont *toutes* déconcertées » ; on veut dire qu'elles sont entièrement déconcertées ; or il faudrait dire : « elles sont tout déconcertées » ; on ne le dit point par raison d'euphonie.

Autres exemples de gallicismes.

Vous avez *beau* dire (1). Il serait aussi riche que Crésus, *qu'*il ne donnerait rien à personne. Nous *venons* d'arriver. Ils *vont* descendre. Si j'étais *de* vous. Il ne *fait que d'*entrer. *Que* sert-*il* à l'avare d'avoir des trésors? *Il n'est pas que* vous n'ayez rencontré cet original. *Il* est incroyable le nombre de vaisseaux qui partirent pour cette expédition. Si votre père *vient* à l'apprendre. *C'est* nous qui vous rendrons ce service. Qu'il fasse le moindre excès, il tombe malade. Livrez nous *qui* vous voudrez. *A vous entendre*, vous êtes exempt de blâme. Cette dame ne *fait que* chanter. *Combien s'en faut-il* que j'aie sujet de me réjouir! *N'allez pas* croire que j'envie le sort des riches. Je leur *sçais bon gré* de nous avoir prévenus. *Si* peu *que* vous l'assistiez, vous lui rendrez grand service. Le général *fit* marcher les troupes, et lever le camp. Les Grecs ne se servaient pas des mêmes armes *que* les Romains. Plusieurs combats *se sont livrés* tant sur mer que sur terre. Il y eut deux mille hommes *de* tués du côté des ennemis. Le fils ressemble au père, *à cela près* qu'il est plus généreux. *Il lui tardait que* Mentor fût parti. *Faites* leur trouver dans vos ports la sûreté, l'abondance. Quand vous serez arrivé, *ne manquez pas* de m'écrire. Quelle

---

(1) Vous avez beau dire, ils ont beau pleurer, c'est-à-dire vous avez un beau sujet de dire, ils ont un beau sujet de pleurer.

que soit leur injustice à mon égard, je *ne laisserai pas* de les bien recevoir ».

« Avez-vous pu penser qu'au sang d'Agamemnon,
Achille préférât une fille sans nom,
Qui, de tout son destin *ce qu'elle a pu comprendre*,
C'est qu'elle sort d'un sang ».

« Je ne sçais qui m'arrête et retient mon courroux,
« *Que* par un prompt avis de tout ce qui se passe,
Je ne coure des Dieux divulguer la menace ».

Nous sommes loin de vouloir donner ici une liste exacte de tous les gallicismes ; un recueil de cette espèce, dit Beauzée, exigerait une philosophie profonde et lumineuse, une connaissance réfléchie de notre langue et de ses origines ; nous nous bornerons à conseiller aux Ecrivains de n'employer que les gallicismes consacrés par un long usage, se rappelant que la plûpart de ces expressions parasites, si elles n'ont pas été créées par la passion ou par le besoin, sont le fruit de l'ignorance ou de la négligence ; ce sont presque tous autant de solécismes qu'a faits le peuple, et que le temps a rectifiés ; aux yeux d'un étranger qui connaît les lois de la grammaire générale, nos gallicismes sont des tours que l'usage autorise, mais que la grammaire réprouve.

ARTICLE IV.

Solécismes contre la langue parlée (1).

On a vu souvent les Ministres de la religion prêcher l'observance des lois.

L'affaire dont nous avons parlé ensemble, lui est tout à fait étrange, à ce qui m'a paru.

Si c'était moi qui eus commis cette faute, vous ne me la pardonneriez pas.

Je suis extrêmement fâché que ce nouveau mets ne vous goûte point.

Je lui ai envoyé chercher les livres qu'il m'avait promis depuis long-temps qu'il m'apporterait.

C'est moi qui a reçu le premier, vers les une heure du matin, la nouvelle de votre promotion, et qui l'a répandue.

Ces affaires ressortent, croit-on, des bureaux du domaine de la couronne.

Si je dirais telle chose, on ne manquerait pas que de m'en faire un crime.

Si j'aurais voulu obtenir cet emploi, je l'aurais pu solliciter, mais je ne l'ai point fait.

On songe de lui mille choses qui assurément ne lui feraient pas d'honneur.

---

(1) Les exemples de solécismes que je produis ici ont deux avantages : le premier est de faire connaître beaucoup de vices d'expressions, qui échappent à une rigoureuse analyse, et dont il était difficile ou superflu de faire mention dans le corps de cet ouvrage ; le second est de faciliter les

ARTICLE IV.

Corrections.

Souvent on a vu les Ministres de la religion prêcher l'observation des lois.

L'affaire dont nous avons parlé ensemble, lui est tout-à-fait étrangère, à ce qu'il m'a paru.

Si c'était moi qui eusse commis cette faute, vous ne me la pardonneriez point.

Je suis extrèmement fâché que vous ne goûtiez pas ce mets nouveau.

Je l'ai envoyé chercher les livres qu'il m'avait promis depuis long-temps de m'apporter.

C'est moi qui ai reçu, le premier, vers une heure du matin, la nouvelle de votre promotion, et qui l'ai répandue.

On croit que ces affaires ressortissent des bureaux du domaine de la couronne.

Si je disais telle chose, on ne manquerait pas de m'en faire un crime.

Si j'avais voulu obtenir cet emploi, j'aurais pu le solliciter, mais je ne l'ai pas fait.

On pense de lui mille choses qui assurément ne lui feraient pas honneur.

---

moyens de corriger avec connaissance de cause les nombreuses expressions ingrammaticales et tout-à-fait vicieuses, qui font la matière de mon Ouvrage ayant pour titre *Cacologie*.

Je ne voudrais pas que vous m'écririez avant l'époque dont nous sommes convenus.

Nous avions craint que quelque étranger viendrait faire la conquête de l'île de Crète.

Ces soldats avaient plus d'envie de prendre du repos que combattre.

Il faudrait que tu te vins offrir toi-même ; il se pourait faire que tu réussis.

Je n'ai jamais pu croire que vous soyez l'auteur d'une rapsodie si misérable.

Il serait à souhaiter que les hommes riches aient été pauvres avant d'être comblés des dons de la fortune.

Nulles personnes ne s'affligent, ne violent leur foi avec plus d'ostentation.

La foule des courtisans qui assiégaient le trône, ont été éconduits.

Une foule de soldats mécontents se rendit à la tente du Général, et le pria de la mener au combat.

Si c'était moi qui vous fis cette proposition, vous ne l'accepteriez pas.

Cette cassette ou coffre-fort était voilé de manière à ne pouvoir attirer les regards de qui que ce soit.

Vous êtes le premier qui ayez fait remarquer certaines fautes qu'on n'avait pas découvertes jusqu'alors.

Souviens toi que je suis le seul qui t'aie rendu service dans le temps où les cœurs et les bourses étaient fermées.

Nous ne sommes pas, Dieu merci, les seuls qui

Je ne voudrais pas que vous m'écrivissiez avant l'époque dont nous sommes convenus.

Nous avions craint que quelque étranger ne vînt faire la conquête de l'île de Crête.

Ces soldats avaient plus envie de prendre du repos, que de combattre.

Il faudrait que tu vinsses t'offrir toi-même ; il pourait se faire que tu réussisses.

Je n'ai jamais pu croire que vous fussiez l'auteur d'une rhapsodie aussi misérable.

Il serait à souhaiter que les hommes riches eussent été pauvres avant d'avoir été comblés des dons de la fortune.

Nulle personne ne s'afflige, ne viole sa foi avec plus d'ostentation.

La foule des courtisans qui assiégeaient le trône, a été éconduite.

Une foule de soldats mécontents se rendirent à la tente du Général, et le prièrent de les mener au combat.

Si c'était moi qui vous fisse cette proposition, vous ne l'accepteriez point.

Cette cassette ou ce coffre-fort était voilé de manière à ne pouvoir attirer les regards de qui que ce fût.

Vous êtes le premier qui ait fait remarquer certaines fautes qu'on n'avait pas découvertes jusqu'alors.

Souviens toi que je suis le seul qui t'ait rendu service dans un temps où les bourses et les cœurs étaient fermés.

Nous ne sommes pas, Dieu merci, les seuls qui

ayons fait la restitution des propriétés que nous avions acquises dans une circonstance où nous pouvions le faire.

Ceux même qui s'étaient les plus divertis à cette pièce, ont eu peur de n'avoir pas ri dans les règles.

La distinction qui est le moins exposée à l'envie, est celle qui vient d'une longue suite d'ancêtres.

Je suis ce fier Samson qui a fait écrouler les voûtes du Temple.

Depuis que Dalila a eu la perfidie de vous couper les cheveux, vous n'êtes plus ce fier Samson qui a fait écrouler les voûtes du temple.

Vous êtes fort, mais vous n'êtes pas ce fier Samson qui avez fait écrouler, seul, les voûtes du temple.

Êtes-vous ce généreux mortel qui me sauvas la vie au moment que j'allais périr ?

Je ne suis pas ce brave guerrier qui vous ai défendue, Madame, contre vos ennemis.

On ne sçavait pas à quoi elle était la plus propre, ou à commander, ou à obéir.

Il paraît que c'est celle de toutes, qui a été la plus vertueuse, et qu'il a aimée la plus tendrement.

De toutes les émigrées, ce fut ma pauvre sœur qui fut la plus cruellement persécutée.

C'est vous seuls, Messieurs, qui se croient dispensés de suivre les règles qui ont été établies pour tous.

Licinius étant venu à Antioche, et se doutant de l'imposture, il fit mettre à la question les prophètes de ce nouveau Jupiter.

Le saint-Esprit nous ayant montré deux moyens

aient fait la restitution des propriétés que nous avions acquises dans une circonstance où nous pouvions le faire.

Ceux mêmes qui s'étaient le plus divertis à cette pièce, ont eu peur de n'avoir pas ri dans les règles.

La distinction qui est la moins exposée à l'envie, est celle qui vient d'une longue suite d'ancêtres.

Je suis ce fier Samson qui ai fait écrouler les voûtes du temple.

Depuis que Dalila a eu la perfidie de vous couper les cheveux, vous n'êtes plus ce fier Samson qui avez fait écrouler les voûtes du temple.

Vous êtes fort, mais vous n'êtes pas ce fier Samson qui a fait écrouler, seul, les voûtes du temple.

Êtes-vous ce généreux mortel qui me sauva la vie au moment où j'allais périr ?

Je ne suis pas ce brave guerrier qui vous a défendue, Madame, contre vos ennemis.

On ne sçavait pas à quoi elle était le plus propre, ou à commander, ou à obéir.

Il paraît que c'est celle de toutes, qui a été la plus vertueuse, et qu'il a aimée le plus tendrement.

De toutes les émigrées, ce fut ma pauvre sœur qui fut le plus cruellement persécutée.

C'est vous seuls, Messieurs, qui vous croyez dispensés de suivre les règles qui ont été établies pour tous.

Licinius, étant venu à Antioche, et se doutant de l'imposture, fit mettre à la question les prophètes de ce nouveau Jupiter.

Le saint-Esprit nous ayant montré deux moyens

de connaître la vérité, nous serions injurieux envers lui, si nous négligions un des deux.

Elle a long-temps gardé son lit, et ceux qui l'ont vue de près assurent que ses chagrins lui ont abrégé sa vie.

La maison d'où il sort est fameuse depuis plusieurs siècles par les services qu'elle rendit à nos premiers rois.

Les alliés de Rome indignés et honteux tout-à-la-fois de reconnaître pour maîtresse une ville dont la liberté paraissait bannie pour toujours, commencèrent à secouer un joug qu'ils ne portaient qu'avec peine.

Si j'avais à faire à un honnête-homme, je serais plus tranquille que je ne suis.

Ce vieillard était fait pour se moquer plutôt des autres, que pour en être moqué.

Le légat publia une sentence d'interdit sur tout le royaume, il dura sept mois.

Il avait tant de tendresse pour ses enfants, qu'il ne pouvait se résoudre de les punir, lors qu'ils étaient même les plus coupables.

La religion, qui est si belle, ordonne que nous fassions du bien même à nos ennemis.

Dans l'éducation des jeunes-gens, on doit avoir pour but d'en cultiver l'esprit et d'en former la raison.

Taillez cet arbre, et donnez y la forme qui vous paraîtra le plus convenable.

Les lettres sont l'ornement de l'homme; nous y devons souvent notre consolation, tous tant que nous vivons sur la terre.

de connaître la vérité, nous l'offenserions, si nous négligions l'un des deux.

Elle a gardé long-temps le lit, et ceux qui l'ont vue de près assurent que les chagrins ont abrégé sa vie.

La maison dont il sort est fameuse depuis plusieurs siècles par les services qu'elle rendit à nos premiers rois.

Les alliés de Rome indignés et honteux tout-à-la-fois de reconnaître pour maîtresse une ville d'où la liberté paraissait bannie pour toujours, commencèrent de secouer un joug qu'ils ne portaient qu'avec peine.

Si j'avais affaire à un honnête-homme, je serais bien plus tranquille que je ne le suis.

Ce vieillard était fait plutôt pour se moquer des autres, que pour leur servir de jouet.

Le légat publia une sentence d'interdit sur tout le royaume, et cet interdit dura sept mois.

Il avait tant de tendresse pour ses enfants, qu'il ne pouvait se résoudre à les punir, lors même qu'ils étaient le plus coupables.

La religion, qui est si belle, nous ordonne de faire du bien même à nos ennemis.

Dans l'éducation des jeunes-gens, on doit avoir pour but de cultiver leur esprit et de former leur raison.

Taillez cet arbre, et donnez lui la forme qui vous paraîtra la plus convenable.

Les lettres sont l'ornement de l'homme ; tous tant que nous vivons sur la terre, nous leur devons souvent notre consolation.

Ce livre est charmant, c'est lui qui me fait passer des moments agréables dans la solitude que j'habite.

Cette plume est à moi, c'est avec elle que Rousseau de Genève a écrit une partie de son *Emile*.

Une cabane se vint offrir alors à nos regards, et nous nous reposâmes près d'elle.

Vous avez égaré un volume ; est-ce là lui ? — Non assurément, ce ne l'est pas.

Vous cherchez une montre qui a été perdue ; dites moi si c'est là elle. — Oui, ce l'est.

Vous avez trouvé des papiers ; sont-ce là eux ? — Oui, ce les sont.

Quand le moulin du château sera terminé, on lui adaptera des aîles.

D'où vient qu'en expliquant cette hymne, ils tâchent de lui donner un sens qui ne s'accorde pas avec les livres canoniques ?

L'amour-propre et l'intérêt sont nos seuls guides ; nous y rapportons toutes nos actions.

Il arrive souvent que les circonstances nous maîtrisent, et que nous en prenons conseil, pour nous tirer d'embarras.

Monsieur est un honnête-homme, un maître excellent ; attachez vous y ; vous ne vous en repentirez pas.

Ne croyez pas que le mot *ferme* est synonyme à *métairie* ; la différence de ces deux mots a été fait remarquer par un grammairien.

Cet homme s'est toujours mal conduit ; il est inestimable à mes yeux.

La Mort ne sçaurait frapper au milieu de vous,

C'est ce livre charmant qui me fait passer des moments agréables dans la solitude que j'habite.

C'est avec cette plume, qui est à moi, que Rousseau de Genève, a écrit une partie de son *Emile*.

Une cabane vint alors s'offrir à nos regards, et nous nous reposâmes auprès.

Vous avez égaré un volume ; est-ce là lui ? — Non, ce n'est pas lui assurément.

Vous cherchez une montre qui a été perdue ; dites moi si c'est là elle. — Oui, c'est elle.

Vous avez trouvé des papiers ; sont-ce là eux ? — Oui, ce sont eux.

Quand le moulin du château sera terminé, on y adaptera des ailes.

D'où vient qu'en expliquant cette hymne, ils tâchent d'y donner un sens qui ne s'accorde pas avec les livres canoniques ?

L'amour-propre et l'intérêt sont nos seuls guides ; nous leur rapportons toutes nos actions.

Il arrive souvent que les circonstances nous maîtrisent, et que nous prenons conseil d'elles, pour nous tirer d'embarras.

Monsieur est un honnête-homme, un maître excellent ; attachez vous à lui, vous ne vous en repentirez pas.

Ne croyez pas que le mot *ferme* soit synonyme de *métairie* ; un grammairien a fait remarquer la différence de ces deux mots.

Cet homme s'est toujours mal conduit ; il ne mérite pas, à mon avis, d'être estimé.

La Mort ne sçaurait frapper au milieu de vous.

sans que lettres n'aient à gémir, sans que nous n'ayons à regretter un orateur, un philosophe ou un poète.

Nous aimons mieux acquérir toutes sortes de maladies, que de renoncer à la manie d'accroître nos richesses.

Ce qui est simplement raison et preuve dans les autres prend dans sa bouche la teinture du sentiment.

Rome, toujours ferme dans ses principes, avait fermé l'oreille à leurs plaintes, toutes justes qu'elles fussent.

Ceci ne nous paraît pas clair, mais il le deviendra dans la suite.

Cette campagne délicieuse est abondante en pâturages et en tous les fruits qui peuvent nourrir une armée.

Si je n'ai pas été vous voir, ce n'est pas parce que j'ai du refroidissement pour vous.

Dans les premiers âges du monde, chaque père de famille gouvernait la sienne avec un pouvoir absolu.

Mon père, ne pouvant souffrir ni mon frère ni moi, prit le parti de nous éloigner.

Ni moi ni personne, en Italie, n'a pu se plaire à toutes ces extravagances.

Il semble que Valdo ait eu d'abord un bon dessein, et que la gloire de la pauvreté ait séduit lui et ses partisans.

Nous estimons autant que nous respectons la vertu; mais nous haïssons le vice qui est autant méprisable que la vertu est aimable.

sans que les lettres aient à gémir, sans que nous ayons à regretter un orateur, un philosophe ou un poète.

Nous aimons mieux contracter toute sorte de maladies, que renoncer à la manie d'accroître nos richesses.

Ce qui est simplement raison et preuve dans les autres prend dans sa bouche la teinte du sentiment.

Rome, toujours ferme dans ses principes, avait fermé l'oreille à leurs plaintes, toutes justes qu'elles étaient.

Cette chose ne nous paraît pas claire, mais elle le deviendra dans la suite (1).

Cette campagne délicieuse est abondante en pâturages et en fruits de toute espèce, propres à nourrir une armée.

Si je ne suis pas allé vous voir, ce n'est pas que j'aie du refroidissement pour vous.

Dans les premiers âges du monde, chaque père de famille gouvernait ses enfants avec un pouvoir absolu.

Mon père, ne pouvant nous souffrir, ni mon frère ni moi, prit le parti de nous éloigner.

Ni personne ni moi n'avons pu nous plaire, en Italie, à toutes ces extravagances.

Il semble que Valdo ait eu d'abord un bon dessein, et que la gloire de la pauvreté les ait séduits, lui et ses partisans.

Nous estimons la vertu autant que nous la respectons, mais nous haïssons le vice qui est aussi méprisable que la vertu est aimable.

---

(1) Le pronom *il* ne peut pas remplacer le mot *ceci*.

Il n'y a rien dans le monde entier de qui Dieu ne soit l'auteur; dans l'univers entier, tout y parle de sa gloire.

Vous dévasteriez la société, si vous en agissiez ainsi à l'égard des mauvais citoyens.

Henri quatre regardait à juste titre l'éducation de la jeunesse comme une chose d'où dépend le bonheur des peuples et des royaumes.

Les vaisseaux furent revenus d'Afrique avant que Zaïde n'eût recouvert sa santé.

Je ne vois dans toute la conduite de Rosalie, que de ces inégalités auxquelles les femmes les mieux nées sont les plus sujettes.

Un trait remarquable dans notre histoire littéraire, c'est que ceux de nos auteurs qui ont les mieux écrit, sont aussi ceux qui ont les plus intéressé.

Comme il y a des beautés de différentes espèces, celles qui seront les plus conformes à votre manière de penser seront toujours celles qui devront faire le plus d'effet sur vous.

Dans une fête, à un spectacle, cette Dame paraît toujours la plus belle; mais c'est dans le tête-à-tête qu'elle est la plus aimable.

Denys informé de la marche d'Héloris le surprend de grand matin avant qu'il eût pu ni rassembler ni ranger son armée.

Jésus-Christ, pour les rassurer encore davantage de la vérité de sa résurrection, leur demanda s'ils n'avaient rien à manger.

Je ne veux pas dire ni qu'Isaac ni que Louis fût une victime assez digne pour répondre à celle du premier Être.

Il n'y a rien dans le monde entier dont Dieu ne soit l'auteur ; dans l'univers tout parle de sa gloire.

Vous dévasteriez la société, si vous en usiez ainsi à l'égard des mauvais citoyens.

Henri quatre regardait à juste titre l'éducation de la jeunesse comme une chose dont dépend le bonheur des peuples et des royaumes,

Les vaisseaux furent revenus d'Afrique avant que Zaïde eût recouvré la santé.

Je ne vois dans toute la conduite de Rosalie, que de ces inégalités auxquelles les femmes les mieux nées sont le plus sujettes.

Un trait remarquable dans notre histoire littéraire, c'est que ceux de nos auteurs qui ont le mieux écrit, sont aussi ceux qui ont le plus intéressé.

Comme il y a des beautés de différentes espèces, celles qui seront le plus conformes à votre manière de penser, seront toujours celles qui devront produire sur vous le plus d'effet.

Dans une fête, à un spectacle, cette Dame paraît toujours la plus belle ; mais c'est dans le tête-à-tête, qu'elle est le plus aimable.

Denys informé de la marche d'Héloris le surprend de grand matin, avant qu'il ait pu rassembler et ranger son armée.

Jésus-Christ, pour leur confirmer encore davantage la vérité de sa résurrection, leur demanda s'ils n'avaient rien à manger.

Je ne veux pas dire qu'Isaac, ni que Louis fussent des victimes assez dignes pour répondre à la victime du premier être.

Cet homme, toujours hérissé de grec et de latin, a des manières tout-à-fait pédantes.

Quand Socrate entendit qu'on l'avait condamné à boire de la ciguë, il éleva les yeux vers le ciel.

Firme craignant d'être abandonné, s'ennuyant d'entretenir autant de troupes, se sauva dans les montagnes.

Citoyens, étrangers, ennemis, peuples, rois, empereurs le plaignent et le révèrent; mais que peuvent-ils contribuer à son bonheur?

Je vous ai remis mes deux fils entre les mains, en voulant faire d'eux quelque chose de bon.

On lui donna sur un papier ce qu'on voulait qu'il fût dit; c'est pourquoi il s'acquitta de la commission autant bien que possible.

La Providence a voulu qu'elle survequît à ses grandeurs. Puisse le Dieu de miséricorde accepter ses afflictions en sacrifice agréable!

Il n'y a pas au monde un plus beau caractère d'esprit que d'aimer la vérité.

Si j'étais que du prince, je ne souffrirais pas que les méchants enfreignent impunément les lois.

On ne rencontre dans le monde, que trop de personnes se permettant des railleries amères.

Les princes ont dans la vie des périodes d'ambition; après quoi d'autres passions et l'oisiveté même succèdent.

On m'a fait l'honneur de m'écrire, à moi personnellement, et à mes amis, des pages de compliments et d'injures.

Il nous arriva hier plusieurs personnes depuis que nous vous eûmes quitté.

SOLÉCISMES CONTRE LA LANGUE PARLÉE. 353

Cet homme toujours hérissé de grec et de latin, a des manières tout-à-fait pédantesques.

Socrate leva les yeux au ciel, quand il entendit qu'on l'avait condamné à boire la ciguë.

Firme craignant d'être abandonné, et s'ennuyant d'entretenir autant de troupes, se sauva sur les montagnes.

Citoyens, étrangers, ennemis, peuples, rois, empereurs, tous le plaignent et le revèrent ; mais en quoi peuvent-ils contribuer à son bonheur ?

Je vous ai remis entre les mains mes deux fils, voulant faire quelque chose de bon de chacun d'eux.

On lui donna sur un papier ce qu'on voulait qui fût dit ; c'est pourquoi il s'acquitta de la commission aussi bien qu'il fut possible de le faire.

La Providence a voulu qu'elle survécût à ses grandeurs. Puisse le Dieu de miséricorde accepter ses afflictions comme un sacrifice agréable !

Il n'y a pas au monde un plus beau caractère d'esprit, que celui qui consiste à aimer la vérité.

Si j'étais du prince, je ne souffrirais pas que les méchants enfreignissent impunément les lois.

On ne rencontre dans le monde que trop de personnes qui se permettent des railleries amères.

Les princes ont dans la vie des périodes d'ambition, auxquelles d'autres passions et l'oisiveté même succèdent.

On m'a fait l'honneur de m'écrire, à moi personnellement, et à mes amis, des pages de complimens et des pages d'injures.

Il nous arriva hier plusieurs personnes après que nous vous eûmes quitté.

Selon M. Hume, l'Irlande seule est plus puissante aujourd'hui, que les trois royaumes à la mort d'Elizabeth.

Il ne put souffrir l'arrogance des Lacédémoniens et de Phalante, qui était à leur tête.

L'âme de Mazarin qui n'avait pas la barbarie de Cromwel, n'en avait pas aussi la grandeur.

Je suis loin d'avoir perdu le ressentiment des bontés que vous m'avez souvent témoignées.

Voilà un grand exemple de la tendresse conjugale, non seulement dans une femme, mais une reine.

Une Commission de gens de lettres fut nommée pour travailler à la perfection de la langue, elle avait commencé à se réunir quand elle fut dissoute.

Nous qui ne sommes point docteurs, n'avons que faire à leurs démêlés. Nous sçavons qu'il faut attendre tout de Dieu, et rien de soi-même.

Quelques Grands étaient révoltés du despotisme sous lequel gémissait l'empire, parce qu'ils ne voyaient pas de jour à l'ébranler.

Si vous vous entretenez avec un inférieur, vous le contredites impitoyablement, quoiqu'il soit votre ami; cependant la critique est obligée d'être indulgente.

Ce jeune-homme est bien renforci depuis que je l'ai vu, c'est-à-dire depuis six mois.

On rencontre quelquefois dans les montagnes des sapins si mousseux et si blancs, qu'il semblerait que la mousse y fût crûe au lieu de branches.

SOLÉCISMES CONTRE LA LANGUE PARLÉE. 355

Selon M. Hume, l'Irlande seule est plus puissante aujourd'hui, que ne l'étaient les trois royaumes à la mort d'Elisabeth.

Il ne put souffrir l'arrogance des Lacédémoniens, ni de Phalante, qui était à leur tête.

L'ame de Mazarin qui n'avait pas la barbarie de Cromwel, n'en avait pas non plus la grandeur.

Je suis loin d'avoir perdu le souvenir des bontés que vous m'avez souvent témoignées.

Voilà un grand exemple de la tendresse conjugale, non seulement dans une femme, mais dans une reine.

Une Commission de gens de lettres fut nommée pour travailler au perfectionnement de la langue; elle avait commencé de se réunir quand elle fut dissoute.

Nous qui ne sommes pas docteurs, nous n'avons que faire à leurs démêlés. Nous sçavons qu'il faut tout attendre de Dieu, et ne rien attendre de soi-même.

Quelques Grands étaient révoltés du despotisme sous lequel gémissait l'empire, parce qu'ils ne voyaient pas jour à l'ébranler.

Si vous vous entretenez avec un inférieur, vous le contredisez impitoyablement, quoiqu'il soit votre ami; cependant la critique doit être indulgente.

Ce jeune-homme est bien renforcé depuis que je ne l'ai vu, c'est-à-dire depuis six mois.

On rencontre quelquefois sur les montagnes des sapins si moussus et si blancs, qu'il semblerait que la mousse y eût crû au lieu de branches.

Les Anglais ont la coutume de finir presque tous leurs actes par une comparaison.

Qui n'admire la grandeur d'âme et la vraie piété tout-à-la-fois d'Henri quatre, dont Saint-Louis fut l'ancêtre ?

Une jeune personne qui ne décesse de parler et de rire, prouve qu'elle a été mal élevée.

Ces idées que Dieu nous avait imprimées s'effacent tous les jours de nos esprits.

Le gardien n'aurait pas dû vous délivrer ce prisonnier sans ordre expresse.

On ne prétend pas sans fondement que les routes mal gardées, sont aujourd'hui infectées de brigands.

Avec un renfort considérable, il marcha pour rétablir le désordre des provinces qui s'étaient révoltées.

Après cette sanglante exécution, les autres enfants de Jacob vinrent dans la ville, et en remportèrent le butin.

Il est bien plus glorieux d'être ennobli par son roi, que l'être par ceux dont on a reçu le jour.

Qui ne voit pas que ces couverts d'argent ont été bosselés ? il faut bien qu'on les ait plusieurs fois laissés tomber.

J'ai soupé avec une excellente volaille qu'on nous a servie dans l'auberge où nous avons descendu.

Ne vous élevez jamais des bonnes œuvres que vous faites ; le Seigneur a en horreur et punit l'orgueil.

Mais en quoi saint Ignace réussit le plus, fut à réformer les mœurs des Ecclésiastiques.

Cet homme a, chez lui, des manières et un ton

Les Anglais ont coutume de finir presque tous leurs actes par une comparaison.

Qui n'admire tout-à-la-fois et la grandeur d'âme et la vraie piété de Henri quatre, dont Saint-Louis fut un des ancêtres ?

Une jeune personne qui ne cesse de parler ni de rire, prouve qu'elle a été mal élevée.

Ces idées que Dieu avait imprimées en nous s'effacent tous les jours de nos esprits.

Le gardien n'aurait pas dû vous livrer ce prisonnier sans un ordre exprès.

On prétend, non sans fondement, que les routes mal gardées sont aujourd'hui infestées de brigands.

Avec un renfort considérable, il marcha pour rétablir l'ordre dans les provinces qui s'étaient révoltées.

Après cette sanglante exécution, les autres enfants de Jacob vinrent dans la ville, et en emportèrent le butin.

Il est bien plus glorieux d'être anobli par son roi, que de l'être par ceux de qui l'on a reçu le jour.

Qui ne voit pas que ces couverts d'argent ont été bossués ? il faut bien qu'on les ait laissés tomber plusieurs fois.

J'ai soupé d'une excellente volaille qu'on nous a servie dans l'auberge où nous sommes descendus.

Ne vous glorifiez jamais des bonnes œuvres que vous faites ; le Seigneur déteste et punit l'orgueil.

Mais la chose en quoi Saint-Ignace réussit le plus, fut à réformer les mœurs des Ecclésiastiques.

Cet homme a, chez lui, des manières et un ton

vraiment despotes. L'obéissance est un moyen de lui plaire plus convenable et sûr.

Les rois ont besoin qu'on les fasse quelquefois souvenir de leur condition mortelle, et les flatteurs, qu'on les fasse repentir de leurs perfides conseils.

Le vol pour lequel ils ont été condamnés à une peine infamante, a été commis avec fraction.

On sçait que les perles ne vaudraient pas tant, si le luxe et l'opinion n'en relevaient tous les jours le prix.

Il fit entendre une voix de Centaure, qui effraya tous les assistants qui n'y étaient pas préparés.

Donnez moi une tête d'oreiller blanche, si vous voulez que j'accepte le lit que vous m'offrez.

Prenez, je vous prie, garde à ces vases de porcelaines et à ces bocals de cristal ; ce sont des objets casuels.

Sertorius avait une biche, les uns disent tachée, les autres, blanche, pour qui il avait une grande affection.

Ceux qui reçoivent une belle lettre d'amitié se font honneur en la montrant ; ceux qui reçoivent une lettre d'amour se feraient honte en la publiant.

Comment souffrir un homme qui a le malheur de ne parler jamais que de soi, de rapporter tout à soi, et qui, pour employer des voies économes, ne fait du bien à personne ?

Il ne fallait pas user de la même violence que nous les avons vus user contre le droit des gens.

L'âge de puberté est celui auquel la loi permet de se marier.

vraiment despotiques. L'obéissance est un moyen de lui plaire plus sûr et plus convenable.

Les rois ont besoin qu'on leur rappelle quelquefois leur condition mortelle, et les flatteurs, qu'on les fasse repentir de leurs perfides conseils.

Le vol pour lequel ils ont été condamnés à une peine infamante, a été commis avec effraction.

On sçait que les perles ne vaudraient pas autant, si le luxe et l'opinion n'en augmentaient tous les jours le prix.

Il fit entendre une voix de Stentor, qui effraya ceux des assistants qui n'étaient pas préparés à cette vocifération.

Donnez moi une taie d'oreiller blanche, si vous voulez que j'accepte le lit que vous m'offrez.

Prenez garde, je vous prie, à ces vases de porcelaine, et à ces bocaux de crystal ; ce sont des objets fragiles.

Sertorius avait une biche, les uns disent tachetée, les autres, blanche, pour laquelle il avait une grande affection.

Ceux qui reçoivent une belle lettre d'amitié se font honneur en la montrant ; ceux qui reçoivent une lettre d'amour se déshonoreraient en la publiant.

Comment souffrir un homme qui a le malheur de ne parler jamais que de lui, de rapporter tout à lui, et qui, pour employer des voies économiques, ne fait de bien à personne ?

Il ne fallait pas user de la même violence dont nous les avons vus user contre le droit des gens.

L'âge de puberté est celui auquel la loi permet qu'on se marie.

Lycurgue avait défendu qu'on éclaira ceux qui sortaient le soir, d'un festin, afin que la crainte de pouvoir rentrer chez soi les empêcha de s'enivrer.

Malgré qu'il ait un vrai talent, l'auteur d'Hamlet n'égalisera jamais le poète qu'il a pris pour modèle.

Ces caractères sont si imperceptibles, qu'ils fatiguent horriblement la vue.

Il faut convenir qu'une pareille conduite ne flairait pas comme baume.

Je vous assure qu'il y a beaucoup de passion dans l'affection que j'ai de vous servir.

Cet exemple a toujours retenu les gens sages de s'engager par eux-mêmes au ministère des saints autels.

Les lois de la digestion et du sommeil sont des lois auxquelles l'homme est nécessité.

Une mauvaise éducation, des principes contraires à l'honnêteté, influencent nécessairement le reste de notre vie.

Les gens qu'il méprise ne sont pas ceux qui tourmentent le plus un homme méfiant.

On a tourné d'abord leur application vers des règles compliquées qu'ils ont peine à comprendre, et qu'ils comprendraient facilement, s'ils étaient plus familiers avec les termes.

L'historien doit avoir fait toutes les recherches nécessaires pour bâtir; mais, l'édifice achevé, il enlève tout l'échafaud qui en offusquerait la vue.

Dédaignant, Madame, les vains éloges de la multitude, vos actions n'ont pour but que de servir l'humanité.

Lycurgue avait défendu qu'on éclairât ceux qui sortaient, le soir, d'un festin, pour que la crainte de ne pouvoir rentrer chez eux les empêchât de s'enivrer.

Quoiqu'il ait un vrai talent, l'auteur d'Hamlet n'égalera jamais le poëte qu'il a pris pour modèle.

Ces caractères sont si fins, qu'ils fatiguent horriblement la vue.

Il faut convenir qu'une pareille conduite ne fleurait pas comme baume.

Je vous assure qu'il y a beaucoup de passion dans l'empressement que j'ai à vous servir.

Cet exemple a toujours empêché les gens sages de s'engager par eux-mêmes au ministère des saints autels.

Les lois de la digestion et du sommeil sont des lois auxquelles l'homme est assujéti.

Une mauvaise éducation, des principes contraires à l'honnêteté, influent nécessairement sur le reste de la vie.

Les gens qu'un homme méfiant dédaigne ne sont pas ceux qui le tourmentent le plus.

On a tourné d'abord leur application vers des règles compliquées qu'ils ont de la peine à comprendre, et qu'ils concevraient facilement, s'ils étaient plus familiarisés avec les termes.

L'historien doit avoir fait toutes les recherches nécessaires pour bâtir; mais, l'édifice achevé, il enlève tout l'échaffaudage qui en offusquerait la vue.

Vous dédaignez, Madame, les vains éloges de la multitude, vos actions n'ayant pour but que de servir l'humanité.

ARTICLE V.
Barbarismes.

Le Barbarisme consiste dans l'emploi d'un mot ou d'un tour propre à une autre langue, et étranger à celle qu'on parle. Mais, donnant à ce mot, (*barbarisme*) une plus grande extension, nous appelons ainsi les termes et les tours de phrases, qui ne sont pas admis dans notre langue. Voici des barbarismes véritables : Cet homme est très *rancuneux*. Nous perdîmes la *trémontade*. Il *émouvera* l'auditoire. Vous avez une *érésypèle*. Ils nous ont *suis* partout. On a apporté un beau *soc* de marbre. J'ai *résous* ce problème. Nous l'entretenons et le *vétissons*. Je me *résolverai* à cela. Mais nous pensons qu'on ne doit regarder que comme des solécismes les mots qui sont mal assortis, comme dans ces phrases : « Vous avez pour moi des *boyaux* de père. Je vous aime *tout ce qu'on peut aimer*. Nous avons été *mal satisfaits* de son accueil. » — Le mot *barbarisme* dérive de l'adjectif latin *barbarus*, et signifie expression, tour *barbare*, c. à d. étranger, parce que tous les peuples étrangers étaient appelés *barbares* par les Grecs et par les Romains. Ceux qui affectent le néologisme, s'exposent souvent à commettre des acyrologies (1) et sur-tout des barbarismes, puisqu'ils emploient des termes qui n'ont pas obtenu chez nous des lettres de naturalité.

---

(1) Acyrologie dérive de ἄκυρος (*akuros*), impropre, et de λόγος (*logos*) discours.

Exemples de Barbarismes.

Adanté,		Andanté.
Aides d'une maison,		Etres d'une maison.
Aigledon,		Ededron.
Ajambée,		Enjambée.
Ambe d'un cheval,		Amble d'un cheval.
Angencer,		Agencer.
Angle (prendre l'),		Langue (prendre).
Angola,		Angora.
Apprentisse,		Apprentie.
Aréchal (fil d'),		Archal (fil d').
Aréostier,		Aérostier.
Argot d'un coq,	Au lieu de	Ergot d'un coq.
Arguillon,		Ardillon.
Astérique,		Astérisque.
Avalange,		Avalanche.
Babouine,		Babine.
Bailler aux corneilles,		Bayer aux corneilles.
Baracan,		Bouracan.
Belsamine,		Balsamine.
Berlan,		Brelan.
Bouilleau,		Bouleau.
Boulin à grain,		Boulingrin.
Boulvari,		Hourvari.
Brouine (il),		Bruine (il).
Cacaphonie,		Cacophonie.
Cacochisme,		Cacochyme.
Calemberdaine,		Calembredaine.
Calvi, pomme,		Calville, pomme.
Caneçon,		Caleçon.
Cassis de veau,		Quasi de veau.

Casterolle,		Casserole.
Castonnade,		Cassonnade.
Cersifis,		Salsifis.
Chaircuitier,		Charcutier.
Clanpinant,		Clopinant.
Clincailler,		Quincailler.
Clou à porte,		Cloporte.
Cochlaria,		Cochléaria.
Colophale,		Colophane.
Collidor,		Corridor.
Consone,		Console.
Coquericot,		Coquelicot.
Corporance,		Corpulence.
Cotillard, poire,		Conillard, poire.
Couane,	Au lieu de	Couenne.
Cou-de-pied,		Coude-pied.
Cresson à la noix,		Cresson alénois.
Creusane, poire,		Cressane, poire.
Crimisette,		Cligne-musette.
Crudélité,		Cruauté.
Cuirasseau,		Curaçao.
Dégigandé,		Dégingandé.
Dernier adieu,		Denier à Dieu.
Désagraffer,		Dégrafer.
Desserte (dur à la),		Desserre (dur à la). (1)
Disgression,		Digression.
Disparution,		Disparition.
Echaffourée,		Echauffourée.
Echanger du linge,		Essanger du linge.
Echarpe,		Echarde.

---

(1) Il est dur à la desserre, c. à d. il paye difficilement.

STYLE. BARBARISMES. 365

Ecosse de pois,		Cosse de pois.
Eduquer,		Elever.
Effondreries,		Effondrilles.
Elogier,		Faire l'éloge.
Embauchoir,		Embouchoir.
Emberner,		Embrener.
Embrouillamini,		Brouillamini.
Emmeublement,		Ameublement.
Empiffer,		Empiffrer.
Enfilée (langue bien),		Affilée (langue bien).
Epomoner,		Epoumoner.
Eprevier,		Epervier.
Erésypèle,		Erysipèle.
Erres,		Arrhes.
Esclaboussure,	Au lieu de	Eclaboussure.
Estrapontin,		Strapontin.
Exquinancie,		Esquinancie.
Exquisse,		Esquisse.
Falbana,		Falbala.
Fanferluche,		Fanfreluche.
Ferlater,		Frelater.
Ferluquet,		Freluquet.
Fertin,		Fretin.
Filagramme,		Filigrane.
Fleume,		Flegme.
Fondrilles,		Effondrilles.
Franchipane,		Frangipane.
Galbanon,		Cabanon.
Gaudron,		Goudron.
Géanne,		Géante.
Gégier,		Gésier.
Gérandole,		Girandole.

Gérofle,		Girofle.
Géroflée,		Giroflée.
Gravats,		Gravois.
Guette,		Guet.
Hâti,		Hâtif.
Honchets d'enfant en maillot,		Hochets d'enfant en maillot.
Honchets pour jouer,		Jonchets pour jouer.
Inrassasiable,		Insatiable.
Jeu d'eau,		Jet d'eau.
Kérielle,		Kyrielle.
Laidronne,		Laideron.
Lévier,		Evier, conduit pour l'eau.
Libambelle,	Au lieu de	Ribambelle.
Lierre (pierre de),		Liais (pierre de).
Linteaux,		Liteaux.
Maille à partie,		Maille à partir. (1).
Mairerie,		Mairie.
Maline (fièvre).		Maligne (fièvre).
Mareille, jeu,		Mérelle, jeu.
Martre, animal,		Marte, animal.
Matéraux,		Matériaux.
Membré,		Membru.
Mialer,		Miauler.
Missipipi,		Mississipi.
Misserjean, poire,		Messire-jean, poire.
Mitouche (sainte),		Nitouche (sainte).
Moriginer,		Morigéner.

---

(1) Ils ont toujours maille à partir (à diviser) ; ce qui signifie « Ils ont toujours ensemble quelques démêlés ».

STYLE. BARBARISMES.

Morne, où l'on expose les corps morts,		Morgue, où l'on expose les corps morts.
Mouricaud,		Moricaud.
Nine,		Naine.
Noble épine,		Aube-épine.
Noirprun,		Nerprun.
Nongat,		Nougat.
Ombrette,		Ombrelle.
Osseux (cet homme est),		Ossu (cet homme est).
Ourgandi,		Organdi.
Ouette,		Ouate.
Paralésie,		Paralysie.
Pecunier,		Pecuniaire.
Perclue,		Percluse.
Pertintaille,	Au lieu de	Pretintaille.
Piaste, monnaie,		Piastre, monnaie.
Pied droit, mesure géométrique,		Pied de roi.
Pimpernelle,		Pimprenelle.
Pipie, qui afflige les oiseaux,		Pépie.
Pleuralité,		Pluralité.
Plurésie,		Pleurésie.
Polisser,		Polir.
Pomon,		Poumon.
Pomonique,		Pulmonique.
Poturon,		Potiron.
Propet,		Propret.
Quinconche,		Quinconce.
Rachétique,		Rachitique.
Racroqueviller (se),		Recroqueviller (se),

Raiguiser,		Aiguiser.
Rancuneux,		Rancunier.
Raucouler,		Roucouler.
Rébarbaratif,		Rébarbatif.
Rebours (à la),		Rebours (à ou au).
Renfrogné (visage),		Refrogné (visage).
Rene-glaude,		Reine-claude.
Resserre,		Serre.
Rissoli,		Rissolé.
Roulet,		Rôlet.
Ruelle de veau,		Rouelle de veau.
Sacrépan,		Sacripan.
Sanneson,		Seneçon.
Serment de vigne,		Sarment de vigne.
Sciau,		Seau.
Scourgeon,		Escourgeon.
Semouille,	Au lieu de	Semoule.
Sens sus dessous,		Sens dessus dessous.
Sibille,		Sébile.
Soubriquet,		Sobriquet.
Souguenille,		Souquenille.
Soupoudrer,		Saupoudrer.
Stringa,		Seringat.
Sujestion,		Sujétion.
Talaudier,		Taillandier.
Temple,		Tempe.
Tendon de veau,		Tendron de veau.
Tête d'oreiller,		Taie d'oreiller.
Tonton,		Toton.
Transvider,		Transvaser.
Trayage,		Triage.

Trayer,		Trier.
Trémontade,		Tramontane.
Trésorier,		Thésauriser.
Usée,	Au lieu de	User.
Vagabonner,		Vagabonder.
Vagislas,		Vasistas.
Videchoura,		Vitchoura.
Villevouste,		Vire-volte.
Viorme,		Viorne.

ARTICLE VI.

Néologisme.

Nous devons distinguer la *Néologie* du *Néologisme* (1). Ils ont tous deux, il est vrai, un point de vue commun, mais ils portent une empreinte particulière à laquelle on ne peut se méprendre. La *Néologie* consiste soit à former des termes nouveaux pour des idées nouvelles ou mal rendues, soit à employer des termes anciens dans un sens nouveau. Le *Néologisme* est l'affectation à se servir d'expressions nouvelles et éloignées de celles que l'usage autorise. Le Néologisme ne consiste pas seulement à introduire dans le langage des mots nouveaux qui y sont inutiles ; c'est le tour affecté des phrases, c'est la jonction téméraire des mots, c'est la bizarrerie des figures, qui caractérisent surtout le Néologisme ; nous nous bornerons à citer les mots suivants : *répréhensibilité, tri* (pour *triage*),

---

(1) *Néologie* vient des mots grecs νέος (*néos*), nouveau, et λόγος (*logos*), discours.

prestigieux, impressionner, que nous venons de lire avec surprise dans des ouvrages modernes.

Des reproches très raisonnables qu'on peut faire au néologisme, il ne faut pourtant pas inférer qu'il soit défendu à un Ecrivain de mettre au jour une expression nouvelle, si elle est douce à l'oreille, claire à l'esprit, sensible à l'imagination, si la pensée la sollicite, et sur-tout si le besoin l'autorise. Pour qu'un terme nouveau soit bon, il faut qu'il ait ces trois qualités : qu'il soit nécessaire, intelligible et sonore. Nous devons à Malherbe les mots *insidieux* et *sécurité*, qui étaient nécessaires. Desportes a enrichi notre langue du mot *pudeur*, qui était également nécessaire pour exprimer cette espèce de honte délicate et timide, qui saisit une âme innocente, ou une âme noble et sensible à la première idée de ce qui peut blesser sa fierté ou sa modestie. Molière nous a fourni le mot *rivalité* qui est intelligible et qui nous manquait. Nous devons à Voltaire le mot *impasse* qui est sonore et intelligible tout-à-la-fois. Le bon abbé de Saint-Pierre nous a donné le mot *bienfesance*. Un Ecrivain peut quelquefois rajeûnir une expression ancienne et tombée en désuétude, si elle est conforme à la syntaxe et au génie de la langue ; si, par elle, il évite une périphrase traînante, une épithète lâche et diffuse ; si elle n'a pas d'équivalent pour exprimer une nuance intéressante ou dans le sentiment, ou dans l'idée, ou dans l'image. Renonçant, si on le veut, aux idées de conquête, ayons au moins le bon esprit de conserver ce que nos pères ont acquis ; et, sans parler des phrases que nous avons perdues, ressaisissons une infinité de

STYLE. NÉOLOGISME. 371

mots que nous avons ou négligés, ou rebutés, quoiqu'ils soient, la plûpart, harmonieux, expressifs, faits pour parler à l'âme ou pour plaire à l'oreille (1). Parmi ces mots qui sont, pour ainsi dire, dégradés de noblesse par le caprice de l'usage, nous citerons ceux-ci qui, loin de faire tache dans le style, exprimeraient mieux les idées que nous avons à rendre.

« La capacité de l'esprit s'étend ou se resserre par l'*accoutumance* ».

« Il prophétisait vrai ; notre maître Mitis,
Pour la seconde fois, les trompe et les *affine* ».

« Elle ne connut point les *affres* de la mort ».

« L'homme vertueux qui s'afflige trouve dans la vertu même une douce *allégeance* à ses maux ».

« Il est des circonstances où les gens *aventureux* compromettent leur réputation et souvent leur existence ».

« Il semble que la coutume concède à cet âge plus de liberté pour *bavasser* ».

« Qui ne *bée* point après la faveur des princes, ne se pique pas beaucoup de la froideur de leur accueil (2) ».

« Les épis ondoyants commençaient à *blondir* ».

« A ces mots, le guerrier *brandit* sa lance, et le signal du combat est donné ».

« Les vents *bruyaient* au loin dans les forêts profondes ».

« Les temps *calamiteux* sont féconds en grands hommes ».

----
(1) *Multa renascantur quæ jam cecidere*....... Hor.
(2) C'est du vieux verbe *béer* (qu'on a changé depuis en *bayer*), que nous est venu le participe *béant*, qui est fort en usage : bouche béante, gouffre béant.

« La *courtoisie* était autrefois en honneur ; nos aïeux étaient plus *courtois* que nous. La révolution n'a pas peu contribué à nous rendre *discourtois* ».

« Il est des enfants qu'il faut travailler à *dégâter*, quand on les a gâtés pour leur malheur. Si ces fruits étaient *dégâtés*, on pourait en tirer parti. »

« Ce que je veux faire pour le service de la mort est toujours fait ; je n'oserais le *dilayer* d'un jour. A force de *délayer*, on rend souvent un bienfait inutile ».

« Il est des objets dont on se *déprend* bientôt, quand on les a vus de près ». « Il ne faut, en général, *s'éprendre* que de choses dont la vue ou la possession doit procurer toujours des jouissances ».

« Les neiges par monceaux *dévalaient* des montagnes ».

« Vous seul sçavez si vous êtes lâche et cruel, ou loyal et *dévotieux* ».

« Les *discords* qui troublent le monde sont le résultat de notre orgueil et de notre ambition. Cet homme a un caractère inégal et *discord* ».

« Ils ont de leurs *discords* fatigué l'univers ».

« Les bords de la mer sont *écumeux*, quand les vagues amoncelées viennent s'y briser avec force ».

« Toute la gent aquatique fut en *émoi* ».

« On voit zéphyr d'elle *s'énamourant* ».

« La perte de la liberté ne sçaurait *entraver* le génie ».

« Dans les temps calamiteux, l'humeur du peuple *s'exaspère*; il faut le contenir, mais non pas l'*entraver* ».

« Le ciel enfin pour nous sera-t-il *exorable* » ?

« Un homme *fallacieux* nous inspire toujours de la défiance ».

« Vous voyez un *féal* et véritable ami qui est dépositaire de tous mes secrets ».

« Je ne crains aucune *félonie* de la part d'un homme qui m'a toujours obligé ».

« On ne peut montrer plus de *ferveur* en amitié que celle que j'ai reconnue en lui ».

« Lors m'écriai, me sentant *frémollir* ».

« Elever un homme, en un instant, du rang *infime* au rang suprême, ce n'est qu'un jeu pour la fortune ».

« Tout ce qui dépend de l'opinion est *instable* comme elle ».

« Il parvint à la gloire à force de *labeurs* ».

« Ne pourait-on pas appliquer à nos maux un faible *léniment* » ?

« Aux nôces d'un tyran tout le peuple en *liesse*
Noyait son souci dans les pots ».

« Toutes choses ne sont pas *loisibles* à un homme de bien, pour le service de son roi, ni de la cause générale et des lois ».

« Je ne veux être tenu serviteur ni si affectionné, ni si *loyal*, qu'on me trouve bon à trahir personne ».

« Il vous tient pour méchant homme, cependant il fait ses affaires de votre *déloyauté* ».

« Le caractère du peuple est uniforme dans les pays du despotisme, et il est *multiforme* dans les pays de liberté ».

« Respirons la fraîcheur des *ombreuses* vallées »

« Ce vaillant chevalier
Mourut pour sa maîtresse en ces forêts *ombreuses* ».

« Qu'attendez-vous d'un homme *oublieux* des bienfaits »?

« Un riche étale son opulence avec un orgueil *outrageux* ».

« Pourquoi l'amitié n'est-elle pas *perdurable* » ?

« Cette province n'était pas *populeuse* de sa nature, mais elle a été peuplée par l'industrie et par le commerce ».

« Cet orateur avait une éloquence *pondérante* ».

« De ses *rais* argentés Diane se couronne ».

« En politique, la dissimulation est permise, mais non pas la *simulation*. Les gouvernements peuvent dissimuler, mais ils ne doivent pas *simuler* ».

« On trouve quelque *soulas* dans l'étude des belles-lettres ».

« Une longue *souvenance* du passé éclaire un vieillard sur l'avenir; il la tourne en prévoyance ».

« Nous descendîmes dans un beau *val*, où nous trouvâmes une source d'eau pure ».

Le Néologisme, s'il était permis, ouvrirait la porte à une foule de mots bizarres qui tendraient à appauvrir la langue plutôt qu'à l'enrichir. On peut sans doute proposer des termes nouveaux au premier Corps littéraire chargé du perfectionnement de la langue; mais nul Ecrivain, fût-il prince ou monarque, n'a le droit d'en fabriquer pour leur donner cours; et ce serait à juste titre qu'on lui adresserait ces paroles qu'on eut jadis le courage de faire entendre au dictateur despote: *Dare civitatem hominibus potes, verbis non potes.*

ARTICLE VII.

Amphibologie.

Le mot Amphibologie signifie *ambiguité* (1). L'amphibologie résulte de la tournure de la phrase, c'est-à-dire de l'arrangement des mots plutôt que de ce que les termes sont équivoques. Il y a amphibologie dans le discours, lorsqu'une phrase est construite ou énoncée de manière qu'elle est susceptible de deux interprétations différentes. La clarté étant le caractère propre de notre langue, la loi fondamentale du discours, nous devons éviter avec beaucoup de soin toutes les phrases ambigues. « Ce qui n'est pas clair, n'est pas français », a dit avec raison le poète Rivarol. Toute phrase amphibologique, équivoque ou louche, est essentiellement condamnable, puisqu'elle pèche contre la clarté. « La clarté, dit d'Alembert, consiste à se faire entendre sans peine ; on y parvient par deux moyens : en mettant les idées, chacune à sa place, dans l'ordre naturel, et en exprimant nettement chacune de ces idées. Les idées sont exprimées nettement et facilement, si l'on a évité les termes

---

(1) *Amphibologie* est la traduction du mot grec ἀμφιβολία (*amphibolia*), lequel mot a pour racine la préposition ἀμφί (*amphi*), qui signifie environ, autour, et βάλλω (*ballô*) je jette ; à quoi nous avons ajouté λόγος (*logos*), parole, discours.

équivoques, les tours ambigus, les phrases trop longues, trop chargées d'idées incidentes, et accessoires à l'idée principale ».

« Quoique la langue française, ajoute Dumarsais, s'énonce communément dans un ordre qui semble prévenir toute amphibologie, cependant nous n'en avons que trop d'exemples, sur-tout dans les transactions, les actes, les testaments, etc.; nos *qui*, nos *que*, nos *il*, *soi*, *son*, *sa*, *ses*, donnent aussi fort souvent lieu à l'amphibologie. Celui qui compose, s'entend, et, par cela seul, il croit qu'il sera entendu; mais celui qui lit n'est pas dans la même disposition d'esprit; il faut que l'arrangement des mots le force à ne pouvoir donner à la phrase que le sens qu'a voulu lui faire entendre celui qui a écrit ». On distingue les phrases amphibologiques, les phrases équivoques et les phrases louches. Ce qui rend une phrase *amphibologique*, c'est l'emploi fautif ou mal ordonné des pronoms personnels, relatifs ou possessifs. Une phrase est encore amphibologique, parce que des mots n'occupent pas la place que marque la liaison des idées. Le simple rapprochement de certains mots qui semblent se fondre en un, et signifier par conséquent tout autre chose, rend encore une phrase amphibologique. — Ce qui rend une phrase *équivoque*, c'est l'indétermination essentielle à certains mots employés de manière que l'application naturelle n'en est pas fixée avec assez de précision. — Ce qui rend une phrase *louche*, c'est lorsque les mots qui la composent, semblent, au premier coup-d'œil, avoir un certain rapport, quoique véritablement ils en aient un autre, de telle façon que les idées ne sont ni claires ni intelligibles.

Les locutions suivantes offrent des amphibologies : « Il avait accompagné jusqu'alors ce brave héros ; mais *il* s'en sépara, lorsqu'*il* partit pour la Palestine ». « *Il* a toujours aimé cette personne au milieu de *son* adversité ». « Il y a un air de vanité et d'affectation dans cet auteur, *qui* gâte ses écrits ». « C'est la cause de ce phénomène *dont* je vous entretiendrai à loisir ». « C'est le fils de l'homme *dont* on a dit tant de mal ». » *Il* sortira malgré *lui* de la ville qu'il habite ». « Cicéron et Antoine *se* louaient continuellement ». « Bien que *l'homme* juste ait toujours été le temple vivant de Dieu, *il* n'a pas laissé de vouloir demeurer par une présence spéciale en des lieux consacrés à sa gloire ». « Hypéride a imité Démosthène dans tout ce qu'*il* a de beau ». « Qui trouverez-vous qui de soi-même ait borné sa domination, et ait perdu la vie sans quelque dessein de *l'*étendre plus avant » ? « La vertu *qui* est appelée justice, consiste à rendre à chacun ce qui lui est dû ». « Le père aime à causer, le fils ne sçaurait gagner sur *lui* de se taire ». « Samuel offrit son holocauste à Dieu, et *il* lui fut si agréable, qu'il lança, au même moment, de grands tonnerres contre les Philistins ». « Alexandre paraissait craindre que Darius qu'il poursuivait, n'entrât dans *son* royaume ». « Chez les Tartares, c'est toujours le dernier des *mâles* qui est l'héritier, par la raison qu'à mesure que les *aînés* sont en état de mener la vie pastorale, *ils* sortent de la maison et vont s'établir ailleurs ». « La fidélité et la promptitude à profiter des occasions qui échappent en un moment, sont deux grandes *qualités* dans la médecine, *dont* dépend tout le succès de cet art ». « Lorsque le combat se donna, Moïse s'adressa à Dieu en tenant ses mains étendues, et formant ainsi la figure de la croix, qui devait être un jour si *salutaire* et si *redoutable* à nos ennemis ». « Tite-Live nous apprend que, quand Annibal retourna à Carthage, *il* trouva que les magistrats et les principaux citoyens détournaient à leur profit les revenus publics ». « La longévité est un présent du ciel dont *il* gratifie les hommes sages et continents ». « Ce n'est pas sans raison qu'il est considéré comme le père du monastère, puisque c'est par sa diligence et par ses soins qu'*il* subsiste ». « J'ai visité l'Allemagne, la seule puissance *qui soit* sur la terre, que la division n'a point affaiblie ». « La bonté du Seigneur *dont* nous ressentons tous les jours les effets, devrait nous engager à pratiquer ses commandements ». « Prenez une ferme résolution de porter cette croix *où* votre divin maître a daigné mourir attaché pour l'amour de vous ». « Il tâcha d'inspirer à tous ses soldats la même confiance en Dieu dont il était plein lui-même, leur représentant qu'*il* était le dieu des armées ». « L'Evangile inspire une piété sincère et non *suspecte* aux personnes qui veulent être véritablement à Dieu ». « On ne doute pas que les *Vies* des saints ne soient très utiles à un grand nombre de personnes, et qu'*elles* ne retirent un très grand avantage des beaux exemples qu'elles y trouvent ».

» Aussitôt que je fus débarrassé des affaires de la cour, j'allai trouver l'homme qui m'avait parlé du mariage de madame de Miramion, *qui* me parut dans les mêmes sentiments ». « La civilité exige qu'*on* ait de l'attention à ce qu'*on* nous dit ». « Si j'avais voulu cet emploi, je l'aurais demandé ainsi que d'*autres* ». « César devait-il avoir autant d'ennemis dans *Rome, dont* les vues ne tendaient qu'à la gloire de Rome ». « La conduite et la fortune avec laquelle vous avez sauvé la *nôtre* sont admirables ». « Un de nos auteurs a dit que notre réputation *ne* dépend *pas* des louanges qu'on nous donne, *mais* des actions louables que nous fesons ». « Les rois doivent bannir les *flatteurs*, que la gloire du bien public anime ». « J'ai exprimé autrefois qu'il faut que le prince suive les règles de la religion et de la prudence pour bien gouverner, *par une boussole tournée vers l'étoile polaire ;* que les principes de sa conduite doivent être cachés, quoique ses actions soient publiques, *par une montre d'horloge ;* qu'avant d'entreprendre une guerre, il doit bien considérer ce qu'il fait, *par une licorne* ».

« Qu'ai-je *fait* pour *venir* accabler en ces lieux
Un héros, sur qui seul j'ai pu tourner les yeux ? »
RACINE.

« J'aimerais mieux encor qu'il déclinât son nom,
Et dît : Je suis Oreste, ou bien Agamemnon,
Que d'*aller*, par un tas de confuses merveilles,
Sans rien dire à l'esprit, étourdir les oreilles ».
BOILEAU.

« Là, je voudrais te voir, telle que je t'ai vue,
Epier une mouche, ou le rat ennemi
Si funeste aux *auteurs*, *dont* la dent téméraire
Ronge indifféremment Dubartas ou Voltaire ».

DELILLE.

Remarque. Il y a des phrases équivoques à la prononciation ; il faut les éviter soigneusement. En voici quelques exemples : Le soleil est le plus grand *des astres* que nous connaissions. Le plus grand *des plaisirs* que vous puissiez me faire, c'est de m'écrire souvent. Je regarde votre amitié comme le plus grand *des avantages* que vous puissiez me procurer.

ARTICLE VIII.

Périssologie.

La Périssologie est un vice d'élocution, qui consiste à répéter en d'autres termes, sans nécessité, une idée ou une pensée suffisamment énoncée auparavant (1). On doit éviter avec soin cette répétition des mêmes idées, cette surabondance d'expressions qui, étant superflues, deviennent fatigantes. En matière d'élocution, dit sagement Quintilien, tout ce qui n'est pas utile, est nuisible. Il y a deux espèces de périssologie : l'une con-

---

(1) *Périssologie* est la traduction du mot grec περισσολογία (*perissologia*), lequel mot vient de περισσός (*perissos*) superflu, et de λογός (*logos*) discours.

siste dans la répétition superflue d'une idée ; l'autre, dans la répétition inutile d'une même pensée.

Voici des exemples de la première espèce de périssologie : « Ils *s'entr'*égorgeaient *les uns les autres* ». « Nous fûmes *assez satisfaits* de cette sorte de spectacle ». « Cette lettre est *remplie* de *beaucoup* de civilités ». « Il ne réserve *que pour lui* son *exclusive* complaisance ». « Cadmus cherchait *tout partout* la belle Europe ». « L'entretien se termina à des plaintes *réciproques* de *part et d'autre* ». « *J'ai* mal à *ma* tête depuis hier soir ». « On ne voyait partout que des *cadavres inanimés* ». « Pour déconcerter les mutins, il *n'*aurait eu *seulement qu'*à se montrer ». « Tenez *vos* promesses *que vous m'avez faites* ». « Tout *l'univers* est plein de sa gloire ». « J'ai *préféré* venir *plutôt* que de vous écrire ». « Il m'est *impossible*, Madame, de *pouvoir* lui rendre ce service ». « Ces raisons sont *assez suffisantes* pour dissiper votre erreur ».

« C'est *à* vous, mon Esprit, *à* qui je veux parler ».
BOILEAU.

« Non, ce n'est qu'*à* sa mère *à* qui je dois parler ».
J. B. ROUSSEAU.

« Trois sceptres à son trône, attachés par mon bras,
Parleront au lieu d'elle, et ne se *tairont pas* ».
CORNEILLE.

Les ouvrages d'Ovide et de Sénèque sont remplis d'exemples de la seconde espèce de périssologie. Ces deux Ecrivains paraissent prendre à tâche de remanier la même pensée, et de la reproduire, par pure ostentation, sous mille formes diverses. Une pareille luxuriance est pire, à notre avis, que la stérilité de beaucoup d'Ecrivains.

Au lieu des phrases que nous avons citées plus haut, il faut se servir de celles-ci : « Ils s'égorgeaient les uns les autres ». « Nous fûmes contents de cette sorte de spectacle ». « Il réserve pour lui son exclusive complaisance ». « Cadmus cherchait partout la belle Europe ». « L'entretien se termina à des plaintes réciproques ». « J'ai mal à la tête depuis hier soir ». « On ne voyait partout que des cadavres ». « Pour déconcerter les mutins, il n'aurait eu qu'à se montrer ». « Tenez les promesses que vous m'avez faites ». « L'univers est plein de sa gloire ». « J'ai mieux aimé venir que de vous écrire ». « Il m'est impossible, Madame, de lui rendre ce service ». « Ces raisons sont suffisantes pour dissiper votre erreur ».

« C'est à vous, mon Esprit, que je prétends parler ».

« Non, ce n'est que sa mère à qui je dois parler ».

« Trois sceptres à son trône, attachés par mon bras,
Parleront au lieu d'elle ».

La périssologie diffère de la *tautologie* et de la *battologie*, en ce que ces deux derniers vices d'élocution consistent à répéter dans les mêmes termes, et sans aucune nécessité, ce qu'on vient déjà de dire ; au lieu que la périssologie consiste à répéter en d'autres termes, sans nécessité, ce qui a été clairement et suffisamment énoncé. La réponse de madame Jourdain à Dorante, dans le Bourgeois gentil-homme, est une véritable tautologie. « Oui vraiment, nous avons fort envie de rire, *fort envie de rire nous avons* ». Les mots *battologie* et *tautologie* sont tirés du grec ; nous croyons utile de donner ici l'étymologie de ces deux mots que l'on confond assez souvent (1).

ARTICLE IX.

Jeux de mots.

On appelle *Jeu de mots*, une allusion dans laquelle on paraît jouer en effet sur les mots plutôt qu'énoncer une pensée fine et ingénieuse. La prétendue finesse de ces brillantes fadaises dépend de l'équivoque, vice en général fort opposé à la clarté, qui est néanmoins la première qualité de toutes les langues, et spécialement de la langue française. Les petits esprits et les mécréants se font un mérite de trouver partout des équivoques ; leurs réponses, leurs réparties sont presque toujours armées de pointes. Il n'est rien cependant qu'on doive éviter avec plus de soin dans le langage ; les équivoques décèlent presque toujours un mauvais

---

(1) *Battologie* est la traduction du mot grec βαττολογία (*battologia*), qui signifie *répétition inutile des mêmes mots* ; telle est celle qu'Ovide met dans la bouche de Battus, lorsqu'il répond à Mercure à l'occasion des troupeaux volés. « Sub montibus illis erant, *et erant sub montibus illis* ». *Tautologie* est la traduction du mot grec ταυτολογία (*tautologia*), qui signifie *discours identique, répétition matérielle des mêmes mots*.

esprit ou un esprit peu cultivé, parce qu'elles ne sont jamais faites sans dessein, ou parce qu'elles supposent que celui qui les fait n'a rien de mieux à mettre en évidence. Les jeux de mots, les pointes, les équivoques doivent être proscrits du style grave; ils y sont toujours déplacés. On peut quelquefois en faire usage dans le style badin, dans les lettres, les madrigaux, les épigrammes, les devises, etc.; mais il faut les employer, en général, avec beaucoup de circonspection; Voiture a eu le tort de les prodiguer. Le célèbre Bossuet n'avait que seize ans lorsqu'il prêcha pour la première fois, et ce ne fut qu'à onze heures du soir. Voiture dit à cette occasion, « qu'il n'avait jamais entendu prêcher *ni si tôt ni si tard*. ». Il y avait deux prédicateurs dont l'un criait beaucoup, et l'autre était habile homme. On dit de l'un, « il prêche *bien fort* »; de l'autre, « il prêche *fort bien* ». Si les jeux de mots sont tout-à-fait déplacés dans le style grave ou sublime, à combien plus forte raison doit-on les bannir de la tragédie, des sermons, des panégyriques, etc.! Quoi donc de plus ridicule que cette phrase tirée de l'oraison funèbre de Henriette d'Angleterre, par Mascaron? « Le grand, l'invincible et le magnanime Louis, à qui l'Antiquité eût donné mille *cœurs*, elle qui les multiplait dans les héros selon le nombre de leurs grandes qualités, se trouve sans *cœur* à ce spectacle » (celui de la mort de cette princesse). Voilà un jeu de mots du plus mauvais goût. Pour engager les jeunes-gens à user très sobrement d'équivoques, de jeux de mots, nous rapporterons encore ceux-ci: « Les hommes aiment la vérité *luisante*, et haïssent la vérité *cuisante* ». « Il faut être plus *accommodant*, si l'on veut être mieux *accommodé* ». « Un cheval était tombé dans une cave : comment le tirer de là ? se demandait-on avec inquiétude. — Rien de plus aisé, dit quelqu'un ; il n'y a qu'à le *tirer en bouteilles* ». « Le *trouble* de son âme la *troublait* ». « J'étais *reconnaissant* de sa *reconnaissance* ». « Voilà bien les philosophes ; ils ne *pensent* qu'à leurs *pensées* ». « Je ne puis mériter votre *confiance*, qu'on ne vous *confiant* pas mes secrets » « Le P. Bourdaloue était le *roi* des prédicateurs, et le prédicateur des *rois* ». « Les hommes ont bâti la tour de *Babel*, et les femmes, la tour de *babil* (1) ». « Ces superbes *tombeaux* qu'on avait élevés avec tant de magnificence, sont *tombés* ». « Un prédicateur fesant l'éloge d'un saint de l'ordre des Récollets, dit que son saint avait été un parfait *récollet*, un parfait *recueilli*, un parfait *recueillant* ». Et c'était en chaire, qu'on se permettait de pareils calembours ! (car enfin il faut appeler chaque chose par son nom); nos tragédies mêmes n'en étaient pas exemptes. Dans la tragédie de Venceslas, par Rotrou, Ladislas, éperdument amoureux de Cassandre, au point d'avoir voulu attenter à sa pudeur, revenu enfin de son égarement, dit à sa maîtresse pour la fléchir :

« Mais un amour *enfant* peut *manquer de conduite* ».

---

(1) Qu'une pointe soit de mauvais goût, on peut l'excuser; qu'elle soit de mauvais ton, cela n'est pas pardonnable, sur-tout en France.

Puis, dans une autre scène, pour exprimer à Cassandre la honte qu'il a de l'avoir aimée, il lui dit :

« De l'indigne *brasier* qui consumait mon cœur,
Il ne me reste plus que la seule *rougeur* ».

On connaît ce puérile jeu de mots, traduit du latin de Sannazar :

« Galla, tu veux mes vers ? ah ! soit ; je te les livre ;
Mais donne moi, Galla, tes *lèvres* pour mon *livre* ». (1)

Je citerai encore ce qu'on a dit dernièrement, mais sans motif, d'un poète très estimable :

« Il *baille pro Deo* ses vers à tout venant ;
Pourquoi s'étonne-t-il qu'on les lise en *bâillant ?* »

En parlant de ces pointes, concetti, jeux de mots, calembours, Boileau, prenant en main la défense du bon goût, avait bien raison de dire dans sa verve satyrique :

« La tragédie en fit ses plus chères délices ;
Un héros sur la scène eut soin de s'en parer,
Et sans pointe, un amant n'osa plus soupirer.
On vit tous les bergers, dans leurs plaintes nouvelles,
Fidèles à la pointe encor plus qu'à leurs belles.
Chaque mot eut toujours *deux visages divers* ;
La prose le reçut aussi bien que les vers ;
L'avocat, au palais, en hérissa son style,
Et le docteur, en chaire, en sema l'évangile ».

Ces mots qui ont *deux visages*, sont appelés chez nous *calembours*. Si on les tolère quelquefois dans les sujets badins et dans la conversation, on doit en être avare, et sur-tout ne pas s'en faire une arme contre la religion, les mœurs ou ses semblables. Il y a, dit M. Paw, une remarque assez singulière à faire sur ceux qui écoutent un calem-

---

(1) *Omnes quos scripsi, versus vult Galla videre ;*
Mittam ego, pro libris si mihi labra dabit.

bour : c'est que le premier qui le devine, le juge toujours excellent, et les autres le trouvent plus ou moins mauvais, à raison du temps qu'ils ont mis à le deviner, ou du nombre des personnes qui l'ont entendu avant eux ; car, dans le monde moral, c'est l'amour-propre qui abhorre le vide.

ARTICLE X.
Particules initiales. (1)

A. Cette particule initiale reconnaît plusieurs origines. 1°. Elle vient de l'*a* des Latins, et ajoute au mot qu'elle sert à former une idée accessoire d'éloignement, de séparation. Elle se présente sous quatre formes, *a*, *ab*, *abs*, *av* : *a*version, sentiment qui *éloigne de* ; *ab*user, user en *s'éloignant des* principes ; *abs*traire, tirer, séparer de ; *av*eugler, tirer, ôter les yeux de.

2°. Elle vient de *ad*, et ajoute au mot principal une idée accessoire de terme. Elle a plusieurs variétés, *ad*, *ac*, *af*, *al*, etc. : *ad*joint, joint *à* (2) ; *ac*cent, *ad* cantum (3) ; *af*fluer, venir en foule *à* ; *al*laiter, donner du lait *à*, etc. etc.

---

(1) Le morceau de grammaire qu'on va lire est de mon confrère Domergue ; il me l'avait communiqué avant de le livrer à l'impression. Comme il ne se trouve que dans ses *Consultations grammaticales*, j'ai voulu qu'il ne fût pas perdu pour ceux qui n'ont pas ses *Consultations*.

(2) *Av*ocat (qu'on écrivait autrefois *a*l*vocat*), appelé *à*.

(3) *A* pour *ad* s'accroît d'une consonne semblable à celle qui commence le mot principal *ac*céder, *ad*dition, *af*fermer, *al*lier, *am*ener (qu'on écrivait autrefois *am*mener), *ap*porter, etc.

3°. Elle vient de *in*, qui nous a donné *en* (an), puis *a*, par la disparition de la nasalité. Elle ajoute au mot principal une idée accessoire d'introduction : *a*maigrir, porter la maigreur *dans*; *a*noblir, porter la noblesse *dans*, etc.

4°. Elle vient de l'*a* privatif des Grecs, et ajoute au mot principal une idée accessoire de privation, d'absence : *a*bîme, *sans* fond ; *a*mazone, *sans* mamelle ; *a*nomalie, *sans* régularité ; *a*nonyme, *sans* nom ; *a*pathie, *sans* passion ; *a*syle, lieu où l'on est *sans* danger ; *a*thée, qui croit qu'il *n'y a point* de Dieu ; *a*tome, corpuscule réputé *indivisible* ; *a*tonie, *sans* ressort, etc. etc. L'*a* privatif est une abrévation de la préposition grèque *ater* ; *sinè*, en latin ; *sans*, en français.

AMBE. Cette particule vient du latin *ambo*, deux ensemble ; elle ajoute au mot principal une idée de duplication : *amb*esas, deux as ; *amb*idextre, qui se sert des deux mains, comme on se sert de la main droite ; *amb*igu, qui offre *deux* côtés, *deux* sens. L'idée de *deux* côtés a reçu de l'extension, et *amb* a signifié plusieurs côtés, et même tous les côtés : *amb*ition, action d'aller à son but par *plusieurs* moyens, par *tous* les moyens ; l'air *amb*iant, l'air qui nous touche de tous les côtés, qui nous environne. *Amb* se change en *am* dans *am*puter, couper en deux ; en *an*, dans *an*fractuosité, rupture en plusieurs endroits.

AMPHI. Cette préposition qui est purement grèque, signifie *de part et d'autre* ; elle ajoute au mot principal une idée de duplication : *amphi*bie, qui vit en deux endroits ; *amphi*bologie, discours à *deux* sens. Elle signifie, par extension, qui touche de *plusieurs* côtés, de *tous* les côtés, qui entoure : *amphi*théâtre, qui entoure le théâtre ; *Amphi*trite, creusé *autour* de la terre. *Amb* et *amphi* éveillent la même idée ; ils ne diffèrent qu'en ce que le premier dérive du latin, et le second, du grec.

ANA. Cette proposition vient du grec *ana*, à l'écart ; elle ajoute au mot principal une idée d'écart, de renversement : *ana*baptiste, qui s'*écarte*, pour l'âge où l'on baptise les enfants, de l'opinion de l'église romaine, ou qui *recule* le baptême jusqu'à l'âge de raison ; *ana*chorète, qui va vivre à l'*écart*; *ana*chronisme, *écart* de la véritable époque; *ana*gramme, *écart* de l'ordre où les lettres sont placées dans un mot ; *ana*lyse, *écart* de l'ordre dans lequel sont les parties d'un tout ; *ana*rchie, *écart* des principes politiques, renversement des lois qui fondent un gouvernement ; *ana*logie, *écart* du système général, avec conformité à une série. La première idée a fait naître ce mot, qui n'éveille plus que la seconde.

ANTÉ. Cette particule vient du latin *ante*, avant; elle ajoute au mot principal une idée de primauté : *anté*cédent, qui marche le *premier*, qui marche *avant* ; *anté*pénultième, syllabe qui est la *première*, par rapport aux deux dernières syllabes ; qui est *avant* la pénultième. *Anté* se change en *anti* dans *anti*que, qui est le *premier*, qui est avant nous ; *anti*date, date de quelques jours *avant* celui où une lettre a été écrite, où un acte a été passé ; et en *anc* dans *anc*ien, *anc*êtres ; nos *anciens*, nos *ancêtres* sont ceux qui ont été les premiers, qui ont existé avant nous.

ANTI. Cette particule vient du grec *anti*, devant ; elle ajoute au mot qu'elle sert à former, une idée de présence : *anti*enne, chant porté *devant*, porté en présence. De l'idée de *présence* est née celle d'opposition : *anti*dote, placé *devant* le poison, donné *contre* le poison ; *anti*thèse, figure de rhétorique où les mots sont mis en *présence* des mots, les pensées en *présence* des pensées ; où les mots sont *opposés* aux mots ; les pensées, *opposées* aux pensées. L'idée d'opposition a généralement prévalu dans *anti*, et dans ses deux variétés *ant* et *anté* : *anti*podes, où les pieds sont *opposés* à nos pieds ; *anti*pathie, sentiments *opposés* ; *anti*phrase, sens *contraire* à celui qu'expriment les mots ; *anti*spasmodique, *contraire* aux convulsions ; *ant*arctique, opposé au pole arctique ; *ant*agoniste, qui fait effort, qui combat *contre* ; *anté*christ, opposé au Christ.

L'initiale latine *anté* et l'initiale grèque *anti* se confondent souvent à l'œil ; mais la différence des origines en met toujours une dans le sens. *Anti*date, formé du latin, signifie *avant* la vraie date, et *anti*dote, formé du grec, signifie *contre* le poison.

APO. Cette particule vient du grec *apo* ; elle éveille l'idée de séparation, d'éloignement : *apo*calypse, voile jeté sur le sens, qui couvre, qui *éloigne* le sens; *apocryphe*, dont l'authenticité est douteuse, *mis à part*, *séparé* des livres reconnus pour authentiques; *apogée*, *éloigné* de la terre; *apologie*, discours, écrit propre à *éloigner* les inculpations; *apologue*, récit voilé où les personnages sont distincts, sont séparés, sont *éloignés* de ceux qu'on a dans l'esprit; *apophthegme*, parole mise *à part*, parole remarquable; *apostat*, qui se tient debout *à part*, qui se sépare de ses frères; *apôtre*, envoyé *au loin*, qui reçut la mission de porter l'évangile dans les pays *éloignés*.

Cata. Cette préposition grèque signifie *contre*: *cata*chrèse, emploi d'un mot *contre* l'usage; *cata*combes, lieux souterrains que les premiers chrétiens *opposaient* aux persécutions; *cata*lepsie, état d'immobilité contraire aux mouvements de notre organisation; *cata*strophe, incident qui amène le dénouement, qui fait tourner les choses *contre* la marche de l'action dramatique; *cata*plasme, liniment appliqué *contre*, placé sur; *cata*logue de livres, écrit où l'on a tout *contre*, tout près, où l'on a sous les yeux le titre d'un grand nombre de livres.

Circon. Cette particule vient de la préposition latine *circùm*, autour, (qui est probablement l'accusatif de *circus*, cirque, d'où *circulus*, cercle); elle ajoute au mot qu'elle sert à former, une idée d'*entour*: *circon*cision, action de couper *autour*; *circon*locution, action de dire *autour* avant d'en venir à son but; *circon*vallation, fossé fait *autour* d'un camp; *circonstance*, ce qui est *autour*; *circonspect*, celui qui, au moral, regarde *autour* de lui. *Circu* est la seule variété de *circon* : *circu*it, qui va en *tournant*; *circu*laire, qui a la forme d'un cercle, propre à être mis *autour*.

Con. Cette particule vient du latin *cum*, avec, ensemble ; elle ajoute au mot qu'elle sert à former, une idée d'*association*, des *moyens* qu'on a pour réussir : *con*disciple, disciple *ensemble*; *con*citoyen, citoyen *ensemble* ; poivre *con*cassé, c. à d. poivre réduit en poudre *avec* un marteau; *con*clure, fermer la question *avec* ce qu'on va dire ; *con*séquent, qui suit *avec*. *Con* se change en *com* : *com*biner, mettre deux choses *ensemble* ; *com*prendre, prendre plusieurs choses pour les *assembler* ; en *co* : *co*ordonner, ordonner *ensemble*; *co*opérer, travailler *avec* un autre ; en *cou* : *cou*vent, lieu où l'on vient se mettre *ensemble*; en *col*, *cor*, pour se lier avec douceur à la consonne qui suit : *col*lection, choix de pièces pour être mises *ensemble* ; *col*lègue, qui a mission *avec* un autre ; *cor*respondant, qui entretient un commerce de lettres *avec* un autre ; *cor*rompre, rompre *avec* un mélange.

Contra. Cette préposition latine signifie *vis-à-vis*; elle ajoute au mot qu'elle sert à former, une idée de *position devant*, et, par exclusion, d'*opposition* : *contra*diction, discours *mis devant* un autre, pour exprimer des choses opposées. *Contre* et *contro* sont les variétés de *contra* : *contre*-danse, danse *vis-à-vis* d'une autre danse; *con-*

tre-espalier, espalier *mis devant* un espalier; *contre*-venir, venir, agir *contre* une loi, une obligation ; *contre*-vérité, parole dite pour être entendue à *contre*-sens; *contro*verse, discussion où l'on dit le *contraire* de ce que disent les autres. De l'idée que présente *vis-à-vis*, est née l'idée d'opposition, comme on vient de le voir; il en naît aussi l'idée de proximité : *contre*-amiral, l'officier qui est placé *vis-à-vis de* l'amiral, dont le grade *approche* de celui de l'amiral, et cette idée de proximité est manifeste dans cette locution un peu surannée « il demeure tout *contre* ».

Dé. Cette particule initiale vient de la préposition latine *de*, qui marque le *point de départ*; elle ajoute au mot qu'elle sert à former, une idée de point de départ, avec ou sans rapport au point d'arrivée : *dé*battre une question, battre, agiter une question du commencement à la fin ; *dé*cerner un prix, juger que le prix ira *du lieu* où il est à l'homme qui l'a mérité ; *dé*cès, passage de la vie à la mort; *dé*tenir en prison, tenir en prison *depuis* un point *jusqu'*au dernier. L'idée d'intégrité, de totalité, vient naturellement de l'idée qui, marquant le point de départ et celui d'arrivée, embrasse *tout l'espace* à parcourir. *Dé* ajoute une idée de point de départ sans rapport au point d'arrivée, d'où l'idée simple de disparition, de cessation : *dé*botter, ôter les bottes; *dé*cacheter, enlever le cachet; *dé*capiter, ôter la tête; *dé*sarmer, enlever les armes; *dé*sosser, ôter les os ; *dé*shériter, ôter l'héritage. Le *s* qui suit dans les trois derniers mots, est purement euphonique.

Dé a d'autres variétés; il se change en *di* dans *di*ligent, qui s'applique du point de départ au point d'arrivée; *di*rect, qui est droit du commencement à la fin; en *dif* dans *dif*ficile, chose où il y a disparition, privation de facilité; *dif*forme, privé de forme; en *dis* dans *dis*crédit, cessation de crédit; *dis*grace, cessation de faveur; *dis*semblable, qui est privé de ressemblance; *dis*simulé, qui feint du premier point au dernier, qui feint complettement.

Dia. Cette préposition grèque signifie *à travers, en travers*; elle ajoute au mot qu'elle sert à former, une idée de traverse: *dia*dème, bandelette mise *transversalement* autour de la tête des rois; *dia*gonale, ligne qui *traverse* d'un angle à un autre; *dia*lecte, idiôme d'une ville ou d'un canton, qui *traverse* la langue nationale, qui se mêle, qui est reçu dans la langue nationale; *dia*lectique, science qui fait voir la vérité *à travers* les formes du raisonnement; *dia*pazon, espace *traversé* par une voix ou par un instrument, depuis le ton le plus bas jusqu'au ton le plus élevé.

Dis. Cet adverbe est purement grec; il signifie *deux fois*. Il ajoute au mot qu'il sert à former, une idée de duplication. Dissyllabe, qui a *deux* syllabes; *di*stique, *deux* vers formant un sens détaché; et, en perdant le *s*, *di*lemme, argument en *deux* propositions, sur lesquelles on a le choix; *di*phthongue, *deux* sons dans la même syllabe. L'idée de duplication s'est étendue, et *dis* ou *di* a signifié *pluralité*. Discorde, *deux* cœurs, *plusieurs* cœurs où il ne doit y avoir qu'un cœur; *dis*courir, courir, en parlant, d'un point à un autre; *dis*puter, couper, tailler, l'un d'un côté, l'autre, de l'autre; *dis*tinct, teint de *deux*, de *plusieurs* manières; *dis*tribuer, donner à *plusieurs* personnes; *div*ers, tourné de *plusieurs* côtés.

E. Cette préposition latine ajoute une idée de sortie au mot qu'elle sert à former: *é*cosser, faire *sortir* la cosse; *é*honté, qui est *sorti* des bornes de la honte, de la pudeur; *é*rafler, faire *sortir*, ôter la rafle; *é*cheniller, faire *sortir*, ôter les chenilles. Ses variétés sont *ef*, *es* et *ex*: *ef*fronté, celui dont le front est *sorti*, qui n'a plus de front; *es*compter, faire *sortir* du compte; *ex*humer, faire *sortir* de terre.

EN. Cette préposition qui vient du latin *in*, ajoute une idée d'intériorité au mot dont elle est l'initiale: *en*ivrer, *en*orgueillir, porter l'ivresse dans, porter l'orgueil dans; *en*terrer, mettre *en* terre. Ses variétés sont 1° *em* devant *b*, *p* et *m*: *em*bellir, porter la beauté dans; *em*boîter, mettre dans une boîte; *em*paqueter, mettre en paquet; *em*piéter, mettre le pied dans; *em*porter, porter dans; *em*mieller, mettre du miel dans; 2° *a*: *a*bêtir, porter la bêtise dans; *a*bonnir, porter la bonté dans. L'*a* désanalé n'a plus été qu'un *a* pur.

Le seul mot *en*nemi offre un *n* qui, venant de *in*, ajoute une idée de négation.

En ou *em*, du latin *inde*, de là, ajoute au mot qu'il sert à former, une idée de point de départ:

il s'*en*suit, il suit de là ; j'*em*mène mes troupeaux, je mène mes troupeaux en les faisant *partir du* lieu où je suis. Il y a peu d'initiales qui puissent être rappelées à cette étymologie.

ENTRE. Cette préposition vient du latin *inter*; elle est employée comme particule initiale, et désigne, ainsi que *inter*, l'*espace* qui va d'un point à l'autre : *entre*sol, étage qui va du rez-de-chaussée au premier étage ; *entr'*acte, temps qui s'écoule *d'*un acte *à* un autre ; ils *s'entr'*aident, ils aident l'un à l'autre, ils portent le secours de l'un à l'autre, de manière qu'il est pour deux ; de-là *s'entr'*aimer, *s'entre*-choquer, et tous les analogues qui éveillent l'idée de réciprocité.

EPI. Cette préposition, qui vient du grec *epi*, *sur*, éveille l'idée de position supérieure : *épi*démie, maladie sur le peuple, sur la multitude ; *épi*derme, la partie supérieure de la peau ; *épi*gramme, dans le sens des Anciens, *in*scription en général, et, dans le sens moderne, pensée fine et satyrique dirigée *sur* quelqu'un ; *épi*graphe, sentence, au frontispice d'un livre, à la tête d'un livre ; *épi*lepsie, maladie qui saisit à l'improviste, qui *sur*vient ; *épi*thalame, chant ou vers *sur* un mariage ; *épi*taphe, paroles mises *sur* un tombeau ; *épi*thète, adjectif placé *sur* un nom pour lui communiquer de la grâce ou de la force ; *épi*scopat, dignité de celui qui a inspection *sur*, qui a la *sur*intendance d'un diocèse ; *épi*sode, évènement qui *sur*vient, et se lie à l'action principale.

EU. Cet adverbe, qui est purement grec, signifie *bien*, en français : *eu*phémisme, figure de langage, par laquelle on exprime en termes qui sont *bien*, en termes qui ne déplaisent pas, des choses déplaisantes : *eu*phonie, son qui est *bien*, son agréable. *Ev* est une variété d'*eu* : *ev*angile, bonne nouvelle.

Ex. Cette préposition latine, qui est la même que E, ajoute au mot qu'elle sert à former, une idée de *sortie*; elle nous donne *ex*-général, qui est *sorti* du rang des généraux; *ex*-jésuite, qui est *sorti* de l'ordre des jésuites; *ex*-professeur, qui est *sorti* du professorat, et beaucoup d'autres mots qu'on a faits ou qu'on peut faire sur ce modèle.

Ex est aussi une préposition grèque qui éveille également l'idée de sortie, de position en dehors : *ex*ergue, espace ménagé *hors* de l'ouvrage, *hors* du type, au bas d'une médaille; *ex*ode, histoire de la sortie d'Egypte; *ex*orcisme, prière qui, si l'on en croit les catholiques, a la vertu de faire *sortir* le diable du corps d'un possédé; plante *ex*otique, plante qui vient de *dehors*, plante étrangère.

Extra. Cette préposition latine, qui signifie *hors de*, ajoute au mot qu'elle sert à former une idée de *sortie* qui va *au-delà* du terme : *extra*ordinaire, qui va *au-delà* de ce qui est ordinaire; *extra*vagant, qui erre en allant *au-delà* des idées raisonnables; *extra*vasé, qui est sorti, qui est allé *au-delà* du vase où il doit être contenu.

For. Cette particule qui vient du latin *foris*,

ajoute au mot qu'elle sert à former, une idée de *position en dehors* : vendre à *forfait*, vendre à un prix fait *hors* des règles ordinaires ; commettre un *forfait*, commettre une action *hors* des lois ; *for*tuit, ce qui arrive de *dehors*. *Four* est une variété de *for* : *four*voyé, qui est *hors* du chemin ; cheval *four*bu, cheval qui est *hors* de son état de souplesse ordinaire.

Hyper. Cette préposition, qui vient du grec *huper*, au-delà, ajoute au mot qu'elle sert à former, une idée d'excès, de position au-delà : *hyper*bate, invasion qui va jusqu'à l'excès ; *hyper*bole, expression qui va *au-delà* de la vérité ; *hyper*borée, qui est *au-delà* de borée, *au-delà* du nord ; *hyper*critique, censeur *outré*.

Hypo. Cette préposition, qui vient du grec *hupo*, sous, dessous, ajoute au mot qu'elle sert à former, une idée de position au-dessous : *hypo*crisie, vertu feinte, conduite *en dessous*; *hypo*thèque, ce qui est placé *sous* une dette active, et en assure le paiement ; *hypo*thèse, ce qui est placé *sous* une opinion pour l'appuyer, *supposition* ; *hypo*typose, figure de rhétorique, par laquelle les objets sont peints d'après nature, sont peints *sous* le modèle.

In. Cette préposition latine ajoute au mot avec lequel elle se combine, tantôt une idée d'intériorité, avouée par une étymologie connue (l'*in* latin, qui signifie *dans*) : *in*corporer, faire entrer dans un corps ; tantôt une idée de négation, que nulle étymologie raisonnable ne signale : *in*corporel, qui *n'a pas* de corps. (1)

In se transforme en *il*, *im*, *ir* : *il*lettré, qui *ne* sçait *pas* les lettres, qui *n'a aucune* connaissance ; *il*lusion, erreur portée dans ; *im*mense, qui n'est pas soumis à la mesure ; s'*im*miscer, se mêler *dans*; *ir*résolu, qui *n'a pas* pris de résolution ; faire une *ir*ruption, se jeter violemment *dans*.

INTER. Cette préposition latine, qui est un abrégé de *in iter*, dans le chemin, marque l'espace entre deux points : *inter*ligne, espace qui est entre deux lignes ; *inter*céder, se mettre *entre* celui qu'on prie et celui pour qui l'on prie ; *inter*règne, temps qui s'écoule d'un règne à un autre, *entre* deux règnes ; *inter*rompre un discours, rompre un discours en mettant quelques mots, quelques phrases *entre* les mots, les phrases que l'orateur vient de prononcer, et les mots, les phrases qu'il va dire. *Inter* se change en *intel* dans *intel*ligence et dans tous les mots de cette famille : c'est une heureuse altération que commande l'euphonie ; un homme *intel*ligent est un homme qui *cueille*, qui *choisit*, qui *saisit* la pensée *au milieu* des mots.

META. Cette préposition signifie au-*delà*, en grec, et répond au *trans* des Latins ; elle ajoute au mot qu'elle sert à former, une idée de *trans*lation, de *trans*mutation, de *substitution* : *méta*morphose, *trans*formation, substitution de forme ; *méta*phore, figure de rhétorique, par laquelle un

---

(1) *In*, ajoutant une idée de privation, d'absence, répond au *non* des Latins, et à l'*a* privatif des Grecs.

mot est porté *au-delà* de sa signification, à une signification analogue; *méta*physique, science qui s'élève *au-delà* des choses physiques; *méta*thèse, *trans*position de lettres; *mét*empsychose, *trans*lation de l'âme en un autre corps; *mét*éore, phénomène physique élevé, placé *au-delà* de nous. Dans ces deux derniers mots, *méta* s'est changé en *met* par euphonie.

Mono. Cette particule, qui vient du grec *monos*, seul, entre dans la composition des mots suivants : monologue, scène dramatique où un personnage parle *seul*; monopole, accaparement de denrées pour vendre *seul*; monorime, pièce de vers à une *seule* rime; monosyllabe, mot à une *seule* syllabe; monotone, qui est sur un *seul* ton. Les mots *moine*, *moineau*, *monarque*, offrent des variétés: moine, qui vit *seul*, qui vit dans la solitude; moineau, oiseau *solitaire*; monarque, *seul* premier, *seul* à la tête du gouvernement.

Ob. Cette préposition latine, qui signifie *devant*, *au-devant*, ajoute au mot qu'elle sert à former, une idée de position en face : objet, chose jetée, mise *devant*; objection, difficulté jetée, mise *devant*; obstacle, chose qui est debout *devant* une autre, et de là l'idée d'empêchement; obstiné, qui tient ferme *devant* ce qu'on lui dit. *Ob* se change en *oc*, en *of*, en *op*, suivant la consonne qui commence le radical : occasion, ce qui tombe, ce qui vient *devant*; occiput, le *devant* de la tête; offusquer, mettre un brouillard *devant*; s'opposer, se mettre *devant*, et par conséquent se montrer contraire. O, seul, présente une variété dans omettre, omission ; mais comment trouver l'idée de *position devant* dans omettre, qui signifie laisser, passer sous silence ? *Obmittere*, et par euphonie, *omittere*, me paraît avoir d'abord signifié *envoyer devant*, renvoyer une chose pour être dite ou faite dans l'occasion (1). Mais, comme souvent ce qu'on renvoie pour être dit ou fait dans l'occasion, ne se dit ou ne se fait pas du tout, *omittere* a signifié aussi *ne pas dire, ne pas faire*. Cette seule acception a passé dans le français, où le mot paraîtrait en contradiction avec l'idée, si l'on n'observait la marche des langues, qui, souvent, partant d'une acception, arrivent, d'analogie en analogie, à une acception différente ou même opposée.

PARA. Cette préposition signifie, en grec, *à côté* : *para*digmes, finales dans les conjugaisons détachées du mot principal, et mises *à côté* ; *parafe*, trait de plume mis *à côté* de la signature ; ligne *parallèle*, ligne tirée *à côté* d'une autre ligne ; un *parallèle*, un jugement qui porte sur deux objets unis *à côté* l'un de l'autre ; *paradoxe*, opinion qui n'est pas sur la même ligne que l'opinion reçue, qui est *à côté* ; *paralogisme*, raisonnement qui est *à côté* de la vérité ; *paraphernal*, le bien que la femme ne met pas dans la

---

(1) Le matériel du mot indique ce sens, que confirme un passage d'Horace :

Ordinis hæc virtus erit et venus, aut ego fallor,
Ut jam nunc dicat jam nunc debentia dici,
Pleraque differat, et præsens in tempus omittat.

communauté, qu'elle met *à côté* ou *de côté* pour elle; *parasite*, celui qui, sans être invité, vient se mettre *à côté* des vivres; *paroisse*, église placée *à côté*, *près* des maisons.

PENTA. Cette particule vient du grec *pente*, cinq : *pentagone*, qui a *cinq* angles; *pentamètre*, vers de *cinq* mesures; *pentateuque*, collection des *cinq* livres de Moïse; *pentecôte*, le *cinq*uantième jour après Pâques.

PER et PAR. Ces deux prépositions, l'une latine, l'autre française, éveillent toutes deux, 1° une idée de route : aller à Lyon *par* la Bourgogne, c'est prendre la *route* de la Bourgogne; aller à la vérité *par* le doute, c'est prendre le *chemin* du doute; 2° et par extension, l'idée d'arrivée, de terme atteint, de chose entièrement achevée : un homme *par*venu aux honneurs, est un homme qui est arrivé aux honneurs; la *per*oraison est la partie qui *termine* un discours oratoire; ce qui est *par*fait est fait *entièrement*; un *per*vers est un homme *entièrement* tourné contre la saine morale, *entièrement* vicieux; 3° enfin, et en conséquence de l'idée de route, celle de traversée, puis, par extension, de traversée en différents sens, en tout sens : *pér*égrination, action d'aller en pélerinage, d'aller *à travers* champs; *per*spicacité, talent de voir *à travers*; *par*jure, qui *traverse*, qui viole un serment; *per*fide, qui *traverse*, qui viole la foi donnée.

PÉRI. Cette préposition signifie, en grec, *autour* : *péri*crâne, membrane qui est *autour* du crâne ; *périgée*, *autour*, auprès de la terre ; *période*, chemin *autour* ; *périoste*, membrane *autour* des os ; *péri*patéticiens, promeneurs *autour*; les disciples d'Aristote, qui philosophaient en se promenant dans le lycée ; *périphrase*, *circonlocution*, plusieurs paroles mises *autour* d'une seule, pour une seule.

POLY. Cette particule vient du grec *polus*, plusieurs : *poly*gamie, *pluralité* de femmes ; *poly*glotte, en *plusieurs* langues ; *poly*gone, qui a *plusieurs* angles ; *poly*pe, animal qui a *plusieurs* pieds ; *poly*syllabe, composé de *plusieurs* syllabes ; école *poly*technique, école où l'on enseigne *plusieurs* sciences ; *poly*théisme, religion qui admet *plusieurs* Dieux.

PRÉ. Cette particule, qui vient du latin *præ*, avant, ajoute au mot qu'elle sert à former, une idée de primauté : *pré*adamite, qui a existé *avant* Adam ; se *pré*cipiter, se jeter la tête *avant* le corps ; *pré*cité, cité, énoncé *auparavant*; *pré*face, discours placé *avant* l'ouvrage ; le *pré*fet d'un collége, celui qui est le *premier* pour maintenir le bon ordre ; le *pré*fet d'un département, celui qui est placé le *premier*, qui est *avant* tous les autres pour faire respecter les lois ; les *pré*misses, les deux propositions qui, dans un syllogisme, sont mises *avant* la conclusion.

PRO. Cette préposition tirée du grec et du latin *pro*, devant, ajoute au mot qu'elle sert à former, une idée de *présence*, de *mise en avant : pro*cès, marche en *avant* dans les tribunaux ; *pro*cession, marche en *avant* dans les cérémonies religieuses ; *pro*consul, magistrat qui rappelle la présence du consul, et de là l'idée du remplacement ; *pro*fane, qui est *devant* le temple et ne peut y entrer ; *pro*grès, marche en *avant* ; *pro*mener, mener *devant* soi ; *pro*mettre cent francs, mettre en *avant*, mettre en *présence* cent francs.

RE. Cette particule initiale paraît une abréviation du latin *rursùs*, une seconde fois. Elle ajoute au mot qu'elle sert à former, une idée de redoublement : *re*chercher, chercher une *seconde* fois, et, par extension, à *plusieurs* reprises : *re*chute, une *seconde* chûte ; *re*lire, lire une *seconde* fois ; *re*teindre, mettre une *seconde* fois en couleur. *Re* se change en *r* dans *r*avoir, avoir *de nouveau* ; et en *ré* dans *ré*agir, agir une *seconde* fois. *Ré* dans *ré*véler vient du *retrò* des latins, qui signifie *en arrière* ; *ré*véler signifie, non pas mettre un *second* voile, mais jeter le voile *en arrière*. C'est ainsi qu'en bon latin *recludere* signifie, non pas fermer une *seconde* fois, mais jeter la clôture en *arrière*, ouvrir.

SE. Cette particule initiale paraît venir du latin *seorsùm*, séparément. Elle ajoute au mot qu'elle sert à former, une idée de séparation, d'écart : un *se*cret, une chose tenue à l'*écart* ; *sé*grégation, action d'*écarter* du troupeau ; *sé*duire, mener à l'*écart*, écarter du chemin de la vertu. Ses variétés sont : par euphonie, 1° *sed* dans *sed*ition, action d'aller à l'écart, de s'écarter, de se séparer, par un soulèvement, de ses concitoyens ; 2° *s* dans sobre, *seorsùm ab ebrietate*, s'éloigner, s'écarter de l'ivresse.

Sub. Cette préposition, qui vient du latin, ainsi que le mot *sous*, qui en est la traduction, ajoutent au mot qu'elles servent à former, une idée de position *inférieure* : *sub*juguer, mettre *sous* le joug; *sub*stitut, qui occupe une place en *seconde* ligne, et par conséquent est *inférieur*; moi *sou*ssigné, moi qui ai signé au bas, dans la partie *inférieure* de l'acte; un *sous*-préfet, un magistrat *inférieur* en grade au préfet. De l'idée d'*infériorité* découle celle de dépendance : *sub*division, division en *seconde* ligne, division *dépendante* d'une première division; une chose *sub*ordonnée, un homme *sub*ordonné, une chose, un homme en *seconde* ligne, en état de *dépendance*. Les variétés de *sub* sont *su* : *su*jet, placé *sous*, *dépendant* de; *suc*, *sug*, *sup* : *suc*céder, venir en *seconde* ligne; *sug*gérer, porter *en dessous*; *sup*port, une chose placée *au dessous* d'une autre, pour que celle-ci ne tombe pas. — *Sous* n'a de variété que *sou* : *sou*mettre quelqu'un, le mettre dans une position *inférieure*.

Subter. Cette préposition latine est un abrégé de *sub iter*, sous le chemin; elle attache au mot français *subter*fuge, une idée d'*infériorité cachée* : vous usez d'un *subter*fuge, vous fuyez par un chemin pratiqué *en dessous*, par un chemin qui se dérobe aux regards.

Super. Cette préposition, qui vient du latin, ainsi que le mot *sur*, qui en est la traduction, ajoutent au mot qu'elles servent à former, une idée de *position supérieure : super*fin, qui est *au-dessus* de ce qui est fin ; *super*ficiel, qui n'a pas de profondeur, qui n'a que ce qui paraît *au dessus ; sur*charger, mettre une charge *supérieure* à la charge ordinaire ; *sur*naturel, qui est au dessus des lois de la nature. Les variétés de *super* se trouvent dans *subr*écot (que *sur*écot me semble devoir remplacer), portion d'argent à donner *au dessus* de la quote-part convenue ; dans *sou*bresaut et dans *so*briquet, nom mis au *dessus* d'un autre nom, surnom pris en mauvaise part. Les variétés de *sur* se trouvent dans *sour*cil, touffe de poils en forme d'arc au *dessus* des cils, et dans *sus*nommé, nommé *ci-dessus*.

Syn. Cette préposition, qui vient du grec *sun*, avec, ensemble, ajoute au mot qu'elle sert à former, une idée de *simultanéité : syn*agogue, congrégation, lieu où les Juifs viennent prier *ensemble* ; contrat *syn*allagmatique, contrat qui lie *ensemble*, qui lie l'un envers l'autre ; *syn*ecdoche, figure de rhétorique, par laquelle on prend le plus *avec* le moins, ou le moins *avec* le plus ; *syn*ode, assemblée de clergé pour délibérer *ensemble ; syn*onymes, noms qui, examinés *ensemble*, ont la même signification ; *syn*taxe, mise *ensemble*, coordonnance des mots ; *syn*thèse, mise *ensemble*, état des parties en *composition*. *Syn* a quelques variétés : *syl*labe, qui prend *ensemble* plusieurs accidents de la voix ; *syl*lepse, figure par laquelle on prend *avec* l'esprit ce qu'on ne peut prendre avec les mots, par laquelle le rapport se fait, non pas à ce qui est dans la phrase, mais à ce qui est dans la pensée ; *syllogisme*, sorte d'argument où deux propositions liées *ensemble* amènent la conclusion ; *symmétrie* (ou mieux *symétrie*), mesure, rapport de deux choses *ensemble* ; *sympathie*, affection entre *deux* personnes, affection qui met deux cœurs *ensemble* ; *symphonie*, sons qui s'unissent *ensemble*, unité de sons.

TRANS. Cette préposition latine, qui signifie *au delà*, ajoute au mot qu'elle sert à former, une idée de *passage au-delà : trans*planter, planter *au-delà* du climat ou du sol natal ; *trans*ition, tour au moyen duquel on passe d'un point à un autre, on va *au-delà* du point où l'on était. On peut observer les variétés de *trans* dans les mots suivants : grammaire *trans*cendante, grammaire qui est à la hauteur de la science, qui va *au-delà* de la grammaire ordinaire ; *trans*verser, aller *au-delà* ; *trans*saillir, sauter *au-delà* du lieu où l'on est ; *trans*pas, pas fait *au-delà* de la vie.

Trans, au delà, a pour synonyme la préposition latine *ultra*, outre ; on dit *ultra*montain, qui habite *au-delà* des monts ; un voyage *outre-mer*, est un voyage fait *au-delà* des mers ; *outrer* une chose, c'est la pousser *au-delà* des limites qu'avoue la raison ; *outrage*, c'est un manquement qui va *au-delà* de ce qui peut être toléré.

ARTICLE XI.

Exemples du Style incorrect.

De toutes les langues de l'Europe, la nôtre est celle qui est la plus amie de la clarté : c'est son plus bel attribut ; et la rendre obscure, c'est lui ôter tout son charme.

Le Maréchal *** étant à table, on versa sur lui une salière ; on dit *qu'il* en fut si effrayé, *qu'il* s'écria *qu'il* était mort.

Si je ne craignais pas d'être téméraire, je crois *que* je suivrais l'avis de la plûpart des gens *que* je vois, *qui*, ayant cru jusques ici ; sur la foi publique, *que* ces propositions sont dans Jansénius, commencent à se défier du contraire, par le refus bizarre *qu'*on fait de les montrer, *qui* est tel *que* je n'ai encore vu personne *qui* m'ait dit les y avoir vues, de sorte *que* je crains *que* cette censure ne fasse plus de mal *que* de bien, et *qu'*elle ne donne à ceux *qui* en sçauront l'histoire, une impression tout opposée à la conclusion.

Ne *semble*-t-il pas que *semblable* à ces Anciens qui se *paraient* de leurs plus beaux habits, allant à la mort, il ait *paré* son âme des plus beaux sentiments que la générosité puisse inspirer ?

Il imite ces peuples *qui* habitent la zône torride, *qui* jettent des flèches contre le soleil.

J'ai vu ces monuments *qui* n'ont rien *qui* doive fixer l'attention des connaisseurs.

Si la curiosité me prenait de sçavoir *si* ces propositions sont dans Jansénius, son livre n'est pas *si* rare ni *si* gros, que je ne le pusse lire tout *entier* pour m'*en* éclaircir, *sans en* consulter la Sorbonne.

N'ayant jamais manqué aux lois de l'honneur, il était *indigne* de ce mauvais traitement.

Peu s'en faut que je n'abandonne mon entreprise, et que je ne laisse à vos cœurs le soin de faire l'éloge d'un cœur *que* notre héros ne *voulait être connu et approuvé* que de Dieu *seul*.

Elle ne sortit de sa *prison qui* avait duré dix-neuf mois, que pour monter sur un échafaud.

Ma famille est de la plus haute antiquité, *il n'y manque* que de la connaître.

Brantôme dit qu'après que le prince se fut rendu prisonnier à Dargence, dans cette bataille, un très honnête et très brave gentilhomme *qui* ayant demandé qui c'était, *comme on lui dit* que c'était M. le prince de Condé: tuez, tuez, mordieu! dit-il, en lui tirant un coup de pistolet.

Personne ne poura me reprocher d'être demeuré au dessous d'une aussi riche matière, à *qui* je ne puisse faire le même reproche, s'il était chargé *du même emploi*.

On ne peut attribuer qu'à elle les cruautés d'un homme aussi bon, aussi prévenant jusqu'alors, *qualités* qu'il conserva toujours avec ses soldats.

Est-ce là l'hérésie des Jansénistes, de nier qu'à chaque fois qu'on fait un péché, il vient un remords troubler la conscience, malgré *lequel* on ne laisse pas de franchir le saut, et de passer outre?

Il faut supprimer les taxes les plus préjudiciables au commerce et *les plus à charge* aux manufactures.

Tous les habitants pleuraient avec des larmes *inconsolables* ce grand homme si cher au bonheur des nations.

Mon père fut *sourd* à mes *larmes*, il rejeta la prière que je lui fis.

Ces voyageurs furent surpris tout-à-coup par une tempête *orageuse*.

Cette femme *jouit* depuis long-temps d'une mauvaise santé, et son mari *jouit* d'une mauvaise réputation.

Il est étonnant que Henri quatre ait péri aussi malheureusement par la main d'un scélérat, *qui* ne respirait que le bonheur de ses peuples.

La perfection chrétienne consiste à s'humilier, *qui* est la chose du monde la plus difficile à l'homme.

Boniface, homme abandonné aux délices, avait trois qualités excellentes : l'*hospitalité*, la *libéralité*, la *compassion*.

La plûpart des personnes se conduisent plus par habitude que par réflexion : voilà pourquoi on voit tant de gens qui commettent, *avec beaucoup d'esprit*, de très grandes fautes.

C'est de Dieu que nous tenons le pain dont *nous nous nourrissons*.

Elle ne *se* peut *consoler* ni recevoir aucun conseil, tant sa douleur est grande !

Aman s'imagin*ant qu*'il était celui *que* le roi songeait à honorer de la sorte, lui dit *qu*'il fallait *que* cet homme fût conduit *par* toute la ville *par* le plus grand du royaume.

C'est de là que nous est né ce prétendu règne du Christ, inconnu jusques alors au christianisme, *qui* devait anéantir toute la royauté, *et égaler* tous les hommes.

Ne considérez plus la mort *comme* des païens, mais *comme* des chrétiens, c'est-à-dire avec l'espérance, *comme* St. Paul l'ordonne

Il *m'est* incertain si la mort est prochaine, ou si elle est encore éloignée.

Un homme, témoin d'une querelle survenue entre deux de ses amis, est quelquefois obligé de se déclarer *pour* l'un d'eux, *pour* ne les avoir pas tous deux *pour* ennemis.

Les vices ou les vertus des hommes du commun meurent *d'ordinaire* avec eux. Leurs œuvres sont ensevelies et reposent sous l'obscurité du même tombeau *que leurs cendres*.

Les maîtres doivent s'appliquer *à* faire comprendre *à* leurs élèves le sens des choses, et *à* donner *à* leurs leçons toute la netteté dont elles sont susceptibles.

Celui qui n'était pas assez imprudent pour s'attirer la haine de la noblesse calviniste *en acceptant* la démission forcée de Jouy-Genlis, la refusa modestement, et apaisa le désordre *en remontrant* aux gens de guerre le danger qu'ils couraient *en déposant*, à la veille d'être assiégés, un homme d'expérience et de qualité.

Le prince tempère la rigueur du pouvoir *en en* partageant les fonctions.

Si vous avez tous ce même cœur et cette même résolution, je réponds *de votre liberté*, et *que vous n'aurez pas* à souffrir le mépris des Macédoniens.

Quand je fus seul avec mon ami, je lui témoignai *d'être étonné* du renversement que cette doctrine apportait dans la morale.

Je *m'aurais* voulu procurer ce plaisir, mais on refusa de m'accompagner.

Il *s'aurait* désiré de promener, mais le temps *y* mit obstacle.

Je *lui pourais* reprocher beaucoup de fautes, et découvrir au public son ingratitude.

Cent fois j'ai pu me repentir d'avoir trop compté sur les hommes, et d'avoir trop espéré d'eux; mais je n'oserais *dire* ni *me plaindre* que jamais Dieu m'ait manqué.

Je condamne *sa paresse et les fautes* que sa nonchalance lui fait commettre en beaucoup d'occasions m'ont toujours paru inexcusables.

Telle était son habileté, que, lorsqu'il vainquait, on ne pouvait *en* attribuer l'honneur qu'à sa prudence; et, lorsqu'il était vaincu, on ne pouvait *en* imputer la faute qu'à la fortune.

Je suis certain, *avec de la patience et de la fermeté*, de parvenir à la guérir.

Ce ne serait pas être le disciple de la Vérité, *c'en* serait être le maître et le possesseur.

Dans cette soumission, c'est l'esprit qui *porte le premier le joug*. Soit qu'il *soit* moins corrompu que le cœur, soit que l'homme s'intéresse moins pour ses opinions que pour ses plaisirs, il est certain qu'ayant laissé l'âme plus forte et plus libre, il fait plus de chemin en peu de temps à travers les erreurs.

Je vous prie de demander *des* nouvelles *des* dégâts *des* pluies.

Vous sçavez *que*, quoi*que* l'on soit riche, on n'est pas pour cela plus heureux.

Ayant perdu son père et sa mère au berceau, *on* l'avait confiée à une tante qu'elle *avait*, qui avait un fort grand mérite.

Ce cœur brillant, ce cœur grand a été *incapable de rien de* petit pendant sa vie.

L'abbé Dubos prétend *qu'*elles jouaient, et *que* ce n'était *que* dans certains cas *que* la déclamation exigeait des poumons plus robustes *que* ne le sont ordinairement ceux des femmes, *qu'*elles en étaient dispensées.

C'est un roi qui entre en possession, *par sa mort*, de l'empire de l'univers.

Quand *vous* volez sur les grands chemins, *vous* êtes pris, on *vous* juge, et l'on *vous* pend dans les vingt-quatre heures.

Bien des gens ne sçavent pas ce que c'est que l'*esprit*, et quel en est le *prix*.

On ne peut faire des progrès sensibles qu'avec un maître *qu'on comprend*.

Elles ne sont vraiment estim*ables* qu'autant qu'elles contribuent à nous rendre équit*ables*.

La statue du Désir qui *le* fesait naître, celle *de Mars* en repos et *de Vesta* assise, immortalisaient dans ces lieux le talent de Scopas.

La *charité* que nous devrions avoir pour le salut

de tous les hommes manque à la plùpart *d'eux*.

Rien ne peut diminuer l'estime ni l'*affection* que sa Sainteté a pour votre mérite.

On espère qu'une personne qui meurt avec *tant de foi et de courage*, *ne peut qu'elle ne soit récompensée* d'une immortalité bienheureuse.

Sur la scène tragique, on désapprouve les traits épigrammatiques, et l'on osera les introduire dans la chaire évangélique !

Tout ce qu'il y a de princes et de princesses répondent par leurs pleurs et par leurs soupirs à ceux que ce *triste* spectacle *tire* du cœur et de la bouche de *Monsieur*, et font un chœur de deuil et de tristesse *autour d'elle*, *qui lui* est un fidèle *miroir* de ses maux et du danger où elle est.

C'est de Sénèque que nous apprenons un changement *si* surprenant dans les mœurs des Romains, et *qui étant lui-même* riche de sept millions d'or n'a pas eu honte de nous vanter la pauvreté.

L'admiration du peuple pour elle allait toujours en croissant, *plus* elle approchait du Capitole, de ce lieu si fécond en souvenirs.

Il y a un nombre infini de docteurs qui *soulèvent* entre eux mille questions absurdes.

Je souhaitais de voir revenir ces armées de bons citoyens, *lesquels*, s'ils vivaient encore, *du moins la république subsisterait*.

Il n'est point d'humeur à faire plaisir, la *mienne* au contraire est bienfesante.

Philippe fut vaincu par les Etoliens, qui furent anéantis *d'abord après*.

Nous avons vu Rome recevoir dans son sein des

nations qui ne s'étaient unies que pour la déchirer, et *se fortifier* de ce qui devait causer sa ruine.

Un prince qui apprenait à jouer des instruments trouva mauvais que son maître le reprît. *Si c'est comme roi*, lui dit le maître, vous avez le droit de le *faire*; si *comme musicien*, vous faites mal.

Dans les aumônes que l'on fait, il faut avoir égard à la *pudeur de ceux* qui demandent, *qui* les trahit quelquefois, et qui découvre leur naissance malgré eux.

Il se trouva au rendez-vous sur *les* midi; mais j'avoue que midi *avait* déjà sonné quand j'arrivai.

L'un pèche avec connaissance, et il est inexcusable, *mais* l'autre pèche sans remords, et il est incorrigible, *mais* ils sont également criminels à l'égard de ceux qu'ils condamnent ou par erreur ou par malice.

Tout cela, sans me plaire en soi, m'amusait pourtant, parce qu'*il* ferait partie d'une manière d'être qui m'*était charmante*.

Ce jeune-homme ayant fait d'excellentes études est *susceptible* de l'emploi honorable qui lui est confié.

On trouvera que ce sont des gens *de qui* tout le discernement est borné aux paroles, *et qui sont* incapables de connaître la bonté des choses, ou s'ils la connaissent, *qui ne sont pas* charmés de la sentir dans les ouvrages des autres, *et qui* se rabattent sur les mots pour se consoler de l'approbation qu'ils n'osent donner aux choses.

Si la mémoire du juste doit être éternelle seulement parce qu'il est juste, *beaucoup plus la mé-*

moire *de celui-ci* qui, dans sa condition de prince, n'a pu être juste de cette parfaite justice que la religion forma en lui, et qui fut, comme vous verrez, son véritable caractère, *sans avoir mérité*, par un double titre, que l'on conservât éternellement le souvenir de sa personne.

Une des choses que je comprends le moins, c'est la licence qu'on se donne de censurer dans les autres les mêmes défauts où *nous tombons nous-mêmes*.

Les hypocrites s'étudient à parer les vices les plus honteux et les plus décriés *des dehors de la vertu*.

Il réduisit le superbe Nabuchodonosor qui voulait usurper les honneurs divins *à la condition de bête*.

On ne peut haïr une religion qui ne prêche que la vertu, *quand on est vertueux*.

Séleucus voyant les gens de pied d'Antigone dégarnis de leur cavalerie, fit mine de vouloir les attaquer tantôt d'un côté, tantôt de *l*'autre, pour les effrayer et leur donner le temps de quitter le *parti* d'Antigone et de passer dans le sien : *c'est* en effet le *parti* qu'ils prirent.

La semaine *qui vient* sera peut-être plus heureuse que celle qui vient de s'écouler.

Il ne faut jamais *faire rudesse* ni incivilité à qui que ce soit.

Que ne fesons-nous pas tous les jours dans le monde pour y attirer des grâces ardemment désirées et impatiemment attendues, mais *que l'on s'aperçoit* enfin, dès qu'on les a, *ne valoir pas à* beaucoup près ce qu'il en a coûté pour les avoir !

Hiéron ne s'appliqua, pendant ce long intervalle de paix, qu'à rendre ses sujets heureux, et à réparer les maux que l'injuste gouvernement d'Agathocle, qui l'avait précédé de quelques années, et les discordes intestines qui en furent la suite, *leur avaient causés : digne occupation d'un roi !*

C'est ce qui me fait conclure que les troubles et les révolutions de Syracuse arrivaient moins par la légèreté du peuple, que par la faute de ceux *qui* le gouvernaient, *à qui* manquait l'art de manier les esprits et de gagner les cœurs, *qui* est proprement la science des rois et de tous ceux *qui* commandent.

Soyez persuadé que vos vrais amis *vous éloigneront de tomber* dans le précipice où vous courez à grands pas.

Saint-Louis aimait *la justice* et *à chanter* les louanges du Seigneur.

Il faut jeter les yeux sur les souffrances du Sauveur, afin d'adoucir les afflictions qui nous arrivent *par cette vue.*

Le secret, en contant une chose absurde, est de s'énoncer d'une telle manière, que *vous fassiez concevoir* au lecteur que *vous ne croyez pas vous-même* la chose que vous contez.

Je leur ai opposé la peinture de l'homme aimable dont on chérit également le bon goût et la *moralité.*

Cette grande Reine n'est plus avec *nous ; nous*

'avons perdue par la *douleur* la plus *piquante* qu'un *corps* soit capable de ressentir.

Saint Hildebert, évêque du Mans, répond à Yves de Chartres, qu'il a eu raison d'interdire un prêtre *pour* toute sa vie; qui, *pour* se défendre, avait tué un voleur d'un coup de pierre.

Il regarde votre malheur comme une punition du peu de complaisance que vous *avez eu* pour lui dans le temps qu'il vous *pria* de l'obliger.

Ce sont des choses qui, *bien que presque* semblables, ne laissent pas *que* d'être dignes du témoignage de l'histoire.

L'homme *où qu'il soit* ne peut s'estimer *comme* heureux, s'il ne pratique la vertu qui l'emporte sur les richesses.

Aristippe chargea ses compagnons *de dire de sa* part à ses concitoyens *de songer de bonne heure* à se procurer des biens moins périssables.

Nous nous *éviterions* bien des chagrins, si nous sçavions nous contenter de notre fortune.

Les maîtres qui grondent toujours ceux qui les servent *avec emportement*, sont les plus mal servis.

Au jour du jugement, *on ne* nous demandera *pas* ce que nous avons lu, mais ce que nous avons fait.

Les hommes qui ont le don de la parole ont coutume d'*influer* par leur éloquence sur la multitude qui les écoute avidement.

Quitter les mœurs *à qui* l'on doit ses victoires, pour prendre celles des vaincus, *est* une conduite qui ne *se* peut excuser.

Deux pages tenant en main des flambeaux éclairaient *le roi et sa famille*.

Les eaux jaillis*santes* sont plus vives et plus réjouis*santes* que les tranquilles et dor*mantes*.

Qui pourait dénombrer les victoires que ce général a *emportées*, les glorieux combats qu'il a *gagnés*?

J'ai cru qu'il était bon de consulter de nouveau celui dont je vous ai *mandé* les remarques.

Louis XIII reprocha aux chefs du Parlement de manquer d'égards *à* ses ordres absolus.

Pour avoir commis une faute légère, il était, ce me semble, *indigne* de la punition qu'on lui a infligée.

Ce voyage m'a causé un plaisir infini dont je pense que *je me ressentirai* long-temps.

Peu d'ouvrages, aucun peut-être *n'a été tracé* sur un plan aussi vaste *que* celui *que* présente l'ouvrage dont nous annonçons le troisième volume.

Jésus-Christ, pour les convaincre par eux-mêmes qu'il était Dieu, les assura de la guérison intérieure de cet homme, par la *guérison* extérieure qu'il lui *rendit*.

Quels *pleurs* et quelles *larmes* ne répandent-ils point pour se délivrer des reproches de leur conscience!

Il fut d'abord maltrai*té*, puis *fait* étrangler dans la prison où *on* l'avait je*té* au mépris du droit des gens.

Comme un boiteux se glorifierait en vain de la beauté de ses jambes, puisqu'il ne peut s'en servir sans découvrir *ses* défauts, *il en est de même* de la science du fou, qui ne sçaurait parler sans faire voir son extravagance.

Notre loi ne juge personne sans l'avoir entendu *et examiné ses actions*.

On ne sçaurait se dispenser de connaître l'homme en général *et soi-même* en particulier.

La sévérité sied très bien à ceux qui ont l'autorité en main ; elle leur donne *un* certain air de fierté et de *frayeur* qui les fait respecter.

Je ne vous dissimulerai pas *que je ne sois* fort mécontent de votre procédé *vis-à-vis de* moi.

Ils sont depuis long-temps *après* ce grand travail ; je doute qu'ils l'aient bientôt terminé.

Je *prendrai la confiance* de vous parler de mon affaire qu'on vous a laissé le soin d'examiner.

La vertu remplit de douces espérances ceux qui la possèdent, elle les rend *chéris* de Dieu.

Il y a *quelques* deux cents ans que la peste ravagea ce pays.

Si vous aviez étudié l'histoire romaine, vous sçauriez que Rome *était* d'abord gouvernée par des rois.

Il n'appartient qu'à l'aigle superbe de *fixer* le soleil.

Ils avouent que les mystères sont au-dessus de la raison, mais ils ne s'accordent pas qu'ils lui *sont* contraires.

Je ne puis déterminer l'époque où j'irai à la campagne, *par rapport à ce que* mes affaires ne sont pas encore terminées à la ville.

Ne vous informez pas *ce que* je deviendrai, car,

si je ne puis réussir en France, je partirai *en* Amérique.

Cette perte leur est d'autant plus sensible, qu'elle leur cause une *douleur* qu'il est impossible aux hommes de *consoler*.

On commença par *offrir* à Dieu un culte extérieur, puis on lui éleva *ensuite* des temples magnifiques.

Voici enfin un ouvrage dramatique qui a pour but la *réforme* des mœurs ; il était attendu depuis long-temps.

Nous vous devons, Monsieur, et à tous ceux qui vous ont secondé, *que* vous n'avez agi *qu'en vue* de nous obliger.

Tous les sentiments excessifs sont sujets à se relâcher d'eux-mêmes et *se démentir* dans la pratique.

J'entendis ces pieux cénobites chanter des hymnes *saints en* la gloire de Dieu.

Les sciences n'étant pas cultivées *et bannies* d'un Etat où naguère elles florissaient, ceux qui les mettaient en crédit doivent s'exiler avec elles.

Le bon larron entra dans le ciel après une courte pénitence ; un instant fut assez long pour l'*affranchir* entièrement du *poids* de ses péchés.

Refuser cette force au pouvoir exécutif, ce serait permettre à un ambitieux de s'emparer de *tout* ou d'une partie *du territoire*.

Un seul chef dominait de temps en temps sur le pays entier ; d'autres fois *il* était partagé entre plusieurs maîtres.

Croyez-vous que cette nouvelle combinaison

soit moins parfaite, les ouvrages de Dieu *moins grands*, ou plutôt *moins immenses ?*

Il n'y a rien qu'il ne *désirât* autant que la mort; il ne mange *point* ni ne boit depuis trois jours entiers.

On ne peut douter que les institutions religieuses *servissent* au maintien des mœurs.

Vous ne sçavez pas combien ces étoffes sont *difficiles à se procurer* dans un pays où l'on n'y a jamais vu ni commerce ni industrie.

Elles ont mis les hommes de leur parti, *qui*, dans cette occasion, ne veulent point avoir de privilége.

Ceux qui donnaient, à Rome, ces sortes de repas, y étaient obligés, *les uns* par le testament du défunt, *les autres le fesaient* volontairement.

On dit que, dès qu'ils avaient fait mauvaise chère et *plus fatigués* que de coutume, les soldats anglais ne fesaient plus rien qui *vaille*.

Les femmes sont naturellement plus timides, plus crédules que les hommes; il faut plus de temps pour *effacer* entièrement de leur esprit et de leur cœur les *semences* de toutes vertus.

On *leur* a vu conquérir ou se faire céder un terrain plus étendu.

Ce malheureux père animé du désir véritable d'entretenir la bonne intelligence entre ses enfants toujours *discords*, *aucun moyen* ne lui a paru plus favorable *à* obtenir ce résultat, que de fixer un arrangement qui *puisse* concilier leurs intérêts respectifs.

Je vis un homme grave qui se promenait au

milieu d'un *nombre innombrable* de volumes.

Celui qui, à Rome, avait obtenu la couronne civique, était *lui, son père et son aïeul paternel*, s'il en avait, *exempts* de toutes charges publiques.

On n'en excepta que la peine de mort, que la fabrication des monnaies, que la dîme des productions: *prérogatives* que la couronne se réserva.

Un *si* grand exemple a toujours *retenu* les personnes sages de *s'engager par eux-mêmes* au ministère des saints autels.

Je crois que j'eusse *préféré d'*être jeté aux crocodiles de la fontaine, *que* de me trouver *seul ainsi* avec Attala.

Les étrangers avouent qu'ils se trouvent fort bien *dans* un ciel aussi heureux, dans un royaume aussi policé que la France.

Je vous le demande, que devient *dans cette prose si glaciale* l'enthousiasme ?

Moins *bon fils que frère*, il se hâte de payer le *tribut de pleurs* qu'il *devait* à la nature, et propose à Blimont d'épouser Léonore.

Minville se réjouit de cette nouvelle en bon *parent*, et en bon *parent* les vient visiter, et aime comme de raison ses *parents*, puis les *parents* de ses *parents*.

Ce premier jour n'eut *par après* que des suites avantageuses et glorieuses *à* notre France.

Ce fut en ce point que la majesté de notre illustre reine *se fit paraître*.

La cinquième époque est celle de la fondation du temple de Jérusalem, *qui* ne finit qu'à la première année de l'empire de Cyrus.

On a tort de croire que la pluie *continuelle* qui tombe depuis quarante-huit heures, ne sera pas préjudiciable à la vigne.

Loin d'ici, superbe morale, *qui* ordonne à son héros d'imiter le sacrilége des empereurs romains *qui* abattaient la tête de *leurs* idoles pour mettre la *leur* à *leur* place !

Des rivières avaient été détournées *pour les faire passer* dans les étangs de Lucullus. Une montagne entière avait été percée *pour introduire* dans ses viviers les flots de la mer.

Pendant tout l'hiver, je ne suis *pas* sorti une seule fois *que* pour aller remercier le Seigneur de la santé qu'il m'a rendue.

Le roi conseilla à Rémus et à Romulus de tirer un présage du vol des oiseaux, et *que* celui des deux dont l'augure serait le plus favorable, jouirait de l'autorité suprême.

Ils étaient allés *palissader* leurs vignes qu'un vent impétueux avait détachées.

M. de Nemours ne laissait échapper aucune occasion de voir madame de Clèves, sans paraître néanmoins *qu'il les* cherchât.

Combien d'hommes qu'un dangereux exemple a conduits au précipice, et vous qui *les* leur avez creusés, vous vivez si tranquilles !

S'il a amassé de *si* grands biens, il ne faut pas s'en étonner ; car il a toujours vécu d'une manière si *économe*, qu'à peine a-t-il dépensé par an le quart de son revenu.

Camille était dans un déplaisir *si extrême*, qu'elle pleurait à chaque instant.

Ce roi qui vit *depuis* sa *puissance* s'affaiblir de *jour* en *jour* confessa qu'il craignait *pour* ses *jours* et son trône.

Quand il eut révélé tous ses crimes, il *fut fait* mourir avec ses *complices* qui n'avaient pu nier le *complot* qu'ils avaient formé.

La mère fut condamnée à être enterrée toute vive, et ses deux enfants *à être* engloutis dans les eaux du Tibre.

Les géants que Jupiter écrasa sous le *faix* des montagnes qu'ils avaient entassées, étaient forts et bien *membrés*.

Il leur *apprit* en peu de mots à quelles espèces ils avaient *à faire*.

Ces nègres blancs sont des nègres dégénérés, a dit M. de Buffon ; ce ne *sont* pas, ajoute-t-il, une espèce d'hommes particulière.

On écrit de Rome que la *santé* de sa Sainteté étant *très* parfaitement rétablie, *elle* assistera à la procession de la *Fête de Dieu*.

Vous manquez *d'un peu* de prudence, et ce défaut de circonspection vous nuira dans beaucoup de circonstances.

Aussitôt que sa présence eut rétabli la tranquillité, il défendit *qu'on inquiétât* qui que ce fût pour les opinions qu'il avait manifestées, et *d'imprimer* rien qui pût les rappeler.

Que différent est le sort de la femme religieuse ! Le ciel et l'enfer *ne sont point* imaginés d'après les mœurs particulières d'un peuple, mais *fondés* sur des idées générales.

Nous fîmes une grande provision de plantes

médicales dont nous soulageâmes nos malades ; *celles envoyées* des Alpes eurent la préférence.

On lui écrivit *dans* un billet ce qu'on voulait *qu'il* fût dit, parce qu'on n'avait aucune confiance *en* la manière *qu'*il interpréterait *nos* sentiments.

Numa institua, pendant son règne, les prêtresses de Vesta, *lesquelles* n'étant que quatre, il leur accorda d'immenses priviléges.

Les autres hommes étaient, selon moi, à l'égard des monarques, ce que les chevaux et les autres bêtes de charge sont à l'égard des hommes, c'est-à-dire *dont* on ne fait cas qu'autant qu'ils rendent de *service* et qu'ils donnent de *commodité*.

Etant parvenu à l'âge de quatre-vingts ans et *regné* environ quarante-trois *en paix profonde*, il mourut en ordonnant qu'on plaçât près de *son* corps *ses* livres qui consistaient *en douze en* latin, et autant *en* grec.

Minville, qui *avait* trouvé des amis faux et des maîtresses infidèles, *avait* résolu de quitter le monde, *avait* mieux aimé leur céder la place, n'*avait* pas voulu leur pardonner, et *avait* formé le projet d'être misanthrope ; mais ce pauvre Minville n'*avait* pas l'énergie dont il *avait* besoin pour le rôle qu'il *avait* pris.

Pourquoi prendre à partie ou des astres qui n'ont contribué en rien à nos revers, *soit une* fortune et des destins qui n'ont *point* d'être que dans notre imagination ?

Rends moi mon sérail comme je l'ai laissé ; mais commence par l'*expier*.

Horace qui *survéquit* à Mécène *versa* des fleurs sur le tombeau de son illustre ami.

L'historien romain dit de la pompe funèbre de César, qu'il n'y avait point d'image qui parut *davantage que celles* de Cassius et de Brutus, *encore bien* qu'elles n'y fussent point exposées.

Dès son début, il n'offrait *que* des idées grandes *qui* élèvent l'âme, *qui* montrent la religion sous ce caractère de noblesse *qui* lui est propre et *qu'*elle semble perdre *quelquefois* parce *qu'*on l'a confiée *en* des mains *qui*, loin de l'embellir, ne peuvent que la défigurer.

Sur-tout ne dites rien à l'enfant, sans *le lui familiariser* par quelque comparaison sensible.

Cette femme est belle, et j'avais un grand penchant à l'aimer, si ce qu'on m'a dit de son inconstance ne la rendait indigne *de l'être*.

Comme un Écrivain assuré du succès de son livre n'est point *éclairé* par la crainte du jugement des hommes, il est sujet à se laisser éblouir par la première lueur de la raison et de la vérité.

D'Eperny a déjà rendu un père à Maurice, lorsqu'un évènement, qui n'était pas capable de faire le *malheur* de Blimont, vient cependant troubler son *bonheur*, et suspend un moment le *bonheur* de toute la maison. La première femme de Blimont meurt, mais d'Eperny ne tardera pas à faire renaître le *bonheur*.

Pour obvier aux dissensions que la jalousie aurait pu faire naître entre les patriciens et les plébéiens, *à cause que ces derniers étaient exclus par leur état de toute charge honorable*, tant militaire que civile et sacerdotale, toutes ces grandes charges étant, *par la constitution du nouvel empire, attachées à la noblesse*, Romulus établit le droit de patronage, et régla lesa devoirs mutuels des patrons et des clients.

Un hôte, chez les Anciens, était un étranger *avec lequel* personnellement, ou *avec quelqu'un de ses ancêtres,* on avait contracté alliance et amitié.

Après avoir salué cet hôte, *et donné* le nom de père ou d'ami, on l'amenait dans *sa* maison *pour être traité* comme il convenait.

Le meurtrier n'ose *fixer* la salle du festin où il a commis son crime atroce; on le voit verser un *déluge* de pleurs.

Il faut éviter *autant que possible* les hiatus, les locutions triviales, les métaphores peu naturelles, et les périodes trop longues.

Les gens *qui sont* courageux, *sont* prompts à se déterminer ; mais, comme ils *sont* assurés de ne *se* point démentir, ils se possèdent en conduisant leurs entreprises : au contraire, les gens *qui sont* faibles et timides, ne prennent que difficilement leur résolution ; mais aussi *étant peu sûrs* de leur persévérance, rien n'égale la promptitude avec laquelle ils exécutent ce qu'ils ont une fois entrepris ; ils sentent que la peine de l'exécution est un fardeau *qui est* trop pesant pour eux, et qu'il *est* de leur intérêt de s'en débarrasser au plutôt.

ARTICLE XII.

Exemples du Style insignifiant.

> *Eh! laisse là ta prose poétique;*
> *Elle est bizarre et par trop emphatique.*
> *Ce genre aisé, ce fracas de grands mots*
> *Paraît sublime; il étourdit les sots.*

Des lacs à d'immenses hauteurs, des fontaines à sommité des pics, des torrents qui coupent les roches et font mugir l'atmosphère, des vallons où le jour arrive à peine, des noires forêts d'arbres toujours verts à travers le feuillage desquels la lumière et le vent ne sçauraient, en aucun temps, passer (1).

Quant aux objets qui sont à l'écart, je me suis fait de les peindre au naturel un devoir encore plus rigoureux, en raison de ce que l'œil du voyageur qui ne se détourne pas du grand chemin, ne pou-

---

(1) Toutes les phrases qu'on va lire sont empruntées littéralement d'ouvrages connus, dont je ne puis décemment nommer les auteurs. Voilà comme on écrit aujourd'hui! Il nous suffira sans doute de mettre de pareils exemples sous les yeux des jeunes-gens, pour leur en faire sentir tout le ridicule, et pour leur imposer la loi de ne jamais écrire avant d'avoir pensé:

Ce que l'on conçoit bien s'énonce clairement.
BOILEAU.

Scribendi rectè sapere est et principium et fons.
HORAT.

rait point me rectifier, si mes portraits étaient inexacts, incomplets, vicieux.

Si ces motifs servent d'excuse aux omissions et incorrections qui pouraient se rencontrer dans mon ouvrage, Lecteur bénévole, soyez certain que je ferai de votre indulgence un droit pour vous à ma reconnaissance et une jouissance réelle pour moi. Si vous prétendez qu'il valait mieux ne pas écrire, je vous répondrai d'abord que vous êtes injuste envers le sujet.

Plusieurs n'aiment dans un voyage que sa production amusante et pittoresque, tandis que d'autres mettent plus d'intérêt à la portée utile qui résulte des connaissances commerciales et industrielles. Ces derniers ne veulent que s'instruire, il leur faut une exactitude sévère, et des détails qui rebuteraient les premiers dont le seul but est le plaisir.

Passons, laissons à la postérité à remplir dignement ce devoir, laissons à l'univers à couvrir de fleurs la tombe de l'Ecrivain qui a peint la nature avec des couleurs si brillantes et si vraies.

Cette ville a l'école centrale, et c'est avec bien de la raison; car c'est la seule de ce département qui offre quelque ressource littéraire; elle a plusieurs libraires, et l'un d'eux est fort bien monté, même en éditions précieuses pour la partie typographique autant que pour le luxe. Elle a, dans une distance assez rapprochée pour servir aux promenades à cheval ou en char, une belle forêt de quarante mille arpens d'étendue, et qui est percée régulièrement; en un mot, cette petite commune qui, quoique sur un penchant, se trouve dans la basse plaine, offre un séjour assez gracieux, et c'est, sans contredit, la cité la moins avare en agréments pour l'homme plus ami des sites ordinaires que des rudes beautés et des aspects majestueux de la sauvage nature. Elle soutint pendant trois mois le siége des Français.

Jeune encore et bien constitué, de taille avantageuse, de figure agréable, et le front glorieusement empreint des marques de son courage, l'œil vif et la physionomie franche et gaie, parlant fort bien et marquant une éducation très soignée. Tout intéressait en lui; son premier aspect m'avait fait plaisir, nous étions côte à côte dans la voiture, et, quoique la route n'eût duré que quatre jours, nous étions passablement liés, parce que le hasard nous fit trouver avec des goûts semblables.

Telle était la jeune personne dont il devait faire la reine de ses possessions comme elle l'était déjà de ses sentiments. Mais comment se persuader qu'épris comme il en était, et ne lui étant à elle rien moins qu'indifférent, s'étant connus familièrement tous les deux depuis long-temps, ayant conçu, lui pour elle, les projets les plus honnêtes et les plus louables, il ne s'en soit point ouvert suffisamment?

Le lendemain, de grand matin, au milieu des fraîches vapeurs de la rosée, nous allâmes, à la gaîté que le soleil levant répand en cette occasion sur toute la nature, mêler encore l'ivresse de ses amoureux serments et de ses agronomes projets.

Je l'exhortai de mon mieux à différer, pour les bien mûrir, ses entreprises agricoles.

Il prêcha avec le concours, l'admiration et l'édification de son peuple, qu'il a eu toute sa vie dans ses prédications.

La tendresse maternelle qui, chez les animaux sans raison, prend des caractères si frappants, qui semble à chaque retour de la maternité changer l'organisation des êtres, ce sentiment si énergique de la nature, c'est jusqu'à ses douceurs que nos mœurs ont interdites à ces petits malheureux en venant à la lumière.

La chèvre est l'ennemi le plus dangereux, le vrai fléau des bois; c'est le dévastateur des taillis; rien, quand il s'y trouve lancé, ne peut arrêter sa dent meurtrière; le nouveau bourgeon craint de se montrer; et cette rétention continuelle de la sève finit enfin par tuer le sujet.

Là, Cérès déploie ses trésors avec assez d'abondance; la vue s'y porte avec liberté, fort loin, et le soleil en quittant à regret l'horizon, y laisse au cultivateur soigneux le droit de lire sur sa physionomie le calme ou les intempéries de la journée qui doit suivre.

L'histoire du Bas-Empire n'est pendant longtemps qu'un tissu de complots qui partagent le sort de leurs victimes couronnées entre le fer et le poison.

Cet objet va de lui-même se ranger dans la place où l'appèle la surveillance du Ministre de l'intérieur, dont l'œil perçant et philosophique ne doit connaître aucun objet assez petit pour n'exciter que son dédain, dès qu'il peut être utile à l'humanité.

Ce mont est une masse pyramidale, c'est une des pointes affermies de ces augustes dépôts qui pèsent éternellement sur le centre du globe. Pendant des millions de siècles, il fut arrondi par les eaux de la mer, et quand le pôle, en s'élevant, l'a fait surnager à la masse liquide, il a présenté sa surface aux graines ailées des sapins qui n'ont peut-être mis que quelques siècles pour arriver là, descendant de proche en proche des montagnes desséchées antérieurement à lui.

Ce pic est un cône tronqué, sa pente est très rapide, mais au levant elle est un peu plus douce, et se trouve, à cet aspect, revêtu d'une forêt de sapins dont l'épaisseur et le sombre tissu attire de vos regards, en dépit de vous, une affectueuse et mélancolique admiration.

Je ne connais aucun local où les écureuils soient si multipliés; sans cesse ils traversent la route; je m'arrêtai plusieurs fois pour ne point troubler leurs plaisirs et pour m'en procurer à leurs dépens; ils n'eurent pas grands frais à faire, ils couraient l'un après l'autre, s'arrêtaient, sautillaient; tous leurs mouvements étaient lestes, leur maintien bouillant, leur air sémillant, enflammé.

Ces aigles étaient perchés sur l'extrémité de la cime des hauts sapins, comme le coq sur le haut d'un clocher; j'eus beau crier, j'eus beau gesticuler, menacer, jeter des pierres et vouloir qu'ils s'envolent, leurs yeux plongeaient sur la route; ils me fixèrent avec dédain; je suis un monarque aussi moi, paraissait dire chacun d'eux, je suis roi dans les airs, et je suis sur mon trône ; passe, humain.... et je passai.

Cependant, la minute après, le sentiment de tristesse vous quitte à son tour, vous voyez de vastes forêts et de hautes montagnes que leur éloignement semble niveler à vous. Votre imagination se replie sur elle-même, et vos yeux retournent sur vos pas, la lumière vous éblouit, l'espace vous étonne et la joie vous inonde.

Voilà le réduit où, dans les siècles derniers, on prolongeait à dessein l'enfance d'un sexe aimable auquel l'homme s'attache à faire croire tous les jours qu'il attend de lui son bonheur ; c'est là qu'on le fesait exprès, au mépris des dons et des talents qui lui donnent un si doux empire ; c'est là que s'ennuyaient des cœurs que la nature avait formés sensibles ; c'est enfin là qu'on élevait à d'inutiles et longs gémissements, de jeunes personnes destinées, en dépit de l'amour, à ne se voir offrir qu'un hommage dicté par la seule politique ; destinées à recevoir sans distinction, et de même que des statues, l'encens intéressé de tous les courtisans, à dominer sans puissance sur des peuples esclaves et à supporter comme eux, toute la vie, le joug du même maître, joug, hélas ! non moins pénible souvent, quoique pour elles il fût toujours brillant et garni de chaînes d'or.

De semblables détachements du rocher ne sont pas rares dans les pays de montagnes; il faut les peindre au lecteur pauvre ou voluptueux qui ne voyage que par les livres, et c'est assez pour les indiquer à l'observateur actif qui se transporte effectivement de pays en pays, mais dont l'œil attiré de toute part en même temps glisse souvent avec distraction sur des objets qu'il aurait dans la suite à regretter de n'avoir point aperçus.

Dans ce village très élevé dans la montagne, et qui n'a point l'abri d'un vallon resserré, l'on a fait depuis une quinzaine d'années un grand et beau jardin plein des meilleures espèces, et qui donnent en abondance. A St. Laurent, on voit, dans la ci-devant cure, un pommier greffé, très volumineux, en plein vent, que, dans la haute plaine où ce village est monté, rien ne garantit des grandes rigueurs du climat, et qui rapporte beaucoup.

Ce n'est pas au surplus uniquement aux mânes des générations passées, que le tilleul est ici consacré, cet arbre est aussi, parmi les vivants, le protecteur des tendres sentiments, des déclarations affectueuses et des naïves gaités ; c'est sous ses larges bras que se font, l'été, les réunions dans les campagnes, et tandis que l'officier public y lit le journal ou les lois, et que le cultivateur les commente ou les interprète à son gré, de leurs regards amoureux, ou d'une timide voix, les jeunes amants parlent de leur tendresse, et dans une contrainte heureuse ils jouissent du présent sans amertume ; insouciants qu'ils sont des politiques mouvements et des temps à venir.

Autour du cou, un esclavage ou triple chaîne d'argent et même assez massive, une autre chaîne aussi forte et du même métal, pendante en arc sur la poitrine et tenant à la piécette qu'elle assujétit par deux épingles, à chacune desquelles pend encore un long bout de la même chaîne, tel est le recherché des jeunes personnes dont l'aisance appuie les prétentions. Après Craon, votre premier village sera celui qu'on a nommé *les planches*: vous y arriverez en descendant ; il est entre des rochers fort hauts, tous voisins, garnis çà et là de quelques portions de méchantes forêts, le plus souvent nus, qui ne permettent pas à la vue de se porter au loin, et qui, pour la dédommager des objets animés et riants d'un horizon très étendu, ne laissent jouir que d'une portion, même assez rétrécie, de la voûte des curieux. Vous êtes là dans un des sites les plus sauvages du Département, et la pensée peut-être la plus agréable qu'il inspire, c'est d'être séparé des hommes, d'être défendu à leurs regards et contre leur méchanceté par la hauteur des monts qui vous entourent et qui n'offrent presque à vos yeux aucune habitation, c'est l'opinion misanthropique de la sécurité produite par l'isolement qui vous séduit.

Il aimait cette jeune personne, et s'était habitué à la regarder comme une propriété déjà faite ; et ne présumait pas que quelqu'un pût la lui disputer. Cependant un voisin profitant de sa longue absence et de son silence qui laissait les plus grands doutes qu'il vécût encore, avait aussi convoité cette belle pupille.

Nous avons conservé le style de l'auteur autant que nous avons pu, pour ne pas nous écarter de son sens. Ce style, il est vrai, n'est pas oratorien, mais on ne doit exiger d'un bon cultivateur que des choses et non des mots.

Je dois avouer que je me suis encore fait un autre but, c'est d'habituer les jeunes-gens à observer. Je n'ai laissé, que je crois, échapper sur les routes que je décris, que fort peu d'objets intéressants à connaître.

Cela donnerait au Gouvernement une facilité bien grande à connaître les abus et à les réformer, à propager beaucoup d'usages très profitables et souvent inconnus à des distances fort petites, à utiliser dans beaucoup d'endroits des matières demeurées là steriles au détriment du bien général et du bien des individus, à se procurer et à procurer aux gouvernés des améliorations toujours précieuses, à uniformer le régime autant que les climats et les localités le permettent, à resserrer par cette uniformité les liens de la grande famille, et à parvenir plutôt à la contraction des habitudes et des mœurs qui doivent achever de consolider la chose publique.

Cette ville se trouvait déjà dans l'ombre du crépuscule; elle était si petite auprès de ces monts qui la couvrent; elle allait s'effacer à ma vue; mon imagination me reportait malgré moi vers les grandes communes où je venais de passer, et sur-tout vers les grands édifices de Paris qui semblent si majestueux, parce que nul grand objet de la nature n'est auprès qui les surpasse. Ce n'est point au reste une cité désagréable, ses édifices ne sont petits que par la comparaison défavorable qu'établit, sans qu'on y pense, leur attouchement aux monts. La grande rue qui la traverse honorerait beaucoup de villes étendues et populeuses. La maison commune qui s'y trouve est ornée de deux jolies fontaines, et sur la place publique on en voit une qui ferait honneur et profit au plus beau quartier de Paris.

J'ai lu les vers de ce poète distingué qui, s'il avait voulu méditer plus long-temps le sujet qu'il lui a plu de traiter, son ouvrage aurait, je n'en doute pas, trouvé un plus grand nombre de lecteurs.

Quel cas ne fait pas de l'agriculture un peuple qui porte aussi loin son industrie, ses soins et surtout la sagesse de s'accorder! Pourquoi le plaisir de rendre service n'engage-t-il pas en tout pays à des complaisances? Pourquoi voit-on quelques sots pousser la basse passion de la jalousie jusqu'à se refuser à eux mêmes des utilités dans la seule vue d'empêcher que d'autres auxquelles elles serviraient involontairement n'en profitent? N'est-ce pas le comble de la méchanceté, de la vilité d'âme et de l'ineptie tout en même temps?

La résignation est le chien de l'aveugle malheur et de l'innocence abandonnée.

Sur ces antiques sallons où la volupté, le luxe et l'opulence des cours étalèrent autrefois leur séduisant empire, marchent avec une égale indifférence aujourd'hui le simple cultivateur insouciant des beautés de l'art, et les animaux sans intelligence, utiles, mais stupides compagnons de ses travaux.

C'est au philantrope à s'ingénier, afin de concilier, s'il est possible, les besoins journaliers du pauvre avec la conservation essentielle des forêts, et faire à peu de frais des heureux sans nuire à l'intérêt commun.

Ce château n'est un peu fort que par sa situation. Du côté du midi, sa vue domine sur la plaine et se porte fort loin par dessus des forêts et des monts; il domine également aux autres aspects, et l'étendue de l'horizon qu'il découvre lui devait épargner une dénomination qu'il a prise sans doute de la surface sombre des noires forêts qui frappent, en cet endroit, la vue, de quelque côté qu'on la porte.

Le souvenir que les hommes conserveront de la lecture de ce qui s'est passé à Viterbe peut dans des moments plus ou moins difficiles les aider à sortir de ces monts. Ils se rappelleront alors qu'il est indispensable, pour s'en sauver, de conserver sa tête au milieu d'eux, de leur surnager avec adresse, de les maîtriser avec une force proportionnelle, de ne rien dédaigner de ce qui les compose, et de diriger sans danger pour soi et les siens le fluide électrique qui les rend terribles dans leur passage, mortels dans leur explosion.

Le coucou est un oiseau à qui l'on prête un tas de contes bleus. Une erreur accréditée par l'ignorance suppose cet oiseau retiré pendant l'hiver dans un creux d'arbre, le croit s'y déplumer et y vivre durant toute la froidure, du blé qu'il a amassé au beau temps; c'est une pure fable. Le coucou est un moyen insectivore.

Les jours de jeûne ou d'abstinence, elle ne fesait qu'un léger repas le soir; tout au plus dans la journée, elle se permettait un morceau de pain sec, mais sans boire.

L'attelier placé sur le Grimsel voit sous ses pieds chancelants des neiges primitives, des cataractes impétueuses, la chevelure du cahos hérissée de torrents, l'enfer des imaginations les plus altières et l'étroit sentier du salut taillé en glacis sur l'abyme.

Elle parlait et écrivait avec esprit; de la gaîté dans le caractère, excellente musicienne, pinçant très bien de la harpe et chantant mieux encore.

Ce fleuve dans son cours s'est enfin resserré, creusé un lit et posé par succession de siècles les bornes étroites dans lesquelles maintenant il coule, abandonnant au domaine de l'homme la plaine où jadis il confondait son limon et ses eaux avec ceux de la Saône qui, comme lui, s'est fait un cours permanent et à laquelle il porte en simple sujet aujourd'hui son fluide tribut.

Vous ne pouvez vous empêcher, à l'aspect de ces colosses, de méditer sur la force corrosive des éléments répandus dans l'atmosphère, et sur la dent vorace des siècles; ce sont eux, et ce ne sont assez évidemment qu'eux, qui ont rongé ces rochers calcaires bien long-temps après la retraite des eaux de l'Océan; ce sont eux qui les ont séparés lentement du continent des monts dont ils fesaient partie; ce sont eux qui les dégradent tous les jours et qui, soit en les minant par le bas, soit en les exfoliant peu à peu du sommet à la base, les auront peut-être avant un siècle accordés à la trituration du cultivateur et à la production des grains.

Il faut qu'on me pardonne ces observations minutieuses ; j'ai voué mon livre à l'utilité plus encore qu'à l'amusement, et nul objet dans l'économie rurale, si petit qu'il soit, n'est empreint à mes yeux d'une tache qui le condamne au mépris.

Qui est-ce qui n'a pas vu à travers le prisme colorant de ses idées, à travers l'optique illusoire de son imagination ? Qui n'a pas vu mille fois ce qui n'existait que dans son enthousiasme créateur et dans la féconde surabondance de sa vie ? Qu'un sang toujours figé remplisse ses artères, à celui-là qui put voir le Panthéon, le Louvre, et retourner chez lui sans rêver au milieu des rues, sans vingt fois se heurter ! celui-là qui put entendre, qui put voir Armide, Iphigénie, Télémaque, Orphée, rentrer ensuite sans éprouver la fièvre bienfesante du plaisir, sans s'identifier avec les songes, et revenir dans ses foyers, sans avoir été frappé de sensations dont il restera toute la vie doutant si ce ne sont que des réminiscences trompeuses, ou si c'est un souvenir confus de la réalité.

Bienveillantes eaux, ondes plus libérales encore que vous n'êtes capricieuses, grossissez, coulez, augmentez de volume en serpentant et portez le bonheur aux cantons dont vos caresses fructueuses vont chatouiller les rives. S'il vous est refusé d'étendre l'opulence agricole sur le sol trop oblique, soyez du moins dans les hameaux la puissance de l'art, et versez à grands flots des richesses inépuisables et méritées justement, les trésors de l'industrie.

Si l'effort redoutable d'un style approprié triomphe des plus sévères obstacles, lorsqu'une main habile en règle la magie, il précipite tout, lorsqu'il est manœuvré par l'ignorance.

Ses joues diaphanes carminées d'incarnat et cette candeur exquise qui baissait ses paupières, étaient plus ravissantes que l'amas splendide des fleurs de sa corbeille. Le candide muguet des prairies innocentes le flattait beaucoup plus qu'un diadême en rubis.

Le hibou est un très bel oiseau, ce que j'ai très bien vu, en ayant d'abord eu un en cage vivant pendant un an, qui était femelle, que j'ai vu y muer, et un second, la deuxième année, qui était mâle, de même en cage, ayant chanté pendant trois ans.

On l'éloigne du précipice où l'on l'avait entraîné pour y être précipité.

C'est à lui qu'elle doit que M. d'Orsan, son neveu, conserve son régiment.

« Mérope, dans la douleur d'avoir perdu son fils, et l'horreur d'épouser l'assassin de son époux, se livre au plus grand désespoir ».

« La prudence est de s'abandonner au courage, lorsqu'elle n'est pas de le contenir ».

« Serkick fut déserté dans l'île inhabitée de Fernandès ».

« Le respect pour les anciens monuments se passe ».

« Les Thébains remportèrent dans les champs de Leuctres l'empire de la Grèce ».

« Il y a de trop dans la plûpart des collections d'œuvres ce que le terme semble surtout exiger, d'être complettes ? » (1)

Je ne dois pas craindre de sortir de l'honneur de son souvenir.

Je trouve en lui une admiration intelligente de votre vertu.

Il est visible que ces choses nouvelles comme elles sont, elles sont des preuves sensibles de la nouveauté du monde.

J'avais manqué la vie, j'avais voulu, en vous adoptant, vous donner tous les moyens d'en jouir. Il faut de l'adresse vis-a-vis de soi-même pour ne pas trop souffrir.

C'est en vain que je me raisonne depuis plusieurs heures ; ma joie est empoisonnée par cet instant de fausseté.

Vous n'appelez coupable que le dernier tort qui vous eût avilie vous-même ; mais quel nom donnez-vous à m'avoir ravi la tendresse de mon mari ?

Depuis que je l'ai revu plus tendre que jamais pour moi, toute mon âme a repris à l'espérance du bonheur.

Je cherche un lieu solitaire où je vive d'aimer, sans que ce sentiment renfermé dans le cœur ne nuise au bonheur de personne.

---

(1) Les phrases guillemetées sont de l'Auteur des *nouveaux synonymes françois*; le vice d'obscurité qui y règne prouve combien il est difficile d'écrire.

Je désirerais seulement sçavoir s'il était vrai que vous vous livriez souvent à témoigner votre sentiment à ce sujet.

Quel art n'a-t-elle pas employé pour entourer mon cœur par ces liens de délicatesse et de sensibilité qui vous saisissent de partout !

Quoique vous vous soyez imposé de ne point contrarier les vues de ma mère, vous désirez qu'elle préfère Madame d'Albémar à Matilde.

Je trouverai peut-être qu'il vaut mieux se battre avec lui et le tuer; mais si jamais j'arrivais à trouver ce parti le plus raisonnable, que je le prendrais avec joie !

Je ne puis abandonner Thérèse, elle a pris la fièvre avec un délire violent. Ne me trouvant pas auprès d'elle, elle est tombée dans un accès de pleurs qui m'a fait une peine profonde.

Si je suis parvenue à le rendre heureux, j'aurai vécu de la vraie destinée pour laquelle les femmes sont faites.

Madame de V*** mourut; l'état de sa fortune me rendait impossible de rester à Paris, j'en fus très affligée.

Le reste des années est dévoré d'avance, on ne peut plus reprendre à ces intérêts, à ces goûts simples qui font passer doucement les jours que la Providence vous destine.

Une fois en tournant avec cette jeune personne, je sentis son cœur battre sous ma main ; ce cœur que toutes les puissances divines ont doué s'animait-il d'une émotion plus tendre ?

Elle se livra bientôt à me peindre tous les sentiments de douleur qui l'agitaient; elle ne sçavait pas combien elle me fesait mal.

Cet homme mécontent de lui est ennuyeux; de son sourire il obscurcit l'immensité de l'atmosphère et fait rétrograder les rayons du soleil.

Le fil de ses jours flétri et coupé de bonne heure par des contrariétés de toute espèce s'est vu terminé à l'âge de trente-cinq ans au milieu de sa course, mais déjà remplie et assez pour laisser un nom à jamais célèbre chez toutes les nations amies des lettres.

Cette mélancolie vague m'annonce peut-être un objet céleste qui fixera pour toujours ma carrière.

Auquel de ces miracles que la religion nous oblige de nous arrêter, il faut s'écrier dans tous les deux : ô cœur affermi contre la mort !

Il s'agit pour lui de passer adroitement sur les défauts, ou si l'on veut les égarements de la jeunesse d'un prince dont il fait l'éloge, et sçavoir trouver des adoucissements des choses qu'on ne peut excuser ou pardonner à la rigueur.

Le prisme à travers duquel elle regardait le monde, était chargé d'un brouillard élevé par l'audacieux Cupidon.

Ce ne fut pas sans dilater les muscles risibles de ses amis.

Ce souvenir doit diminuer le zeste de ses jouissances actuelles.

La mélancolie déploie ses ailes de chauve-souris sur les murs.

Le duel fut accepté, et M. de Rosni consentit

à être leur témoin. Après une opiniâtreté de part et d'autre provenant de l'usage qu'ils avaient de manier les armes et la force qu'avait l'officier de plus que St. Alme qui y suppléait par une adresse étonnante, rendirent le combat long-temps incertain qui pourtant penchait en faveur de St. Alme qui fut blessé moins grièvement que son adversaire.

Quelque renommées que puissent être les barques dont on se sert partout en Hollande et au moyen desquelles on voyage à si peu de frais, ce serait en vain qu'on voudrait se faire d'après celles-ci ou d'après aucune autre voiture par eau sur des rivières ou des canaux qu'on rencontre en Europe, une idée des avantages qu'on trouve dans la barque dont il s'agit, qui cause une si satisfaisante surprise à tout voyageur, et sur laquelle s'embarquent fréquemment des gens sans autre motif que pour y passer une journée agréable.

« Mais voici ce moment utile ou dangereux,
Qui, souvent annoncé par un naufrage heureux,
Donne à l'homme étonné toute son existence,
Le fait vivre lui-même et naître à l'univers ».

CHAMPFORT.

Les quatre phrases suivantes appartiennent à un littérateur très distingué, dont quelques négligences dans le style sont amplement rachetées par des images, des comparaisons sublimes, et par des beautés de détail qu'on ne rencontre que chez les Ecrivains du premier ordre.

« Son nez aquilin, sa longue barbe avaient quelque chose de sublime dans leur quiétude, et comme d'aspirant à la tombe par leur direction naturelle vers la terre ».

« Le flambeau de la religion à la main, le missionnaire semblait précéder Atala dans la tombe, pour en montrer les secrètes merveilles, et toute l'humble grotte était remplie de la grandeur d'un trépas chrétien ».

« Pour te peindre aujourd'hui le désespoir qui saisit mon cœur, lorsqu'Atala eut rendu le dernier soupir, il faudrait que mes yeux fermés pussent se rouvrir au soleil pour lui demander compte des pleurs qu'ils versèrent à sa lumière ».

« La lune répand dans les bois ce grand secret de mélancolie qu'elle aime à raconter aux vieux chênes et aux rivages antiques des mers ».

Nous pourions extraire d'un grand nombre d'ouvrages modernes une foule de phrases dont l'obscurité est le moindre défaut ; nous nous bornerons à recommander aux jeunes-gens la lecture des Ecrivains qui ont toujours eu pour la langue ce respect que prescrit le législateur du Parnasse français. Eh ! jusqu'à quel point les Romains ne portèrent-ils pas ce respect religieux qu'on doit à la Grammaire : César, d'une main, reculait jusqu'au-delà du Danube les limites de l'empire romain ; et, de l'autre, écrivait un traité sur l'analogie des mots. Messala, consul romain, se délassait des soins qu'entraîne une vaste administration, en traitant différents points de grammaire. Le plus sçavant des Romains, Varron, ne dédaigna pas de consacrer quelques-unes de ses veilles à des recherches pleines d'érudition sur les causes de la langue latine. Il s'éleva, au rapport d'Aulu-Gelle, une grande contestation entre quatre des plus profonds jurisconsultes de Rome, pour sçavoir si un verbe employé dans l'ancienne loi *Atinia* exprimait une époque présente ou future. Cicéron enfin, lui qui fut tout à la fois le flambeau de l'éloquence romaine et le plus beau génie de son siècle, Cicéron ne se fut pas plutôt aperçu qu'il s'était servi d'un terme impropre dans un ouvrage dont il avait fait son ami Atticus dépositaire, qu'il s'empressa de lui envoyer, de fort loin, un message, pour faire substituer l'expression convenable au terme reconnu impropre.

NOTES
DE LA GRAMMAIRE RAISONNÉE.

(*a*) *Page* 6. Il ne paraîtra pas hors de propos de définir ici les mots *inspiration*, *expiration* et *respiration*. Quand la poitrine s'élève, l'air extérieur entre dans les poumons, comme il entre dans une pompe dont on lève le piston : c'est ce qu'on appèle *inspiration*. Quand la poitrine s'affaisse, l'air sort des poumons : c'est ce qu'on nomme *expiration*. Ces deux mouvements forment la *respiration*.

(*b*) *Page* 15. Au mot *régime*, qui ne signifie rien en Grammaire, nous avons substitué le mot *complément* (en latin *complementum*, qui achève, qui complète), parce qu'en effet cette quatrième partie logique de la proposition grammaticale complète l'idée, qui, sans elle, serait fort souvent incertaine, vague et indéterminée.

(*c*) *Page* 28. Le mot *article* vient du latin *articulus*, diminutif d'*artus*, qui veut dire *membre*. Par le mot *article*, pris dans le sens propre, on entend les jointures des os dans le corps des animaux, unies de différentes manières ; et par extension, on a donné ce nom à la partie du discours dont la fonction est de modifier le substantif commun en étendant, en déterminant ou en restreignant sa signification.

(*d*) *Page* 34. Le mot *radical* vient du latin *radix* (racine). On donne ce nom aux adjectifs *un*, *deux*, *trois*, *quatre*, *cinq*, etc. parce qu'ils sont comme la racine des adjectifs ordinaux *unième*, *deuxième*, *troisième*, *quatrième*, *cinquième*, etc. Ils sont aussi appelés *cardinaux*, du mot latin *cardo*, qui signifie *gond*, *pivot*, parce que c'est sur les adjectifs cardinaux, que roulent, comme sur un pivot, tous les autres adjectifs numéraux.

(*e*) *Page* 37. Le mot *personne* signifie primitivement un masque à l'aide duquel les comédiens grecs rendaient des sons de nature à être entendus d'un grand nombre de spectateurs « *Personam tragicam forte vulpes viderat* », dit Phèdre, « Un renard avait aperçu par hasard un masque de théâtre » : de là est venu le mot *personare* (sonner partout, faire du bruit). Le mot *persona* s'étendit ensuite du masque à ceux qui le portaient, c'est-à-dire aux personnages, lesquels furent envisagés sous trois rapports différents : le premier, le second, le troisième personnage « *prima persona*, celui qui parlait » ; « *secunda persona*, celui à qui l'on parlait » ; « *tertia persona*, celui de qui l'on parlait ».

(*f*) *Page* 53. La terminaison *ant* (*ens* en latin, *être*, subst.) désigne, pour les participes présents, un être agissant ; et la terminaison *é*, pour les participes passés, exprime l'état passif du sujet. *Aimant* est donc pour *aim-ant*, c'est-à-dire l'être qui est dans l'état actif qu'on appelle *amour*. *Aimé* est pour *aim-é*, c'est-à-dire l'être qui souffre de la part d'un autre les effets de l'action d'aimer.

(*g*) *Page* 59. Le mot *préposition* signifie *position avant*. Comment a-t-on pu croire que cette dénomination, qui est doublement absurde, conviendrait aux mots *pour*, *chez*, *avec*, *pendant*, etc. ? C'est par la raison, disent les Grammairiens, qu'ils sont toujours posés ou placés avant des régimes. En premier lieu, il n'aurait pas fallu appeler cette partie du discours *préposition*, car la position exprime l'action de poser ; le nom *prépositif* aurait été bien plus convenable, à cet égard. En second lieu, tous les mots devant être placés ou posés les uns devant les autres, devraient porter le nom banal de *préposition*. J'appèle DÉTERMINATIF ce mot qu'on nomme préposition, parce qu'il détermine le rapport qui existe entre deux termes, dont l'un est l'antécédent, et l'autre, le conséquent. Cet antécédent est modifié, restreint, déterminé par le rapport général an-

DES MOTS. 451

noncé d'une manière vague par le déterminatif, et fixé d'une manière précise par le conséquent qui ne peut se séparer du déterminatif dont il est le complément.

(*h*) *Page* 65. Le CONJONCTIF est ainsi appelé parce que sa fonction est de rapprocher diverses propositions, de les unir, de les séparer, de les restreindre, enfin de les modifier l'une par l'autre, d'une manière quelconque, après la comparaison que l'esprit en fait par le raisonnement. Cette partie du discours, que je nomme *Conjonctif*, les Grammairiens, obéissant à l'usage, l'ont appelée jusqu'à ce jour *conjonction* ; il y a néanmoins entre ces deux mots la différence essentielle qui existe entre *substantif* et *substance*, *inventif* et *invention*, etc. Les mots *et*, *lorsque*, *cependant*, opèrent des *conjonctions* ; c'est pourquoi ils sont *conjonctifs*. Les mots *est-ce que*, *est-ce ainsi que*, etc. offrent des interrogations, c'est pourquoi ils sont interrogatifs. Les mots *faculté*, *option*, *position*, etc. ne pourront jamais être mis à la place de *facultatif*, *optatif*, *positif*, etc.

(*i*) *Page* 68. Les Grammairiens ont donné et donnent encore le nom d'*interjection* (action de jeter entre) à la partie du discours qui sert à exprimer les divers mouvements de l'âme. Mais le nom d'*interjection* convient à tous les mots également, puisqu'on les jette tous les uns parmi les autres, comme on les place tous les uns devant les autres. Quelques Grammairiens ont appelé plus convenablement *exclamation* cette partie du discours, à l'aide de laquelle on s'écrie (*exclamare*, en latin, signifie *s'écrier*) ; mais il y a encore entre *exclamation* (action de s'écrier) et EXCLAMATIF, la différence notable qui existe entre *position* et *positif*, *conjonction* et *conjonctif*, *détermination* et *determinatif*, *tentation* et *tentatif*, *interrogation* et *interrogatif*, *définition* et *définitif*, etc.

(*j*) *Page* 87. M. l'abbé Fabre, auteur d'une syntaxe justement estimée, prétend qu'on doit dire : « C'est votre frère et votre ami qui vous demandent ». Cette construction n'est pas conforme aux lois de la concordance, qui exigent « Ce sont votre frère et votre ami qui vous demandent », car deux ou plusieurs unités réclament le nombre pluriel. Domergue, de qui M. l'abbé Fabre paraît avoir emprunté cette opinion, distingue la pluralité oculaire et celle qui résulte de l'addition de plusieurs unités ; il veut, par exemple « C'est Voltaire et Rousseau qui, par leurs écrits, ont le plus contribué à la révolution française »; et « Ce sont les ouvrages de Voltaire et de Rousseau, qui ont le plus etc. » Cette distinction, je l'avoue, me semble arbitraire ; c'est pourquoi j'ose poser en principe qu'il faut dire : « Ce sont Voltaire et Rousseau, ou ce sont eux qui, par leurs écrits, ont le plus contribué à la révolution française », comme on doit dire : « Ce sont quatre heures que vous venez d'entendre ». « C'étaient le roi et la reine qui devaient passer ». « Ce sont le fer et le blé qui ont civilisé les hommes et perdu le genre humain ». (*J. J. Rousseau.*)

Nous pensons néanmoins qu'il est très à propos de mettre une différence dans la manière d'énoncer les deux propositions suivantes, parce que l'idée que chacune d'elle exprime, diffère essentiellement l'une de l'autre ; c'est pourquoi l'on écrira convenablement, à notre avis,

« *Ce sont* les vieillards dont je recherche toujours la société » pour signifier que je recherche toujours la société des vieillards en général.

Et

« *C'est-là* les vieillards dont je recherche la société » pour faire entendre que je recherche la société d'une sorte de vieillards.

L'analyse de la première proposition est : « Les hommes dont je recherche toujours la société *sont ceci:* les vieillards ». L'analyse de la seconde proposition est : « Ce (ou l'espèce de vieillards) dont je recherche la société, est cela, cette espèce-là ». C'est comme si l'on disait « *Voilà* les vieillards dont je recherche la société ».

(*k*) *Page* 95. Il *pleut*, il *neige*, se disent en latin *pluit, ningit.* « Pluit » c'est-à-dire *it in pluviam*, il descend ou il tombe en pluie ; et tous les jours nous disons *le ciel fond en eau.* « Ningit » c'est-à-dire *it in nivem*, il descend ou il tombe en neige. « *Tonat*, il fait grand bruit » c'est-à-dire, le ciel que je contemple fait grand bruit. Quand nous disons « il fait beau, il fait froid, etc. » ces expressions signifient ce Ciel (ou Dieu) fait le jour beau, fait l'air froid.

(*l*) *Page* 106. Il est bien constant que le mot *quoi* signifie *quelle chose*, et que ces deux mots *quoi que* signifient *quelle chose que*. L'expression *quoi que vous fassiez* revient donc à celle-ci *quelle chose que vous fassiez*.

« Quoi que son insolence ait osé publier,
Le ciel même a pris soin de me justifier ».

« Mais à quoi que déjà vous m'avez condamnée,
Pourez-vous à vos yeux souffrir cet hyménée? »

« Nous sommes pénétrés de l'importance d'une marche graduelle de l'enseignement, à quoi qu'il s'applique ».

« Il est temps de faire voir que tout ce qui est mortel, quoi qu'on ajoute par les dehors pour le faire paraître grand, est, par son fond, incapable d'élévation ».

De l'analyse que présentent ces mots *quoi que*.... il résulte 1°. que, quand on les traduit par *quelque chose que*... on leur donne une signification qu'ils n'ont jamais eue ; 2°. que ce serait parler très convenablement que de dire « quelle besogne que vous fassiez... » « quels blasphêmes que son insolence ait osé publier... » à quel sort que vous m'ayez déjà condamnée... » « nous sommes pénétrés de l'importance d'une marche graduelle de l'enseignement, à quel objet qu'il s'applique ». « il est temps de faire voir que tout ce qui est mortel, quels accessoires qu'on y mette, etc... » Cette explication jette un grand jour sur la règle 131.

(*m*) *Page* 107. « Le Créateur a fait de rien toutes choses » est une expression consacrée par l'usage ; mais elle n'en est pas moins vicieuse, et, ce qui prouve évidemment qu'elle ne peut, dans ce sens, se passer d'une négation, pour être correcte, c'est qu'on dirait en latin *Deus ex* NIHILO *duxit omnia*, et non pas *Deus ex* HILO *duxit omnia*. (*Hilum*, qui équivaut en français au mot *rien*, sans négation, signifie le petit point noir qui se trouve sur la crête de la fève, point presque imperceptible qui désigne un objet de la plus petite valeur qu'on puisse imaginer). Il en est de même de cette expression : « Cette affaire est devenue à rien » qui est la traduction infidèle de « *Hoc ad* NIHILUM *recidit* ».

(*n*) *Page* 128. Si je dis « le cinquième et dernier étage », il est évident que je ne veux parler que d'un étage, qui est le cinquième ; mais si je dis « le cinquième et le dernier étage », il est constant que je parle de deux étages dont l'un est le cinquième, et l'autre le dernier. Un de nos Ecrivains a péché d'une manière lourde et grossière, lorsqu'il a dit : « Un jeune et un vaillant monarque gouverne paisiblement les Etats du nord ». Cette expression est très vicieuse parce que l'Ecrivain que nous citons, bien qu'il n'ait voulu parler que d'un seul et même souverain, donne involontairement à entendre que deux monarques gouvernent paisiblement l'empire de Russie.

(*o*) *Page* 133. Les Grammairiens eux-mêmes ne sont pas d'accord entre eux sur le redoublement de la consonne finale d'un très grand nombre d'adjectifs. Les uns écrivent *complette*, *sujette*, *sotte*, *ancienne*, etc. ; les autres *complète*, *sujète*, *sote*, *ancième*, etc. Il serait plus raisonnable d'assujétir tous les adjectifs à la règle générale qui concerne les adjectifs terminés par une consonne, c'est-à-dire de former leur féminin en ajoutant un *e* muet ; ainsi nous aurions *complète*, *sujète*, *sote*, *ancième*, *nule*, *bone*, *cruèle*, *seule*, *fole*, *bèle*, *cète*, *miène*, *laquèle* etc. comme nous avons *replète*, *discrète*, *dévote*, *petite*, *vaine*, *égale*, *vile*, etc. etc. Mais on écrirait *elle* et *celle*, à cause de *illa*.

(*p*) *Page* 134. Ne serait-il pas plus raisonnable d'écrire par *eus* tous les adjectifs terminés en *eux* ? Il résulterait un double avantage de cette orthographe : 1°. on retrancherait la lettre *x* qui est complètement inutile et tout-à-fait ridicule dans ces sortes de mots, où elle ne joue aucun rôle et où l'étymologie ne justifie pas son admission ; 2°. on faciliterait aux étrangers sur-tout, le moyen de former ou de trouver le féminin de tous les adjectifs qui ont la désinence *eus*. Pour en former le féminin, on ajouterait la voyelle *e* au masculin (heureus, heureuse); pour en trouver le masculin, on supprimerait cette même voyelle *e* (vertueuse, vertuous ; joyeuse, joyeus, etc. comme grande donne grand ; pure donne pur, etc.) — L'adjectif *jaloux* (qui a pour primitif *jalousie*), devrait s'écrire *jalous*, au masculin, comme on écrit Andalous (qui a pour primitif Andalousie), et l'on aurait, en y ajoutant la voyelle *e*, le féminin *jalouse*. Le primitif de ce mot, lequel est *jalousie*, semble prescrire aussi la lettre *s*, au lieu de *x*. — Les adjectifs *faux* et *roux*, dont le féminin est *fausse* et *rousse*, s'écriraient mieux de cette manière *faus* et *rous* ; on ajouterait un *e* muet pour le féminin, et l'on doublerait la consonne en faveur de la prononciation, comme dans *gros*, *épais*, alors on aurait *fausse* et *rousse*. — Quant à l'adjectif *doux*, il conviendrait de l'écrire sans *s* à cause du primitif *douceur*, à cause du féminin *douce*, enfin à cause de l'étymologie latine *dulcedo*, s. et *dulcis*, adj.

(*q*) *Page* 155. C'est à tort que le P. Bouhours a condamné l'expression suivante, qui est très belle, et que nous avons empruntée de la langue latine : « Ils connaissent la noblesse de leur naturel, qui est impatient du joug et de la contrainte » c'est-à-dire, qui ne peut souffrir le joug ni la contrainte.

Le poëte Gilbert a dit :

« Aux armes, fils des rois ; nos vaisseaux vous demandent,
Impatients du port et de l'oisiveté ».

Toutefois il ne serait pas permis de dire : « son naturel est *patient* du joug et de la contrainte ». On dit « il est avare de son bien, de son temps », mais on ne peut dire « être avare à quelqu'un de quelque chose » ; Boileau a donc eu tort de dire :

« Apollon de son feu *leur* fut toujours avare ».

(*r*) *Page* 159. Ne pouvant transiger avec les principes d'une saine logique, je n'admets pas non plus « En épousant les intérêts d'autrui, nous ne devons pas *en* épouser les passions ». « Nous reprenons souvent les intérêts d'autrui, sans faire attention à *ses* bonnes qualités ». Il faut proscrire du langage tout ce qui est obscur, pénible ou embarrassé. (*Voy*. le dernier exemple de la règle 47ᵉ que je présente comme vicieux).

(*s*) *Page* 160. Domergue pense devoir justifier cette expression, en disant qu'une phrase n'est pas toujours vicieuse pour être ingrammaticale. Une violation des règles de la grammaire est-elle donc autre chose qu'un vice de langage ? Pour moi, je prétends que toute phrase ingrammaticale, louche, incorrecte, doit être impitoyablement exclue, si non du domaine de la poésie, du moins des ouvrages en prose; et je ne permets qu'aux poètes de s'appuyer de l'autorité de Voltaire, qui a dit :

« Endormi sur le trône au sein de la mollesse,
Le poids de *sa* couronne accablait sa faiblesse ».

« Tranquille au fond du Louvre, et loin du bruit des armes,
Mes sens d'un doux repos goûtaient encor les charmes ».

Ce tour, que réprouve le Grammairien, offre en vers quelque chose de noble et de concis, mais le prosateur plus timide, ne doit pas se livrer à de pareils écarts.

Je ne sçaurais justifier, non plus, les vers suivants :

«.. Sous un chaume obscur, ignoré de l'envie,
La faux seule du Temps aurait tranché *ma* vie ».

« Fidèle à ses foyers, père de ses vassaux,
Sa présence souvent anima leurs travaux ».

Et que dirai-je de ceux-ci où le poète (Voltaire) donne une entorse à la pensée qu'il veut exprimer ?

« Il crut que de ses rois exterminant la race,
Le trône était ouvert à sa perfide audace ».

Voici le sens « Il crut que le trône était ouvert à la perfide audace *de lui* exterminant la race de ses rois ».

Un poète a écrit :

« Et tout l'homme est rentré d'*où* l'homme était sorti ».

Il y a dans ce vers un excès de hardiesse que la Grammaire condamne comme un abus de talent. Cette phrase, toute poétique qu'elle est, offre une faute de langue, et tout ce qui est vicieux dans le langage est ingrammatical.

(1) *Page* 168. Il n'est pas rare de voir nos meilleurs poètes enfreindre la règle que nous avons consacrée ; le besoin de la mesure les y a quelquefois contraints ; mais on aura toujours lieu de s'étonner que les bons écrivains en prose, que l'Académie sur-tout, emploient tour-à-tour le singulier et le pluriel. On lit, dans le Dictionnaire de l'ancienne Académie : « L'un et l'autre y a manqué ; l'un et l'autre nous ont manqué ». « Ni l'un ni l'autre n'ont fait leur devoir ; ni l'un ni l'autre n'a fait son devoir ». Il n'est plus permis de dire aujourd'hui en prose, comme l'ont fait Voltaire et Boileau :

« L'une et l'autre *est* toujours en modèles *fertile* ».

« L'un et l'autre bientôt *voit son* heure dernière ».

« L'une et l'autre aujourd'hui *serait* trop *condamnable* ».

(11) *Page* 198. Racine a dit :

« Nulle paix pour l'impie, il *la* cherche, *elle* fuit ».

Ce vers qui contient une violation de la règle que nous venons d'établir, a donné lieu à la remarque suivante de Dumarsais : « La vivacité, le feu, l'enthousiasme que demande le style poétique, ont pu autoriser Racine à s'exprimer ainsi ; mais cette expression ne serait pas correcte en prose, parce que *nulle paix*, présentant d'abord un sens universel et négatif, est ensuite rappelé dans un sens individuel et affirmatif par les pronoms *la* et *elle*. Il faudrait « la paix n'est pas faite pour l'impie, il *la* cherche, elle fuit ».

Cette remarque de l'auteur des Tropes est extrêmement judicieuse ; elle peut très bien s'appliquer à ces vers de Corneille :

CHIMÈNE.
« J'offenserais le roi, qui m'a promis justice ».
D. SANCHE.
« Vous sçavez qu'*elle* marche avec tant de lenteur,
Qu'assez souvent le crime échappe à sa longueur ».

Le mot *justice* est pris d'abord dans un sens général, puis il est rappelé dans un sens particulier. Voilà encore une de ces fautes que la poésie même ne peut faire excuser.

(*v*) *Page* 203. N'est-il pas fort étonnant que quelques Grammairiens autorisent cette locution « Donnez *m*'en » et condamnent celle-ci « Conduisez *m*'y » ? S'il était permis de dire « Donnez *m*'en » (pour donnez *moi* en), on pourrait dire conséquemment « Conduisez *m*'y » (pour conduisez *moi* y), car c'est la même diphthongue *oi* qu'on élide dans ces deux propositions. Mais chacun sçait qu'il n'est pas permis d'élider deux voyelles à la fois, c'est-à-dire, une diphthongue comme dans *moi*, *toi*, *soi*; l'élision ne peut avoir lieu que pour une voyelle finale suivie d'un mot commençant par une voyelle, comme dans les propositions suivantes « Il *m*'aime, il *t*'aime, il *s*'aime; je dois *m*'y rendre, tu dois *t*'y rendre, il doit *s*'y rendre, etc. »

(*x*) *Page* 209. Beaucoup d'Ecrivains, mais sur-tout des poètes anciens, sont sujets à de pareils écarts dont l'oreille est désagréablement affectée. On en rencontre des exemples dans les vers suivants :

« Phénix même en répond, *qui* la conduit exprès
Dans un fort éloigné du temple et du palais ».

« La reine permettra que j'ose demander
Un gage à votre amour *qu*'il me doit accorder ».

« Et d'un bras, à ces mots, *qui* peut tout ébranler,
Lui-même en se courbant s'apprête à le rouler ».

(*y*) *Page* 220. On peut voir par les deux exemples suivants, qui sont analogues et que j'ai empruntés, le premier, d'un célèbre moraliste (*La Rochefoucauld*), le second, d'un historien philosophe (*l'abbé Raynal*), jusqu'à quel point les Ecrivains sont sujets à se tromper dans l'emploi des mots *dont* et *d'où*. « Il arrive quelquefois des accidents dans la vie, *d'où* il faut être un peu fou pour se bien tirer ». «Quarante ans de guerres civiles plongèrent les finances dans un désordre *dont* il n'y avait qu'un Sully qui pût les tirer ». (*Dont* n'était pas le mot propre ; il fallait *d'où*)

ADJECTIFS. 459

(z) *Page* 226. *Domergue* a donné, d'une manière satisfesante, la raison de cette règle, en soumettant à l'analyse la phrase suivante de *Wailly* « Les nombres ordinaux, dit celui-ci, se forment des cardinaux. Dans *ceux terminés* en *f*, on change *f* en *vième* ». Domergue s'exprime ainsi avec beaucoup de justesse « Dans *ceux terminés* en *f*, signifie dans ces nombres terminés en *f*, ce qui forme un sens tout contraire à l'idée de l'Ecrivain. Car la pensée de l'Ecrivain est de présenter une idée démonstrative avec restriction. Or, qu'on relise la phrase décomposée, et l'on verra que l'idée démonstrative n'est pas restreinte. « Les nombres ordinaux se forment des cardinaux. Dans ces *nombres terminés* en *f*, on change *f* en *vième* ». Le sens embrasse la totalité des nombres dont on est censé avoir parlé. Pour restreindre l'idée, il faut dire « dans ceux *qui sont* terminés en *f* ».

« Carès, dit-on, inventa les augures tirés des oiseaux, et Orphée inventa *ceux tirés* des autres animaux ». Ce dernier membre de phrase, décomposé, signifie : « Orphée inventa *ces augures tirés* des autres animaux ». Ne semble-t-il pas que *ces augures* désigne des augures dont a déjà parlé ? que le sens soit complet et précis ? Eh bien ! l'auteur avait dans l'esprit une idée démonstrative avec restriction. Il borne son idée à *ces augures qui sont tirés* des autres animaux : ce *qui* était donc nécessaire pour restreindre la signification, et l'idée exigeait qu'il écrivît : « Orphée inventa ceux *qui sont* tirés des autres animaux ». D'où je conclus que le pronom *celui*, *celle*, ne peut être construit qu'avec le déterminatif *de* ou avec *qui*, *que*, *dont*, etc. ».

(*aa*) *Page* 227. Les exemples que j'ai cités et tous les exemples analogues peuvent, je le sçais fort bien, être justifiés en quelque sorte par la syllepse ; mais que d'Ecrivains, si l'on n'y prend garde, parviendront à justifier, à l'aide de cette figure, les solécismes qu'ils commettent tous les jours contre la langue ! Quoi qu'on ait pu dire jusqu'à présent en faveur de ces constructions, qui sont pour le moins embarrassées et souvent équivoques, je prétends que les Ecrivains en prose seront d'autant moins excusables de les employer, qu'ils peuvent les éviter beaucoup plus facilement que les poètes. Les condamner chez ces derniers, ce serait peut-être s'exposer au reproche de purisme. Mais comment excuser chez des prosateurs les phrases suivantes qui ont je ne sçais quoi de louche et de pénible ?

« L'influence du luxe se répand sur toutes les classes de l'Etat, même sur *celle* des laboureurs ». « L'Amour est *celui* de tous les Dieux qui sçait mieux le chemin du Parnasse ». « Ils donnent à la génération présente une grande ressemblance avec *celles* qui la précèdent ou *celles* qui la suivent ». « Le génie français n'a exclusivement aucun caractère, et de là vient aussi qu'il n'en a aucun éminemment ; mais, au besoin, il *les* prend tous, et à un assez haut degré ». « En effet, que je veuille connaître une machine, je la décomposerai pour en étudier séparément chaque partie. Quand j'aurai de chacune une idée exacte, et que je pourai *l s* remettre dans le même ordre où *elles* étaient, alors je concevrai parfaitement cette machine, parce que je l'aurai décomposée et recomposée ».

N'était-il pas très facile et plus simple de rédiger de la manière suivante les phrases précitées ?

« L'influence du luxe se répand sur toutes les classes de l'Etat, je dirai plus, sur la classe des laboureurs ». « De toutes les divinités de la fable, l'Amour est le Dieu qui connaît le mieux le chemin du Parnasse ». « Ils donnent à la génération présente une grande ressemblance avec les générations qui la précèdent ou celles qui la suivent ». « Le génie français n'a exclusivement aucun caractère, et de là vient aussi qu'il n'en a aucun éminemment ; mais, au besoin, il prend tous les caractères, et à un assez haut degré ». « En effet, que je veuille connaître une machine, je la décomposerai, pour en étudier séparément chaque partie. Quand j'aurai une idée exacte de chacune des parties, et que je pourai les remettre dans le même ordre qu'elles étaient, alors je concevrai parfaitement cette machine, parce que je l'aurai décomposée et recomposée ».

ADJECTIFS.

(*bb*) *Page* 234. Deux, trois, quatre substantifs distincts, liés ou non liés, par *et* ou par *ni*, valent un pluriel, parce qu'il est impossible, comme l'a dit très judicieusement Domergue, mon estimable confrère, il est impossible, que deux, trois, quatre unités ne soient qu'une unité. C'est une faute que d'écrire « il a les yeux et la bouche *ouverte*; il a les pieds et la tête *nue* ». Deux choses sont ouvertes: d'un côté, les yeux; de l'autre, la bouche; il faut donc *ouverts*, au pluriel. Deux choses sont nues: d'un côté, les pieds; de l'autre, la tête; il faut donc *nus*. Dites « il a les yeux et la bouche *ouverts*; il a les pieds et la tête *nus* »; ou, pour satisfaire à la fois la raison et l'oreille, dites « il a la bouche et les yeux *ouverts*; il a la tête et les pieds n s ». *Ouverts*, masculin, se rapporte à *bouche* comme à *yeux*; *nus*, masculin, se rapporte à *tête* comme à *pieds*. L'adjectif ou pronom relatif, qui se rapporte tout à la fois à un substantif masculin et à un adjectif féminin, prend la forme masculine. Les exemples suivants offrent donc des fautes inexcusables: « Son âge et sa profession d'homme de cabinet le *rendait* incapable de partager avec le capitaine la gloire de l'exécution ». « Il n'y a ni malheur ni flétrissure qui *puisse* me réduire à cette abjection ». « Le bien et le mal *est* en ses mains ». « La politesse et l'affabilité *est* la seule distinction qu'ils affectent ». « Un peu d'esprit et beaucoup de temps à perdre lui *suffit* pour conserver son autorité sur une femme ». « Souvent la véhémence et la triste sévérité de son discours *protégera* la vertu opprimée, et *fera* trembler le vice triomphant ». « L'ignorance et l'aveuglement *s'était* prodigieusement *accru* depuis le temps d'Abraham, etc. ». (Vainement Beauzée veut-il justifier cette dernière phrase de Bossuet, en disant qu'il y a pluralité de noms synonymes, qui ne présentent pas pluralité d'idées; *aveuglement* et *ignorance* ne sont pas des termes synonymes; et quand ils le seraient, il faudrait, pour qu'on mît le verbe au singulier, que le conjonctif *et* disparût).

Ce vers de Boileau offre aussi une faute qu'on ne sçaurait justifier:

• Le duc et le marquis se *reconnut* aux pages ».

Il en est de même de ce vers de Voltaire :

» Que le salut de Rome, et que le tien te *touche* ».

Le salut de Rome et ton salut présentent deux unités ; or deux unités équivalent à la pluralité. Cependant Voltaire a pu dire :

« Quel que soit le Monarque, et quel que soit l'époux,
Que la reine ait choisi pour l'élever sur nous ».

par la raison que le monarque et l'époux ne sont ici qu'un seul et même individu.

Lorsque, dans plusieurs substantifs, l'esprit ne considère que le dernier d'entre eux, soit parce que le dernier explique les substantifs qui précèdent, soit parce qu'il est plus énergique, soit parce qu'il est d'un tel intérêt, qu'il fait oublier les autres ; les mots correspondants, quels qu'ils soient, s'accordent avec le dernier substantif ; et, comme l'unité ne permet pas l'addition, l'additionnel *et* ne sçauroit être admis dans ces sortes de phrases. L'inattention l'emploie souvent, mais la raison le désavoue. Vous écrirez donc « il a une aménité, une douceur *enchanteresse* ; son aménité, sa douceur *est connue* de tout le monde ». Il ne s'agit pas ici d'une idée ajoutée à une autre idée, d'une addition dont le résultat soit une pluralité. Le second mot de la phrase explique le premier, et l'efface ; le second reste seul, et doit, seul, faire la loi à ses correspondants *enchanteresse, est* et *connue*. Vous écrirez encore « il a eu un courage, une intrépidité à *laquelle* rien ne résiste ; son courage, son intrépidité *étonne* les plus braves ». *Intrépidité* dit plus que *courage* ; ce ne sont pas non plus deux unités dont il résulte une pluralité, l'idée de courage est effacée par l'idée plus forte qu'exprime *intrépidité*. Ce second mot reste seul, et doit, seul, faire la loi à ses correspondants *laquelle* et *étonne*. Vous écrirez avec Bossuet : « Si notre être, si notre substance n'*est* rien, tout ce que nous bâtissons dessus, que peut-il être » ? Vous écrirez avec Voltaire :

« Une ombre, un Dieu peut-être, à mes yeux s'est montré ».

ADJECTIFS.

..... « Son crédit, son sacré caractère
Peut appuyer le choix que vous prétendez faire ».

« Quels sont donc ces forfaits que l'enfer en furie,
Que l'ombre de Ninus ordonne qu'on expie ? »

Enfin, si vous avez à peindre les préparatifs d'un sacrifice dont l'horreur vous saisit, vous direz avec Racine :

... « Le fer, le bandeau, la flamme est toute prête ».

Le fer et le bandeau peuvent fixer un instant l'attention, mais ils s'effacent devant la flamme qui va dévorer une victime innocente et chère. *Flamme* reste seul, et doit, seul, faire la loi à ses correspondants *est* et *prête*.

(*cc*) *Page* 248. Une manière certaine de connaître si un verbe est actif, ou non, c'est de le changer en passif. On donne à un verbe actif le sens passif, quand on peut joindre son participe passé au verbe ETRE. Par exemple, le participe passé du verbe *aimer* est *aimé* ; en joignant le verbe *Être* au mot *aimé*, j'aurai *être aimé*, *n'être pas aimé* ; *je suis aimé*, *je ne suis pas aimé* ; *je serai aimé*, *je ne serai pas aimé*, etc. etc. *Nuire* et *vivre* (l'un, verbe oblique, l'autre, intransitif) ne peuvent pas recevoir un sens passif, par la raison qu'ils n'ont pas de complément direct; on ne dit pas « être nui, être vécu ».

(*dd*) *Page* 257. Il n'y a pas de doute qu'on ne doive dire « Les modes nouvelles que nous voyons les dames adopter », et non pas « les modes nouvelles que nous voyons adopter aux dames ». Ceux qui prétendront que cette dernière locution est bonne, par la raison qu'ils l'emploient sans cesse, et qu'on est presque toujours disposé à soutenir ses opinions, ne manqueront pas de dire que c'est un gallicisme ; et, à la faveur de cette assertion très hasardée, ils croiront pouvoir justifier toutes les fautes contre l'orthologie. Ils écriront « je *leur* ai fait renoncer à ces vaines chimères; je *les* ai fait rendre compte, etc. » Que ces Écrivains veuillent bien examiner sans prévention la règle que j'établis, et j'aime à croire qu'ils se rangeront à mon opinion. — Si je ne voulais pas me servir de cette locution : « Les modes nouvelles que nous voyons les dames adopter », j'emploierais celle-ci, qui est un vrai gallicisme : « Les modes nouvelles que nous voyons adopter par les dames (*c. à d.* que nous voyons être adoptées par les dames).

(*ee*) *Page* 262. Long-temps les Italiens ont pris le mot *apprendre* dans le sens d'*enseigner*; mais ils ont senti combien il est ridicule d'employer ce mot dans deux sens opposés; et le mot *apprendre*, signifiant *instruire* ou *enseigner*, n'est plus en usage parmi eux. Les Latins n'avaient garde de confondre les mots *enseigner* et *apprendre*; le premier était signifié par *docere*, et le second, par *discere*. Ayons le courage de suivre l'exemple des Latins et des Italiens, et rendons à chaque mot sa valeur et sa signification propres. Quand un inconnu nous dira « *j'apprends l'astronomie* », nous sçaurons qu'il étudie cette science, et qu'il ne l'enseigne pas. J'ai dit que ces mots *apprendre* et *enseigner* se confondent tous les jours sous la plume des bons Ecrivains ; je ne citerai à l'appui de mon assertion que ces deux phrases du sçavant auteur *de l'histoire naturelle de la parole* : « L'étymologie nous *apprend* la raison des mots; l'écriture à les peindre aux yeux, la troisième, à les unir ». « Nous venons de le dire, l'étymologie nous *enseigne* la raison de chaque mot ». Que la différence des termes serve donc à différencier nos idées, et disons, par exemple : « Quand nous avons *appris* beaucoup de choses, nous ne sçavons encore rien ». « On *enseigne* tout aux hommes, excepté à être honnêtes-gens ».

(*ff*) *Page* 278. Le verbe *Pardonner* a deux complémens : l'un, direct, l'autre indirect, « pardonner quelque chose à quelqu'un ». On dira bien « ce crime a été pardonné » puisque le complément prochain direct devient le sujet de la proposition ; mais on ne poura pas dire « nos ennemis ont été pardonnés ». Cette construction serait très vicieuse, par la raison que l'on prendrait le complément indirect pour en faire le sujet de la proposition ; au lieu de dire « nos ennemis ont été pardonnés », il faut nécessairement dire : « on a pardonné à nos ennemis ce crime », ou bien « ce crime a été pardonné à nos ennemis ». Aussi un

Écrivain politique a-t il eu grandement tort d'écrire : « Judas a trahi son maître, *il a été pardonné* ». Il devait dire : son pardon lui a été accordé. *Démasquer quelqu'un* se dit en latin *detrahere alicui larvam* (ôter à quelqu'un son masque). Si donc j'avais à traduire « Votre ami a été démasqué », je me garderais bien de traduire « *tuus amicus detractus est larvam* » ; j'userais d'un tour aussi barbare que celui-ci : « *Nos ennemis ont été pardonnés* » ; mais je traduirais *larva detracta est tuo amico*.

Le verbe *Faire*, suivi d'un indéfini, ne peut jamais être pris dans un sens passif ; c'est pourquoi, bien que l'on dise « faire apercevoir une faute, faire mourir un homme, etc. » on ne peut pas dire : « Cette faute a été faite apercevoir ; ces hommes ont été faits mourir » (beaucoup de gens emploient cette dernière expression, qui est très condamnable) ; la raison en est que, dans ces façons de parler, le verbe *faire* a pour complément direct, non pas le mot *faute*, ni le mot *hommes*, mais le substantif indéterminé ceci : « J'ai fait apercevoir une faute » ; c'est-à-dire « j'ai fait ceci : apercevoir une faute ». « On a fait mourir des scélérats », c. à d. on a fait ceci : des scélérats mourir ».

(gg) *Page* 290. Barthe a eu raison d'écrire : « On a de tout temps établi que nous n'avons qu'une seule âme » ; et non pas « que nous n'avions qu'une seule âme ». François de Neufchâteau a sagement employé le présent dans ces vers :

« Ci-gît Cléon, ce président avare,
Qui vendit la justice à chaque citoyen,
Croyant qu'une chose aussi rare
Ne doit pas se donner pour rien ».

Si quelqu'un me disait : Voulez-vous bien vous charger d'une lettre pour Paris ? je viens d'apprendre que vous *partez* aujourd'hui. — Je *partais*, lui répondrais-je ; et mon homme fort embarrassé me quitterait en disant à part soi : « il *partait* pour Paris, mais quelque raison sans doute l'en empêche ».

Veut-on s'assurer du véritable emploi d'un temps grammatical, on doit changer mentalement le *que* en *ceci*. Exemple : Je viens d'apprendre ceci : « vous partez aujourd'hui pour Paris »; je dois dire par conséquent : Je viens d'apprendre que vous partez aujourd'hui pour Paris. Je dirai également « le Créateur n'a rien fait qui ne soit digne d'admiration », parce que les ouvrages du Créateur sont et seront toujours dignes d'admiration.

Racine a dit :

« Depuis trois ans entiers qu'a-t-il dit, qu'a-t-il fait,
Qui ne promette à Rome un empereur parfait ».

Et non pas « qui ne *promît* à Rome.... », parce que les actions et le langage du prince promettent toujours à Rome un empereur parfait.

(*hh*) *Page* 305. Nous supposons que le poète interroge ici Alcippe à qui il s'adresse. Pour ne point effrayer ce futur époux, il n'ose pas lui dire que sa femme sera infidèle ; c'est un doute honnête qu'il lui propose en ces termes : Crois-tu qu'elle puisse se garantir de tous les genres de séduction, de tous les piéges dont on l'environnera ? crois-tu que

« Sa sagesse jamais ne devienne folie » ?

Si le sévère Boileau était certain, au contraire, qu'elle dût manquer aux lois de l'honneur, et qu'il interrogeât Alcippe sans intention, sans paraître attendre de lui une réponse, il dirait :

« Crois-tu que, toujours ferme au bord du précipice,
Elle poura marcher sans que le pied lui glisse » ?

c'est-à-dire, poura-t-elle ne pas s'écarter du droit chemin ? tu ne le crois point. Sa sagesse ne deviendra-t-elle jamais folie ? elle le deviendra assurément. Il s'en suit que, quand une phrase est interrogative, on met au mode complétif le verbe de la proposition subordonnée, toutes les fois que le verbe de la proposition principale exprime un doute, renferme une question qui exige, en quelque sorte, une réponse. Exemples : Croyez-vous qu'il y ait une autre vie ?

Est-il constant qu'ils aient eu l'intention de me nuire ? Mais, si le verbe de la proposition principale exprime moins un doute qu'une affirmation, il faut mettre au mode affirmatif le verbe de la proposition subordonnée. Exemples : Pensez-vous qu'un honnête homme n'est pas plus estimable qu'un fourbe et qu'un fripon ? assurément vous ne le pensez pas. Peut-on contester que Dieu nous a donné la connaissance du bien et du mal ? non certainement. Doutez-vous qu'il tiendra sa promesse ? cela ne se peut point (*Voyez* la règle 282e.)(1)

(*ii*) *Page* 352. Quelques Ecrivains trop peu attentifs sur le choix des mots font encore un emploi bizarre des verbes *éloigner* et *détourner*, comme dans ces deux exemples : Certaines affaires imprévues m'ont *éloigné* de faire ce voyage ; au lieu de « certaines affaires imprévues m'ont empêché de faire ce voyage ». Ce mauvais succès, dit J. J. Rousseau, ne m'aurait pourtant pas *détourné* d'exécuter ma retraite à Genève ». Il valait beaucoup mieux dire « Ce mauvais succès ne m'aurait pourtant pas détourné du projet d'exécuter ma retraite à Genève ». Il suit de cette observation grammaticale, que les verbes *éviter*, *éloigner* et *détourner* rejettent après eux *de* et *que*. La phrase suivante, qui se trouve dans le même Ecrivain, nous offre encore un tour pénible que le bon goût proscrit et désavoue : « Il ne laissa pas de m'être utile pour placer le vieux bon-homme qui avait plus de quatre-vingts ans, et dont *sa* femme, qui *s'en sentait surchargé*, ne *cessait* de me prier de le *débarrasser* ». N'oublions jamais le précepte de Boileau :

« Fuyez des mauvais sons le concours odieux ».

(*jj*) *Page* 352. Les Grammairiens qui veulent que l'on dise « Monsieur a sorti ce matin », pour faire entendre qu'il

---

(1) Ces phrases équivalent à celles-ci : Un honnête-homme est plus estimable qu'un fourbe et qu'un fripon, et certes vous le pensez. Dieu nous a donné la connaissance du bien et du mal, personne ne peut le contester. Il tiendra sa promesse, c'est ce dont vous ne doutez pas.

est sorti, mais qu'il est rentré, induisent évidemment en erreur. Au lieu de « Monsieur a sorti ce matin », ce qui est un véritable solécisme, dites : « Monsieur est sorti ce matin, il est allé à l'église », et non pas « a sorti ce matin, a été à l'église ». Dites également « Nous sommes sortis à cinq heures, et nous sommes allés au spectacle », et non pas « Nous avons sorti à cinq heures, et nous avons été au spectacle », quoique nous soyons de retour à la maison. La Bruyère a fait une faute quand il a dit « Il semble que Cicéron *ait* entré dans les sentiments de ce philosophe ». Pélisson et Scudéri ont péché contre la langue, lorsqu'ils ont dit « *J'ai* entré en ce lieu ». Quant à ces locutions du style très familier, que nous avons déjà citées, et que nous reproduisons ici « Il aurait entré le vin à la cave. Avez-vous sorti mon cheval ? Nous avions entré ce paquet dans la maison. Vos amis vous ont sorti d'un mauvais pas », ayez soin de les éviter, et préférez leur celles-ci : « Il aurait fait entrer le vin à la cave. Avez-vous fait sortir mon cheval ? Nous avions introduit ce paquet dans la maison. Vos amis vous ont tiré d'un mauvais pas ».

(*kk*) *Page* 366. Je pense que Racine a fait parler ainsi Andromaque :

« N'est-ce point à vos yeux un spectacle assez doux,
Que la veuve d'Hector *pleurante* à vos genoux » ?

On a donc eu tort de substituer *pleurant* dans la plûpart des éditions qu'on a données des œuvres de ce grand poëte ; en effet, de quoi s'agit-il ici ? il s'agit, non pas de l'action de pleurer, mais de l'état d'humiliation où se trouve Andromaque en pleurs devant Hermione ; c'est pourquoi le participe réclame l'accord. Il y a une remarque très judicieuse que Domergue a faite, la voici : Tout participe devrait porter la livrée du substantif auquel il s'attache ; cependant, de cette infraction de la loi, il est résulté quelques nuances heureuses ; je n'en citerai qu'une, et certes elle n'a pu échapper à Racine : Une femme *aimant* un homme, est une femme qui éprouve pour un homme le sentiment de l'amour ou de

PARTICIPES. 469

l'amitié ; une femme *aimante* est une femme d'une sensibilité expansive.

(*ll*) *Page* 367. Nos aïeux, il faut en convenir, avaient des idées bien étranges sur le participe ; en suivant leur doctrine et celle de leurs imitateurs, on court risque de se tromper fort souvent.

Régnier-Desmarais prétendait qu'on doit écrire « Elle est venue nous voir ; elle est allée se plaindre », et il ajoutait que, si le régime vient à être transposé, on doit écrire « elle nous est venu voir ; elle s'est allé plaindre ». En vérité, dit l'abbé d'Olivet, si cette opinion avait été adoptée, l'usage aurait bien mérité le reproche qu'on lui fait souvent d'être plein de caprices. D'Olivet aurait dû ajouter que cette transposition de régime « elle nous est venue voir » n'est nullement correcte, et qu'on doit dire « elle est venue nous voir ; elle est allée se plaindre ».

(*mm*) *Page* 368. Dans ces phrases « L'alouette a chanté ce matin. Ma mère a balancé long-temps. Ces jeunes-gens ont paru fort étourdis », et autres locutions de même espèce, ces participes *chanté*, *balancé*, *paru*, ne s'attachent à aucun substantif. Le mot qui précède chacun d'eux « alouette, mère, jeunes-gens » est sujet du verbe *avoir* ; or c'est, non pas le sujet, mais le complément de ce même verbe *avoir*, qu'il faut examiner pour soumettre, ou non, le participe à l'accord. Faute de connaître ce principe essentiel, la plûpart des Dames et des jeunes Ecrivains orthographient de cette manière : L'alouette a *chantée* ce matin. Ma mère a *balancée* long-temps. Ils ont *parus* fort étourdis ; au lieu de *chanté*, *balancé*, *paru*.

(*nn*) *Page* 369. Quelques Grammairiens bien timorés, pour qu'on ne confonde pas les participes féminins *plainte*, *crainte*, *contrainte*, avec les substantifs homonymes, ne veulent point qu'on dise « La jeune fille que nous avons *plainte* ; la mort que j'ai *crainte* ; les mères que vous avez *contraintes*. Par une bizarrerie inconcevable, et pour multiplier, sans motif, les exceptions de notre langue, ils prétendent, avec Regnier-Desmarais, qu'il faut dire « La jeune fille que nous avons plaint ; la mort que j'ai craint ; les mères que vous avez contraint ». Je le demande à tout Ecrivain de bonne foi : est-il quelqu'un, fût-il le plus inepte des hommes, qui puisse se méprendre sur l'emploi de ces trois mots, dont le sens indique la nature ? Il en est de même du participe féminin *atteinte*, qui devrait être compris dans le même anathême ; car nous avons le substantif *atteinte*. Mais ces quatre participes féminins sont employés par les Ecrivains les plus corrects, et personne ne les a confondus jusqu'à ce jour avec leurs substantifs homonymes. On doit donc dire : « La jeune fille que nous avons *plainte* ; la mort que j'ai *crainte* ; les mères que vous avez *contraintes* » ; enfin il faut dire avec un de nos meilleurs Ecrivains : « Ils ne voient au dessus d'eux que cette perfection de tout point, que nul n'a jamais *atteinte*, et dont on ne peut révoquer en doute la possibilité ».

Il me reste quelque chose à dire sur le participe *fui* ; quelques Grammairiens plus timorés encore que ceux dont j'ai parlé, ne veulent pas qu'on lui donne un féminin. Quelle que soit leur opinion à cet égard, aucun Ecrivain ne doit se faire scrupule de dire : « Les occasions que vous avez *fuies* » ; l'emploi du participe féminin *fuie* est duement autorisé par la raison, aussi bien que par un bon nombre d'exemples ; il nous suffira de citer ces vers d'un de nos poètes les plus agréables, qui fut cher aux Muses et que les Muses pleureront long-temps :

LA RIME.

« Ma sœur, que faites-vous à présent ?

LA RAISON.

Je m'ennuie.

LA RIME.

C'est votre faute aussi ; pourquoi m'avez-vous *fuie* » ?

La Raison avait fui également Regnier-Desmarais, lorsqu'il proposa cette différence : « Je les ai *rangé* (mes livres), pour marquer l'action » ; et « je les ai *rangés*, pour marquer l'état ». De semblables propositions sont tout-à-fait inadmissibles en grammaire.

Parlerai-je de cette autre exception bien étrange que les anciens Grammairiens avaient cherché à établir ; ils voulaient que le participe passé, quoique précédé de son régime (complément) direct, ne s'accordât pas avec ce régime, lorsque le sujet était énoncé par le substantif indéterminé *cela* ; et ils prétendaient qu'on doit écrire « Les soins que cela a *exigé* ; les peines que cela a *donné* ». Il serait trop long de reproduire ici les exceptions ridicules qu'ont proposées nos anciens Grammairiens, à la suite desquels est venu Restaut, de l'autorité duquel on a grand tort de s'appuyer aujourd'hui. N'écrivez pas comme lui : « Les lettres que m'a *envoyé* mon père. On l'a *fait* religieuse. Je l'ai *cru* belle. Les Romains se sont *rendu* célèbres. Elle lui est *allé* porter de l'argent, etc. etc. »

(oo) *Page* 370. Rien n'est plus naturel que l'accord du participe avec le substantif auquel il se rapporte « L'histoire que j'ai *écrite*, a été *jugée* sévèrement. Voici vos fables, nous *les* avons *lues* et *les* avons *admirées* », puisque c'est l'histoire qui a été écrite et qu'on a jugée sévèrement, puisque ce sont les fables qui ont été lues et admirées. Mais rien n'est plus ridicule que l'inaccord du participe avec le substantif auquel il se rapporte, lorsque ce substantif est placé après le participe « J'ai *écrit* une *histoire*. Madame a *lu* des *fables*. Tu avais *caché* des *trésors*, etc. etc. » En effet, n'est-ce pas l'histoire qui a été écrite ? Ne sont-ce pas des fables qui ont été lues ? Ne sont-ce pas des trésors qui avaient été cachés ? etc. etc. D'où peut provenir une pareille bizarrerie ? de l'inattention de nos premiers Ecrivains qui, parce qu'ils étaient plus versés dans la langue latine que dans la nôtre, n'ont voulu voir qu'un mot dans *j'ai écrit* (scripsi) ; *elle a lu* (legit) ; *tu avais caché* (condideras), etc. etc. Or, comme ces mots latins ne s'accordent pas avec leurs compléments, ils ont écrit sans accord « Vous avez *acquis* une gloire immense ; il a *lu* des fables ; ils auront *amassé* des richesses ; tu avais *caché* des trésors, etc. etc. » Mais lorsqu'ils ont eu à écrire « La gloire immense que vous avez *acquise* ; les fables qu'il a *lues* ; les richesses qu'ils auront *amassées* ; les trésors que tu avais *cachés*, etc. » frappés par le genre féminin du substantif *gloire*, et par la corrélation de *gloire* et de *acquise*, ils les ont fait accorder ; frappés également par le nombre pluriel de *fables*, et par la corrélation de *fables* et de *lues*, ils les ont fait accorder ; et la raison, cette fois, a écarté la réminiscence latine. Il s'en suit que, pour se conformer au génie de notre langue, qui, dans la conjugaison des verbes, fait jouer un si grand rôle au mot AVOIR, pris pour POSSÉDER, on devrait dire : « J'ai *écrite* une histoire ; Madame a *lues* des fables ; vous avez *acquise* une gloire immense ; tu avais *cachés* des trésors, etc. » c'est-à-dire : « J'AI une histoire écrite ; Madame A des fables lues ; vous AVEZ une gloire immense acquise ; tu AVAIS des trésors cachés, etc. » et, si nous plaçons aujourd'hui le participe avant le substantif, c'est que nous avons substitué l'inversion à l'ordre grammatical que suivaient nos aïeux, comme on peut le voir par les exemples ci-après :

« Un certain loup, dans la saison
Où les tièdes zéphyrs ont l'herbe rajeunie ».

« Leur camp qui la Durance avait presque tarie ».

« Après l'embrâsement, errante par les mers,
D'un jeune audacieux j'ai les mépris soufferts ».

« La Parque, de ses jours a la trame coupée ».

« Il a, par sa valeur, cent provinces conquises ».

« J'ai maints chapitres vus
Qui pour néant se sont ainsi tenus ».

« Mon père est mort, Elvire, et la première épée
Dont s'est armé Rodrigue a sa trame coupée ».

« O Dieu, dont les bontés de nos larmes touchées
Ont aux vaines fureurs les armes arrachées ».

« Par un style plus beau cette pièce changée
Fit croire des enfers Racine revenu,
Ou *que* Corneille avait la sienne corrigée ».

Si nos pères disaient « Il a par sa valeur, cent provinces conquises », ils auraient dû dire également « il a conquises

PARTICIPES. 473

cent provinces, par sa valeur »; nous devrions le dire également pour nous conformer au génie de notre langue ; mais aujourd'hui qu'elle est fixée par des chefs-d'œuvre, on doit respecter ses écarts, et obéir à la coutume qui a érigé en principe un abus contre lequel il n'est plus temps de réclamer, puisque Racine et Boileau, Pascal et Bossuet nous en fournissent des exemples innombrables.

(*pp*) *Page* 371. Dans ces phrases « Les comédiens que j'ai vus jouer ; ces hauts peupliers, je les ai admirés croître ; les livres que tu as laissés tomber ; la résolution que tu avais prise de voyager, etc. » les indéfinis *jouer, croître, tomber, voyager*, ne jouent aucun rôle, parce qu'ils n'ont pas de complément ; les mots *que* et *les* sont compléments des verbes actifs *voir, admirer, laisser* et *prendre* ; l'analyse est « J'ai vu les comédiens jouer ; j'ai admiré ces peupliers croître ; tu as laissé les livres tomber ; tu avais pris la résolution de voyager »; et non pas « J'ai vu jouer les comédiens ; j'ai admiré croître ces peupliers ; tu as laissé tomber les livres ; tu avais pris de voyager la résolution ». Racine a donc eu tort de faire dire à Néron, en parlant de Junie :

« Je l'ai *laissé* passer dans son appartement ».

Il fallait « Je l'ai laissée passer ». Ce qui prouve que la mesure seule a commandé cette infraction de la règle, c'est qu'en parlant de Junie, Racine a fait dire plus haut à Néron :

« Cette nuit je l'ai *vue* arriver en ces lieux ».

c'est-à-dire, j'ai *elle* vue arriver, comme on doit dire, par la voie de l'analyse « J'ai *elle* laissée passer ». Condillac, il est vrai, ne veut pas l'accord dans le vers précité

« Je l'ai laissé passer. . . . . »

mais d'Olivet, Ménage, Duclos, et tous les bons Grammairiens le veulent à juste titre. N'a-t-on pas déjà proposé d'écrire ? « L'histoire que je vous ai *donné* à lire ; les maux que vous avez *eu* à souffrir »; et pour légitimer ces solécismes, on a dit que *le participe doit être déclinable ou indéclinable, selon qu'il présente une idée par lui-même, ou que cette idée a besoin de complément.* Une telle règle serait tout-à-fait contraire à l'usage; en outre, elle prêterait beaucoup à l'arbitraire, car chacun penserait, à son gré, que l'idée exprimée par le participe serait complète ou ne le serait pas. On doit écrire sans balancer « L'histoire que je vous ai *donnée* à lire; les maux que vous avez *eus* à souffrir ». Qu'est-ce que je vous ai donné? une *histoire*; or *que*, représentant *histoire* (subst. f.), est placé avant le participe : donc il y a accord. Qu'est-ce que vous avez eu? des *maux*; or *que*, représentant *maux* (subst. m. pl.), est avant le participe : donc il y a accord.

Vaugelas, Regnier-Desmarais, Restaut et autres n'ont-ils pas voulu qu'on écrivît? « La justice que vous ont *rendu* vos juges; les ennemis se sont *rendu* maîtres de la forteresse; les lettres qu'ont *écrit* Cicéron et Pline; cette ville, le commerce l'a *rendu* florissante ». Il n'est plus permis d'écrire de cette sorte; dans toutes ces phrases, les participes sont déclinables; il faut « La justice que vous ont rendue vos juges; les ennemis se sont rendus maîtres de la forteresse; les lettres qu'ont écrites Cicéron et Pline; cette ville, le commerce l'a rendue florissante ». Enfin on doit écrire « Les comédiens que j'ai *vus* jouer; l'histoire que je vous ai *donnée* à écrire; les maux que vous avez *eus* à souffrir; la dame que j'ai *laissée* passer; la justice que vous ont *rendue* vos juges, etc. » par la même raison qu'on écrit « Voici vos fables, nous les avons *lues*; les travaux que j'ai *terminés*; l'histoire que j'ai *écrite*; les champs que j'ai *parcourus*, etc. etc. »

(99) *Page* 373. L'analyse grammaticale prouvera que le mot *quelqu'un* est sous-entendu dans cette phrase : « La comédie que nous avons vu jouer.... ». *Nous avons.....* quand on a, il faut avoir quelque chose, quelque substance animée ou inanimée, réelle ou supposée. Le complément de *nous avons* ne sçauroit être *vu*, parce que nulle chose, nul être ne se nomme et ne peut se nommer *vu*. Nous avons.... quoi donc? *quelqu'un* « quelqu'un vu » jouer, *c'est-à-dire* être jouant; jouer, quoi? *elle* (la comédie);

elle est représentée par *que* : donc *que* est complément direct de *jouer*, et non pas de *nous avons*. La même analyse prouvera que le mot *ceci* est sous-entendu dans cette phrase « Les projets que j'ai cru important de communiquer.... ». J'ai.... quoi donc? *ceci* « ceci cru important » *de communiquer*, quoi? *eux* (les projets) ; *eux* est représenté par *que* : donc *que* est complément direct de *communiquer*, et non pas de *j'ai*. On voit qu'il n'en est pas de même de cette phrase « Les comédiens que j'ai vus jouer.... ». L'analyse est : J'ai *eux* vus jouer ; et non pas « J'ai *quelqu'un* ou *ceci* vu jouer eux ».

(rr) *Page* 382. L'ingénieux Duclos n'a résolu que cette question « Elle s'est *laissé* séduire », il écrit *laissé*, parce que ce dernier verbe est à l'indéfini actif « elle a quelqu'un laissé séduire elle »; mais il n'a pas résolu la question suivante qui valait bien une remarque : « Elle s'est *laissée séduire par un intrigant* »; j'écris LAISSÉE, parce que le dernier verbe est à l'indéfini passif, car il faut nécessairement dire « elle a soi laissée *être séduite* par un intrigant ». On a depuis long-temps décidé cette question : « La dame que j'ai vu peindre, etc. »; on écrit *vu* parce que ce dernier verbe est à l'indéfini actif « j'ai quelqu'un vu peindre elle »; mais on n'a pas encore décidé le problème qui suit : « La dame que j'ai *vue* peindre par un très habile homme, etc. » Il faut écrire VUE, parce que le dernier verbe est à l'indéfini passif, car il faut nécessairement dire « j'ai elle vue *être peinte* par un très habile homme » : or remarquez bien qu'on doit dire « La dame que j'ai *vue* peindre (*être peinte*) par un très habile homme » pour la même raison qu'on dit et qu'on écrit : « Les questions que j'ai entendues faire (*être faites*) par des sçavants à... ; « les grandes difficultés que j'ai eues à surmonter (*à être surmontées*) ».

(ss) *Page* 386. La phrase qui suit est également vicieuse sous le rapport du participe : « De deux filles qu'elle avait, elle en a *faite* une religieuse ». On doit dire « elle en a fait une religieuse ». Si, au lieu de *en* (qui équivaut à *de cela*), il y avait un substantif, dans ce cas, le participe s'accorderait avec lui. Exemples : Combien d'heureux j'ai faits ! Que de services j'ai rendus ! Combien de fautes n'a-t-il pas faites ! Que de valeur nous avons montrée ! Que d'injustices il a commises ! Plus d'application vous aurez apportée, plus de progrès vous aurez faits en peu de temps. Moins d'obstacles il a rencontrés, moins d'ardeur il a eue. Que vous reste-t-il de tant de gloire que vous avez acquise ? Que sont devenus tant d'amis que la fortune avait attachés à votre char ? Peu d'Anglais que j'ai rencontrés parlaient correctement notre langue. Beaucoup d'Allemands que j'ai connus la martelaient en écrivant. L'accord a lieu dans toutes ces phrases, parce que le complément du verbe *avoir* est avant le participe.

Je ne dois pas oublier de signaler ici une erreur qui provient d'une fausse application de la présente règle « Quoi de comparable aux agréments de l'histoire et aux avantages que j'en ai tirés »? Les personnes qui se bornent à retenir que le participe passé précédé du mot *en*, reste invariable, écrivent : « Quoi de comparable aux agréments de l'histoire et aux avantages que j'en ai *tiré* »? Analysons cette phrase : « Quelle chose est comparable aux agréments de l'histoire et aux avantages que j'ai tirés d'elle »? « Les avantages que j'ai tirés » c'est-à-dire, j'ai eux tirés (les avantages); or *que*, représentant *avantages*, est complément du verbe *avoir*; en outre, il est placé avant lui: donc il y a accord « tirés »; « de elle (de l'histoire) » voilà le complément indirect.

(11) *Page* 387. Il ne faut pas confondre cette phrase : « La langue anglaise n'est pas aussi difficile que je l'avais cru » avec cette autre : « Votre mère n'est pas telle que je l'avais *crue* ». Il y a ici accord, parce que l'analyse est : « Votre mère n'est pas telle que j'avais *elle* crue »; *elle*, complément du verbe *avoir*, est avant le participe: donc le participe doit s'accorder avec le substantif féminin *mère*. Il en est de même des phrases suivantes : « Cette Dame est toujours la même que vous l'avez connue. Cette scène fut telle que je l'avais imaginée. Notre résolution est la même que nous l'avons conçue ». Ne dirait-on pas au pluriel ? « Ces Dames sont toujours les mêmes que vous les avez connues.

Ces scènes furent telles que je les avais imaginées. Nos résolutions sont les mêmes que nous les avions conçues. Votre mère et votre sœur ne sont pas telles que nous les avions crues ».

(*uu*) *Page* 389. J'ai dit « que tous les mots qui, construits avec *avoir*, ne peuvent pas modifier un substantif, sont de faux participes, des participes illégitimes ». Dans toutes les langues, le participe attache une idée secondaire à un substantif; il est néanmoins des participes qui ne remplissent pas cette fonction essentielle : tels sont ceux qui dérivent des verbes obliques et des verbes intransitifs. On dit, par exemple, *J'ai cédé* à vos instances. Quand on a, il faut avoir quelque chose. *Cédé* n'est le nom ni d'un être ni d'une chose. D'un autre côté, on ne peut pas dire : « J'ai vos instances *cédées* », parce que, *céder à* exprimant une action indirecte, il ne peut pas y avoir réaction. Il faut donc avouer que cette expression, consacrée par l'usage, est contraire à l'analyse grammaticale. On a dit : « J'ai *cueilli* des lauriers », et, par extension, par analogie, on a dit : « J'ai *cédé* à vos instances ; elle a *régné* sur les Assyriens ; vous avez *nui* à mes intérêts ; il m'a *coûté* des peines ; ils ont *vécu* peu d'instants, etc. » Mais la décomposition de « j'ai cueilli des lauriers » amène « je suis ayant des lauriers cueillis », où l'on voit que *cueillis* se joint à *lauriers* qu'il modifie ; au lieu que la décomposition de « j'ai cédé à vos instances » amène « je suis ayant cédé à vos instances », où *cédé* ne se rapporte à rien, où, portant la livrée de l'adjectif, il n'a ni la faculté modificative, ni le pouvoir d'aucune des parties du discours. Mais il fallait des temps composés tant aux verbes intransitifs qu'aux verbes obliques, et le besoin l'a emporté sur la raison.

(*vv*) *Page* 395. Quelques Grammairiens exceptent de cette règle les adjectifs *aveugle*, *commode*, *conforme*, *énorme* ; pour former l'adverbe qui leur correspond, ils changent l'*e* muet en *é* fermé : aveuglément, commodément, conformément, énormément. Les exceptions inutiles ruinent les règles ; je ne crains pas de mettre ces quatre exceptions au rang de celles qui sont inutiles et arbitraires ; 1°. les maintenir, c'est rendre un mauvais service aux étrangers qui, en lisant *aveuglément, commodément, conformément, énormément*, se persuaderont que les adjectifs auxquels ces adverbes correspondent, sont *aveuglé, commodé, conformé, énormé* ; 2°. n'entend-on pas tous les jours les personnes les plus instruites dire *aveuglement, commodement, conformement, énormement*, comme on dit *avidement* (et non avidément), *convenablement* (et non convenablément), *fixement* (et non fixément), *immensement* (et non immensément), *intimement* (et non intimément), *opiniâtrement* (et non opiniâtrément), etc. etc.?

(*xx*) *Page* 396. On réclame encore des exceptions en faveur des adjectifs *commun, confus, exprès, importun, obscur, précis, profond* et *profus* ; on veut les considérer comme ayant un *é* fermé au féminin, et dire en conséquence communément, confusément, expressément, importunément, obscurément, précisément, profondément et profusément : de là un grand embarras pour les personnes qui écrivent, et sur-tout pour les étrangers. Ne vaut-il donc pas mieux dire et écrire, en conformité de la règle générale : *communement, confusement, expressement, importunement, obscurement, précisement, profondement* et *profusement* ? D'ailleurs, beaucoup de personnes instruites parlent et écrivent de cette manière.

(*yy*) *Page* 398. Un Grammairien connu prétend qu'il faut dire « jusqu'aujourd'hui », par la raison qu'on ne sçaurait dire « *jusqu'à ici, jusqu'à là, jusqu'à auprès de Rouen* ». L'auteur du Dictionnaire critique lui répond très judicieusement que l'analogie n'est pas juste, parce que les adverbes *ici, là, auprès*, ne sont pas susceptibles d'être précédés du déterminatif *à*, comme l'adverbe *aujourd'hui* (on a remis l'affaire *à* aujourd'hui).

(*zz*) *Page* 398. Il était permis autrefois de donner un complément aux mots *à l'entour, dedans, dehors, dessous, dessus*, mais aujourd'hui qu'ils sont regardés comme adverbes, et non comme déterminatifs, il faut condamner ces vers :

« *A l'entour* de sa grotte élevant leurs rameaux
De jeunes ceps, produit d'une heureuse culture,
Étalèrent bientôt leurs fruits et leur verdure ».

« Ma passion s'oppose à mon ressentiment,
Dedans mon ennemi je trouve mon amant ».

« . . , . . . Ses sacrilèges mains
Dessous un même joug rangent tous les humains ».

« J'adore en périssant la raison qui t'aigrit,
Mais *dessus* quel endroit tombera ton tonnerre,
Qui ne soit tout couvert du sang de Jésus-Christ » ?

Il faut rejeter l'exception que paraît faire l'Académie en faveur des adverbes *dedans*, *dehors*, *dessous*, *dessus*, rapprochés et mis en opposition comme dans cette phrase : « Je l'ai cherché dedans et dessous la table », ou dans cette autre : « Il y a des animaux dedans et dessous la terre ». Ne serait-il pas plus exact de dire ? « Il y a des animaux sous la terre et dans ses entrailles » ; « Je l'ai cherché sur la table et en dessous ».

Il ne faut pas confondre *de dessus*, *au dessus*, *par dessus* ; *de dessous*, *au dessous*, *par dessous* ; avec *dessus* et *dessous* ; ces deux derniers sont adverbes ; les précédents sont déterminatifs. En effet, on dit : « Les impies seront retranchés de dessus la terre. Je ne connais personne au dessus de ce prince. Il faut pratiquer la religion par dessus tout. » — « Une île sortit de dessous la mer. Nous devons regarder cela comme au dessous de nous. Les eaux filtrent par dessous la terre ».

(aaa) *Page* 403. C'est bien à tort que l'abbé Girard prétend qu'il faut employer *si*, même dans le cas de comparaison, lorsque la proposition est négative. « Personne ne vous a servi *si* utilement que je l'ai fait ». « Je ne crois pas qu'un homme *si* gai soit *si* méchant ». (1) « Tout le reste du monde ensemble n'a pas eu *tant* de poètes que la seule Arabie ». sont des phrases qui décèlent la négligence et dont

---

(1) Voltaire, en parlant de Beaumarchais.

s'abstiennent les Ecrivains corrects. — Un autre Grammairien, livrant à l'arbitraire un principe aussi vrai, aussi constant, dit que c'est à la justesse de l'esprit de décider, dans les circonstances particulières, si l'on doit employer *si* ou *aussi.* Invoquez maintenant le témoignage de ceux qui doivent fixer et maintenir les règles du bon langage !

(*bbb*) *Page* 406. *Davantage* et *plus* sont également comparatifs, et marquent tous deux la supériorité : c'est en quoi ils sont synonymes. Voici en quoi ils diffèrent.

Plus s'emploie pour établir explicitement et directement une comparaison ; *davantage* en rappelle implicitement l'idée et la renverse. Après *plus*, on met ordinairement un *que*, qui amène le second terme ou le terme conséquent du rapport énoncé dans la phrase comparative ; après *davantage*, on ne doit jamais mettre *que*, parce que le second terme est énoncé auparavant. Ainsi l'on dira, par une comparaison directe et explicite : « Les Romains avaient plus de bonne foi que les Grecs ». « L'aîné est plus studieux que le cadet ». Mais, dans la comparaison inverse et implicite, il faut dire : « Les Grecs n'avaient guère de bonne foi, les Romains en avaient davantage ». « Le cadet est studieux, mais l'aîné l'est davantage ».

(*ccc*) *Page* 410. A l'occasion de ces vers

« . . . . Un indolent mystique,
Au milieu des péchés tranquille fanatique,
Du *plus parfait* amour semble avoir l'heureux don »

Domergue fait une réflexion très judicieuse qu'il est important de mettre sous les yeux de nos lecteurs. « La perfection, l'immortalité, etc. sont des qualités absolues, et rejettent toute modification en *plus* et en *moins*. La perfection est au plus haut degré ; ce qui est au-delà ou en deçà n'est plus la perfection. Il n'y a que les qualités relatives qui admettent le *plus* et le *moins*. La neige est *plus blanche* que le lait ; l'or est *plus ductile* que l'argent. Il y a différents degrés dans la blancheur, dans la ductilité ; mais conçoit-on un degré au-delà ou en-deçà de l'essence de l'universalité ?

La tête et le corps sont essentiels à la vie de l'homme ; dira-t-on que l'un l'est *plus*, l'est *moins* que l'autre ? L'universalité embrasse tout ; dira-t-on qu'il y a quelque chose au-delà de l'universalité, de la totalité rigoureuse et absolue ? Cependant les Ecrivains, trop souvent inattentifs à la véritable signification des mots, confondent l'*universel*, qui n'excepte rien, avec le *général*, qui admet des restrictions; l'*essentiel*, qui fonde l'existence, avec l'*important*, qui doit l'améliorer ou l'embellir; le *parfait*, qui ne laisse plus rien à désirer, avec le *bon*, le *tendre*, le *sçavant*, ou toute autre attribution qui présente une longue suite de degrés à parcourir. Ces fautes, mêlées à beaucoup d'autres, déparent nos meilleurs ouvrages ; mais l'exemple doit céder aux principes; la vaine autorité de l'homme, à l'irréfragable autorité de la raison.

(*ddd*) *Page* 411. Lors même qu'on ne parle que de deux individus, il faut faire précéder *moins* ou *plus* de l'article défini *le* ou *la* ; c'est pourquoi l'on doit dire : « Le plus beau de ces deux temples »; « la plus belle de ces deux femmes »; « lequel fut le plus éloquent, César ou Cicéron » ? C'est par abus, sans doute, que nous employons dans ces exemples et dans leurs analogues une expression superlative, au lieu d'une expression comparative ; mais cet abus a, chez nous, force de loi. On sçait que les Latins employaient le comparatif seulement, quand ils établissaient une comparaison entre deux individus : « *Uter eloquentior* (et non pas *eloquentissimus*) *exstitit*, *Tulliusne an Cæsar?* Les Latins auraient dû être pris pour modèles.

(*eee*) *Page* 419. Il y a des Grammairiens qui n'osent décider la question de sçavoir si ceux *mêmes* doit s'écrire avec ou sans *s*, par la raison que les Auteurs, dans leurs ouvrages imprimés, varient sans cesse sur l'orthographe de ce mot. Je le demande, comment peut-on invoquer le témoignage des Auteurs pour blâmer ou pour approuver l'orthographe des mots? Quand, pour démontrer que tel ou tel mot est bien ou mal orthographié, on s'appuie de l'exemple d'un Ecrivain, on ne songe donc pas que c'est l'imprimeur seul qui fait autorité, qu'on en appelle à sa seule décision ? De ce qu'on lit dans Racine :

« Ceux *même* des autels où ma fureur l'assiége ».

Dans Buffon,

« Il mordait également ceux *même* qu'il connaissait le mieux ».

Et dans Voltaire :

« M. le Régent est au nombre des princes qui, par des bienfaits, sçavent lier à leur devoir ceux *même* qui s'en sont écartés ».

Il ne suit pas que Voltaire, Buffon et Racine aient écrit le mot *même* de cette manière ; on doit penser, au contraire, qu'ils l'ont écrit différemment ; en effet, le mot *même* est *adjectif* dans ces trois exemples, par la raison qu'il ne peut pas être placé avant le pronom *ceux*. Pourait-on dire, en transportant le mot *même* ? « il mordait également et même ceux qu'il connaissait le mieux ». Non, sans doute. (1) Ne mettons donc pas sur le compte des Ecrivains ce qui appartient à leurs imprimeurs, et n'attribuons pas à ces derniers le tort des premiers. Dans ce vers, par exemple :

« Ils sont tout par eux-*même*, et rien par leurs aïeux »

la faute que présente le mot *même* est un tort du poète ; l'imprimeur n'en peut être responsable.

(*fff*) *Page* 423. Il est facile de voir que cette phrase est équivoque ; on ne sçait si l'on veut dire que toutes les femmes de ce pays sont voilées, ou si l'on veut faire entendre qu'elles sont entièrement voilées. Il faudrait que les véritables Grammairiens, s'élevant contre un usage que la raison et la clarté condamnent, eussent le bon esprit de proposer l'invariabilité du mot *tout* signifiant *quoique*, *entièrement* ; par-là on obéirait au principe qui consacre l'invariabilité des adverbes, et l'on éviterait des équivoques comme dans la phrase précitée et dans les locutions suivantes : « Elles sont *toutes* hâlées » ;

---

(1) Si l'on avait cette phrase à traduire en latin, n'écrirait-on pas ? « *Eos pariter ipsos mordebat quos optimè noverat* ».

« ces dames paraissent *toutes* consolées ». On ne sçait si l'on veut dire qu'elles sont tout-à-fait hâlées, tout-à-fait consolées, ou si, considérant le nombre, on veut faire entendre que toutes sont hâlées, que toutes paraissent consolées. On respecterait le principe, et l'on parlerait clairement, si l'on disait : « Elles sont tout hâlées (c. à d. tout-à-fait hâlées) »; « ces dames paraissent tout consolées (c. à d. tout-à-fait consolées) ». « Tout méchante qu'est cette femme, on peut la fléchir (c. à d. quelque méchante que soit cette femme... »). « Elle est tout honteuse (c. à d. elle est tout-à-fait honteuse) ». « Je les ai vues tout pensives (c. à d. tout-à-fait pensives) ». Ne dit-on pas ? « elles sont tout éplorées ». « Tout aimables que sont ces dames »; « elle est tout étonnée »; « tout autre qu'elle n'est »; « elle s'était couchée tout habillée », etc. etc. Si des femmes disaient : « Nous sommes encore toutes interdites » au lieu de *tout* interdites, on les blâmerait assurément. Pourquoi donc veut-on qu'elles disent ? « Nous sommes *toutes* consolées » au lieu de « tout consolées ».

(*ggg*) *Page* 425. Bossuet a écrit « toute autre place eût été indigne de lui ». L'auteur de la Grammaire des Grammaires approuve cette orthographe; nous l'approuvons aussi, car *toute autre place*, dans ce sens, se traduirait en latin par *quodvis aliud munus*, et non pas *longè aliud munus*; mais il ajoute que *tout* serait resté indéclinable, si Bossuet avait dit : « UNE tout autre place eût été indigne de lui ». Nous ne partageons pas l'opinion de l'estimable auteur de la Grammaire des Grammaires, car « une toute autre place » est la même expression que « toute autre place », et en latin on la traduirait également par *quodvis aliud munus*. Il n'en est pas de même de l'expression suivante : Sa nature est tout autre que vous ne croyez. Il faut écrire *tout* autre, c'est-à-dire *bien* autre (en latin *longè alia*).

(*hhh*) *Page* 428. L'oreille, qui, chez beaucoup de personnes, est un juge presque infaillible, fera connaître particulièrement quels sont les participes qui n'admettent pas l'adverbe *si* devant eux. Mais on peut dire en général que les participes qui ne peuvent pas être regardés comme adjectifs verbaux, rejettent l'adverbe *si*. « Il était *si* adulé, *si* craint; il fut *si* menacé, *si* trompé, etc. » sont de véritables acyrologies (1). Il n'en est pas de même de ces expressions: « Il est si rangé, si instruit, si éclairé, etc. » parce que ces participes font les fonctions d'adjectifs verbaux: c'est ce dont se convaincront aisément les personnes qui voudront les traduire en latin.

(*iii*) *Page* 459. L'emploi de l'adverbe négatif *ne* dans les propositions où il n'y a pas d'idée négative à exprimer est un abus qui s'est propagé jusqu'à ce jour; ce serait rendre un vrai service à la langue française que de l'affranchir des entraves qui la gênent, en supprimant la négative partout où elle est inutile. Les Latins n'employaient pas de négation dans les phrases qui énoncent une comparaison « *turpius est quàm putas* »; et nos ancêtres ont dit, à leur imitation: « Il est plus honteux que vous *le* pensez ». C'est par abus, que nous avons transformé *le* en *ne* (il est plus honteux que vous *ne* pensez). Beaucoup d'Ecrivains de nos jours ont coutume de supprimer la négative dans les phrases qui offrent une comparaison en plus ou en moins. Exemples : Il est impossible de mieux versifier que vous le faites. La poésie d'Homère n'est pas moins harmonieuse que l'est celle de Virgile. Les provinces ne doivent pas payer plus qu'elles reçoivent. Cette guerre ne fut pas moins sanglante qu'elle était injuste. Nous sommes attachés aux biens de ce monde plus qu'il convient de l'être. Sa santé n'est pas meilleure aujourd'hui qu'elle l'était, il y a six mois. Les Asiatiques, en se donnant des maîtres, ne pouvaient faire pis qu'ils ont fait. On ne peut pas répandre plus d'agrément et de sel dans une épître que ce poète a sçu le faire. Il a travaillé beaucoup moins qu'il le devait. Les visirs des despotes n'ont pas ordinairement plus de probité qu'il le faut. — Les Latins n'employaient pas de négation après *autre*, *autrement* « *aliter sentit ac loquitur* ». Ne serait-il pas plus conve-

---

(1) *Acyrologie* signifie *manière de parler impropre*; il est formé des deux mots grecs ἄκυρος (*akuros*) impropre, et λόγος (*logos*) discours.

nable de dire à leur exemple? « Il pense autrement qu'il parle ». « Vous êtes tout autre que vous étiez ». « Sénèque agissait autrement qu'il écrivait ». — La langue latine devrait nous servir de règle dans l'emploi de l'adverbe négatif après les verbes douter, craindre, empêcher, défendre, etc. Comme on dit en latin « *dubito an sit beatus* », disons en français « je doute qu'il soit heureux » « *non dubito* quin *veniat* », disons « je ne doute pas qu'il ne vienne ». « *Timeo* ne *obdormiat* », disons « je crains qu'il ne s'endorme ». « *Timeo* ne non *obdormiat* », disons « je crains qu'il ne s'endorme pas ». « *Non timeo* ut *cadat* », disons « je ne crains pas qu'il tombe ». Mais il y a dans notre idiome des bizarreries qui ne sont pas empruntées du latin, telles que «*prohibeo* ne *egrediaris* », que nous traduisons par « je défends que vous sortiez » : «*non prohibeo* quin *egrediaris* » que nous traduisons par « je ne défends pas que vous sortiez » ; « *non multùm abfuit ut vinceretur*», que nous traduisons par « il ne s'en fallut pas beaucoup qu'il n'eût le dessous ». Quand tous les bons Ecrivains d'un pays ont consacré dans leurs ouvrages ces sortes d'anomalies (1), lorsqu'elles sont sanctionnées par un usage universel, il faut se résoudre à les adopter ; toutefois, quand les Ecrivains ne sont pas d'accord sur l'emploi de telle ou telle expression, ce n'est plus l'usage qu'il s'agit alors de consulter ou d'invoquer, le flambeau de la logique doit seul nous éclairer et fixer nos incertitudes.

(*jjj*) *Page* 462. J'ai fait connaître (*Voyez la règle* 55°.) la raison pour laquelle il faut écrire « *de* sçavants personnages, *de* pieux cénobites, *de* jeunes ormeaux, etc. » et non pas « *des* sçavants personnages, *des* pieux cénobites, *des* jeunes ormeaux ». A la raison que j'ai donnée, et sur laquelle je suis parfaitement d'accord avec mon respectable confrère, l'abbé Sicard, opposons celle que Domergue a donnée dans ses Solutions grammaticales. « On demande, a-t-il dit, pourquoi, lorsque l'adjectif précède le substantif, on met *de* et

---

(1) Anomalie, qui signifie *irrégularité*, vient de α, privatif, et de ὁμαλός (*omalos*) semblable.

non pas *des* ; en voici la raison. Quand l'adjectif précède, l'esprit impatient d'arriver à l'idée exprimée par le substantif, franchit le mot *les*, et ne conserve de l'adjectif qui le restreint, que la partie nécessaire, c'est-à-dire le mot *de* : c'est pourquoi l'on dit « *de* sçavants personnages » pour *des* (ou *de les*) sçavants personnages. « J'ai vu *de* vrais philosophes » pour *des* (ou *de les*) vrais philosophes. — A cette analyse, présentée par Domergue, M. l'abbé Sicard oppose à son tour la raison qui suit : « Quelque impatient que soit l'esprit d'arriver à l'idée exprimée par le substantif, on ne voit pas trop pourquoi la langue mettrait plus de temps à prononcer *des* que *de*, s'il n'y avait pas d'autre raison de la suppression de la lettre *s*, que celle-là ». Cette raison, nous l'avons donnée, page 115, chiffre 55.

(*kkk*) *Page* 467. Cette phrase est de Marmontel, mais il ne l'a pas construite de cette manière, ou du moins elle n'est pas ainsi imprimée dans ses œuvres; on y lit : « C'est peu d'être clair, il faut être précis ». J'ai déjà fait connaître la raison pour laquelle *c'est* doit toujours être suivi de *que* : « *c'est* un crime, *que* de ne pas honorer son père et sa mère ». Les poëtes se sont souvent permis de supprimer ce *que*, parce qu'il contrarierait la mesure du vers; beaucoup de prosateurs les ont imités; mais ce que les versificateurs ont pu et peuvent encore oser, comme Delille, dans ce vers :

« C'est peu de charmer l'œil, il faut parler au cœur »

les Ecrivains en prose ne doivent pas se le permettre. Les personnes qui se piquent de bien écrire ont coutume d'employer *que* après *peu*, *beaucoup*, précédés de *c'est*, comme : « c'est peu que d'avoir conçu un semblable projet, il faut encore le mettre à exécution ». « C'était beaucoup pour eux, que d'avoir tiré l'art dramatique de l'état de barbarie où il était ». Quant à cette expression très familière « si j'étais *de* vous », elle est fort admissible, car elle signifie « si j'étais à la place de vous », comme on dit « si j'étais du roi »; mais ce qu'il ne faut pas se permettre, c'est ceci, qui renferme une faute, « si j'étais *que* de vous », on voit que cette expression laisse à désirer la négative *ne* « si je n'étais que de vous »; et cette dernière locution n'est pas consacrée.

(111) *Page* 471. Quelques hommes de goût ont sçu néanmoins se garantir de la contagion. Voici une phrase qu'on trouve chez un bon Écrivain : «Qui peut le mieux apprécier les instruments, ou l'ouvrier qui les emploie, ou le spectateur qui en ignore l'usage »? Un autre Écrivain connu a dit : « Lequel des deux, vous ou moi, a le plus contribué à répandre cette doctrine salutaire qui adoucit nos maux et nous console dans nos afflictions » ? (« Lequel des deux, de vous ou de moi, a le plus contribué, etc. » aurait offert une construction dont un goût délicat se serait offensé). Domergue raisonne ainsi très judicieusement. Cette phrase interrogative, *lequel des deux était le plus éloquent de César ou de Cicéron?* suppose que, dans la réponse, je ferai le choix, l'extraction d'une personne d'entre les deux que l'on propose; mais cette disjonctive *ou* présentant de chaque côté une personne qui est le complément de la préposition extractive *de*, demande que j'extraie une personne de César et une autre de Cicéron, pour que j'applique à l'une des deux la supériorité dans l'éloquence ; de sorte que c'est absolument me demander *lequel des deux de César, ou lequel des deux de Cicéron?* Or je ne puis extraire une unité d'une unité, donc la phrase est vicieuse. La préposition extractive n'a ici d'emploi légitime que devant *deux* exprimé ou sous-entendu ; c'est de ce nombre collectif qu'il faut extraire l'unité que désigne vaguement *lequel* ou *qui* interrogatif. Les Latins, les Italiens et les Anglais ont montré en cette occasion plus de logique que nous ; ils ont rejeté un *de* que n'appelle pas, ou plutôt qu'éloigne la pensée : *Uter eloquentior fuit, Cæsarne an Cicero? chi fù più eloquente, Cesare o Cicerone? which of the two was the most eloquent, Cesar or Cicero?* Voltaire a dit dans Zaïre :

« Qu'ils jugent en partant qui méritait le mieux,
Des Français ou de moi, l'empire de ces lieux »

il a dit dans son Charles XII : « Ils ne sçavaient lequel ils devaient admirer davantage (1), ou un roi de Suède, qui, à l'âge de vingt-deux ans, donnait la couronne de Pologne, ou

(1) Il fallait *le plus*.

le prince Alexandre qui la refusait ». « Lequel des deux a tort, ou celui qui cesse d'aimer, ou celui qui cesse de plaire » ? (*Marmontel*). « Quel est le plus criminel, à votre avis, ou celui qui emprunte un argent dont il a besoin, ou celui qui vole un argent dont il n'a que faire » ? (*Molière.*)

(*mmm*) *Page* 491. Racine a fait parler ainsi Andromaque :

« Fais lui valoir l'hymen où je me suis rangée ».

Le fils de ce grand poëte regarde l'emploi du mot *où* dans ce vers comme une expression heureuse et hardie ; je pense comme Racine, fils ; mais je nie que le mot *où* soit employé ici pour *auquel*. Racine n'a pas voulu dire : « l'hymen auquel je me suis rangée », mais « l'hymen sous lequel, sous le joug duquel je me suis rangée ».

(*nnn*) *Page* 494. C'est bien à tort assurément que quelques personnes prétendent qu'il faut, par une différence dans l'expression, distinguer le sens propre du sens figuré, et dire, par exemple, saigner *au nez*, et saigner *du nez*. Depuis quand, je le demande, une expression change-t-elle, en passant du sens propre au sens figuré ? Ne dit-on pas sous deux acceptions différentes, et sans aucun changement, *entrer en lice, prendre un détour, avoir beau jeu, faire la navette, payer la folle enchère, rompre des nœuds, marcher sur les pas, pêcher en eau trouble,* etc. ? Nous n'admettons pas non plus la différence de fer *à cheval* et de fer *de cheval*. Un fer à cheval est un fer qu'on met au pied d'un cheval ; et, par extension, on a appelé *fer à cheval* un ouvrage en demi-cercle hors d'une place ; on a dit également *une table en fer à cheval*. Mais, si un fer à cheval était en argent, ce ne serait plus un fer, comment faudrait-il s'exprimer dans ce cas ? On oublierait ce qui a donné naissance à la dénomination de *fer à cheval*, et l'on dirait : « Voici un beau fer à cheval en argent ».

(*ooo*) *Page* 501. Rien ne peut justifier l'emploi du déterminatif *de* après les verbes *engager, s'engager, exhorter, consentir, inviter,* etc. etc. Ne dites pas : «Il s'engagea *d'*aller en Amérique » ; « il consentira *d'*abandonner la

place », quoique la rencontre des deux voyelles *à* semble y
autoriser, comme le pensent quelques Grammairiens. Vous
devez dire, « il s'engagea à aller en Amérique », ou « il
s'engagea à partir pour l'Amérique »; « il consentira à abandonner la place ». Dites: « Il invita amis, parents, voisins, à prendre part à la fête »; ou mieux « il invita voisins, parents, amis, à prendre part à la fête »; mais aucune
raison d'euphonie ne peut engager un écrivain à violer les
règles établies. — *Inviter à* appelle *invitation à*; ce serait
donc une faute, que de dire, « j'ai reçu l'invitation de venir », comme on dit l'ordre de venir. On reçoit l'invitation
de quelqu'un: par exemple, j'ai reçu l'invitation *de* M. le
Président à venir, *ou* à l'effet de me rendre au lieu des
séances ordinaires.

(*ppp*) *Page* 502. Le déterminatif *à* exprime un terme de
tendance, d'aboutissement, et le déterminatif *de* marque
le point de départ: il faut partir *de* pour aller *à*. *Continuer à*
ne suppose aucune interruption: « Continuez à parler, nous
prendrons notre revanche ». « Sésostris continuait à me regarder d'un œil de compassion ». *Continuer de* s'entend d'une
chose qui se fait par intervalles: « Continuez de nous écrire,
nous vous répondrons ». « Quoique j'aie à me plaindre de
cette personne, je continue de la voir ». — *Commencer à* se
dit d'une chose qui aura du progrès, de l'accroissement:
« La foudre commence à gronder ». « Il commence à bégayer
le nom de sa mère ». *Commencer de* exprime une action complète qui aura de la durée. « Nous avons commencé d'habiter la campagne ». « Je commence de parler à quatre heures,
et ne finis qu'à six ».

(*qqq*) *Page* 505. Après le verbe *obliger*, il faut,
dit-on, employer *à* ou *de*, selon que l'oreille le demande;
c'est pourquoi, si l'on dit: « Vous nous avez obligés *à* porter
la plus scrupuleuse attention aux discours de cet énergumène », on dira: « Dieu nous a caché le moment de notre
mort pour nous obliger *d'*avoir attention à tous les moments
de notre vie ». On prétend que c'est l'oreille qui commande
cette violation de la règle. Mais l'oreille doit-elle solliciter
un abus de la langue? Doit-on parler improprement par

euphonie? Pour éviter ce qui peut offenser l'oreille, ne peut-on pas dire? « Dieu nous a caché le moment de notre mort pour nous obliger à surveiller tous les moments de notre vie ». Si l'euphonie commande un solécisme, on doit donc dire, contre les règles du langage? « Accoutumez vous *d'*entendre la vérité ; il les invita *de* prendre part à la fête ; on nous défendait *à* demander ce dont nous avions besoin », pour ne pas dire cacophoniquement : « Accoutumez vous *à* entendre la vérité ; il les invita *à* prendre part à la fête ; on nous défendait *de* demander ce dont nous avions besoin ». Que fait l'Ecrivain qui veut satisfaire l'oreille et la raison ? il évite les hiatus et respecte la langue. A-t-il craint un hiatus l'auteur des *Synonymes français*, lorsqu'il a dit : « S'il n'est question que d'un habit jaune, on peut prendre le souci ou la jonquille ; mais s'il faut assortir, on est *obligé à* consulter la nuance ».

Forcer, contraindre, porter, pousser veulent après eux le déterminatif *à* « forcer, contraindre quelqu'un *à* l'étude, le pousser *à* une action malhonnête ». Ces verbes expriment une idée de tendance, et pour cette raison nous ne pensons pas qu'on puisse dire : « Ils obligèrent ou contraignirent la ville *de* se rendre ». En latin on dirait *urbem pepulerunt ad deditionem.* (*Liv.*) ils poussèrent la ville vers la reddition. Il y a ici une remarque à faire au sujet de *forcer* ; ce verbe a deux compléments différents ; on dit : « Forcer quelqu'un au travail » et « forcer quelqu'un de travail ». En parlant des nègres, Buffon a dit : « On les force de travail, on leur épargne la nourriture même la plus commune ». — Je ne dois pas omettre une remarque essentielle relativement au verbe *comparer.* Quand il signifie *confronter, examiner par le rapprochement*, on doit employer le déterminatif *avec.* Ex : Comparez son embonpoint avec le vôtre. J'ai comparé votre écriture avec la sienne. Veuillez comparer ce marbre avec cette pierre.

(*rrr*) *Page* 506. Ce que nous venons de dire du verbe *oublier* s'applique également au verbe *s'ennuyer.* On dira, par exemple : Il s'ennuyait *à* travailler tous les jours sans profit. Je m'ennuie *d'*entendre sans cesse les mêmes reproches. Le premier, comme on voit, n'exprime qu'un dégoût qui, le plus souvent, est volontaire; le second exprime le dépit et l'impatience.

(*s s s*) *Page* 508. Peut-on invoquer les lois de l'euphonie en proposant d'écrire : « Je me rappelle *d'*avoir informé votre père de telle chose » ? « Je me rappelle avoir informé votre père », n'est-il pas, au contraire, plus harmonieux, plus euphonique ? On parle d'analogie, et l'on prétend que, par la raison qu'on dit : « J'espère *de* vous voir bientôt, je promets *de* vous écrire; je me souviens *de* lui avoir parlé », il faut dire également : « Je me rappelle *de* vous devoir cette somme ». Mais si *espérer, promettre, se souvenir,* signifient *avoir l'espérance de, faire la promesse de, avoir le souvenir de, se rappeler* ne renferme pas également un verbe et un substantif. Que signifie *se rappeler ?* rappeler à soi; on se rappelle quelque chose, on se rappelle avoir vu, écrit, parlé, devoir, etc. « Je me rappelle vous devoir cette somme », veut dire : « Je me rappelle la dette de cette somme »; et si l'on disait : « Je me rappelle de vous avoir vu », on supposerait avec raison qu'on peut dire également « Je me rappelle de votre figure », ce qui ne serait pas français.

(*t t t*) *Page* 560. Quoi qu'en puissent dire de très habiles Grammairiens, et malgré l'autorité de très bons Ecrivains, nous persistons à croire et à dire que le singulier est de rigueur après deux substantifs unis par le mot *ou*, soit que les deux sujets n'aient pu concourir à l'action exprimée par le verbe, soit qu'ils aient pu y concourir ; et, de même que l'on doit dire avec Beauzée : « C'est le soleil ou la terre qui *tourne* », de même on doit dire, malgré l'Académie. « Ce sera son père ou son oncle qui *obtiendra* cet emploi »; « une étude est le lieu dans lequel un notaire ou un procureur *travaille* »; « un baillage est une maison dans laquelle le bailli ou son lieutenant *rend* la justice ». — On doit dire encore, malgré Vaugelas : « Peut-être *qu'*un jour ou la honte, ou l'occasion, ou l'exemple leur *donnera* un meilleur avis ».

(*u u u*) *Page* 570. Le Grammairien que nous venons de réfuter, s'était laissé induire en erreur par l'abbé Girard, qui avait faussement prétendu qu'on doit dire : « Il est plus d'à demi mort ; il a été plus d'à demi convaincu », par la raison, a-t-il ajouté, qu'on dit : « Cela est plus long d'un quart ; il est moins grand de toute la tête ». Cette doctrine de l'abbé Girard est évidemment fausse.

(*v v v*) *Page* 92. Ç'a été d'abord par négligence que nos bons aïeux ont prononcé *grand'chère*, *grand'peur*, *grand'faim*, etc. Ils ont voulu ensuite que l'orthographe de ces mots fût d'accord avec la prononciation, et ils ont écrit grand' chère, grand'peur, grand'faim, etc.

« Quand trois filles passant, l'une dit : c'est grand'honte
Que, etc.
                                        La Fontaine

quoiqu'il s'agît cependant d'exprimer la grandeur de la chère, de la peur, de la faim, de la honte, et que les lois de la concordance exigeassent *grande* chère, comme *bonne* chère ; *grande* peur, comme peur *cruelle* ; *grande* faim, comme faim *dévorante* ; *grande* honte, comme *fausse* honte. Mais, quand ils joignaient l'article à ces divers substantifs, ils ne manquaient pas de faire accorder l'adjectif *grand* avec chacun d'eux ; or ils disaient : J'ai fait une bonne chère ; j'ai eu une très grande peur ; je suis tourmenté de la plus grande faim, de la plus grande soif ; nous avons demain une grande fête ; ils ont fait là une grande chose ; j'ai eu une grande peine à vous convaincre, etc. Il s'ensuit que, si l'on ne veut pas tomber dans l'arbitraire, on doit écrire et prononcer : j'ai fait grande chère, n'avez-vous pas grande honte ? j'ai toujours suivi la grande route, il a une grande démangeaison de parler, je me logerai dans la grande chambre, il a choisi la grande salle de la grande maison, quelle grande peur nous avons eue ! j'ai grande

ELLIPSE. 493

faim aujourd'hui, quelle grande faute j'ai commise! Il ne faut excepter de cette règle, que les mots *chose, croix, fête, mère, messe* et *tante* parce que quand on dit : « Je n'ai pas grand'chose », on ne veut pas énoncer que la chose soit grande ou petite, et quand on dit : « C'est une grand'croix, c'est demain grand'fête, ma grand'mère est venue, allons à la grand'messe, ma grand'tante vient de mourir », on ne veut pas exprimer la *grandeur* de la croix, de la fête, de la mère, de la messe, de la tante.

(*x x x*) *Page* 176. Nous estimons, malgré l'autorité d'un grand nombre de Grammairiens, que c'est violer les règles de la bonne prononciation, que de dire : un-narbre, mon-nami, ancien-nauteur, vain-néclat, divin-nenfant, vilain-nhome, certain-nécrivain, son-nintime ami, bon-nargent, etc. Nous estimons aussi que c'est sans raison, et contre les principes admis en prononciation, que certaines personnes ne lient pas le *n* final avec la voyelle initiale du mot suivant, dans ces exemples rapportés par l'auteur de la Grammaire des Grammaires, page 18 : « passion aveugle ; ancien et respectable ami ; bon à monter, bon à descendre ». On doit prononcer *passi-onaveugle ; ancie-net respectable ami ; bo-nà monter, bo-nà descendre,* etc.

(*y y y*). *Page* 193. L'auteur de la Grammaire des Grammaires établit en principe que « quand l'apostrophe est avant un verbe à la deuxième personne, on ne doit pas l'en séparer par la virgule, parce que le sujet ne doit pas être séparé de son verbe, etc. », et il donne pour exemple « Tribuns cédez aux Consuls ». Ce principe est au moins hasardé. Quel rôle le mot *Tribuns* joue-t-il dans cette proposition « Tribuns, cédez aux Consuls » ? Il remplit le rôle, non pas de sujet, comme paraît le croire M. Giraud, mais celui de complément éloigné direct : c'est le pronom personnel *vous* (sous-entendu) qui est le sujet de la proposition « Vous, Tribuns, cédez aux Consuls » ; *Tribuns*, placé avant le verbe, appelle donc la virgule, comme il l'appellerait, s'il était placé après le verbe « Cédez aux Consuls, Tribuns » ; « Vous avez vaincu, Plébéiens ». En général, on met entre deux virgules toute incise qui, dans l'ordre grammatical, peut être placée avant ou après le verbe.

(zzz) *Page* 319. J'ai déjà fait connaître que l'ellipse du participe passé est une faute, lorsque le verbe qui précède est à l'actif, comme : *En aimant, on veut l'être*, au lieu de : *En aimant, on veut être aimé*. Cependant Marmontel autorise cette sorte d'ellipse, quand le participe qui précède, et qui est combiné avec le verbe *avoir*, est du même genre et du même nombre que celui qui est sous-entendu, comme : il m'a *trompé*, je ne croyais pas l'être. Je partage l'opinion de Marmontel, et j'approuve, ainsi que lui, la phrase suivante où l'adjectif exprimé a la même consonnance que celui qui est sous-entendu, quoique le nombre soit différent « Mon ami, vous vous moquez des *jaloux*, vous le serez un jour ». J'approuve aussi comme Marmontel la phrase suivante où l'adjectif exprimé a la même désinence que celui qui est sous-entendu, quoique le genre soit différent : « Madame vous êtes *sensible*, vous êtes *triste*, et moi (1) je ne le suis pas moins que vous ». Mais ce même homme ne pourait pas dire : « Madame, vous êtes *bonne*, je le suis autant que vous »; « On vous a *trompée*, je l'ai été aussi »; « je ne suis pas aussi *adroit* que Mademoiselle votre fille ». Il faut nécessairement dire : « Madame vous êtes bonne, je ne suis pas moins bon que vous »; « on vous a trompée, ils m'ont trompé également »; « je ne suis pas aussi adroit que Mademoiselle votre fille est adroite ». La seule ellipse de ce genre qui paraisse tolérable, c'est celle-ci : « Le mari est plus beau que sa femme (sous-entendu *n'est belle* »; « la femme est plus accommodante que son mari (sous-entendu *n'est accommodant*) ». Encore faut-il éviter avec soin ces tours de phrase, comme le conseillent sagement Thomas Corneille et Vaugelas, qui désapprouvent en quelque sorte ces locutions : « Je suis plus grande que mon frère », et « je suis plus grand que ma sœur ».

---

(1) C'est un homme qui parle.

FIN DES NOTES.

TABLE GÉNÉRALE DES MATIÈRES.

Division de l'Ouvrage.

ORTHOLOGIE.

	Pages
Chapitre I. Le Substantif,	24
Substantif commun,	25
Substantif propre,	25
Substantif collectif,	25
Substantif indéterminé,	25
Chapitre II. L'Article,	28
Article défini,	28
Article indéfini,	29
Chapitre III. L'Adjectif,	30
Adjectif qualificatif,	31
Adjectif possessif,	31
Adjectif démonstratif,	32
Adjectif indéterminé,	33
Adjectif numéral,	34
Chapitre IV. Le Pronom,	37
Pronom personnel,	37
Pronom relatif,	39
Pronom indicatif,	40
Chapitre V. Le Verbe,	42
Verbe *Être*.	43
Chapitre VI. Le Participe,	52
Chapitre VII. L'Adverbe,	55
Chapitre VIII. Le Déterminatif,	59
Chapitre IX. Le Conjonctif,	65
Chapitre X. L'Exclamatif,	68

ORTHOGRAPHE.

		Pages
Ire. Section.	Emploi des caractères,	3
IIe. Section.	Emploi des signes,	86
IIIe. Section.	Solécismes contre la langue écrite,	101
IVe. Section.	Genres difficiles,	114
V^e. Section.	Homonymes,	144
VIe. Section.	Prononciation,	165
VIIe. Section.	Ponctuation,	191
VIIIe. Section.	Tableau des verbes réguliers. — Verbe Etre,	200
IXe. Section.	Tableau des verbes irréguliers. — Des verbes défectifs,	218
X^e. Section.	Liste des verbes moyens,	299

STYLE.

	Du style,	309
Article I.	Des figures de Grammaire,	313
Article II.	Des différents sens,	330
Article III.	Gallicismes,	335
Article IV.	Solécismes contre la langue parlée,	338
Article V.	Barbarismes,	362
Article VI.	Néologisme,	369
Article VII.	Amphibologie,	375
Article VIII.	Périssologie,	380
Article IX.	Jeux de mots,	383
Article X.	Particules initiales,	387
Article XI.	Exemples de style incorrect,	408
Article XII.	Exemples de style insignifiant,	429
	Notes grammaticales,	449

TABLE PARTICULIÈRE
ET RAISONNÉE.

TOME Ier.

	Pages
Origine du langage,	1
Ce que c'est que le langage mimique,	3
Grammaire (étymologie de),	4
Lettres; étymologie de ce mot,	5
Ce que c'est que le larynx, la glotte,	5
Voyelles,	5
Consonnes,	5
Diphthongues,	9
Mots (définition des),	11
— Ils sont de dix sortes,	24
Classification des mots,	70
Opérations de l'âme,	12
Proposition grammaticale (définition de la),	13
Diverses sortes de propositions,	20
Complément (définition du),	15
Diverses sortes de complément,	15 et suiv.
Substantifs *commun*,	25
—— *propre*,	25
—— *collectif*,	25
—— *indéterminé*,	25
Article *défini*,	28
—— *indéfini*,	29
Adjectif *qualificatif*,	31
—— *possessif*,	31
—— *démonstratif*,	32
—— *indéterminé*,	33
—— *numéral*,	34
Règle générale pour trouver le féminin des adjectifs,	35
Pronom *personnel*,	37

	Pages
—— *relatif*,	39
—— *indicatif*,	40
Observation sur les pronoms,	41
VERBE (définition du),	42
—— ses Modes,	43
—— ses Temps,	44
—— ses Nombres et ses Personnes,	51
Ce que c'est que conjuguer un verbe,	51
Tableau général des conjugaisons	200 *, 1]
PARTICIPE *présent*,	53
—— *passé*,	54
ADVERBE (définition de l'),	55
Règle générale pour la formation des adverbes,	56
DÉTERMINATIF (définition du),	59
Tableau des déterminatifs,	61
—— leur nature et leur emploi,	62
CONJONCTIF (définition du),	65
Tableau des conjonctifs,	67
EXCLAMATIF (définition de l'),	68
Tableau des exclamatifs,	68

ORTHOLOGIE.

ORTHOLOGIE (définition de l'),	4
Syntaxe,	73
Construction,	73
Substantifs épicènes,	74 et 114 *
Substantifs masculins qui ont des correspondants féminins,	75 et suiv.
Pluriel des substantifs,	78
Substantifs terminés en *au*, *eau*, *eu*, *ou*,	79
Substantifs terminés en *ail*,	79
Substantifs terminés en *al*,	80
Des substantifs *universel*, *œil*, *ciel*, *aïeul*,	80
Des substantifs *ciel-de-lit*, *ciel-de-tableau*, *œil-de-bœuf*,	81

(1) Cet astérisque indique Tome II.

	Pages
Substantifs tirés des langues étrangères,	81
Substantifs qui n'ont pas de singulier,	82
Pluriel des substantifs propres,	82
Pluriel des substantifs composés,	83
Substantif indéterminé *autrui*,	85
Substantif indéterminé *ce*,	85
—— ce sont eux qui....,	85
—— ce fut Cicéron qui....,	86
—— « C'est *à* vous *à* qui », [vicieux],	87
—— « Ce *dont* je me plains, c'est *de* », [vicieux],	88
—— c'est un crime que....,	89, 486 *
—— le signe de la corruption des mœurs, c'est....,	89
—— jouer la comédie, faire des vers, ce fut....,	91
Substantif indéterminé *chacun*,	91, 93
Substantif indéterminé *il*,	94
—— il nous faut la tranquillité,	94
—— il est beau de pardonner,	95
—— « *Il* m'ennuyait de vous attendre » [vicieux],	96
Substantif indéterminé *le*,	96
—— *le* signifiant *cela*,	97
—— « Etes-vous bonne ? je *la* suis », [vicieux],	97
—— *le* employé mal-à-propos pour *celui*,	98
—— *le* omis mal-à-propos,	98
Substantif indéterminé *on*,	99
—— *on* devient féminin,	99
—— « On partit *armés* », [vicieux],	99
—— *on* et *l'on* (différence entre),	100
Substantif indéterminé *personne*,	101
—— origine du mot *personne*,	450 *
Substantif indéterminé *quelque chose*,	101
Substantif indéterminé *quelqu'un*,	102
Substantif indéterminé *qui*,	103
Substantif indéterminé *quiconque*,	103
—— « *Quiconque* veut...., *il*... », [vicieux],	103
—— *quiconque* devient féminin,	104
Substantif indéterminé *quoi*,	105

		Pages
——	*quoi* se change en *que*,	105
——	*quoi* est toujours du genre masculin,	105
Substantif indéterminé *rien*,		106
——	origine du mot *rien*,	453 *
——	*rien* est toujours du genre masculin,	106
——	*rien* signifiant *la plus petite chose*,	107

Un substantif ne doit pas être répété avec deux rapports différents, 107

Le substantif doit être répété quand il a deux acceptions distinctes, 108

Le substantif doit être répété avec deux propositions dont l'une est négative, et l'autre affirmative, 109

Article (étymologie de l') 449 *
Article défini (genre et nombre de l'), 110
Du, *au*, pour *de le*, *à le*, 111
Article défini devant *un*, 111
Quand il faut employer l'article défini et l'article indéfini, 112
Quand il faut employer *du*, *de la*, *des*, ou *de* sans article, comme *de* bon pain, *de* fameux personnages, 113, 114
De et *des* ne peuvent pas s'employer indistinctement, 115
Quand il faut rejeter l'article, 116, 117
L'article doit être omis devant les adjectifs indéterminés, l'adjectif démonstratif *ce*, et les adjectifs possessifs *mon*, *ton*, *son*, etc. *Mien*, *tien*, etc. réclament l'article, 118
L'article doit être omis devant les substantifs identifiés avec le verbe, 120
« Il a infiniment *d*'esprit », [vicieux], 121
Le substantif propre rejette l'article, 121
—— il l'admet quand il est précédé ou suivi d'un adjectif, 123
L'article se place devant certains noms de royaume, etc. 123
« L'homme est *animal raisonnable* », [vicieux], 124
L'article est omis devant les substantifs qui présentent un caractère d'individualité, 124

DES MATIÈRES. 501

	Pages
L'article se place accidentellement devant les adjectifs,	125
Place que doit occuper l'article,	125
Cas où il est nécessaire de répéter l'article,	126
Cas où la répétition de l'article est encore indispensable,	127
Cas où il ne faut jamais répéter l'article,	128
On répète l'article devant *plus*,	128
« Aristide fut un des citoyens *des* plus vertueux », [vicieux],	129
L'article se met devant *plus* ou *moins*, lors même qu'on ne parle que de deux,	481 *
Adjectifs (genre des),	132 et suiv.
Adjectifs terminés en *eur*, en *eux*, et par *f*,	134
Réflexions sur les adjectifs terminés en *eux*,	454 *
Remarques sur *bel*, *fol*, etc. *blanc*, *franc*, *sec*, *caduc*, *grec*, etc.	135
Autres adjectifs anomaux,	136
Pluriel des adjectifs,	136
Adjectifs terminés en *al*, et en *eau*,	137
Accord de l'adjectif avec son substantif,	138
Remarque sur l'adjectif *nu*,	139
Adjectif joint à plusieurs substantifs,	139
Adjectif joint à des subst. de genre différent,	139
Adjectif joint à des subst. presque synonymes,	140
« Nous avons lu les *histoires* grèque et romaine », [vicieux],	141
Remarque sur le mot *gens*,	142
—— sur le mot *orgue*,	143
—— sur le mot *personne*. Faute de Vaugelas,	143
—— sur l'adjectif *demi*,	144
Adjectifs employés adverbialement,	145
« Cette femme a l'air *bonne* », [vicieux],	146
« Des bas de soie *noire* », [vicieux],	147
Différence entre *matinier*, *matinal* et *matineux*,	148
Des adjectifs *pardonnable* et *déplorable*,	149
Différence entre *médical* et *médicinal*,	150
Des adjectifs *pénétrable* et *impénétrable*,	151
Différence entre *éminent* et *imminent*,	151
Emploi barbare de l'adjectif *conséquent*,	152
Différence entre *prêt* et *près*,	153
« Plus d'audace aurait été *dangereux* », [vicieux],	154

	Pages
Adjectifs (compléments des),	155
Remarque sur l'adjectif *incurable*,	155
Mon, *ton*, *son* conservent leur désinence masculine pour éviter un hiatus,	156
Emploi redondant des adjectifs possessifs,	156
L'adjectif possessif doit être rejeté dans certains cas,	157
Cas où il faut répéter les adjectifs possessifs,	157
Emploi vicieux de l'adjectif possessif *son*,	158
Son ne doit pas se rapporter au subst. indét. *autrui*,	159
L'adjectif possessif sert toujours à rappeler un substantif énoncé auparavant,	159
Redondance vicieuse produite par un double emploi de mot (*son* et *dont*),	160
Doit-on dire : « Tous les maris étaient au bal avec *leur femme*, ou avec *leurs femmes* » ?	161
L'adjectif possessif ne doit être employé qu'au singulier dans certains cas,	163
Le mien, le tien, etc. supposent toujours un antécédent,	163
Les adjectifs indéterminés *aucun, nul, chaque, maint, quelconque, tout* rejettent le pluriel,	164, 33
Différences que présente le mot *un*, selon sa valeur grammaticale,	35
Observation sur *nul, aucun, chaque, quelconque*,	165
Aucun signifiant *quelque* ou *quelqu'un*,	165
Différence entre *même*, adj. *même*, adv. et *le même*,	166, 418, 120, 33, 481*
Différence entre *un autre* et *tout autre*,	167, 423, 483*
L'un et l'autre, ni l'un ni l'autre réclament le pluriel,	167
« Ni l'un ni l'autre ne *sont* mon père », [vicieux],	168
Différence entre *l'un l'autre* et *l'un et l'autre*,	169
Différence entre *un* et *l'un*,	169
« Le ciel s'enflamme d'*un* pôle à *un* autre », [vicieux],	170
Qui s'emploie au lieu de *quel*,	171
Quelque que et *quel que* ne doivent pas être confondus,	172
Quelque invariable,	172
Observation importante sur *quelque... que* et *quel que*,	173

	Pages
« *Quelques* avantages *dont* nous jouissions, *de* quelques avantages *dont* nous jouissions », [vicieux],	178
« Il faut à un peuple une religion *telle* qu'elle soit », [vicieux],	179
Différence entre *tous les deux* et *tous deux*,	180
Remarque sur le pluriel des adjectifs radicaux *quatre-vingt* et *six-vingt*,	181
—— sur le pluriel de *cent*. Erreur de quelques Grammairiens,	182
De l'adjectif radical *mille*, qu'on ne doit pas confondre avec l'adjectif ordinal *mil*. Erreur d'un Grammairien distingué,	183
L'adjectif *premier* appelle *second*. Différence entre *second* et *deuxième*,	184
Place des adjectifs,	185 *et suiv.*
Différence entre l'adjectif et l'épithète,	192, 396 *
Pronoms personnels (place des),	193
« *Dors-je? lis-je? crains-je?* » etc., [vicieux],	194
Répétition des pronoms personnels,	194
Pronoms personnels, compléments,	195
Les pronoms personnels se placent après le verbe mis à l'impératif,	196
Omission, par négligence, du pronom personnel *le*, *la* ou *les*,	197
« Nous demandons justice, *elle* ne peut nous être refusée », [vicieux],	197, 457 *
Pronom personnel *il* employé d'une manière ingrammaticale,	199
Mauvais emploi des pronoms personnels *elle*, *lui*, *eux*, *elles*, *leur*,	199
Les pronoms personnels *lui* et *leur*, qui ne sont pas compléments d'un déterminatif, peuvent convenir à tous les êtres,	200
Pronoms personnels *en* et *y*,	201
« *Donnez moi en*, *donnez m'en* », [vicieux],	202, 458 *
Lui et *eux* employés comme sujets d'un second membre de phrase,	203
Du pronom personnel *soi*,	203
Le pronom relatif *qui* adopte la personne du substantif qu'il représente,	208

—— il doit être placé près du substantif qu'il rappelle,	209
—— il s'emploie fort souvent sans antécédent exprimé,	209
—— il présente souvent une équivoque,	210
—— il offre quelquefois une locution barbare,	211
Le pronom *qui*, complément d'un déterminatif, ne peut s'appliquer qu'aux personnes ou aux êtres personnifiés,	212
Emploi nécessaire du pronom *lequel*,	210, 211
Dans quels cas il faut préférer *de qui* à *duquel*, *à qui* à *auquel*, *par qui* à *par lequel*,	213
Le pronom relatif *qui* ne doit pas suivre immédiatement l'adjectif *tel*,	214
« Je vous manderai ce *qu'il* m'en semble », [vicieux],	215
« Les poëtes ne peuvent pas faire tout ce *qui* ou tout ce *qu'il* leur plaît »,	216
« Racontez moi ce *qu'il* arriva », [vicieux],	216
Cas où *dont* est préférable à *de qui*,	212
— il est toujours complément soit d'un substantif, soit d'un adjectif, soit d'un verbe,	216
Cas où *dont* est en usage,	217, 218
Dont a toujours un antécédent exprimé,	219
Dont employé à la place de *par qui*, *par lequel*,	219
Différence entre *dont* et *d'où*,	219, 458*
Que employé pour *dont*, *auquel*,	220
Que après le verbe *être*, ou tout autre verbe emportant une idée d'existence,	221
« Je sçais fort bien ce *qui* vous faut », [vicieux],	222
Quoi employé pour *lequel*,	222
Mauvais emploi du pronom *quoi*,	224
Au lieu de *lequel*, précédé d'un déterminatif, on emploie *où*,	224
Celui, suivi d'un adjectif ou d'un participe, offre une incorrection,	226, 459*
« Ce *peintre* l'emporte sur *ceux*... », [vicieux],	226
« La *férocité* du tigre l'emporte sur le *lion* », [vicieux],	227
Différence entre *celui-ci* et *celui-là* ; *ceci* et *cela*,	228

DES MATIÈRES.

	Pages
Combien il y a de sortes de verbes,	229
Verbe *être* (conjugaison du),	200 *
Verbes réguliers (conjugaison des),	200 *
Verbes irréguliers (conjugaison des),	218 *
Verbes défectifs (tableau des),	295 *
Verbes moyens (liste des),	299 *
Remarque sur les verbes appelés réfléchis et réciproques,	376
—— sur le verbe pronominal,	378
Accord du verbe et du substantif,	230 *et suiv.*
Le verbe se met au pluriel, quand il est précédé de deux substantifs unis par *et* ou par *ni*,	231
« Plus d'une affaire *furent* terminées », [vicieux],	237
Verbe joint à des pronoms de la première et de la deuxième personne,	238
« Vous ou moi *irons* à Londres », [vicieux],	239
Verbe joint à des substantifs liés par les mots *aussi bien que, avec, comme,* etc.	240
Verbe joint à des substantifs liés par le copulatif *ainsi que*,	240
« Non seulement ses titres, ses honneurs, mais encore sa fortune *s'évanouit* », [vicieux],	241
« C'est un des meilleurs ouvrages qui *ait* paru », [vicieux],	242
« C'est un de mes voisins qui me *forcent* à sortir », [vicieux],	243
Dans quelles circonstances le sujet est placé après le verbe,	244
Répétition nécessaire du pronom personnel, sujet d'un verbe,	246
Complément prochain direct (définition du),	246, 15
Verbe à l'indéfini, employé comme sujet ou comme complément d'une proposition,	248
Compléments disparates,	249
Compléments contradictoires,	250
Compléments (place des),	251
Le pronom personnel, complément d'un verbe, doit être placé près de lui,	253
Répétition des pronoms personnels, employés comme compléments directs,	254
Le pronom personnel doit être répété, quand, dans	

IIe. PART.

une phrase, il est complément, et sujet dans
une autre, 255
« Les modes nouvelles que nous voyons adopter *aux*
dames », [vicieux], 255
« Je *l'*ai fait lâcher prise », [vicieux], 257
« J'aurai *compte* à vous rendre », [vicieux], 257
Le rang que doit avoir le sujet ou le complément
d'un verbe, n'est pas une chose indifférente, 258
Le verbe *faire* employé très improprement, 259
Un verbe à l'indéfini sert à remplacer une proposition complétive, 260
Compléments des verbes ci-après :
——— *agréer, aider, applaudir,* 261
——— *apprendre,* 262
——— *assurer, atteindre,* 263
——— *commander, conseiller,* 264
——— *consentir, croire,* 265
——— *dater, déguerpir,* 266
——— *dissuader, éclairer,* 267
——— *enseigner,* 268
——— *entendre, escroquer, gravir,* 269
——— *hériter,* 270
——— *instruire, insulter,* 271
——— *invectiver,* 272
——— *jouer,* 273
——— *juger,* 274
——— *méditer, montrer,* 275
——— *mordre, observer,* 276
——— *pardonner,* 277
——— *pénétrer,* 278
——— *plaider, pourvoir,* 279
——— *présider, prétendre,* 280
——— *rappeler,* 281
——— *réfléchir, renoncer,* 282
——— *rivaliser, rompre en visière,* 283
——— *satisfaire,* 284
——— *suppléer, toucher,* 285
——— *trafiquer,* 286
——— *traiter, viser,* 287
——— *voler,* 288
Emploi vicieux de certains temps de verbes, 288 *et suiv.*

	Pages
Dans un récit on se sert élégamment du présent au lieu du passé,	293
Temps de verbes disparates,	295
Remarque sur le verbe *devoir*,	296
Emploi du mode complétif,	297
Mode qu'exige le verbe *ignorer*,	299
Mode que réclame le verbe *dissimuler*,	300
Mode qu'exigent certains verbes unipersonnels,	300
Mode que demande le verbe *sembler*,	301
« On dirait qu'il *ait* voulu », [vicieux],	302
Propositions renfermant une idée positive,	303
—— renfermant une idée non positive,	304
Mode complétif employé dans les propositions qui n'offrent rien de positif,	305
Mode employé après *qui que*, *quelque... que*,	306
Mode employé après *tout que*,	307
« Il a fallu que je travaillasse, que j'eusse travaillé »,	308
« Il fallait qu'il *travaille* », [vicieux],	310
« Dieu nous a créés pour que nous l'aimions »,	311
Mode complétif à employer,	312 et suiv.
Mode affirmatif quand on interroge sans dessein,	315
Mode indéfini présentant des équivoques,	316
L'indéfini actif employé pour l'indéfini passif,	319
Le verbe *être* employé improprement au lieu d'*aller*,	320
Autre abus de l'emploi du verbe *être*,	321
« Je *m'en vais citer* », [vicieux],	322
« Comment va le malade »? [vicieux],	323
Il y a des rois qui...,	324
Différence entre *il n'y a* et *il n'est*,	324
Coutume (avoir la), [vicieux],	325
Consommer et consumer,	325
Demander excuse,	326
Discréditer et décréditer,	326
Donner des soins (se), [vicieux],	327
Égaliser et égaler,	328
Enforcer et renforcer,	229
Ennoblir et annoblir,	329
Entendre raillerie et entendre la raillerie,	330
Envier et porter envie,	330
Éviter une peine à quelqu'un, [vicieux],	331
Éviter, au lieu de prendre garde,	332

	Pages
Fixer, [vicieux],	332
Imiter l'exemple de quelqu'un, [vicieux],	333
Imposer et en imposer,	334
Infecter et infester,	336
Jouir employé improprement,	336
Laisser de (ne pas), manquer de (ne pas),	337
Maltraiter et traiter mal,	337
Monter à cheval et monter un cheval,	338
Plier et ployer,	338
Prendre la confiance, [vicieux],	340
Prolonger et proroger,	340
Rendre un bienfait, [vicieux],	341
Ressentir, se ressentir, ressentiment,	342
Sauver employé improprement,	343
Traverser employé improprement,	344
Verbes qui se conjuguent avec *être*,	344
Verbes qui se conjuguent avec *avoir*,	346
Verbes qui prennent *avoir* ou *être* selon le sens,	346 (1)
Aborder prend *avoir* ou *être*,	346
Accoucher, idem,	348
Accroître, croître, décroître, *id.*	347
Baisser, diminuer, *id.*	347
Cesser, *id.*	348
Changer, *id.*	349
Commencer, *id.*	349
Déchoir, *id.*	347
Demeurer, *id.*	349
Descendre, *id.*	352
Echapper, *id.*	351
Embellir, *id.*	347
Entrer, *id.*	352
Expirer, *id.*	352
Grandir, *id.*	347
Monter, *id.*	352
Passer, *id.*	353
Périr, *id.*	354
Rajeunir, *id.*	347
Rester, *id.*	349
Sonner, *id.*	355

(1) Voyez la liste des *Verbes moyens*, page 299 du tome II.

Sortir, *id.*	352
Vieillir, *id.*	347
Participe présent,	356 et *suiv.*
Différence entre le participe présent qui peint une action, et le participe présent qui exprime une qualité, un état, etc.	363
Différence entre les participes *présidant*, *résidant*, etc. et *président*, *résident*, etc.	366
Participe passé. La fleur *épanouie*,	367
—— Ils ont *régné* ; elle nous a *nui*,	367
—— L'histoire que j'ai *écrite*,	368
—— J'ai *écrit* une histoire,	369
—— Les comédiens que j'ai *vus* jouer,	370
—— La comédie que nous avons *vu* jouer,	371
—— Ils m'ont *laissé* dépouiller ; ils m'ont *laissée* dépouiller par de vils assassins,	373
—— Je lui ai rendu tous les services que j'ai *dû*,	374
—— Elle s'est *tuée* ; elle s'est *donné* une robe,	375
—— Elle s'est *souvenue* de vos bienfaits,	378
—— Ils se sont *vus* mourir,	380
—— Ils se sont *vu* égorger,	380
—— Elles se sont *vues* poursuivre par des brigands,	381
—— Ces maisons se sont très bien *louées*,	382
—— Il s'est *rassemblé* une foule de gens armés,	383
—— Plus de gloire vous aurez *acquise*, etc.	383
—— Le peu de sévérité que vous avez *montré* ; le peu de femmes que j'ai *rencontrées*,	384
—— J'ai fait plus d'heureux que vous n'en avez *rencontré*,	385
—— La langue anglaise n'est pas aussi difficile que je l'aurais *cru*.	386
—— Les chaleurs qu'il a *fait* cette année,	387
—— Vous avez six cents arpents de terre, y *compris* les forêts, etc.	389
—— « Socrate *expire* », [vicieux],	390
—— « Valeur *reçu* comptant », [vicieux],	391
—— « Je loue les personnes qui méritent de l'être », [vicieux],	392, 319 *, 493 *

	Pages
Adverbe (emploi de l'),	394
Désinence des adverbes,	394 et suiv.
Adverbes qui ont des compléments,	396
« Jusqu'aujourd'hui », [vicieux],	397
Auparavant, alentour, dedans, dehors, etc. rejettent tout complément,	398
Degrés de signification,	398
Observation sur le mot *guère*,	398
Remarque sur l'adverbe *beaucoup*,	399 et suiv.
Différence entre *bien* et *beaucoup*,	400
Degrés de comparaison,	401
Si, au lieu de *aussi*, [vicieux],	402, 479 *
« Aristide fut aussi *juste* que *vaillant* », [vicieux],	403
Tant, au lieu de *autant*, [vicieux],	403
Mauvais emploi de l'adverbe *autant*,	404
Davantage rejette *de* et *que*,	405, 480 *
« *Beaucoup* davantage », [vicieux],	406
« *Beaucoup* préférable, *très* supérieur, *fort* inférieur, [vicieux],	406
Moindre, *pire*, *meilleur*, *pis*, *mieux*, au lieu de *plus petit*, *plus mauvais*, *plus bon*, *plus mal*, *plus bien*,	407
Différence entre *plus* et *mieux*,	408
Différence entre *pis* et *pire*,	409
Adjectifs non susceptibles d'attribution ni en *plus*, ni en *moins*,	409
Moins et *plus* précédés de l'article défini,	410
Moins et *plus* rejettent l'article, quand ils sont accompagnés d'un adjectif possessif,	411
« Les moyens *plus sûrs* sont les moins éclatants », [vicieux],	412
Le plus et *le moins* pris dans un sens absolu,	413
« Nous sommes *beaucoup satisfaits* », [vicieux],	414
« *Combien* ils s'estiment *très* malheureux », [vicieux],	415
D'ordinaire, au lieu de *ordinairement*,	416
Peut-être employé d'une manière impropre,	416
« Il lui paraissait *impossible* de *pouvoir*, etc. », [vicieux]	417
Quelque, au lieu de *environ*,	417
Même,	418, 33, 166

	Pages
Rien moins que,	419
De suite et *tout* de suite,	421
Tout variable ou non variable,	422 et suiv. 482 *
Ici et là (différence entre); *y*,	424
A peine et *avec* peine,	425
D'abord... *en second lieu*, [vicieux],	426
Au moins et *du moins*,	427
Si s'emploie pour étendre une attribution,	428
Si est inconvenant devant un grand nombre de participes,	428
Tant s'emploie pour exprimer le nombre,	429
Autant répété rejette *que*,	430
Origine de *pas* et de *point*,	430
Ne pas et *ne point* (différence entre)	431
Pas et *point* se suppriment après certains verbes,	432
Pas et *point* se suppriment dans les propositions où l'on emploie *nul, aucun, personne, rien, ni, nullement, jamais*, etc.	433
Autres cas où l'on supprime *pas* et *point*,	434
Ne... que rejette *pas* et *point*,	435
Ne supprimé à tort,	436
Cas où il faut employer, où il faut supprimer *ne*,	437
Ne après *douter*,	439
Ne après *craindre*,	441
Ne après *de peur que, de crainte que*,	442
Ne après *empêcher*,	443
Ne supprimé après *défendre*,	443
Ne après *nier, disconvenir, contester, désespérer*,	444
Prendre garde admet ou rejette *ne*, selon les circonstances,	445
S'en falloir admet ou rejette *ne*, selon les circonstances,	446
Ne après *il ne tient pas à moi, à quoi tient-il ? il ne tient à rien*,	447
Ne après *à moins que*,	449
Plutôt que et *sans que* rejettent *ne*,	449
Différence remarquable entre certaines phrases où l'on emploie *ne*, et d'autres où on l'omet,	451
Compter pour rien doit être précédé de *ne*,	452
Nul et *nullement* rejettent *ne*,	454
Avant que exclut l'adverbe négatif,	455

	Pages
Déterminatif (emploi du),	460
« C'est une infraction *contre* la loi », [vicieux],	461
De employé sans article,	461
De après *quelque chose*, *quoi*, *quoi que ce soit* et *rien*,	462
Emploi ou rejet du déterminatif *de* après le pronom personnel *en*,	462
De employé pour *parmi*, pour *avant*,	463
« En voici bien *d'une* autre », [vicieux],	463
De employé après *plus* ou *moins*,	464
De employé après *plutôt que*, *il vaut mieux que*,	465
« Il faut penser avant *qu'agir* », [vicieux],	466
De est souvent un mot explétif,	467, 90
Différence entre *ne faire que* et *ne faire que de*,	468
De doit être omis après les verbes pris dans un sens absolu,	468
De employé ou rejeté dans ces sortes de gallicismes *il s'en faut bien* ou *beaucoup que*, *combien s'en faut-il que*, etc.	469
« Lequel des deux fut le plus intrépide *de* César ou *d'*Alexandre »? [vicieux],	470, 487*
De employé d'une manière vicieuse devant un indéfini,	472
« Une allée *de* traverse », [vicieux],	472
Adjectifs qui demandent après eux le déterminatif *de*,	473
Remarque sur les adjectifs *susceptible*, *impatient*, *veuf*,	473
Adjectifs qui réclament après eux le déterminatif *à*,	474
Remarque sur les adjectifs *docile*, *paresseux*, *prêt*, *hardi*, *ingénieux*, *téméraire*,	475
Adjectifs qui réclament *pour*, *dans*, *envers*, *sur*,	475
Participes passés qui demandent, les uns *à*, les autres *de*,	473, 474, 476
Allier, associer *à*,	476
Avoir affaire *à*, avoir affaire *de*,	477
Avoir du plaisir *à* ; avoir égard *à*, avoir des égards *pour*,	478
Changer *contre*, changer *en*,	479
Comparer *à*, par comparaison *à*, en comparaison *de*,	480, 490*
Condamner *à* ; confier *à* ; se confier, mettre sa confiance, prendre confiance *en*,	481

DES MATIÈRES.

	Pages
Cramponer (se) *à*; grimper *sur*; déjeûner, dîner *de*,	482
Délibérer *sur*; distinguer *de*,	483
Etre embarrassé *de*, être embarrassé *pour*,	484
Familiariser (se) *avec*,	485
Fier (se) *à*; lier *à*.	486
Mêler *à* ou *avec*, selon le sens.	487
Mettre les chevaux *à*; occuper *à* ou *de*, selon le sens,	488
Participer *à* ou *de*; plaire (se) *à*, *dans*, ou *en*, selon le sens,	489
Prendre *à* témoin,	490
Ranger (se) *à* ou *de*, selon le sens; retrancher *de*.	491
Réunir *à*. [vicieux]; rêver *à* ou *de*, selon le sens,	492
Saigner *au* nez. [vicieux],	493
Songer *de*, [vicieux]; soupirer *après* ou *pour*, selon le sens,	494
Soustraire *à* ou *de*, selon le sens,	495
Survivre *à*; tomber *à* terre ou *par* terre, selon le sens,	496
Déterminatifs employés devant certains verbes à l'indéfini,	497
Déterminatifs omis devant certains verbes à l'indéfini,	497
Verbes qui appellent le déterminatif *de*,	498
De omis ou employé, selon le sens, après *aimer mieux*,	499
Verbes qui réclament le déterminatif *à*,	500
Commencer *à* et commencer *de*,	501, 489 *
Continuer *à* et continuer *de*,	502, 489 *
Efforcer (se) *de* ou *à*, selon le sens,	503
Est (c') *à* vous *de*, ou c'est à vous *à*, selon le sens,	503
Etre en humeur *à* ou *de*; manquer *à* ou *de*; obliger *à* ou *de*,	504, 488 *
Oublier *à* ou *de*,	505
Prier *à* ou *de*,	506
Rappeler (se) *de*, [vicieux],	507
Tâcher *de* ou *à*,	508
Tarder *de* ou *à*; venir *de* ou *à*,	509
De ou *par* après un verbe passif,	510, 374
Verbe supprimé avant *de* (sorte de latinisme),	511
Hors ou hors *de*,	511
Près *de*; proche *de*; vis-à-vis *de*,	512
Au cas et *en* cas; *au* défaut et *à* défaut,	513
De loin *en* loin, [vicieux],	514

* 22

	Pages
Rapport *à* et rapport *avec* ; au travers *de* et *à* travers,	515
Différence entre ces deux expressions « *à* travers et *au* travers »,	516
Mots qui réclament le déterminatif *de*,	517
Différence entre *près* et *auprès*,	517
Vis-à-vis de, [vicieux],	518
Remarque sur *vers*, au lieu de *envers*,	518
Emploi vicieux du déterminatif *parmi*,	518
Parmi ne peut pas être employé pour *de*,	564
Déterminatif *à* employé fort mal-à-propos,	519
Durant ne doit pas être confondu avec le participe présent du verbe *durer*,	520
Excepté ne doit pas être confondu avec le participe passé du verbe *excepter*,	520
Sur employé d'une manière impropre,	521
Différence entre *voici* et *voilà*,	521
Différence entre *avant* et *devant*,	523
Différence entre *tout-à-coup* et *tout-d'un-coup*,	523
Auprès de, au prix de, en comparaison de,	524
Différence entre *en* et *dans*,	525
En rejette le pronom *lequel* et l'article pluriel *les*,	526
En et *dans* ne peuvent pas être employés indistinctement,	527
Différence entre « à la prison, en prison ; à la ville, en ville ; à la campagne, en campagne »,	528
A doit être employé, dans certains cas, devant les noms de ville,	529
Pour doit remplacer *à*, quand il s'agit de départ,	530
En change la signification de certains verbes,	530
En n'est souvent qu'un mot explétif,	531
Dans employé à tort, au lieu de *pour*,	531
— cas où il faut répéter les déterminatifs,	532, 534
— où il ne faut pas les répéter,	533
« A tout autre qu'à vous je tairais ces vérités », [vicieux],	535
« Ils se plaisent à chasser et à la promenade », [vicieux],	536
Faut-il écrire ? « un homme plein de *vent* ou de *vents* »,	536
Doit-on écrire ? « nous voyageons à *pied* ou à *pieds* »,	537
Il faut écrire « des harnais de *cheval*, des hommes de	

peine, un coulis *d'écrevisses*, une purée de *lentilles*, etc. »	538
Différence entre *demi* et *à demi*,	539
L'indéfini actif précédé de *à* équivaut à l'indéfini passif,	539
Conjonctif (emploi du),	541
A cause que, devant que, durant que, en cas que, excepté que, hormis que, malgré que, sans doute que doivent être proscrits du bon langage,	542
A moins de et *à moins que* employés indifféremment,	543
Différence entre *au reste* et *du reste*,	544
Aussi doit toujours être suivi de *que*, et non de *comme*,	545
Aussitôt rejette essentiellement le mot *comme*,	545
Avant de est préférable à *avant que de*,	546
Diverses acceptions du mot *comme*,	547
Différence entre *comme* et *comment*,	548
Comme ou *de même que* appelle *de même* ou *ainsi*,	549
Emploi du conjonctif *et*,	549
—— place qu'il doit occuper dans la phrase,	550, 551
Mauvais emploi du conjonctif *et*,	551
Usage du conjonctif *ni*,	552
Ni rejette les mots *pas* et *point*,	553
—— cas où il les admet,	554
Mauvais emploi de *ni* et de *et*,	555
Emploi vicieux de *ni* dans la proposition additionnelle,	556
Ni est inconvenant après le déterminatif *sans*,	556
Le conjonctif *mais* lie deux propositions. Négligence de beaucoup d'Écrivains,	557
Le disjonctif *ou* rejette essentiellement le pluriel,	558
Difficulté que présentent deux substantifs unis par le disjonctif *ou*,	559
« C'est toi ou moi qui *avons* fait cela », [vicieux],	560
Différence entre *pendant que* et *tandis que*,	561
Au lieu de *tandis que*, on se sert du déterminatif *en*, suivi du participe présent,	562
Ne confondez pas *parce que* avec *par ce que*,	563
Différence entre *cependant, pourtant, néanmoins, toutefois*,	563
Le conjonctif *quand* est remplacé par *que* dans un second membre de phrase,	565
Diverses acceptions du conjonctif *que*,	566

	Pages
Que sert à unir deux termes de comparaison; différence entre *plus de* et *plus que*,	569, 491 *
Que est souvent employé pour *comme*, *lorsque*, *parce que*, etc.	570
Que est vicieux immédiatement après le premier *tel*,	570
—— il l'est également après le premier *autant*,	429
—— il est encore vicieux dans ces façons de parler « ne pas laisser *que* de, ne pas manquer *que* de »,	337
Quoique a la signification des conjonctifs *bien que*, *encore que* ; mais *comme que* offre une expression incorrecte,	571
Quoique joint à un participe donne quelquefois lieu à de mauvaises constructions,	572
Conjonctifs qui demandent le mode affirmatif,	572
Conjonctifs qui réclament le mode complétif,	573
Conjonctifs qui veulent tantôt l'affirmatif, tantôt le complétif,	574
Réflexions sur le mode que réclame le conjonctif *si*,	575
Que employé pour *si*,	576
Que veut l'affirmatif après *si*, *aussi*, *tant*, *autant*, *plus*, *moins*, etc.	576
Que veut le complétif quand on a à exprimer une idée de souhait, de volonté, de commandement,	577
Répétition gracieuse des conjonctifs *si* et *que*,	577
Les disjonctifs *ou* et *soit* s'excluent mutuellement,	578
Ambiguités produites par la place que les conjonctifs occupent dans le discours,	579
Ambiguités produites par la place du conjonctif *pour* (*par la raison que*),	580
Corrélation exacte entre les différents membres de phrases, séparés par des termes énonçant distribution de parties, rapport, comparaison, etc.	580
Exclamatif (définition de l'),	582
Différence entre *ah* et *ha*,	582
Différence entre *eh* et *hé*,	583
Différence entre *hé quoi* et *hé bien*,	584
Remarque sur *hélas* et *ahi*,	584
Emploi de *hem* et de *hola*,	585
Différence entre *ho*, *oh* et *ô*,	585
Emploi des exclamatifs *ouais*, *ouf*, *chut*, *paix*, *fi*, *courage*, etc. etc.	586

TOME II.

ORTHOGRAPHE.

	Pages
ORTHOGRAPHE (définition de l'),	1
Caractères (emploi des),	3
De la voyelle E,	3
De la voyelle Y,	3
Remarque sur certains mots où l'on emploie à tort l'*y*,	4
Des lettres euphoniques *l*, *t*, *s*,	6
Des lettres majuscules, de leur emploi,	7
De l'alinéa,	10
Il faut conserver le *t* au pluriel des mots qui se terminent par cette lettre au singulier,	10
Le substantif *gens* rejette le *t*. Réflexions sur le pluriel *tous*,	11
Mots qui prennent *x* au pluriel, au lieu de *t*,	12
Substantifs composés dont le pluriel embarrasse,	12 et suiv.
Mots qui commencent par *ai*, *ain*, *am*, *an*, *au*,	16 et suiv.
—— par *em*, *en*,	18 et suiv.
—— par *im*, *in*,	19 et suiv.
—— par *o*, *oe*,	20 et suiv.
—— par *qua* et par *quo*,	21
—— par *y*,	21
—— par *f*, au lieu de *ph*.	66
Mots qui se terminent par *a*, *able*, *ace*, *afe*,	22
—— par *ai*, *ail*, *aim*, *ain*, *aine*,	23 et suiv.
—— par *air*, *aire*, *ais*, *ait*, *aitre*,	24 et suiv.
—— par *al*, *an*, *ance*, *anse*,	25 et suiv.
—— par *ant*, *as*, *asse*, *at*,	26 et suiv.
—— par *au*, *aud*, *aut*, *aux*,	28
—— par *é*, *ée*, *eil*, *ein*, *eindre*, *eine*, *èle*,	29 et suiv.
—— par *ence*, *endre*, *ent*, *ente*, *eon*,	34 et suiv.
—— par *er*, *erce*, *ire*, *ert*, *és*, *esse*,	37 et suiv.
—— par *et*, *ète*, *eure*,	39

	Pages
——— par *i*, *ic*, *ie*, *ié*,	39 et suiv.
——— par *il*, *in*, *ir*, *ire*, *is*, *isse*, *it*,	41 et suiv.
——— par *o*, *oi*, *oie*, *oire*, *ois*, *oix*,	44 et suiv.
——— par *ophe*, *ors*, *ort*, *os*, *osse*, *ot*,	45 et suiv.
——— par *ou*, *oue*, *ource*, *ours*, *oux*,	46 et suiv.
——— par *u*, *uant*, *ue*, *ueil*,	47
——— par *ur*, *ure*, *us*, *usse*, *ut*,	48 et suiv.
——— par *çon*, *cion*, *sion*, *son*,	49 et suiv.
——— par *ssion*, *tion*, *xion*,	50 et suiv.
——— par la lettre *x*,	66
Mots qui s'écrivent avec *ph*, *rh*, *th*, *xh*,	52 et suiv.
——— avec *sc*, *x*, *y*, *z*,	54 et suiv.
——— avec *ai*, au lieu de *oi*,	75
——— avec *oe*,	71
——— avec *qua*,	74
——— avec *s* au lieu de *z*,	74
Termes analogues,	57 et suiv.

Réflexions sur l'orthographe des mots suivants :

ailleurs,	74
angar, *ankyloglosse*, *ankylose*,	68
appui-main,	69
astucieux,	64
Athènes,	66
aulne, *avoine*,	70
baptême,	68
bière,	70
blé,	67
brasselet,	63
brelan,	62
Caën,	70
capricieux,	64
cherté,	67
choix,	66
chretienté,	67
cintre, *cintrer*,	62
clavecin,	74
clé,	67
coasser, *croasser*,	72
cognée, *cogner*,	70
col, *concours*,	62
confidentiel,	64

DES MATIÈRES.

Pages

— confrérie, 67
— cou, 62
— cou-de-pied, 72
— cours, 62
— crû, 69
— déciller, 63
— dessin, dessein, différent, 65
— différentiel, 64
— discours, 62
— embonpoint, 74
— ermite, 68
— eschare, esquinancie, 74
— essarer, 63
— essentiel, 64
— étaim, étain, 63
— exorbitant, 71
— expansion, faon, faulx, 70
— fil, file, 68
— fond, fonds, fonts, 72
— frérie, gageure, 67
— goute, 70
— gracieux, grain, 64
— grèque, adj. f., 69
— ingrédient, 68
— in-promptu, 69
— juridiction, 67
— Laon, 71
— licencieux, 64
— linceul, lut, 68
— mangeure, 67
— margelle, 69
— negociant, 67
— nu, 69
— officieux, 64
— ognon, ognoniere, 70
— paon, 71
— pestilentieux, pestilentiel, 64
— pied, 67
— pierrière, pin, 68
— piquure, 67
— plafond, plafonner, 62
— plain, 72

	Pages
——— *porreau*,	69
——— *poulain, précieux*,	64
——— *printemps, psaume*,	68
——— *recours*,	62
——— *refrain*,	68
——— *regitre*,	67
——— *révérend*,	67
——— *révérencieux*,	64
——— *rhapsodie, ridicule* (subst.),	68
——— *sacramentel, sacristine*,	64
——— *Saône*,	71
——— *Saintes, Saintonge*,	65
——— *sçavant, sçavoir, science*, etc.	73
——— *scholastique*,	72
——— *scie, seau*,	68
——— *sébille*,	69
——— *secours*,	62
——— *seing, signet*,	68
——— *silencieux*,	64
——— *sirop*,	69
——— *solennel*,	73
——— *sou*,	62
——— *soûl*,	71
——— *sourcilleux, spacieux*,	64
——— *spincer*,	68
——— *squirrhe*,	74
——— *substantiel*,	64
——— *taon*,	71
——— *taluter*,	63
——— *teint, temps*,	68
——— *terrain*,	70
——— *thym*,	68
——— *tisanne*,	67
——— *vagabonner, se vautrer, velouter*,	63
——— *verrouiller*,	62
——— *Versailles*,	66
——— *vert*,	62, 71
——— *vicieux*,	64
Redoublement des consonnes,	77
Signes (emploi des)	86
Accents,	86

DES MATIÈRES.

	Pages
Apostrophe,	89
Tréma,	93
Cédille,	94
Trait d'union,	95
Trait de séparation,	99
Parenthèse,	99
Guillemets,	100
Solécismes contre la langue écrite,	101
Substantifs dont le genre varie,	114
Substantifs dont le genre embarrasse,	127
—— qui sont terminés en *ule*,	139
—— qui énoncent des états, des empires, des royaumes, des provinces, des villes, des montagnes,	142
Homonymes (tableau des),	145
Prononciation,	165
Ponctuation,	191
STYLE (du),	309
Métaphore,	313
Ellipse,	316
Pléonasme,	319
Syllepse,	321
Hyperbate,	324
Antithèse,	326
Hyperbole,	347
Zeugme,	328
Sens propre, sens figuré,	330
Sens abstrait,	331
Sens concret, sens absolu,	332
Sens relatif, sens défini, sens indéfini,	333
Gallicismes,	335, 220, 337
Solécismes contre la langue parlée,	338
Barbarismes,	362
Néologisme,	369
Amphibologie,	375
Périssologie,	380
Jeux de mots,	383, 148, 188, 190 (tome I.)
Particules initiales,	387
Style incorrect (exemples de),	408
Style insignifiant (exemples de),	429

Explication des mots suivants :

- *Acyrologie,*   362, 276 (tome I.)
- *Anomalie,*   485
- *Battologie,*   382, 383
- *Tautologie,*   382, 383
- *Calembour,*   385 *et suiv.*
- *Hiatus,*   156 (tome I.)

Exemples d'ellipses,   122, 125, 127, 222, 239, 242, 436, 546

Exemples de pléonasmes,   160, 178, 194, 492

Exemples d'amphibologies,   199, 373, 381, 465, 572, 579

Exemples d'équivoques,   206, 210, 252, 283, 316, 562, 563, 319 *

Exemples de manque de clarté,   107, 108, 159, 209, 460, 550, 557, 572, 579, 580

Notes grammaticales,   449

ERRATA.

TOME I.

Page 120, 5ᵉ ligne, *mettez* le chiffre 1, au lieu du chiffre 2.

Page 124, 22ᵉ ligne, *lisez* il a une sorte d'esprit, au lieu de il *y* a, etc.

Page 243, antépénultième ligne, *lisez* dont le fils a péri, au lieu de *est* péri.

Page 244, 3ᵉ ligne, *lisez* qui ait ainsi péri, au lieu de qui *soit* ainsi péri.

Page 270, 5ᵉ ligne, *lisez* gradi, au lieu de *gradiri*; 24ᵉ ligne, *lisez* s'est rangée à cet avis, au lieu de s'est rangée *de* cet avis.

Page 345, 6ᵉ ligne, *effacez* le mot *déchoir*.

Page 346, pénultième ligne, *effacez* le mot *intransitifs*.

TOME II.

Pages 260 et 262, au lieu de je *clorrai*, tu *clorras*, etc. je *clorrais*, tu *clorrais*, etc. *lisez* je clorai, tu cloras, etc. je clorais, tu clorais, etc.

Page 319, *mettez* (zzz) à la fin de la 3ᵉ ligne.

OUVRAGES DU MÊME AUTEUR,

QUI SE TROUVENT CHEZ LE MÊME LIBRAIRE.

Apollineum Opus, in gratiam alumnorum à Musis collectum et editum, ou *Recueil de matières de vers*, précédé d'un traité complet de *Prosodie latine*. Quatrième édition, *in-12*.

Apollinei Operis carmina, etc., *ou* Corrigé de l'Apollineum opus, etc., *in-12*.

De Viris illustribus urbis Romæ; Lhomond, *latin-français en regard*. Deuxième édition, *in-12*.

Dictionnaire Universel, *français-latin*, de MM. Lallemant, composé sur le plan des Lexiques les plus estimés, 13e édition originale, corrigée et augmentée de 12,000 articles, de la définition et de l'étymologie des mots français tirés du grec, etc., grand *in-8°* de 1400 pages, caractères neufs, papier fin, 1818.

Dictionnaire Universel, *latin-français*, par Boudot, composé sur le plan des meilleurs Lexiques, enrichi d'exemples pris chez les auteurs des différens âges de la Littérature Latine, vingt-unième édition originale, corrigée et augmentée de 10,000 mots, de l'étymologie des mots latins tirés du grec, etc., grand *in-8°* de 1300 pages, papier fin, caractères neufs.

Faerni Cremonensis Fabulæ centum, notis illustratæ, necnon partim interjectà versibus interpretatione gallicà, etc., *in-8°*.

Faerni Fabulæ, *latin seul*, à l'usage des Elèves, *in-12*.

Les mêmes, *latin-français en regard*, traduction nouvelle, *in-12*.

Gradus ad Parnassum, ou Dictionnaire Poétique, *latin-français*, composé sur le plan du grand Dictionnaire Poétique du P. Vanière, dix-huitième édition, augmentée de plus de 12,000 mots, d'une foule d'exemples, de citations, etc., grand *in-8°*.

Grammaire latine, théorique et pratique, à l'usage des Colléges, etc. Neuvième édition; *in-12*.

Manuel des Etudiants, *ou* Code de préceptes pour écrire avec élégance et pureté en latin, etc., deuxième édition, *in-12*.

Manuel latin, *ou* Compositions françaises, suivies de Fables et d'Histoires latines, etc.; treizième édition, *in-12*.

Phædri (J.) Fabulæ, in quatuor libros ex æquo divisæ ; avec un abrégé français de mythologie, devant être traduit en latin ; *in*-12.

Les Fables de Phèdre, traduites conformément à l'édition précédente, avec une Vie de Phèdre, *latin-français en regard*, *in*-12.

Abrégé des Antiquités romaines, etc. *in*-18.

Terentii Andria, comœdia à genere quolibet obscœnitatis expurgata, scholiis gallicis illustrata, etc. ; avec des notes françaises ; suivie de l'Andrienne, en vers français, revue et corrigée par l'Editeur, *in*-12.

Abrégé de la Vie des Hommes Illustres de la ville de Rome, depuis Romulus jusqu'à César Auguste : *ouvrage traduit du latin de Lhomond*, sans texte, *in*-18.

Cacographie, *ou* Recueil de phrases dans lesquelles on a violé à dessein l'Orthographe des mots et celle des participes, etc., cinquième édition, *in*-12.

Corrigé de la Cacographie, à l'usage de MM. les Instituteurs ; *in*-12.

Cacologie, *ou* Recueil de locutions vicieuses empruntées des meilleurs Ecrivains, etc.. Quatrième édition ; *in*-12.

Corrigé de la Cacologie, à l'usage de MM. les Instituteurs, *in*-12.

Cours analytique d'Orthographe, ou *Nouvelle Grammaire des Dames*, suivie de Sujets de compositions propres à inculquer facilement les principes de la langue française, etc. *in*-12.

Revue orthographique (la), ou Corrigé du Cours d'orthographe et de ponctuation, *in*-12.

Manuel des Enfans et des Adolescens, ouvrage contenant des principes de lecture (française et latine), de religion, de morale, de botanique, de grammaire, d'histoire, de géographie et d'arithmétique. Quatrième édition, revue, corrigée et augmentée, *in*-12.

www.ingramcontent.com/pod-product-compliance
Lightning Source LLC
Chambersburg PA
CBHW051410230426
43669CB00011B/1830